本书为国家社科基金重大项目"英国文学经济思想史"
（项目编号 22&ZD289）中期成果

本书系利奥·达姆罗施作品

达姆罗施教授的作品还包括

《乔纳森·斯威夫特：他的人生和他的世界》

《文学俱乐部：约翰逊、鲍斯威尔和那些塑造时代的朋友》

威廉·布莱克

永恒日出的想象世界

ETERNITY'S SUNRISE
THE IMAGINATIVE WORLD OF WILLIAM BLAKE

作者　〔美〕利奥·达姆罗施
　　　　Leo Damrosch

译者　　程　文

社会科学文献出版社
SOCIAL SCIENCES ACADEMIC PRESS (CHINA)

作者简介

利奥·达姆罗施（Leo Damrosch），现为哈佛大学"欧内斯特伯恩鲍姆文学研究荣休教授（Ernest Bernbaum Research Professor of Literature，Emeritus）"，其学术著作包括：《冒险家：贾科莫·卡萨诺瓦的人生和时代》（*Adventurer: The Life and Times of Giacomo Casanova*）、《乔纳森·斯威夫特：他的人生和他的世界》（*Jonathan Swift: His Life and His World*，获美国国家书评人协会奖传记奖）以及《文学俱乐部：约翰逊、鲍斯威尔和那些塑造时代的朋友》（*The Club: Johnson, Boswell, and the Friends Who Shaped an Age*，获评"《纽约时报》2019 年十佳图书"）等。

译者简介

程文，文学博士，毕业于中国社会科学院外国文学研究所，现为宁波大学外国语学院副教授，硕士生导师。研究领域为英语诗歌与诗学理论，从事文学翻译和诗歌创作，著有《华莱士·史蒂文斯抽象诗学》，合译《康成与石美玉在中国的行医生涯：论性别、种族与民族的跨文化边界》（*The Chinese Medical Ministries of Kang Cheng and Shi Meiyu: On a Cross-Cultural Frontier of Gender, Race and Nation*），诗集《海边的史蒂文斯》，等等。

1.《怜悯》

2.《阳光灿烂的假日》

3.《天真之歌》扉页，
印本 Z，印版 3

4.《天真之歌·婴儿的快乐》，
印本 Z，印版 25

5.《天真之歌·花朵》，
印本 Z，印版 11

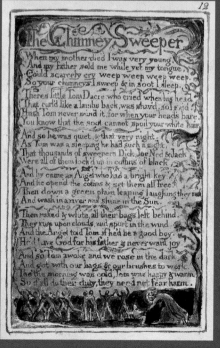

6.《天真之歌·扫烟囱的孩子》，
印本 Z，印版 12

7.《天真与经验之歌》扉页，
印本 C，印版 2

8.《经验之歌·病玫瑰》，
印本 Z，印版 39

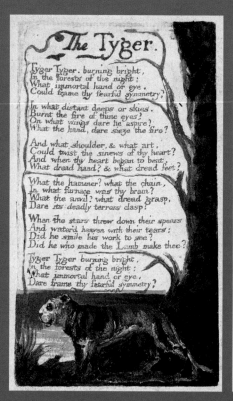

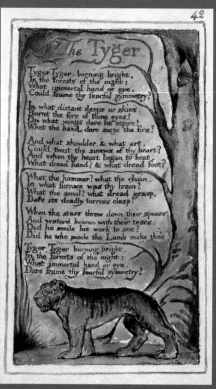

9.《经验之歌·老虎》，
印本 F，印版 42

10.《经验之歌·老虎》，
印本 Z，印版 42

11.《阿尔比恩起来了》

12.《天堂与地狱的婚姻》扉页，
印本 D，印版 1

13.《天堂与地狱的婚姻》，
印本 D，印版 21

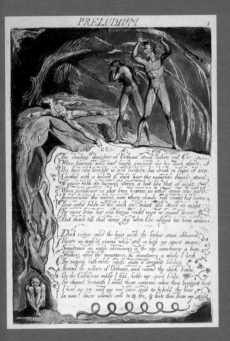

14.《美洲：一个预言·序诗》，
印本 M，印版 3

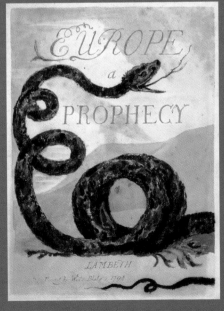

15.《欧洲：一个预言》扉页，
印本 E，印版 2

16.《美洲：一个预言》，印本 M，印版 9

Enitharmon slept,
Eighteen hundred years: Man was a Dream!
The night of Nature and their harps unstrung:
She slept in middle of her nightly song.
Eighteen hundred years, a female dream!

Shadows of men in fleeting bands upon the winds:
Divide the heavens of Europe:
Till Albions Angel smitten with his own plagues fled with his bands
The cloud bears hard on Albions shore:
Fill'd with immortal demons of futurity:
In council gather the smitten Angels of Albion
The cloud bears hard upon the council house; down rushing
On the heads of Albions Angels.

One hour they lay buried beneath the ruins of that hall:
But as the stars rise from the salt lake they arise in pain,
In troubled mists o'erclouded by the terrors of struggling times.

17.《欧洲：一个预言》，印本 A，印版 10

18.《牛顿》

19.《许珀里翁》

20.《弥尔顿》，印本 D，印版 16

21.《尤理潜之书》,
印本 A,印版 14

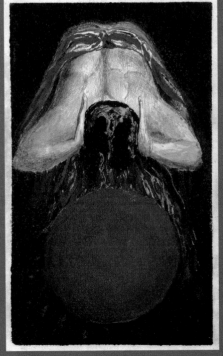

22.《尤理潜之书》,
印本 F,印版 17

23.《洛斯之歌》，印本 E，印版 4

24.《弥尔顿》，印本 D，印版 47

His Spectre driven by the Starry Wheels of Albions sons, black and
Opake divided from his back; he labours and he mourns!

For as his Emanation divided, his Spectre also divided
In terror of those starry wheels: and the Spectre stood over Los
Howling in pain: a blackning Shadow, blackning dark & opake
Cursing the terrible Los; bitterly cursing him for his friendship
To Albion, suggesting murderous thoughts against Albion.

Los raged and stampd the earth in his might & terrible wrath!
He stood and stampd the earth! then he threw down his hammer in rage &
In fury; then he sat down and wept, terrified! Then arose
And chaunted his song, labouring with the tongs and hammer;
But still the Spectre divided, and still his pain increasd!

In pain the Spectre divided; in pain of hunger and thirst;
To devour Los's Human Perfection, but when he saw that Los

25.《耶路撒冷》，印本 E，印版 6

And this the form of mighty Hand, sitting on Albions cliffs
Before the face of Albion, a mighty threatning Form.

His bosom wide & shoulders huge overspreading wondrous
Bear Three strong sinewy Necks, & Three awful & terrible Heads
Three Brains in contradictory council brooding incessantly,
Neither daring to put in act its councils, fearing each other,
Therefore rejecting Ideas as nothing & holding all Wisdom
To consist in the agreements & disagreements of Ideas.
Plotting to devour Albions Body of Humanity & Love.

Such Form the aggregate of the Twelve Sons of Albion took; & such
Their appearance when combind: but often by birth pangs & loud groans
They divide to Twelve: the key-bones & the chest dividing in pain
Disclose a hideous orifice; thence issuing the Giant-brood
Arise as the smoke of the furnace, shaking the rocks from sea to sea.
And there they combine into Three Forms, named Bacon & Newton & Locke,
In the Oak Groves of Albion which overspread all the Earth.

Imputing Sin & Righteousness to Individuals; Rahab
Sat deep within him hid: his Feminine Power unreveald
Brooding Abstract Philosophy, to destroy Imagination, the Divine-
Humanity A Three-fold Wonder: feminine: most beautiful: Three-fold
Each within other. On her white marble & even Neck, her Heart
Inorbd and bonified: with locks of shadowing modesty, shining
Over her beautiful Female features, soft flourishing in beauty
Beams mild, all love and all perfection, that when the lips
Recieve a kiss from Gods or Men, a three-fold kiss returns
From the pressd loveliness: so her whole immortal form three-fold
Three-fold embrace returns: consuming lives of Gods & Men
In fires of beauty melting them as gold & silver in the furnace
Her Brain enlabyrinths the whole heaven of her bosom & loins
To put in act what her Heart wills; O who can withstand her power
Her name is Vala in Eternity: in Time her name is Rahab

The Starry Heavens all were fled from the mighty limbs of Albion His

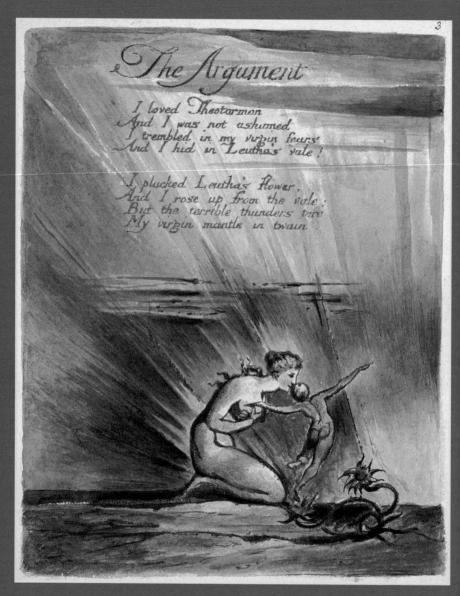

The Argument

I loved Theotormon
And I was not ashamed
I trembled in my virgin fears
And I hid in Leutha's vale!

I plucked Leutha's Flower,
And I rose up from the vale;
But the terrible thunders tore
My virgin mantle in twain

27.《阿尔比恩女儿们的幻象·论点》，印本 G，印版 3

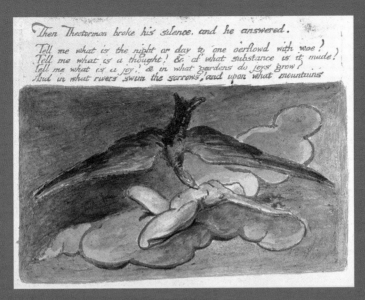

Then Theotormon broke his silence. and he answered.

Tell me what is the night or day to one oerflowd with woe?
Tell me what is a thought! & of what substance is it made?
Tell me what is a joy! & in what gardens do joys grow?
And in what rivers swim the sorrows! and upon what mountains

28.《阿尔比恩女儿们的幻象》，印本 G，印版 6（细部）

29.《梦魇》，亨利·富泽利绘

30.《阿尔比恩女儿们的幻象》卷首画，印本 G，印版 2

31.《撒旦观看亚当与夏娃亲热》

32.《尤理潜之书》，印本 C，印版 18

When on the highest lark of his light pinions he arrives
At that bright Gate. another Lark meets him & back to back
They touch their pinions tip tip: and each descend
To their respective Earths & there all night consult with Angels
Of Providence & with the Eyes of God all night in slumbers
Inspired: & at the dawn of day send out another Lark
Into another Heaven to carry news upon his wings
Thus are the Messengers dispatchd till they reach the Earth again
In the East Gate of Golgonooza, & the Twenty-eighth bright
Lark. met the Female Ololon descending into my Garden
Thus it appears to Mortal eyes & those of the Ulro Heavens
But not thus to Immortals, the Lark is a mighty Angel.

For Ololon stepd into the Polypus within the Mundane Shell
They could not step into Vegetable Worlds without becoming
The enemies of Humanity except in a Female Form
And as One Female Ololon and all its mighty Hosts
Appeard: a Virgin of twelve years nor time nor space was
To the perception of the Virgin Ololon but as the
Flash of lightning but more quick the Virgin in my Garden
Before my Cottage stood for the Satanic Space is delusion

For when Los joind with me he took me in his firy whirlwind
My Vegetated portion was hurried from Lambeths shades
He set me down in Felphams Vale & prepard a beautiful
Cottage for me that in three years I might write all these
    Visions
To display Natures cruel holiness: the deceits of Natural
    Religion
Walking in my Cottage Garden, sudden I beheld
The Virgin Ololon & addressd her as a Daughter of Beulah

Virgin of Providence fear not to enter into my Cottage
What is thy message to thy friend: what am I now to do
Is it again to plunge into deeper affliction? behold me
Ready to obey, but pity thou my Shadow of Delight
Enter my Cottage, comfort her, for she is sick with fatigue

Blakes Cottage
at Felpham.

33.《弥尔顿》，印本 C，印版 39

34.《贝阿特丽丝从凯旋车上向但丁说话》

35.《耶路撒冷》扉页，印本 E，印版 2

36.《欧洲：一个预言》卷首画《亘古常在者》，印本 E，印版 1

37.《尤理潜之书》，印本 F，印版 5

38.《埃洛希姆创造亚当》

39.《耶路撒冷》，印本 E，印版 76

致

哈罗德·布鲁姆和 E. D. 赫希

并纪念

查尔斯·赖斯坎普

这三位伟大的老师最初激发了我对布莱克的热爱

译者序 撒旦找不到的瞬间

人类历史上偶有遭世人冷落的大艺术家，其作品散布于人间角落，在世时少人问津，殁后却发出照亮世界的光芒，威廉·布莱克（William Blake）即属此类。他在尘世的足迹已被时间渐次擦去，而他留下的诗与画却愈发引起追随者们的好奇、欣赏与崇仰。人们按习惯给这位"艺术史上最为特立独行的人"贴上各色标签：版画家、画家、诗人、浪漫主义者以及神秘主义哲学家。而在这些标签背后，什么才是真实的布莱克？

艺术的救赎

布莱克一生的创作都在讲述一个救赎的故事。得益于他有足够的时间演进自己的故事，以及那远超常人的耐心和毅力，这个救赎故事融合了诗人的全部生命体验，包括肉体生命的庸常易逝、诗人生命的受阻受限以及集体生命的沉沦衰退，最终发展成为足以匹敌古代经典的诗歌与绘画的综合艺术奇观。《圣经》是救赎故事的重要原型，其创世、堕落、末日的三段式结构在文学艺术中反复出现，如但丁的《神曲》（*Divina Commedia*）、弥尔顿的《失乐园》（*Paradise Lost*）以及华兹华斯的《序曲或一位诗人心灵的成长》（*The Prelude, or Growth of a Poet's Mind*）。布莱克是否重复了这种三段式结构？他的独创之处又在哪里？

布莱克的独创性首先在于**信念的颠覆力量**。布莱克虽出身平凡，但在艺术创造上却独步古今，自成一体，以一己之力，凭借《四活物》(Four Zoas)、《弥尔顿》(Milton)和《耶路撒冷》(Jerusalem)三部恢弘的神话史诗，翻转古希腊神话传统，更新古希伯来宗教传统，实现了艺术中的创世，用布莱克自己的话来说，就是："我必须创造一个体系。"布莱克有如此的艺术成就，皆因于他兼具两大天赋："灵视(visionariness)"与"信心(faithfulness)"；而他的信念就建立在这两大天赋之上。

布莱克的灵视能力使他从小就能清晰看到"宗教异象(religious vision)"与"艺术幻象(artistic vision)"，这一能力随时间的推移而增长，发展到惊人的规模。他在《天真之歌》(Songs of Innocence)的《花朵》(The Blossom)中写道：

> 快快活活的雀儿！
> 在碧绿的叶子底下，
> 有一朵鲜花
> 看见你箭一般飞过，
> 寻找你的小窠，
> 捱着我的胸怀。①

这节诗文字清新活泼，其中的鲜花是自然植物意象，但与文字相配的版画中的植物形象却如金黄色火焰，不见明确的花朵形象，有七个人物在火焰形叶片上坐着或飞翔，围成环形，显示出非写实的幻象特征，其意义难以索解，画面与文本的关系也令评论者莫衷一是，本书作者利奥·达姆罗施(Leo Damrosch)称其像一个谜语。我们将其与布莱克的后期长诗《耶路撒冷》中的花朵幻象进行对比。

---

① 　引自人民文学出版社 1957 年版《布莱克诗选》中的袁可嘉译本。
（本书脚注均为译者或编者注。除特殊情况外，后不再说明。）

《天真之歌》，印本 Z，印版 11

植物性宇宙从大地中央打开像一朵花：
其中有永恒。它在群星里扩展到尘世之壳
而在那里再次与永恒会合，既在内又在外，
而群星之间的抽象虚空是撒旦式的轮。①

《耶路撒冷》，印本 E，印版 53（细部）

可见，诗歌文本的密度大大增加，其中出现的意象雄奇瑰丽，构成了一个幻象宇宙；格律不再是《天真之歌》轻快活泼的三音步或四音步民歌体，而是经布莱克改进的繁密多变、宽广浑厚的"十四音节（fourteeners）"格律，恍如天体音乐。

　　布莱克有"吾道一以贯之"的古哲人之风。这种对根本观念的坚持，从 1788 与 1826 年两件时间跨度 38 年的作品对比中可见

①　此处诗文出自布莱克长诗《耶路撒冷》第 13 印版第 34~37 行。

一斑。经过《诗体素描》（*Poetical Sketches*）、《月亮上的岛》（*An Island in the Moon*）以及《法国革命》（*The French Revolution*）等作品的试验，布莱克在而立之年形成了独有的艺术观，并于 1788 年制作了自己的第一本含有两部作品的彩画书《一切宗教归一／没有自然宗教》（*All Religions Are One ／ There is No Natural Religion*）。"彩画书（illuminated book）"是布莱克改进的独特创作方式，他把图像和文本彼此嵌入地蚀刻在铜版上，印刷到纸上后再经手工上色；布莱克会一人完成全部工序——有时妻子凯瑟琳（Catherine）也来做助手——包括写作诗歌文本、设计图案、镌刻铜版、印刷、上色等。第一本彩画书虽然相对简陋，却具备了所有要素，更重要的是，它是布莱克艺术观念的宣言：一切宗教归一，那就是真正的人，亦即"诗歌守护神（Poetic Genius）"；上帝变得如同我们所是，而我们也会成为如同上帝所是。简而言之，**诗歌守护神**既是一切宗教的来源，也是上帝。这一思想在布莱克此后的创作中得到充分变奏和展开，经过《天真与经验之歌》（*Songs of Innocence and of Experience*）与一系列"兰贝斯之书（Lambeth Books）"的前奏，进而在长篇史诗《耶路撒冷》的**耶稣**形象中达到顶峰，从而在艺术的想象世界中完成了对基督教传统的更新与超越。

　　布莱克在临终前创作了一件充满奥义的作品，即他的最后一部彩画书，题为《耶和华与他的两个儿子撒旦与亚当》（*Jehovah & His Two Sons Satan & Adam*）。拉奥孔（Laocoön）和两个儿子被蛇缠绕的图案位于版面中央，四周则散布着很难用常规方式去阅读的英语、希伯来语和古希腊语镌刻文字。在这件作品中，布莱克完成了对西方文明传统的颠覆与整合，以更加激烈的方式重述了自己的艺术观。布莱克的主导思想是：①希腊人学习希伯来人；②基督教是西方文化的来源；③英格兰（即阿尔比恩）是基督教

彩画书《一切宗教归一》卷首画

彩画书《没有自然宗教》卷首画

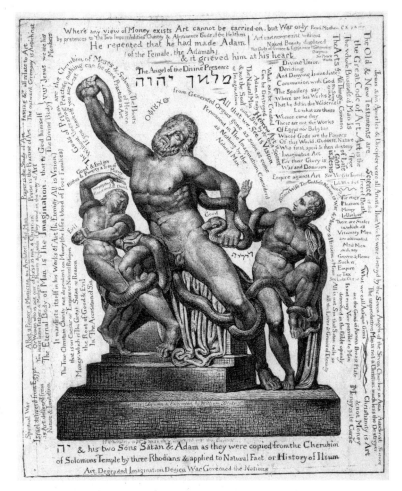

彩画书《耶和华与他的两个儿子撒旦与亚当》，印本 B

世界的中心；④自然世界是精神世界的堕落形式；⑤想象力是人
的永恒实体。他认为拉奥孔群像原本是耶和华与他的两个儿子撒
旦与亚当，是希腊人仿照所罗门圣殿（Solomon's Temple，即第
一圣殿）的基路伯（Cherub）制作的，用来描述人类的历史事件，

即"特洛伊战争（Trojan War）"①。布莱克说：撒旦称之为罪的一切，所有永恒的爱与恩典，都不是罪。而**撒旦**，亦即**尤理谮**，在自然世界中被人当作上帝膜拜，"于是**洛斯与埃尼萨蒙**知道了**撒旦就是尤理谮**"（《弥尔顿》10/11：1）②。布莱克化用传统的方式，颇有哈罗德·布鲁姆（Harold Bloom）所谓的"越界（metalepsis）"意味：以我为主，反客为主。

布莱克的独创性还在于他**独特的使命感**。布氏以诗歌唤醒世人的宗教感，从这个角度来看，他可以说是西方文明史上的最后一位"诗人—先知"。布莱克的三大神话史诗具有同一主题——"人/民族（human / nation）"（阿尔比恩）的堕落与拯救——分别从三个角度展开。

《四活物》是个人角度。它以九个睡梦的形式描述阿尔比恩分裂、昏睡与得救的过程。在前四个梦中，**阿尔比恩**分离出自己的流溢**耶路撒冷**，人性的四个基本元素，即四活物**萨玛斯**（同情）、

---

① 系以争夺世上最漂亮的女人海伦（Helen）为起因，以阿伽门农（Agamemnon）和墨涅拉奥斯（Menelaus）为首的希腊联军进攻以普里阿摩斯（Priam）为国王的特洛伊城的十年攻城战。然而特洛伊实则地处交通要道，商业发达，经济繁荣，人民生活富裕，亚细亚各君主对其早就垂涎三尺，一心想占为己有，于是便以海伦为借口发动战争，这才是此战的真正目的。而希腊神话中的特洛伊战争则以《荷马史诗》中的《伊利亚特》（*Iliad*）为中心，加上索福克勒斯（Sophocles）的悲剧《埃阿斯》（*Ajax*）和《菲洛克忒忒斯》（*Philoctetes*），欧里庇得斯（Euripides）的悲剧《伊菲革涅亚在奥利斯》（*Iphigenia at Aulis*）、《安德洛玛刻》（*Andromache*）与《赫卡柏》（*Hecuba*），维吉尔（Virgil）的史诗《埃涅阿斯纪》（*Aeneid*），以及奥维德（Ovid）的长诗《女杰书简》（*Heroides*）等多部著作而成，从而详细描述了战争的具体情况。

② 因不同人整理的版本不尽相同，故此处"10/11：1"指的是《弥尔顿》第10或第11印版第1行。

卢瓦（爱欲）、尤理滔（理性）、俄薮纳（想象）分别堕落，阿尔比恩陷入昏睡。随后的四个梦描述了洛斯（俄薮纳的精神形式）在 6000 年的劳作中创造出有形世界。最后一梦则描述了洛斯创造末日，阿尔比恩由此得救苏醒，四活物各归其位。

《弥尔顿》是诗人角度。这部史诗在三部中最为精炼、紧凑、纯粹，其主题是描述弥尔顿拯救自己的流溢娥洛泷的旅程。弥尔顿是布莱克最为倾心仰慕的前辈诗人，他们俩的关系是哈罗德·布鲁姆的文学理论名著《影响的焦虑》（*The Anxiety of Influence*）的灵感来源。布莱克认为弥尔顿虽然伟大，却具有两大缺憾：一是过于自我；二是对身边的女性不公。布莱克将弥尔顿的"自我（Self）"命名为"撒旦"，而其女性流溢则是娥洛泷。布莱克也参与了弥尔顿的救赎之旅，甚至与之合为一体。

> 于是我初次看到他在天顶如一颗流星，
>
> 垂直降落，轻快如燕子或雨燕；
>
> 并在我的左脚落在脚踝跗骨上，从那里进去了；
>
> 但是从我的左脚一片黑云扩散布满欧洲上空。[①]

《耶路撒冷》是民族角度。它在三部中规模最为宏大，其主题是英格兰民族（即阿尔比恩）经历精神危机，在想象力的作用下得以复原，并建起精神之城。阿尔比恩与其流溢耶路撒冷分离，经历与帷拉的纠葛，陷入昏睡状态而噩梦不断，在洛斯的坚持努力下，复原了新耶路撒冷，阿尔比恩之女，成为上帝的羔羊的新娘，阿尔比恩最终也振奋苏醒。《耶路撒冷》鲜明体现了布莱克的

---

① 此处诗文出自布莱克长诗《弥尔顿》第 15 或 17 印版第 47~50 行。

"英格兰中心"意识，他宣称："**耶路撒冷**过去曾是、现在还是**大阿尔比恩**的流溢。这是真的，而且不容辩驳。"**洛斯**建造艺术之都**各各奴扎**的过程得到了详尽描述。**帷拉（自然）**以反派面目出现，一方面诱惑**阿尔比恩**，一方面折磨**耶路撒冷**，象征自然力量对精神世界的侵蚀。

> ……**帷拉永远不会寻找并爱上阿尔比恩**
>
> 如果她没有设法摧毁**耶路撒冷**：那虚假与生成的
>
> 爱就是这样：假装是爱，去摧毁爱 ①

解释者的阶梯

如果说在读者和威廉·布莱克星空般灿烂且深邃的诗歌与艺术之间还有宽阔的空间阻隔，作为合格的解释者，本书作者利奥·达姆罗施便适时地送上了跨越这段空间的阶梯。达姆罗施在引言中称：本书既非一部系统性的传记，也非一部对布莱克作品的详尽指南，而是一份对理解与享受的邀约。我们可以比较合理地把《威廉·布莱克：永恒日出的想象世界》看作文学与艺术史行家对布莱克津津乐道的推荐。因而本书的特色主要有二：①态度务实；②细节真实。

达姆罗施对布莱克学者的意见分歧采取了务实的态度，避免了学术著作中常见的片面、晦涩与故作高深。作为哈佛大学"欧内斯特伯恩鲍姆文学研究荣休教授（Ernest Bernbaum Research Professor of Literature, Emeritus）"，达姆罗施有多年讲授布莱克与

---

① 此处诗文出自布莱克长诗《耶路撒冷》第 17 印版第 24~26 行。

从事相关学术研究的经验，但在本书中，他似乎有意识地避免选择特定的研究路径，而是回归阅读的初衷：读懂一首诗，看懂一幅画，心灵受到感动。正如他在本书引言中所说："研究布莱克的专家则专注于这套神话隐秘、深奥的一面，自然而然倾向于只在圈内交流。"因此，他在这本书中并不打算效仿；虽然如此，达姆罗施依然注重学术的严谨性，广泛征引研究成果，把理解与欣赏建立在扎实学术工作的基础上。译者以第 8 章"理解布莱克的神话"第 2 节"尝试理解长诗"为例，达姆罗施教授首先承认布氏的长诗确实难懂，指出批评家赫尔曼·诺斯罗普·弗莱（Herman Northrop Frye）"只要谁觉得布莱克晦涩难懂，就认为他是想象力受了损伤"的看法不仅过于偏激，而且已然过时。随后，他提出了一系列希望能对读者有所帮助的实用建议：塞缪尔·泰勒·柯尔律治（Samuel Taylor Coleridge）指出的布莱克的新柏拉图主义来源；布氏长诗与传统史诗的异同；布氏长诗与电影、音乐的类比；8 世纪神学家约克的阿尔昆（Alcuin of York）对《圣经·新约·启示录》的阐释对阅读《耶路撒冷》的帮助；还有出声朗读。最后，达姆罗施引用了戴维·富勒（David Fuller）重排版《四活物》的一个片段，使其更为符合现代口语。这些建议未必真的能让读者就此轻松读懂布莱克的长诗，但相比专业研究者动辄将布莱克引向抽象概念或理论的做法，确实要对读者友好得多，因为读者总归希望能读懂这些令人望而生畏的作品，而非走上另一条艰难的迷途。

达姆罗施教授善于利用真实细节拉近与读者的距离，进而增加读者的感性认识。喜欢阅读传记的读者会发现，同一位传主的若干事迹会被不同版本的传记反复叙述，而有些传记作者却能通过讲述细节使人留下深刻的印象。这里不得不提及爱尔兰诗人威廉·巴特勒·叶芝（William Butler Yeats），他把道听途说来的布莱克家世讲得绘声绘色，让人半信半疑而又感觉妙趣横生。达姆罗施在解说布氏作品《天堂与地狱的婚姻》(*The Marriage of Heaven and Hell*) 时想到自己曾在巴黎街头的时装橱窗里见过一则"地狱箴言"："如今已证实的，过去曾经只是想象"；而纽约特朗普大楼 (The Trump World Tower) 展示的另一条"地狱箴言""张扬之道通向智慧之宫"则让人感到颇具讽刺意味。这些真实场景中出现的布莱克作品让人感喟：阅读即误读，诚哉斯言。达姆罗施还善于在细节讲述中融入自己的独特感悟。例如第15章"黄昏旅人"讲述了许多布莱克晚年的生活细节，在评论关于布氏于临终前歌唱天堂景象的记录时，达姆罗施的语调冷峻："如果那真的发生了，也许并非在临终时刻，因为布莱克的病很有可能会让他陷入昏迷。"这话听起来虽不近人情，却更为深刻地揭示了诗人生命的悲剧性。而在评述弗雷德里克·泰瑟姆 (Frederick Tatham) 销毁大量布氏手稿时，他则引用了《天堂与地狱的婚姻》中先知对布莱克说的话："我恳求以赛亚对这个世界发善心，留下他失落的作品；他说有同等价值的没有一件失落。以西结说了和他一样的话。"读来虽令人宽慰，但细想之下却也让人更感悲怆。

译者的任务

译者在本书翻译过程中的感悟是：找准翻译之眼，以之带动全局。翻译本书比较特别的一点是达姆罗施教授在英文原版中引用了大量的布莱克诗歌，除少量的前期作品有可用的中译本外，更多的中后期作品则需要自译，而布氏诗歌本身的难度较大，故形成了这样一个局面：布莱克诗歌翻译的成败将很大程度上决定本书翻译的成败。因此，本书的翻译之眼即在于其中的诗歌。好在译者的授业恩师，中国社会科学院外国文学研究所傅浩先生及时施以援手，在译事的两个紧要关头答疑解惑，示之"以直译为常，意译为变通"的翻译原则与实践方法，遂使翻译工作渡过难关。在译事伊始，译者对本书引言所引用的一首出自"罗塞蒂手稿（Rossetti Manuscript）"的笔记本诗歌该如何翻译沉吟不决。

> He who binds to himself a joy
> Does the wingèd life destroy,
> But he who kisses the joy as it flies
> Lives in Eternity's sunrise.

经过反复修改并向傅浩先生请教，形成的译稿终究感觉不够顺畅。有一天，老师读过译稿，轻轻说道："最后改一个'里'字就可以了。"于是，这首诗就译成了：

> 有人把快乐和自己绑定
> 毁了有翅膀的生命，
> 有人亲吻快乐飞翔时
> 活在永恒的日出里。①

　　记得当时译成这首短诗，真的感觉经历了一场清新壮美的日出。本书英文版主书名"永恒的日出（Eternity' Sunrise）"即出自这首《永恒》（*Eternity*），所以译好这首短诗对体现原作者达姆罗施教授的意图极为重要，译者也由此对接下来的翻译工作有了一点信心。

---

①　译者初稿为："有人把快乐和自己绑定 / 就毁了有翅膀的生命， / 有人亲吻快乐飞翔时 / 活在永恒的日出。"

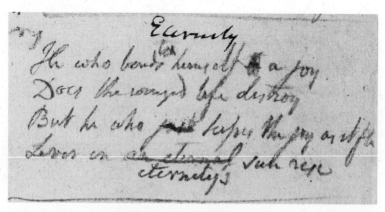

布莱克的笔记本诗歌《永恒》

但中途又碰到拦路虎，是出自《天堂与地狱的婚姻》印版 7 中的一个选段，其中的两行诗句又充作本书的结尾，其地位自然非同小可。

How do you know but ev'ry bird that cuts the airy way

Is an immense world of delight, closed by your senses five?

在查阅资料明确其与托马斯·查特顿（Thomas Chatterton）作品间的互文关系后，译者厘清句法，疏通文意，分析格律，开始动手翻译。后又经傅浩老师点拨，采用"开辟道路"的现成搭配而不自造怪词，留意第二行"delight"与"five"的行内韵，分别改动一词一字，形成了最后的译本：

你怎么知道每只开辟空中之路的飞鸟

不是无量的快乐世界，被你的五感闭塞？①

---

① 　译者初稿为："你怎么知道每只剪切空中之路的飞鸟 / 不是无量的快乐世界，被你的五感封闭？"

rolling fires he wrote the following sentence now per-
ceived by the minds of men, & read by them on earth.
How do you know but ev'ry Bird that cuts the airy way,
Is an immense world of delight, clos'd by your senses five?

Proverbs of Hell

In seed time learn, in harvest teach, in winter enjoy.
Drive your cart and your plow over the bones of the dead.
The road of excess leads to the palace of wisdom.
Prudence is a rich ugly old maid courted by Incapacity.
He who desires but acts not, breeds pestilence.
The cut worm forgives the plow.
Dip him in the river who loves water.
A fool sees not the same tree that a wise man sees.
He whose face gives no light, shall never become a star.
Eternity is in love with the productions of time.
The busy bee has no time for sorrow.
The hours of folly are measur'd by the clock, but of wis-
dom: no clock can measure.
All wholsom food is caught without a net or a trap.
Bring out number weight & measure in a year of dearth.
No bird soars too high, if he soars with his own wings.
A dead body. revenges not injuries.
The most sublime act is to set another before you.
If the fool would persist in his folly he would become wise
Folly is the cloke of knavery.
Shame is Prides cloke.

《天堂与地狱的婚姻》，印本 D，印版 7

　　译事不易，幸有良师益友相助。感谢责任编辑的辛劳，其严谨细致的态度，直言不讳的风格，于提高翻译质量极为有益，我们二人经过往复交流，增进互相理解，结下了珍贵的友谊。我还要感谢夫人涂珍，她温婉、善良、坚韧、聪慧，轻松化解难题，妥帖安排事项，排除外部干扰，让这项翻译工作得以顺利完成；还要感谢我的儿子程康宁，我们时而探讨翻译中的遣词造句，他清澈未染的语感亦给我良多启发。

最后，我愿与读者诸君以布莱克的诗句共勉，一起寻找那个"撒旦找不到的瞬间"，在其中安居乐业，直至永恒。

> 每天都有一个撒旦找不到的瞬间
>
> 他的**看守恶魔**也无法找到，但是**勤奋者**找到
>
> 这个**瞬间**而它成倍增长，而一旦被找到
>
> 它就更新一天里的每个时刻，如果处置得当。[1]

---

[1] 此处诗文出自布莱克长诗《弥尔顿》第35或39印版第42-45行。

目　录

引　言 / 001

第1章　工作中的艺术家 / 011

第2章　如何理解布莱克的象征? / 055

第3章　天真 / 071

第4章　经验 / 096

第5章　革命 / 139

第6章　原子与灵视洞察 / 170

第7章　大门开了 / 181

第8章　理解布莱克的神话 / 197

第9章　活物和我们自己 / 221

第10章　先知使命 / 232

第11章　向末日突进 / 258

第12章　爱与嫉妒的折磨 / 275

第13章　女性意志 / 301

第14章　与上帝摔跤 / 334

第15章　黄昏旅人 / 363

致　谢 / 381

大事年表 / 382

缩略语 / 385

注　释 / 386

图片版权说明 / 426

索　引 / 434

Contents

Introduction / 001

I   The Working Artist / 011

II   How Should We Understand Blake's Symbols? / 055

III   Innocence / 071

IV   Experience / 096

V   Revolution / 139

VI   Atoms and Visionary Insight / 170

VII The Gate Is Open / 181

VIII Understanding Blake's Myth / 197

IX   The Zoas and Ourselves / 221

X   The Prophetic Call / 232

XI   Breakthrough to Apocalypse / 258

XII The Torments of Love and Jealousy / 275

XIII The Female Will / 301

XIV Wrestling with God / 334

XV The Traveler in the Evening / 363

Acknowledgments / 381

Chronology / 382

List of Short Titles / 385

Notes / 386

Illustration Credits / 426

Index / 434

引 言

威廉·布莱克（William Blake）是富于创造力的天才，也是曾经生活在世上的最具独创性的艺术家与诗人之一。他的一些作品广为人知：威严的造物者形象手持圆规测量太阳的影响范围；[①] 催眠般强力的抒情诗句"老虎! 老虎! 你金色辉煌"[②]；那首以《耶路撒冷》（*Jerusalem*）知名的诗，配乐后成了流行的赞美诗。[③] 但直到故去后多年，布莱克才得以成名。他的诗篇生前几乎无人知晓，即便作为

[①] 此处描述的是布莱克彩画书《欧洲：一个预言》（*Europe: A Prophecy*）的卷首画，评论者多将其命名为"Ancient of Days"（典出《圣经·旧约·但以理书》7：9，13，22），指上帝（简体和合本《圣经》将其译为"亘古常在者"），也有人将这幅图命名为"上帝创造宇宙（God Creating the Universe）"。"太阳的影响范围（the orb of the sun）"系占星学术语，亦称"太阳角矩"，为 17 度。

[②] 引自宋雪亭译的人民文学出版社 1957 年版《布莱克诗选》中的《老虎》，厄尔德曼版原文为"Tyger Tyger, burning bright"（E24），意为"老虎明亮得如同燃烧一样"。另，本书作者达姆罗施教授为符合现代英语阅读习惯，在引用时对具体引文的标点和拼写作了处理，而其采用的作品则引自戴维·V. 厄尔德曼（David V. Erdman）版《威廉·布莱克诗歌散文全集》（*The Complete Poetry & Prose of William Blake*）。除经典中译本外，本书译者大多沿用达姆罗施教授的引文进行翻译，仅在必要时援引厄尔德曼版原文，并以大写字母"E"加阿拉伯数字页码的方式对具体出处进行标注。

[③] 此处指布莱克长诗《弥尔顿》（*Milton*）序言中的抒情诗（E95），为四个四行诗节。该诗于 1916 年由英国作曲家休伯特·帕里爵士（Sir Hubert Parry）配乐，并冠以标题《耶路撒冷》（与布氏后期的长诗同名），在英伦有"第二国歌"之称。

视觉艺术家，他也被视为小角色，主要是为书籍镌刻插图版画而小有名气，而且这些版画的图样往往由别的艺术家创作。随着岁月流逝，这类活计日渐减少。如果他的同时代人有一天得知，布氏会被公认为不仅是一门艺术而是两个艺术领域的大人物，最大的博物馆和图书馆都会珍藏他在世时只要能卖出去就以荒谬的低价出售的作品，他们将满腹狐疑。布莱克世间生涯的落寞印证了阿图尔·叔本华（Arthur Schopenhauer）的那句名言：能者达人所不达，智者达人所未见。①1

　　布莱克不仅是一位超凡的画家和诗人，以及这两门技艺中同样杰出的寥寥数人之一，还是一位深刻的思想家。他对公认的价值观持有尖锐的批评态度，是反正统文化的先知，他的艺术至今依然在鞭策我们重新思考社会、政治、哲学、宗教、性爱以及审美体验的方方面面。随着自己思想的发展，布氏演化出一套复杂的个人神话体系，其中既融合了基督教信仰的元素，同时也从许多其他象征体系的流派中取材。由此形成的神话因其复杂性可能会令人望而生畏。而研究布莱克的专家则专注于这套神话隐秘、深奥的一面，自然而然倾向于只在圈内交流。本书虽然始终以他们的洞见为据，但面向的却是所有受布氏吸引并乐于进一步了解其艺术与思想的人。因而，这不只是一本关于布莱克的书，更是

①　此处本书英语译文为："talent hits a target no one else can hit, while genius hits a target no one else can see." 系对叔氏思想的概述，引自英文版《作为意志与表象的世界》（*The World as Will and Representation*）第二卷第31章。叔本华在该章中主要对天才作了讨论："天才降临在他的时代，像彗星进入行星的轨道，相对于行星极有规律且易于理解的安排，彗星的古怪路线是陌生的。"他还引用了《约翰福音》7：6："我的时候还没有到，你们的时候常是方便的。"（本书《圣经》译文均引自"简体和合本"。）

一本与布莱克同行的书，他一再敦促我们向"思想的惊雷和强烈欲望的火焰（thunder of thought，and flames of fierce desire）"敞开想象力。[2]

认识到下面这一点很重要：布莱克的心灵饱受困扰，他苦于沉重的心理压力，患有如今所称的妄想症（paranoid，也称"偏执狂"）与精神分裂症，发作起来有时会很剧烈而无法抑制。布莱克一生中屡次被贬斥为疯子，但深知其人的艺术家塞缪尔·帕尔默（Samuel Palmer）在忆起布氏时称，他"如果不是我所知的最为彻底清醒的人，也是最清醒的人之一"。一位浸礼宗（Baptists）[①]牧师曾被问及是否认为布莱克疯了，他回答说："是的，但他的疯癫是一道裂缝，让光线透入。"[②][3]

终其一生，布莱克都苦涩地意识到无论在整个社会，还是在自己选择的绘画艺术行当，他都是个局外人。布氏的伟大神话是从疏离与分裂的伤痛感中浮现的，对应阿尔加侬·查尔斯·斯温伯恩（Algernon Charles Swinburn）所说的"难以置信的精神狂热，

---

① 系基督新教教派之一，通常被认为起源于清教主义。其基本信仰以加尔文主义为基础，教会体制多采用公理制，崇拜仪式也与长老宗和公理宗接近。但该教派反对给婴儿施洗礼，认为领洗者必须达到能够理解受洗意义的成年期方可领受，并且坚持洗礼必须全身浸入水中而反对点水礼，后因这一特点逐渐形成了独立的宗派。1609 年，流亡到尼德兰的英格兰分离派清教徒约翰·史密斯（John Smyth）首先建立了独立的浸礼宗教会。1612 年前后，回到伦敦的史密斯教会成员托马斯·海莱斯（Thomas Helwys）在英格兰建立了首个浸礼宗教会。此后，该教派在英伦发展很快，同时又传入美洲，后分化为浸信会、浸礼、安息日会等许多支系。

② 此处英语原文为："Yes, but his is a crack that lets in the light."这位牧师非常巧妙地运用了一语双关，"crack"在此处既指"疯狂"也指"裂缝"，即将布莱克的疯癫比作能引入光明的裂缝。

他在其刺痛与重压之下思考与劳作，终生不辍"。⁴因此，从某种意义上讲，我们都是局外人，而布莱克充满想象力的文字与图画正以毫不衰减的力量在向我们言说。

尽管布莱克从不虔诚或信奉教义，但他的思索诉诸人类存在的根本困境，即我们在宇宙中的位置，我们对不免一死的恐惧，我们对某种终极意义来源的渴求——在这个意义上，他的思想是宗教式的。他曾说自己的目标是"唤起天赋官能去行动"，他希望我们用他的意象和象征去激发精神的突破。"如果观看者能在自己的想象中进入这些意象，乘坐沉思的火焰车去接近它们；如果他能进入挪亚（Noah）的彩虹或挪亚的心胸，正如他一定知道的那样，或者与这些奇迹的意象之一结交为友，而它们总是在恳求他离开必死的凡尘；于是，他将从自己的坟墓中起身，于是，他将在空中遇见主，于是，他将会幸福。"⁵这个愿望既雄心勃勃又感人肺腑：改变我们的生活，让我们幸福。但是，随着岁月流逝，布莱克最强有力的作品中充满了对实现幸福的难以克服的障碍，这是酸楚的事实。

在布莱克从未发表过的题为《永恒》（*Eternity*）的小诗中，四行雄辩的诗句浓缩了他预言的重要部分。

> 有人把快乐和自己绑定
> 毁了有翅膀的生命，
> 有人亲吻快乐飞翔时
> 活在永恒的日出里。①⁶

---

① 此诗英语原文为："He who binds to himself a joy / Does the wingèd life destroy, / But he who kisses the joy as it flies / Lives in Eternity's sunrise."

布莱克相信我们此时此地就生活在**永恒**[①]中，如果我们能向着存在的整体敞开意识，那将会有如经历一场永不停歇的日出。这并非神秘主义的逃离现实，他从来不是这个意义上的神秘主义者，而是一种与现实的更完全也更为深刻的周旋。不过，他也知道要放弃自我中心的占有欲有多么困难，这种占有欲将会杀死快乐，而不是亲吻快乐，他的许多作品均专注于这种斗争。

本书虽有着强烈的传记色彩，却并非一部系统性的传记。后者目前已有两部杰作面世，各擅胜场，分别由彼得·阿克罗伊德（Peter Ackroyd）和小杰拉尔德·伊兹·本特利（Gerald Eades Bentley Jr，简称“G. E. 小本特利”）撰写，[②]而且无论如何，布莱克的一生都相对平平无奇。[7]本书同样不是一部对布莱克作品的详尽指南，相反，它是一份对理解与享受的邀约。笔者的目的是帮助非专业人士欣赏布氏深刻的原创“幻象（vision）”[③]，并打开通往

---

① 除基督教神学中的“Fall”（指人类即原罪的堕落）与“Law”（指上帝的律法）外，本书其余粗体字皆表示布莱克诗文及神话体系中的专有与独创概念，如“天真（Innocence）”、“经验（Experience）”、“永恒（Eternity）”、“自然（Nature）”、“阿尔比恩（Albion）”、“尤理谮（Urizen）”以及“幽灵（Spectre）”等；而某些人名、地名，如弥尔顿、布莱克和耶路撒冷等，在本书中有时是常规历史人物和地理名称，有时则为布氏神话中的人物，为与前者相区别，后者也以粗体字表示。

② 彼得·阿克罗伊德的《布莱克传》（*Blake: A Biography*）首版于1996年；G. E. 小本特利的《天堂陌影：威廉·布莱克传》（*The Stranger from Paradise: A Biography of William Blake*）首版于2001年。

③ 对于“vision”，本书采取三种译法：①幻象，表示文学、艺术中想象所见之图景；②异象，表示宗教语境中所见之图景；③其他，表示引申义，如愿景、悬想等。相应的形容词“visionary”，据丁宏为《灵视与喻比：布莱克魔鬼（转下页注）

布莱克借以表达此类幻象的种种象征的"感知之门"。布莱克钟爱的哲学家普罗提诺（Plotinus）① 曾说："你最想知道的东西，有些部分我无法向你描述；你必须随我来并自己去看。幻象只为将会看到它的人而设。"⁸

图像说明

　　布莱克一生制作了许多独立的图画和绘画作品，不附加任何

（接上页注③）作坊的思想意义》（见《外国文学评论》2007 年第 2 期），译为"灵视（的）"。据《牛津英语大辞典》，英文"vision"的词源为拉丁文名词"vīsiōn- / vīsio"，意为"视力（sight）"、"看（seeing）"和"看见的东西（thing seen）"，来源于"vīs-"，是拉丁文动词"vidēre"即"to see"（看）的分词词干。"vision"在英语中最初表示：不是由普通视力见到的东西；尤指先知或神秘人物的显现，或者具有启示性质，以超自然方式向心灵呈现，要么是在睡梦中，要么是在异常状态。最早的用例记录于 1290 年，该用法在英文《钦定版圣经》（KJV）中所用极多，各中文译本都译作"异象"。另据台北基督教改革宗翻译社 1990 年版《英汉神学名词词典》中的"vision"词条："异象：①是在《圣经》时代神启示人的一种方式，是当人还醒着的时候出现在人心中的可见印象；②一种更普通的名词，意即神超自然的启示，如《但以理书》9：24。"

① 古罗马哲学家，"新柏拉图主义（Neo-Platonism）"最为重要的代表，相传曾在亚历山大（Alexandria）师事新柏拉图主义的创始人阿蒙尼乌斯·萨卡斯（Ammonius Sakkas），后前往罗马讲学。普罗提诺在新柏拉图学派中建立的派别称"亚历山大-罗马学派"，其以更神秘的形式改造了柏拉图（Plato）的理念论，提出了太一说、流溢说与灵魂解脱说。在美学上，其主张物体美不在物质本身，而在物体分享到神所"流溢（emanation）"的理式或理性，神或理式是真善美的统一体。普氏的思想对基督教的教父哲学，特别是中世纪的神学与哲学影响很大，其著作由门徒波菲利（Porphyry）汇辑成《九章集》（*The Enneads*）。

文本。这些画作有的是为别人作品创作的插画，尽管布氏往往将自己的意图渗入其中，有的是他希望出售的原创作品。一位评论者说的对，布莱克的所有画作都"因思想而成了谜语"，并像他的文本一样需要"阅读"。⁹

除了这些独立的画作，布莱克还创作了一系列非凡的书籍，其中图像和文本被蚀刻在铜版上，彼此嵌入，在印制后经手工上色。据布氏暗示，这些书被称为"彩画书（illuminated book）"，类似于中世纪的"彩画写本（illuminated manuscript）"①。阅读以惯常形式印刷的像《老虎》（*The Tyger*）这样的诗作当然没什么问题，但按布莱克设想的形式阅读它们总会更富有意味，也更能引人深思。

本书的出版商耶鲁大学出版社（Yale University Press）准许大量收入布莱克的美术作品，虽非全部，也已是十分慷慨了；但是，如果不是因为成本过于高昂，布莱克"彩画书"的每幅印版，包括开本、版式、用色，都值得按照他的意图以原样的方式呈现。幸运的是，令人赞叹的印本可被方便地找到。② 威廉布莱克信托基金（William Blake Trust）与普林斯顿大学出版社（Princeton University Press）合作，已然发行煌煌六卷，复制了所有"彩画书"的不同印本，并带有出色的评注。大部分"彩画书"的多

004

① 也称"泥金装饰手抄本"，其内容通常跟宗教有关，内文多装饰以精美的图画和不同种类的点缀，例如经过装饰性处理的首字母和边框，而泥金装饰图形则经常取材于中世纪纹章或宗教徽记。

② 为方便读者阅读，本书只标明"印本E，印版3"（具体印本号和印版号见各插图和彩插图题），不再复注"copy E，plate 3"。（除特殊情况外，后不再说明；详细信息请参见"图片版权说明"。）

个印本都可在绝佳的布莱克档案馆（Blake Archive）官方网站"blakearchive.org"上在线浏览。这些资源保持了最高的学术水准，并随时欢迎所有热爱布莱克的人访问。

得益于这座网络档案馆，我们能够做一些布莱克从未做到的事。除非他能从与自己保持联系的朋友和资助人那里借回作品的印本，否则他无法权衡许久之前自己所作的选择。比如，在为1818年新版上色之前，看一看1789年版的《天真之歌》（*Songs of Innocence*）。但网络档案馆的对比功能可以轻松做到这一点，即观看特定图版的多个版本。至于不同印本的日期，档案编辑约瑟夫·维斯科米（Joseph Viscomi）已在他的必读之作《布莱克与书的理念》（*Blake and the Idea of the Book*）中作了令人信服的考证。[10]

无论多么细致谨慎，连同着色的细微变化、纸张的厚度与纹理，以及页边留白的宽度，最好的印本依然无法捕捉原作的完整效果。在"彩画书"的早期印本中，布莱克［有时他的妻子凯瑟琳（Catherine）也会帮忙］会运用淡水彩颜料完成"淡染（wash）"①。这些印本会显现一种轻柔的微光，正如版画家及学者迈克尔·菲利普斯（Michael Phillips）所观察的，"白纸上的透明颜料所呈现的色调，更多来自光线'透过'颜料从白纸反射出来再返回眼睛所形成的色彩，而非来自直接从颜料表面'反射掉'的光线"。[11]

与此相反，布莱克在后期创作中着眼于将作品当作昂贵的艺术品售卖，所以用浓稠的不透明颜料厚涂上色。这些作品的印本

005

---

① 指均匀涂在纸面上较大区域内、不见笔触且薄而透明的水彩或稀释的墨水色层。

有时也会显得艳丽夺目，然而某些特定效果，例如用金箔来突显高光，则根本无法再现出来。布莱克档案馆的编辑特意谨慎地作了色彩校正，但在通过网络呈现印本时又出现了另一个问题：电脑显示器的背光会使图像如同彩绘玻璃窗一样发光。以我们对布莱克的了解，他应该会喜欢这种效果，但它毕竟已与原作大相径庭。特里斯坦·康诺利（Tristanne Connolly）曾将观看印本比作阅读译作："就像隔着手帕接吻。"[12]

文本说明

布莱克的拼写和标点颇为古怪。尽管有些拼写，例如"tyger"（老虎）已深入人心而无法改动，但保留"recieve"、"opressors"以及"rabbet"［实为"rabbit"（兔子）］之类的拼写对实现本书的目的毫无帮助。类似的，本书总的来说并没有沿用布氏对大写字母的大量使用，只对像"Man"和"Eternity"这样根据上下文意思似乎要求大写的地方予以保留。

标点也是个问题。戴维·V. 厄尔德曼（David V. Erdman）编辑的《威廉·布莱克诗歌散文全集》[*The Complete Poetry & Prose of William Blake*，内含哈罗德·布鲁姆（Harold Bloom）颇有价值的评注］多年来已成为通行本，其着力于复写原作的每一处非同寻常的标记，但结果往往是妨碍了读者对文意的理解。该版本中一些本该用逗号的地方写的却是句号，评论者过去常常认为其中蕴含深意，因而惯于大做文章，但是对多个印本的仔细研究表明，这种差别往往缘于印刷过程中的偶然失误，因为逗号很容易在印刷时丢掉下面的"小尾巴"。有位编辑的总结不无道理：布莱克"相对来说不怎么在意标点"。[13]

006　　　　因此，在标点符号明显混淆、影响理解之处，笔者直接作了修改，然后给布莱克草率写就的散文加了很多标点，以方便断句。我还删去布氏惯于用来取代"and"（和）的符号"&"。他喜欢用"&"很可能只是为了在拥挤的一行中节省空间，但这确实给"每个罐子 & 容器 & 外套 & 器皿（every pot & vessel & garment & utensil）"这样的表述制造了不必要的怪异感。事实上，他偶尔也会完整拼写出"and"。此外，布莱克还很少使用引号，有时他大概是想达到让不同的声音彼此融入的效果，不过，当说话者的身份似乎很清楚时，我就会加上引号。这一点笔者大体遵从了 G. E. 小本特利在《威廉·布莱克作品集》（*William Blake's Writings*）中的选择。[14]

　　最后，本书在引用"彩画书"时会先标注印版号和诗行号，然后以大写字母"E"为标识，后接厄尔德曼版中的页码。[15] 因为布莱克经常在制作一件作品的不同印本时调整印版的次序，所以在基于不同印本的版本中，印版的编号有时会不一样。此外，由于厄尔德曼版不折不扣地忠于原初体例，如果需要对读者更友好的文本，人们可能会青睐艾丽西亚·奥斯特里克（Alicia Ostriker）和 W. H. 史蒂文森（W. H. Stevenson）的版本，①二者都包含很好的注解。[16] 不过，它们并未收录布莱克的往来书信与其他散文。

---

①　艾丽西亚·奥斯特里克编辑的《威廉·布莱克诗全集》（*William Blake: The Complete Poems*）首版于 1978 年；W.H. 史蒂文森编辑的《布莱克诗全集》（*Blake: The Complete Poems*）首版于 1989 年。

第 1 章　工作中的艺术家

少年时代

威廉·布莱克 1757 年 11 月 28 日出生于伦敦。他的父亲詹姆斯（James）是袜商或服饰用品商，贩卖手套和袜子。全家住在位于宽街 28 号［28 Broad Street，宽街现名为"布罗德维克街（Broadwick Street）"］的店铺楼上，北邻牛津街（Oxford Street）。他的母亲凯瑟琳（Catherine）之前嫁过一位名叫"托马斯·阿米蒂奇（Thomas Armitage）"的服饰用品商，阿氏于 1751 年辞世，28 岁的凯瑟琳年纪轻轻便守了寡。次年，她嫁给了比自己小 1 岁的詹姆斯·布莱克。身为服饰用品商，詹姆斯顺理成章地把二人的生意合并一处，而他很可能是阿米蒂奇的生前好友。

布莱克家的四层楼坐落于宽街和马歇尔街（Marshall Street）的拐角处，另外两头与邻舍相连。房屋的每一层都有三扇大窗（马歇尔街这边每层的一扇窗都用砖封砌，以避免高额的窗户税），店铺则占用一楼。目前，那幢建筑早已不复存在，日久年深，威廉·布莱克的其他住宅大多也不在了。[1]

布莱克家的第一个孩子与父亲同名，时间一到他将继承家业。四年之后威廉出生，其后两年是约翰（John）。威廉从来受不了这个弟弟，曾有一次称其为"邪恶之人（the evil one）"，约翰则似乎在从军后战死国外。最小的弟弟是罗伯特（Robert），比威廉小 4 岁半，是他最为亲近的朋友，可惜在 24 岁时因肺结核而去世。最后出生的是小妹凯瑟琳，与母亲同名。我们关于威廉的兄弟姐妹所知甚少，不过，除了约翰，威廉似乎终生都和他们关系融洽。[2]

亚历山大·吉尔克里斯特（Alexander Gilchrist）在布莱克去世36年后写了一部出色的传记《威廉·布莱克生平》（*The Life of William Blake*），他从布莱克在世的友人那里听说布氏很少谈到父母。除了《天真之歌》，他诗歌里的父母形象大多控制欲太强，甚至过于严厉。不过，有一位朋友回忆他是这样描述父亲的："慈祥关爱，总是鼓励为主而不是责备。"他还说，因为自己"蔑视束缚与规则"，父母认为最好不要送他去学校，体罚在当时的校园里是家常便饭。不过，很可能布莱克的兄弟姐妹也都没有去上学，因为那个时代的商人子女经常在家里学习读写。[3]

布莱克从不后悔自己没有受过正规教育。

> 感谢上帝我从未被送去学堂
> 挨鞭子学会跟从傻瓜的榜样。

但他一直是个贪婪的读者。布莱克有十几本藏书幸得留存，书的页边写满了批注，表明他深入思考且时常争辩。有句话说的好：他没上过学，但并非没有学问。[4]

布莱克43岁时在一封信里写的诗句说明他兴趣广泛。

> 如今我在诸天的命运是这样：童年时弥尔顿爱我
> 　向我显现他的面孔，
> 以斯拉和先知以赛亚同来，但莎士比亚在更成熟的年纪
> 　向我伸手；

帕拉采尔苏斯和波墨 ① 向我现形……5

布莱克说这些激发灵感的形象向他露出面容或者现形，他可能只是在打比方，也可能是回忆某种真实的"幻象（vision）"。后文会对此略作描述。"以斯拉（Ezra）"即"次经（Apocrypha）" ② 中的先知"厄斯德拉（Esdras）"。帕拉采尔苏斯（Paracelsus） ③ 是瑞士

① 德国自然哲学是一种与机械唯物主义相对立的思辨自然观，起源于 16~17 世纪的活力论。与当时在自然科学中占优势的机械唯物主义学派相反，活力论的代表人物帕拉采尔苏斯和弗朗西斯库斯·梅尔库里斯·范·海尔蒙特（Franciscus Mercurius van Helmont）认为，根本没有什么被动的物质，自然界的一切事物都是活的和自主的，促使它们成长和运动的是其自身的内在生命力，而非外来的推动。雅各布·波墨和戈特弗里德·威廉·莱布尼茨（Gottfried Wilhelm Leibniz）从哲学上初步把活力论系统化。前者猜想到作为宇宙灵魂的外化的自然界是矛盾发展的，后者用单子的不断完善的过程解释自然界呈现的各个阶段。不过，此类唯心辩证法思想并未对当时的自然科学产生较大的影响。

② 系指存于希腊文"七十士译本（Septuagint）"而不存于《希伯来圣经》（Hebrew Bible）中的著作。基督教教父时期为系统化神学内容以回应异端挑战，故将全部宗教经典分为"正典（Canon）"、"次经（Apocrypha）"与"伪经（Pseudepigraphos）"三个层级。一般认为，次经是由犹太教抄经士在后期加入或在翻译时被纳入正典。但后来也有几卷阿拉姆语和希伯来语抄本在"死海古卷（Dead Sea Scrolls）"中被发现。次经不同于伪经，后者的内容被正统神学认为是否定基督救恩的冒名他人之作，并且与《圣经》的主要内容相违背或冲突；而次经只是未被纳为新教所认可的《旧约》正典的犹太教著作。但天主教与东正教一直以来皆视次经为《圣经》的一部分，理由是初世纪时即已如此。

③ 系瑞士化学家、医学家、自然哲学家，全名为"菲利普斯·奥赫乌洛斯·特奥夫拉斯图斯·邦巴斯特·冯·霍恩海姆（Philippus Theophrastus Aureolus Bombast von Hohenheim）"。帕拉采尔苏斯相当熟悉医学和炼金术，反对古罗马医师盖伦（Galen）继承和发展自古希腊医师希波克拉底（Hippokrates）的"体液说"。他和弟子们的研究逐步清除了炼金术的神秘色彩，改变了医学和化学的发展方向，奠定了药物化学的基础。

炼金术士和神秘学者, 雅各布·波墨 (Jakob Böhme) [1] 是德意志神秘主义者; 布莱克对他们的学说极感兴趣。他自学成才而又独立不羁, 从一个局外人的视角看待所处时代的文化, 比起我们记忆所及的其他浪漫主义者有过之而无不及, 他们所受的教育更为循规蹈矩。威廉·华兹华斯 (William Wordsworth)、塞缪尔·泰勒·柯尔律治 (Samuel Taylor Coleridge)、乔治·戈登·拜伦 (George Gordon Byron) 就读于剑桥; 珀西·比希·雪莱 (Percy Bysshe Shelley) 进了牛津, 直到因激进的政治观点而被开除; 约翰·济慈 (John Keats) 尽管没上过大学, 却也进了很好的盖伊医院 (Guy's Hospital) 学医。

尽管在方式上极为对立, 布莱克提及的"我在诸天的命运 (my lot in the heavens)"依然反映了他与宗教观念的终生纠葛。他的家人可能是"不从国教者 (Dissenters)"[2], 即虽是新教徒, 却没

[1] 系德意志哲学家、基督教神秘主义者和路德宗新教神学家。波墨的思想对德意志古典哲学产生了一定的影响, 格奥尔格·威廉·弗里德里希·黑格尔 (Georg Wilhelm Friedrich Hegel) 认为, 因为有了波墨, 德意志才出现了风格独特的哲学。波墨把自然事物的内在矛盾称作物质的"痛苦 (Qual)", 马克思在《神圣家族》(Die heilige Familie) 中曾借用波墨的这一特有术语表述物质自身的运动, 认为正是这种内在的"痛苦"引起物质的运动, 进而产生出多样性的"质 (qualitas)"。

[2] 也译"非国教徒", 即英国基督新教中拒不参加国教会的教派及其信徒的总称。16世纪, 英格兰进行宗教改革, 脱离天主教会, 成立国教会, 并通过一系列法令规定国教会为英国国教, 要求臣民信奉且尊国王为国教之首。但非国教的教派和信徒不肯服从, 被称为"不从国教者", 清教徒即其中的代表。狭义的不从国教者又被称为"抗议教派", 专指拒绝服从查理二世 (Charles II) 在位时通过的《1662年信仰划一法案》(Acts of Uniformity 1662) 而被革除教职的教士。他们在1689年得到政府宽容, 但直到19世纪才获得完全的宗教及社会权利。

有加入英格兰教会（Church of England，也称"英国国教会"）^①；不过，有某些证据表明布莱克的母亲可能是摩拉维亚弟兄会（Moravian Brethren）^② 的信徒。该教派虽强调内在的精神性，却认可与国教会同宗，而威廉就是在 1757 年 12 月 11 日于威斯敏斯特圣雅各教堂（St James's Church，Westminster）受洗的。⁶

---

① 16 世纪，英格兰发生了以新教取代天主教的宗教改革运动。国王亨利八世（Henry Ⅷ）借口罗马教宗克雷芒七世（Pope Clemens Ⅶ）拒绝批准他与王后阿拉贡的凯瑟琳（Catherine of Aragon）离婚，遂于 1529 年召开改革议会，进行宗教改革。1532~1534 年间，改革议会在托马斯·克伦威尔（Thomas Cromwell）的推动下相继通过了若干法案，宣布英格兰教会与罗马教廷脱离关系，并停止向罗马教廷缴纳贡金，且英格兰君主为国教会最高首脑。1571 年，英格兰议会通过了《三十九条信纲》（Thirty-nine Articles），进而以此作为国教教义，英格兰宗教改革最终完成。这种按新教教义建立的教派称"安立甘宗（Anglicanism）"，其教会称"安立甘教会（Anglican Church）"，即英国国教会（也译"圣公会"）。

② 也称"波西米亚弟兄会"，正式名称为"弟兄合一会（Unitas Fratrum）"，系捷克新教教派，1457 年由彼得·海尔奇茨基（Petr Chelčický）的追随者在波西米亚建立。该教派受胡斯学说的影响，否定国家、否定各阶层和财产的不平等，主张放弃暴力斗争，提倡简化崇拜礼仪，过简朴的生活。1467 年，其建立了自己的牧师会，至 16 世纪初已有 400 所教堂，20 万信徒。1618 年以后，因反宗教改革而引发第二次布拉格掷出窗外事件，随后造成神圣罗马帝国皇帝斐迪南二世（Ferdinand Ⅱ）与当地新教领主的冲突，进而引发三十年战争（Thirty Years' War）的波西米亚阶段。1627 年，反奥地利哈布斯堡皇朝统治的捷克起义失败后，神罗皇帝下令禁止了所有新教，摩拉维亚弟兄会也遭到破坏，许多信徒便移居德意志的萨克森公国（Duchy of Saxony）。今捷克共和国的摩拉维亚教会和捷克福音派弟兄会皆渊源于该派。目前，全球摩拉维亚弟兄会最大的集中地位于坦桑尼亚。

小威廉在孩提时代就让父母忧心忡忡，因为他称自己体验了"异象（vision）"。后来，布莱克告诉朋友们自己在田地的干草翻晒器具中间看到了天使，它们如今仍被放置在离宽街不远处，参观者可轻松步行到达。当回家向父母描述异象时，小威廉少不了因撒谎而挨揍。更令人不安的是，布莱克的妻子有一次曾说道："你知道，亲爱的，你第一次见到上帝是 4 岁，他把头伸向窗户，惹得你高声尖叫。"⁷ 这则轶事显然暗示了布莱克儿时心中的极度不安。

布氏在很小的时候即已显露艺术天赋，于是詹姆斯与凯瑟琳决定把他培养成艺术家，并且极为慷慨地为儿子购买了大量所需的印刷画。然而，对一个家境并不富裕的孩子来说，以地位尊贵的美术为业是想也不敢想的事。他 10 岁时进了一所位于河岸街（Strand）由亨利·帕尔斯（Henry Pars）开设的职业学校。这所学校以培养商业艺术家为宗旨，作为一场旨在改进英国的纺织、陶瓷和其他奢侈品社会运动的一部分而设立，男生在其中将被培训成为"几门技艺和手工制作的师傅，并要求拥有高雅的品味和准确的制图技艺"。⁸

雕版工学徒

接下来是正式的学徒期。按照习俗，布莱克在 15 岁那年成为雕版师詹姆斯·巴西尔（James Basire）的学徒工，巴西尔住在邻近科文特花园（Covent Garden）的女王大街（Great Queen Street），距离布莱克家不到一英里 ①。学徒期按惯例会持续七年，其间，布莱克通常和另一个或更多的徒弟一起住在巴西尔家。少年们每天要工作 13 小时，合计每周工作 78 小时，只有周日休息，这就是当时的惯例。

010

---

①　1 英里约等于 1.61 公里。

巴西尔的专长属于地位较低的类型，他制作中世纪教堂和纪念碑"古迹"的细致描绘。后来事实证明，这份工作倒是很合布莱克的胃口。他的任务之一就是整天待在威斯敏斯特教堂（Westminster Abby，也译"西敏寺"）绘制坟墓和墓碑的精确素描。这段经历激发了他对哥特式风格的终生热爱。据记载，他在教堂体验了一次难忘的异象："这座古老建筑（或庇护所）的走廊和楼座突然排满了长长的行列，有修士和教士、唱诗班和香炉师，他入迷的耳朵听到了素歌 ① 和众赞歌的吟唱，同时教堂的拱顶也在颤抖着应和管风琴声。"⁹

镌版是极其费力的工作，要求对锋利工具的极强控制力，以便将线条刻进铜版。罗伯特·N. 埃西克（Robert N. Essick）是富有经验的版画家，同时也是布莱克专家，他说，由于刻线刀不得不"像犁铧"一样从金属中推过，就必须极其小心地控制刻槽的宽度。"在视觉艺术的技艺中，镌刻是最为精确的，任何人想要连续工作数小时，体力都要充沛。但这能量必须总是由训练有素的手、眼和心灵来控制。"当准备好印刷后，铜版会在火盆上加热，

---

① 系中世纪罗马天主教会的祈祷歌曲，又称"额我略圣咏（Gregorian Chant）"，因教宗额我略一世（Pope Gregory I）而得名，相传这种歌曲由他所制定。素歌的歌词均是散文，大多出自《圣经·旧约·诗篇》，曲调则用中世纪的八种教会调式（多里亚、下多里亚、弗里吉亚、下弗里吉亚、吕底亚、下吕底亚、密克索吕底亚、下密克索吕底亚）写成。现存的近 3000 首素歌都是单声部自由节奏的曲调，歌词的一个音节有唱一音的，有唱多音的，也有唱拖腔的。而广义的素歌则泛指罗马天主教会和其他西方教会的祈祷歌曲，如法国高卢派教会的高卢圣咏（Gallican Chant），米兰的安布罗斯圣咏（Ambrosian Chant），西班牙的莫萨拉布圣咏（Mozarabic Chant），也包括拜占庭、叙利亚等东方教会的圣歌。

并敷上油墨，随后擦拭干净，使其仅保留在镌刻的线条中。[10]

　　图1是原件的复制品，出自一本18世纪的法国版画指南，以雅致的细节展示了镌版过程。在标记为"Fig.1"和"Fig.2"的长方形图样中，图画被从一张纸转移到铜版上，铜版则事先被涂裹了一层清漆，再在火焰上加热使其干透。纸的背面着有一层颜料，从正面描摹，图像就会被拓下来，原理与后来的碳式复写纸相同；如果图样用完即扔，也可以用一系列小圆点刺穿正面以复写图像。在"Fig.3"中，图样已被技师用一把刻线刀镌刻进了金属板。而"Fig.4"则展示了刻线刀的正确持握方法；在"Fig.5"中，刻线刀正以埃西克描述的方式稳定地向前推进。由于顺畅地镌刻曲线极为困难，铜版会被放置在软垫上，以便在需要时可以随时转向。当刻线刀从近身处向远端移动，铜箔会向一边螺旋地翻卷而出。图中的手部阴影是用交叉影线法绘制，这样可以创造出立体的真实感，而其中的一些线条也会镌刻得更深以容纳更多的油墨，使它们的颜色在印刷后看起来更暗。

　　布莱克对自己的技艺深感骄傲："我敢于挑战任何人，看他是否能刻出比我更清楚的笔画，或者当我乐意时，看他能否刻得比我更粗放。"但是他也承认"镌版是永恒的工作……我一时诅咒镌刻版画，一时又感激它，因为它如此耗费时间又如此难以控制，尽管它能创造出如此的美与完满。"布莱克的眼镜被保存至今，表明他双目中度近视，而这对近距离的工作是个优势。[11]

　　当时，雕版师被认为仅仅是体力劳动者，在机械地复现他人的作品。布莱克极度憎恨"那种虚伪做作的哲学，宣扬执行是一种才能，而创造是另一种"。他还抱怨"镌刻另一位画家作品的艰苦程度要远远超过镌刻自己的作品"。[12]原创作品才是布氏毕生事业之所在。

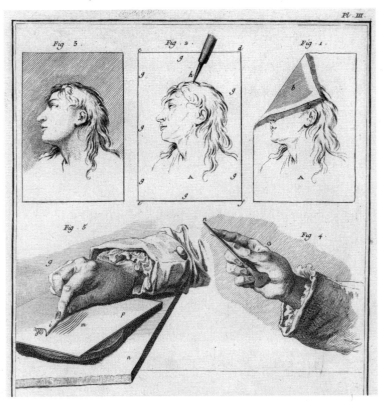

图1 镌版技艺

    学徒期结束后，布莱克曾短期成为声誉卓著的王家艺术研究院（Royal Academy of Arts）[①] 的一名学生，该学院由乔舒亚·雷诺兹爵士（Sir Joshua Reynolds）任院长。布氏似乎不到一年就退学了，在他看来雷诺兹爵士和教师们屈尊俯就的优越感深深地冒

[①]   系英国的国家艺术研究院，成立于1768年，英王乔治三世（George III）是该研究院的"赞助人、庇护人和支持者"。在其建立初年，版画家只能被接纳为非正式成员，直到1853年他们才有资格成为正式成员，而非正式成员制度最终于1992年废止。

犯了自己。因为在那里，版画家被视为低人一等。直到 18 世纪中叶，画家、雕塑家、建筑家仍被看作只是手艺人。然而，这种情况已经开始改变，研究院的建立反映了新意识，即认为艺术家值得享有更高的社会地位。但当版画家要求同等地位时却被告知："各门艺术的卓越地位总是根据它们所包含的创作智力品质的多少而给予相应的评定，绘画、雕塑和建筑都出色地拥有这种品质，但版画却完全缺乏。"事情的转机还要等待很久，王家艺术研究院在一个世纪以后才最终让版画家享有了全部优待。[13]

　　在此期间，布莱克与几位艺术家结为挚友，时间证明他们的友谊持续了很久。这些人包括保险业务员乔治·坎伯兰（George Cumberland），还有被布氏后来称作自己"最亲爱的朋友"的约翰·弗拉克斯曼（John Flaxman）。年长 2 岁的托马斯·斯托瑟德（Thomas Stothard）则刚刚开始书籍插画师生涯，后来他大获成功，一有机会就会让布莱克承接镌刻插画的工作。斯氏创作了一幅蚀刻版画（见图 2），以纪念一次壮游。当时，他们俩及一位身份未明的朋友租了一条小船，在伦敦东南部的梅德韦河（River Medway）上游玩、写生。此事发生于 1780 年，英国与北美殖民地及法国之间战事正酣，年轻的艺术家们对此毫无察觉，他们的船停泊在位于查塔姆（Chatham）的庞大海军基地对岸，40 艘巨大的战舰正在基地里改装整修。因涉嫌为法国刺探情报，三人当即被捕，并就地羁押，抓捕者则迅速派人前往王家艺术研究院核实他们所宣称的身份。在等待期间，斯托瑟德的儿媳听说，"他们携带的物品被带到岸上，抓捕者用船帆为他们支了顶帐篷，挽钩和船桨则插在地上以悬挂船帆"。G. E. 小本特利评论道，对布莱克来说，"这次事件必定证实了他一直以来的怀疑，即民事和军事权力的专横"。[14]

图2　艺术家的野餐：布莱克和朋友们

版画家的工作

　　学徒期结束时，布莱克成了专家，擅长交叉影线法、圆点、点刻法等复杂技法，用以创造出真实深度的幻觉。不论何时，只要有出版商委托镌刻插画，他都不断地运用这些技法；他按照彼得·保罗·鲁本斯（Peter Paul Rubens）的油画摹刻的德谟克利特（Democritus）肖像（见图3）就是一个好例证，这件作品完成于布莱克32岁时。如埃西克所见，仔细镌刻的图案"与真实的面孔没有相似之处，只有我们以正确的方式'辨读'时，它们才显现出一张面孔的幻觉"。这个效果在充分放大后会消失，就像计算机

图3　布莱克镌刻的德谟克利特画像

图像变成了像素的马赛克。[15]

布莱克几乎没有机会看到大师画作的原件。英国国家美术馆（National Gallery）在当时尚未建立，英伦的大多数艺术杰作还都深藏于私人庄园。一次，有位资助人曾有意向着手募集资金送布氏前往意大利，但这个计划后来失败了。因此，他对鲁本斯的印象，或者就这一点来说，他对自己日后的艺术英雄米开朗琪罗（Michelangelo）的印象，均完全立基于黑白印刷品，而这与原作是完全不同的媒介。

鲁本斯的德谟克利特画像原件现藏于马德里的普拉多美术馆（Prado Museum），该画描绘了一位神态放松的哲学家，笑容可掬；古时候，德谟克利特"欢笑哲人"的形象就深入人心。布莱克的作品因被用作约翰·卡斯帕·拉瓦特尔（Johann Caspar Lavater）的面相学书籍插画而与鲁本斯的原作很不一样。拉瓦特尔是一位瑞士牧师，布莱克读过他的格言集，还作过批注。面相学这门伪科学旨在从人的头颅和脸庞形状推导出性格。在拉瓦特尔看来，德谟克利特一定是讽刺挖苦的嘲笑者："嘲笑缩小双眼，并拉紧眼周肌肉形成皱纹……嘲笑让两颊鼓起，变得圆滚滚的……没人会认为我们的德谟克利特的嘴漂亮；可以看到，这张嘴的畸形主要归因于善于嘲讽的禀性，尽管没有张得那么大，还是很丑。"[16] 布莱克无疑记得这些分析，他写在笔记本里的诗歌《嘲讽吧嘲讽吧伏尔泰卢梭》（*Mock on Mock on Voltaire Rousseau*）提到过德谟克利特，本书第 13 章会讨论到这首诗。

016

生意上的活计对布氏而言意味着多种多样的风格，其中许多作品看起来一点也不"布莱克式"。[17] 据统计，至少有 400 件作品出自布莱克之手，他的创作可能更多，只是尚待确认作者的身份。然而另外，他的美术风格愈发被认为陈旧且枯燥，这和时人对他师傅的看法如出一辙，从而解释了他接到的活计愈发稀少的原因。

但是，他的一件作品却受到了广泛的关注：1797 年插图本《诉怨：或，关于人生、死亡和永生的夜思》（*The Complaint: Night Thoughts on Life, Death, and Immortality*，简称《夜思》）最初于 1740 年代由教士爱德华·扬（Edward Young）以连载形式发表。扬是说教式"素体诗（blank verse）"①诗人的一员，他们被记述成更大的 18 世纪幽思者群体。扬自认为"想象（imagination）"是逃避现实者的"幻想（fantasy）"："在想象的仙境里，守护精灵会狂野地游荡；在那里它拥有创造力，可以随心所欲地统治自己的喀迈拉②帝国。"18 对布莱克来说它们不是喀迈拉，它们是真相的图示。

如果该项目如最初计划的那样顺利，将会规模庞大且利润丰厚。为准备这些雕版，布莱克制作了至少 537 幅水彩图样。为此他总共得到了 21 英镑的报酬，单幅酬金极为微薄，仅有 9.5 便士。③19

---

① 也称"无韵诗"，系英语格律诗的一种，由抑扬格五音步写成，每行用五个轻重格音步，即十个音节组成，每首行数不拘，不押韵。其兼具格律诗的严谨和自由诗的洒脱，是英语常见的戏剧和叙事诗形式。莎士比亚在自己的作品中就将素体诗成功转化为伟大的诗剧载体。其后，约翰·弥尔顿（John Milton）于 1667 年在《失乐园》（*Paradise Lost*）中又使素体诗恢复了往日的辉煌。弥尔顿的史诗思想深邃，形式灵活多变，充分运用倒置、拉丁词汇以及重音、停顿和跨行的变化，让史诗产生了戏剧性的效果。

② 也译"奇美拉"，是希腊神话中的怪物，在希腊语中意为"母山羊"。其最早出现在《荷马史诗》中，是提丰（Typhon）和厄喀德那（Echidna）的孩子，前身像狮子，中部像山羊，后身像蛇，嘴里喷火，因破坏庄稼，为英雄柏勒洛丰（Bellerophon）所杀。

③ 1971 年未进行币值十进位制之前，1 英镑等于 20 先令，而 1 先令又等于 12 便士。换言之，1 英镑等于 240 便士。

46

Or if we wish a fourth, it is a friend——
But friends how mortal ! dangerous the desire.
　　Take Phœbus to yourselves, ye basking bards !
Inebriate at fair fortune's fountain-head ;
And reeling through the wilderness of joy ;
* Where sense runs savage broke from reason's chain,
And sings false peace, till smother'd by the pall.
My fortune is unlike ; unlike my song ;
Unlike the DEITY my song invokes.
I to day's soft-eyed sister pay my court,
Endymion's rival ! and her aid implore ;
Now first implored in succour to the muse.
　　Thou who didst lately borrow Cynthia's form,
And modestly forego thine own ! O thou
Who didst thyself, at midnight hours, inspire !
Say, why not Cynthia patroness of song ?
As thou her crescent, she thy character
Assumes ; still more a goddess by the change.
　　Are there demurring wits, who dare dispute
This revolution in the world inspired ?
Ye train pierian ! to the lunar sphere,
In silent hour address your ardent call
For aid immortal——less her brother's right.
She, with the spheres harmonious, nightly leads
The mazy dance, and hears their matchless strain ;
A strain for gods, denied to mortal ear.
Transmit it heard, thou silver queen of heaven !
What title or what name endears thee most ?
Cynthia ! Cyllene ! Phœbe !——or dost hear
With higher gust fair P——d of the skies ?

图 4　《感觉在狂奔》

最终完成的雕版将会赚取真正的利润，但因首卷销量不佳，后续出版由此停滞。于是，只有 43 幅雕版得以出版，但它们提供了惊鸿一瞥，让人们得以窥见布莱克对爱德华·扬因循守旧的道德劝诫的隐约批评。此处翻印的雕版（见图 4）用图画解释了印好的诗歌中以星号标出的第六至第七诗行："那里感觉摆脱理性的锁链狂野奔跑，／歌唱虚假的和平，直到为枢衣所窒息。（Where sense runs savage broke from reason's chain, / And sings false peace, till smother'd by the pall. ）"

　　扬想当然地认为摆脱理性的锁链是非常错误的，沉溺于欢愉会招致死亡的"枢衣"。布莱克所相信的与此恰恰相反。在他的图画中，"感觉（sense）"是赤裸而可爱的女人，欢快地举起手臂，长发自由飘舞。她的右踝上有个小小的脚镣，只有脚镯般大，这就是扬所说锁链的唯一痕迹，她在阳光明媚、起伏连绵的群山上轻松自如地向观看者走来，而不是在"狂野"奔跑。她所不知道的是，一个巨大的形象，紧握双拳，正要抛下宽大的黑色斗篷罩住她，把她窒息在黑暗中。大多数观看者都会把这迫近的威胁视作死亡的化身，但布莱克更可能认为这是理性，感觉对理性的逃避总是太过短暂。[20]

　　在最初的水彩图样中，画中女人的私处缝隙虽不显眼但也能清楚地看到。无疑是出版商要求布莱克在雕版中遮住它。可即便如此，这幅作品和他为《夜思》所作其他插画招致的非议仍近乎丑闻。一位朋友评论道："赤身裸体的颤抖人形环绕庄重神圣的诗篇，严肃的人和虔诚的人对接受这种东西毫无准备。"[21]

婚姻与四幅肖像

　　1782 年，布莱克的生活中发生了一件大事：他娶了凯瑟琳·鲍彻（Catherine Boucher）。凯瑟琳是商品蔬果农的女儿，姓氏读音大概近似于"Butcher"（布彻）。布莱克那年 25 岁，鲍彻 20 岁，她是一名女仆，基本不识字，尽管丈夫后来教了她读写。一位布氏的早期传记作家听说他被吸引是因为"凯瑟琳手的白皙，眼睛的明亮，纤细、俊俏的身形，符合他心目中空气精灵、水泽仙女的形象"。另一位传记作家则说道："我选择'褐发姑娘'、'非常漂亮'来形容对她更年轻时容貌的某种感觉。布莱克本人则会吹嘘说他有一个十分漂亮的老婆。"[22]

布莱克在遇到鲍彻时正因失恋而心灰意冷，据记载，他向日后的妻子讲述了"他的无情少女泼莉·伍德（Polly Wood）的伤心故事，对此凯瑟琳深表同情，她的话语如此温柔怜爱，打动了布莱克。布氏马上以特有的突兀接口说：'你同情我吗？'她回答：'是的，我真的同情你。'布莱克又说：'那么我爱你。'这就是他们的恋爱过程"。《奥瑟罗》（Othello，也译《奥赛罗》）的回声引人遐想——"她为了我所经历的种种患难而爱我／我为了她对我所抱的同情而爱她"[①]——随着岁月流逝，嫉妒的插曲将引发严重的紧张关系。无论如何，在晚年，所有认识他们的人都认为他们是特别恩爱的夫妻。鲍彻成了版画印刷过程中娴熟的合作者，还支撑着丈夫度过了抑郁时期。彼得·阿克罗伊德令人信服地表明，如果没有妻子，布莱克那些最伟大的作品没有一件能面世。[23]

传记作家亚历山大·吉尔克里斯特传神地描述了妻子的支持意味着什么。"当布莱克处于仿佛要撕裂他的……异常强烈的灵感之下，此时他屈从于缪斯或叫作不论什么别的名字的东西，又写又画，凯瑟琳就会半夜起床。这个任务显得如此可怕，她不得不一动不动、一声不吭地坐着，只从精神上支持他，手脚都不挪动；如此这般持续数小时，而且夜复一夜。"吉尔克里斯特还说鲍彻学会了看见她自己的异象。"她不仅习惯于附和丈夫所说，像他那样谈论宗教和其他话题，这一点可由布莱克教她读书这个事实得到

①　引自朱生豪等译的人民文学出版社 2014 年版《莎士比亚全集》第十册中的《奥瑟罗》第一幕第三场。

图 5　凯瑟琳·布莱克

解释，她还学会了领受异象：看见一排排形象在光天化日下沿河行走，当他们消失在水中时会让人吓一跳。"[24]

　　鲍彻 40 岁出头时，布莱克在一面印有文字的纸张反面——字迹隐约透过纸背——为她画了一幅动人的素描。（见图 5）图中她双眼

图 6　据托马斯·菲利普斯的油画镌版制作的威廉·布莱克画像

下视，睫毛动人，似乎正在绘图或上色，几缕鬈发从头巾下逸出。

　　几幅威廉·布莱克的肖像画也留存至今。令人印象最深的是一位竞争对手版画家的作品（见图 6），它作为另一首格调阴郁诗歌的单行本卷首画而问世，即罗伯特·布莱尔（Robert Blair）的

《墓穴》（*The Grave*）。这幅画之所以被采用，是因为布莱克绘制了（但没有镌刻）书中的图样。这幅肖像画是从托马斯·菲利普斯（Thomas Phillips）的油画临摹而来，原画创作于布氏 50 岁时，现收藏于英国国家美术馆。

　　另一幅肖像画（见图 7）重新发现于 1974 年，起初被认作布氏的朋友约翰·林内尔（John Linnell）的作品，但是二人直到布莱克生命的末尾才相识，而且林内尔的风格会更加贴近自然主义。这幅作品呈现的布莱克约有 45 岁，目前的所有人是罗伯特·N.埃西克，他颇有说服力地辩称这是一幅自画像，画中人目光专注，带有艺术家在镜中审视自己时特有的神情。G. E. 小本特利观察到这幅作品类似于布莱克同时期绘制的"袖珍画（miniature）"①，许多特征都紧密对应菲利普斯所作的肖像画："带有奇特翻领的高领外套，白色的领结，浑圆的额头，锐利的目光，拱形的眉毛，以及从头顶向后梳的头发。"25

　　画中人双眼气势夺人，这是恰当的，因为每个认识布莱克的人都被这双眼睛的力量所打动。他年轻的弟子塞缪尔·帕尔默告诉吉尔克里斯特"他的眼睛是我所见过最好的，明亮，但不游移，清澈、专注，又充满怀疑。它闪耀着天才的光芒，或融化在柔情里；它也可以令人畏惧。狡黠和虚假在它注视之下畏缩不前，但它从不与这些东西纠缠。它刺透它们，然后移开"。另一位密友，弗雷德里克·泰瑟姆（Frederick Tatham）称布莱克的眼睛"大得异乎寻

020

021

————

① 即很小的独幅绘画，尤其是可以握在手中或当作首饰佩戴的肖像。这些肖像通常是用水彩颜料在牍皮纸上画的，偶尔也画在牙料或卡片纸上，17~18 世纪曾风行过用珐琅技法制作的袖珍画。英国著名的袖珍肖像传统的开创者卢卡斯·霍尼伯特（Lukas Hornebolte）就曾给亨利八世绘制过袖珍画。后来，这种艺术在英伦持续兴盛，直到 19 世纪中叶。

图 7　布莱克的自画像（存疑）

常，透明如玻璃，他似乎是用这双眼眸在看进某个彼岸世界"。[26]

　　另一幅可能的自画像（见图 8）则完全神秘难解。在生命的　024
末期，布莱克开始为约翰·瓦利（John Varley）绘制历史人物的
"灵视头颅（visionary heads）"，瓦利是一位画家、占星家、骨相学

图 8　教布莱克绘画的人

家，他相信布莱克喜欢与精神世界直接接触。林内尔将此画记录
为"在布莱克的梦中指导他绘画等事之人的肖像画"。硕大眼睛目
不转睛地凝视，充满了镇定的期待，好像来自另一个宇宙的生物，
而淡淡的微笑让人想起菩萨。至于额头上神秘的分支形状则众说

纷纭，有人说是灵感的火焰，有人说是知善恶树，也有人说是骨相学家据以推导出特殊心灵官能的凸起。众多评论者都认为这确实是布莱克自己的理想化身，吉尔克里斯特对布氏相貌的描写可以很容易地适用到这幅画上："在方形、硕大的头颅中有着巨大的脑容量，隆起的额头，太阳穴十分饱满浑圆，据骨相学家所说，'理想（ideality）'或'想象（imagination）'栖息于此。"[27]

发明新蚀刻法

与"线刻（engraving）"相反，"蚀刻（etching）"受到版画家的重视，因为它远远比在金属板上镌刻线条的繁重劳动简单得多。印版裹上一层蜡，图样被用蚀刻钢针描画在蜡上面，然后将铜版浸入稀释的硝酸溶液，边缘用蜡墙固定。酸液会腐蚀掉被钢针刻透蜡层的部分，仍然受蜡层保护的区域则保持不变。铜版浸在酸液里的时间长短将决定线条被腐蚀的深浅。

需要强调的是，在布莱克的时代，线刻和蚀刻属于实用技法，并不被看成互斥的艺术形式，只要能够有利于翻印版画就都可以加以运用。二者经常同时用于同一幅图像，镌刻的线条为初始的蚀刻添加细节。许多现在被记述为蚀刻的作品实际上含有大量的线刻，而许多所谓的线刻作品却几乎完全是蚀刻而成。[28] 布莱克经常兼用这两种技法，并在特殊印制的版画作品上用钢笔和墨水强化线条。

布莱克在 30 岁出头时采用了一种与惯常做法相反的蚀刻工艺。他相信这是自己的发明，并称是已故的弟弟罗伯特的精神激发了灵感。尽管研究者已经确认了一些先行者，但这个方法对伦敦当时的版画家来说肯定还是陌生的。布莱克用所谓的"凸面蚀刻（relief etching）"[①] 把线条提高到凸起于铜版的表面。他会用蘸了抗酸清漆的羽毛笔或画笔把图样直接画在裸露的印版上。然后把印版浸入酸液，除了画好的图样，酸液会腐蚀掉其他所有部分，于是图样就会从印版上浮起来。这种做法允许操作的自由度，很像徒手作画。"油画是在画布上作画，"布莱克说，"版画则是在铜上作画。"学者—版画家约瑟夫·维斯科米称，这样得到的图像具有原创作品的新鲜感，"避免了从一种符码转化为另一种符码时所特有的视觉变形"。[29]

但是，如果说蚀刻法从这个角度看操作更加自由，那么从另一个角度看，它又更加费事。在标准蚀刻法中，油墨被用滚筒涂抹到整个印版上，然后再擦拭干净。随后纸张在印刷过程中被用力压贴到印版上，进而吸附留在蚀刻线槽里的油墨。然而在布莱克的工序中，印刷工不得不用皮革球将油墨非常轻柔地沾染到印版表面隆起的线条上。一旦油墨沾到了印版上不需要施墨的地方，这经常发生，工人就不得不仔细地将其擦掉。

普通的插图本书籍，例如《夜思》，会结合常规的印刷字样和图画边饰。布莱克的新方法则允许他在单幅图样中结合文字和图像。当他镌刻文字时，字母当然必须反着写，这样在印刷时才能正确显示。他娴熟自如地掌握了这项技艺，朋友坎伯兰说："他独擅此技。"[30]

---

①　布莱克称这种蚀刻方法为"铜版木刻（woodcut on copper）"，即带油墨的图样部分凸起而非凹陷于印版表面。首先，图样被用一种抗酸的光油画在印版上。然后，印版被浸入酸液中，图像在未受保护的部分被腐蚀后就凸现出来，进而可以用木刻版的方法去印制。这种方法虽于18世纪出现，但除布莱克外，别人很少使用。

凸面蚀刻给了布莱克对从始至终全过程的完全控制权，这是他采用这一技法的主要理由之一。在当时的商业印刷中，一组人会参与到一部插图本书籍每一版面的制作中：作者，把字样排进铅字版的排字工，图像的设计师，在印版上复现图样的镌版工，最后是印刷工，他会把每一版印刷两次，一次为文字（凸起的铅字版），一次为图像（刻在金属中）。对于昂贵的版本，比如约翰·詹姆斯·奥杜邦（John James Audubon）的书就是为人熟知的例子，还需要一位专家来为图像着色。布莱克往往一人身兼数职：作者、图像设计师、镌版工、印刷工以及着色师。

026

布莱克在不同时期对自己创作书籍的方式给出了令人难以察觉的暗示。他以如下方式引入了《天堂与地狱的婚姻》（*The Marriage of Heaven and Hell*）中震撼人心的箴言。

> 我回家的时候，在五感的深渊之上，那里一座崖壁光滑的悬崖魔额俯临当今世界，我看见一个强大的**魔鬼**躲藏在乌云之中，在岩壁之上盘旋。他用腐蚀之火写出如下句子，如今已为人们的心灵领会，并由他们在世上传诵：
> 你怎么知道每只开辟空中之路的飞鸟
> 不是无量的快乐世界，被你的五感闭塞？①

---

① 这两行诗句 "How do you know but ev'ry bird that cuts the airy way / Is an immense world of delight, closed by your senses five ？" 在厄尔德曼版中为："How do you know but ev'ry Bird that cuts the airy way, / Is an Immense world of delight, clos'd by your senses five ？"（E35）据约翰·E. 格兰特（**转下页注**）

"强大的**魔鬼**（mighty Devil）"就是布莱克自己，他看着酸液浴中的印版上映着自己的倒影。腐蚀剂，他补充道："在地狱里是有益健康和有药用疗效的，把貌似的表面融去，展现隐藏的无限。如果感知之门被彻底清洁，每样东西都会示人以本来面目，无限。（in Hell are salutary and medicinal, melting apparent surfaces away, and displaying the infinite which was hid. If the doors of perception were cleansed, everything would appear to man as it is, infinite.）"[31]很久之后，这段话将在20世纪中叶的"反文化（counter-culture）"[①]中获得新生。阿道司·赫胥黎（Aldous Huxley）将他的书题名为《感知之门》（*The Doors of Perception*，也译《知觉之门》），书中

（接上页①）（John E. Grant）和玛丽·林恩·约翰逊（Mary Lynn Johnson）编辑的2008年诺顿评注版《布莱克诗画集》（*Blake's Poetry and Designs*，第二版）注释，这两行诗句是对托马斯·查特顿（Thomas Chatterton）的伪中世纪作品《布里斯托悲剧》（*Bristowe Tragedie*）的改编。查特顿原文为："How dydd I know that eve'ry darte / That cutte the Airie waie / Myghte not find passage toe my harte, / And close mine eyes for aie？"（拙译为：你怎么知道每一支飞镖/开辟空中之路/不会找到飞向我心的通道，/并永远合上我双目？）另，"immense"源于拉丁语"immensus"，表示"不可度量（immeasurable）"，此处译为"无量"。

① 系亚文化的一种极端表现形式，其所倡导的行为规范与价值观通常与主流文化所规范的习俗大相径庭，有时甚至相反。该术语最先由西奥多·罗斯扎克（Theodore Roszak）在自己的著作《反文化的形成》（*The Making of a Counter Culture*）中使用。西方1960年代的"反文化"多表现在对1940年代和1950年代社会规范的对抗上。在美国，反文化青年拒绝接受父辈的文化标准，尤其是种族隔离和支持越战等，而嬉皮士则成了其中最大且最为抢眼的团体。最终，由浪漫主义者、波西米亚风、垮掉的一代和嬉皮士所留下的"文化阴影"直到当代仍在西方文化中依稀可辨。

描述了使用麦司卡林（mescaline，俗称"仙人球毒碱"）的体验，而吉姆·莫里森（Jim Morrison）[①] 要么是从布莱克，要么是从赫胥黎那里得到了"大门乐队（The Doors）"这个名称。

布莱克一生蚀刻了数百件印版，因为铜价昂贵，有时两面都刻。他保留了这些印版，以备新顾客出现时加以重印，但是这些印版在他故去后似乎都被熔化以资再次使用。目前，仅有一个残片得以幸存，现藏于美国国会图书馆（Library of Congress）。这个残片（见图 9）是一块印版断开的一棱，原打算用来印制 1793 年的诗歌《美洲：一个预言》（*America: A Prophecy*）。缘于某个不为人知的原因，布莱克决定弃用这块印版——人们认为右边的凿痕并非他自己所为——随后他砍断印版，把这块断片送给了朋友的儿子，后者将其保存在贮藏柜里，最终于 1937 年被人从那里重新发现。为了节约开销，印版通常都很薄，因此工匠不得不蚀刻得非常浅。在这块印版上，当酸液腐蚀到 0.005 英寸 [②]，即 0.12 毫米时，布莱克就停止了酸蚀，因此它实际上比明信片还要薄。[32]

[①]　系美国歌手和诗人，摇滚音乐史代表人物，大门乐队主唱，常被视为反文化的偶像。莫里森早年沉迷于弗里德里希·尼采（Friedrich Nietzsche）、让·尼古拉·阿蒂尔·兰波（Jean Nicolas Arthur Rimbaud）和杰克·凯鲁亚克（Jack Kerouac）的作品，并以自己的能力把它们与歌词相结合，进而在乐队表演时即兴创作并朗诵诗歌。这种狂野的性格和舞台风格使评论家和歌迷认为他不仅是摇滚音乐史上最有代表性、极富魅力和开创性的领军者之一，还是史上最有艺术才华和最有影响力的创作歌手之一。莫里森后来因酗酒于 1971 年 7 月 3 日在法国巴黎住处的浴缸中死亡，后葬于巴黎拉雪兹神父公墓（Père Lachaise Cemetery），享年 27 岁。死亡原因据称是海洛因使用过量，但因没有尸检，真正的死因至今仍存有争议。

[②]　1 英寸约等于 2.54 厘米。

图9 布莱克蚀刻印版残片

027   图 10 是一幅从已散佚的完整印版上翻印的版画，显而易见的是，布莱克的笔迹更像是书法而非常规的铅字面。他曾提到过"用图画来装饰写本"，以类比于自己曾见过的中世纪写本。他

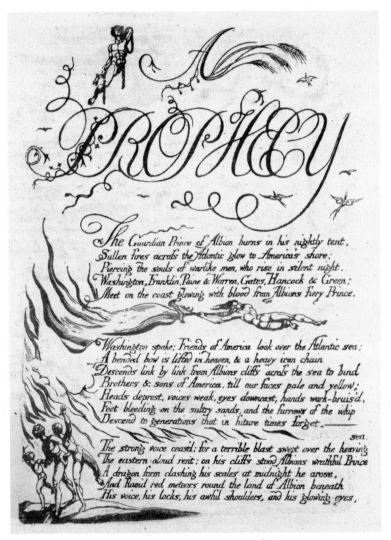

图10　《美洲：一个预言》，印本E，印版3

也许会赞许 E. H. 贡布里希（E. H. Gombrich）的评论，"埃及人主要画他们所知会'存在'的东西，希腊人画他们'看到'的东西；中世纪艺术家还学会了在图画中表达他所'感觉到'的东西"。[33]

巨大的单词"预言（PHOPHECY）"富有活力地卷曲着，藤蔓和卷须从字母上萌发。在布莱克的许多印版中，文本中本该是空白的空间充斥着生动的形象：小人的造型、飞翔的鸟以及枝叶纷披的植物。它们的实效可能是确保翻印诗行的间距不要过大，但也确实起到持续提醒的作用，以突显布莱克的手写体字母与一般的印刷体文本间的差异。

下述引文中用斜体标出的文字在图 10 中依然可见。

> **阿尔比恩的守护君主**[①] *在他夜间的帐篷里燃烧；*
> 阴郁的火穿越大西洋*照向美洲的海岸：*
> 刺穿好战之人的灵魂，*他们在静夜起身，*
> 华盛顿，富兰克林，潘恩和沃伦，*盖茨，富兰克林和格林；*
> 相会在海岸，以*来自阿尔比恩的火焰君主*之血而发光。[②]

布莱克在重刻这块印版时略微改动了第四诗行，因此它在最终版中结束于"盖茨、汉考克和格林（Gates，Hancock & Green）"。[34]

---

① 据诺顿评注版《布莱克诗画集》，"The Guardian Prince of Albion"即"不列颠权势集团的代表"。

② 此诗英语原文为："The Guardian Prince of Albion *burns in his nightly tent;* /Sullen fires across the Atlantic *glow to America's shore;* /Piercing the souls of warlike men, *who rise in silent nigh,* /Washington, Franklin, Paine & Warren, *Gates, Franklin, & Green;* /Meet on the coast glowing with blood from *Albions fiery Prince.*"

版画翻印

尽管从不富裕，布莱克却拥有一台印刷机。他和从前的同门学徒詹姆斯·帕克（James Parker）曾短暂共同经营过一家版画商店，其间，他们购置了这台印刷机。当他们似乎友好地分道扬镳后，帕克继续经营商店并保管库存版画，布莱克则持有印刷机。不论何时，他和妻子搬家，即便搬过好多次，印刷机也都没有被扔掉。这并非轻而易举，因为这台机器高 5 英尺（1.524 米），重700 磅（317.52 公斤）。它可以拆开来运输，但是需要四个壮汉来帮忙。[35]

这件令人印象深刻的装置名为"滚筒式印刷机"（见图 11），以区别于另一种类型，它由上方螺旋下压的机械装置提供压力。转动它需要相当大的力气，印刷工双手抓住巨大的星轮 K，同时一只脚还要用力踩。涂了油墨的印版被正面朝上放在平板床 R 上，然后在上面覆盖一张浸湿的纸，再以几层薄布加以保护。当上方的木质滚筒 I 被压低以提供适当的压力后，平板床 R 就在滚筒 I 和滚筒 H 之间平滑地移动；印刷工所转动的星轮 K 与上滚筒 I 连接，又通过齿轮与下滚筒 H 相连。此前印刷好的版画则被挂在屋子上方的绳上晾干。[36]

像其他艺术家一样，布莱克偏爱高品质的"沃特曼纸（Whatman paper）"，这是一笔可观的开销，因为这种纸是用棉花或破布经手工制作的。在现存的多个印本中，印刷所用的纸张尺寸变动非常大，这从翻印的图画中很难看出来，它们只显示图像本身。在《天真与经验之歌》（*Songs of Innocence and of Experience*）的印本 Z 中，本书彩插翻印了其中的 7 幅印版，图像的平均尺寸为 2.4 英寸宽 3.7 英寸长，然而容纳它们的纸页差不多有图像的四

028

029

031

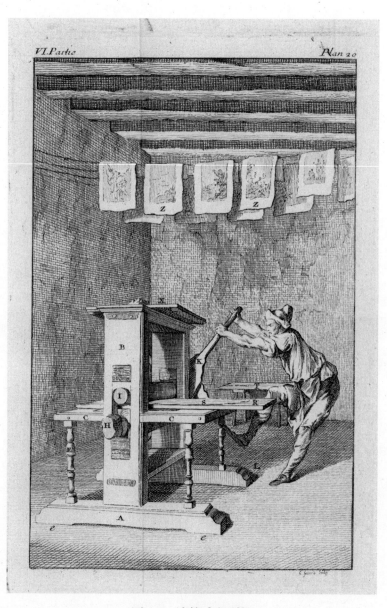

图 11　滚筒式印刷机

倍大。

一旦纸张晾干，最后的工序就是涂水彩颜料，并用墨水修补没有印好的线条。弗雷德里克·泰瑟姆在布莱克夫妇晚年时与他们熟识，他说鲍彻有着"对上色的绝妙想法"，她对图像所做的工作"比通常归功于她的程度要大得多"。与当时的艺术家一样，布莱克夫妇研磨并混合粉末以制作自己的水彩颜料。他们偏爱的颜色是普鲁士蓝、藤黄（gamboge，源自柬埔寨的法语词"Cambodge"，指佛教僧侣所穿深黄僧袍的颜色）、黄赭色、印度红、各种茶褐色、黑色、朱红色、茜草红、生赭色，还有深茜红。[37]

自始至终，这是极其费时的工作。涂一次墨可以印制 2~3 张纸，外观色泽在印刷过程中会变得愈发浅淡。于是就有必要擦拭干净印版，再重新涂一次油墨。迈克尔·菲利普斯经过大量实践，估算出翻印 10 幅图就需要 3~4 小时，翻印 10 套由 18 幅印版组成的完整印本《美洲：一个预言》则需要整整一周。他的结论不仅在实践层面具有意义："按原样翻印的印版上的凸刻网格通常都极小，要在上面敷上平整且浓度足够的油墨的时间长度［对我来说］真的令人惊讶；但是这似乎完美契合了布莱克的性格和创作抱负，以至于对他来说，艰苦的过程完全不在话下。"[38]

布莱克极为珍视以这种方式制作出来的每件印本的独特性。常规版画翻印的目标是出产要完全标准化。布莱克去世之后数年，效率专家查尔斯·巴比奇（Charles Babbage）将铜版印刷称赞为完美复制的典范："从同一幅印版上翻印的印图有一种相似性，这是任何手工劳动都无法办到的。最细微的痕迹都迁移到所有的印图上，也不可能出现心不在焉或技艺生疏的操作者导致的疏忽。"[39]那恰恰是布莱克所厌恶的。

032　　　　可以肯定的是，当布氏在同一印刷周期内制作一部作品的多个印本时，这些印本彼此之间会高度相似，但即便如此，上色依然有所变化，并且布莱克版画生涯不同时期的印本常常变化剧烈。即便印本之间高度相似，它们也具有一股强大的能量，十分不同于标准化插画的学究式精确。一位现代版画专家认为："一幅版画的技法越是复杂和人为，尤其是其线条的安排方式，人们越是可以确定其制作者是一位负责传译的工匠，而非一位有创造力的艺术家。"[40]

　　布莱克希望自己的独创工序能够使他以低廉的造价出品，从而绕过出版中间商，以便接触到广大的读者。然而事实与此相反。不仅他的工序使劳动量变得繁重，而且热切盼望常规图书的大众读者也会对他的书感到困惑，即便他们曾经看过此类书籍。布莱克的书似乎极少在店铺里展示或在书单上做广告。几乎所有被买走的书可能都是他从自己家里卖出的。

　　布莱克在1789~1795年间总共卖出125套彩画书印本，赚了约40英镑，相比之下，他为商业书商镌刻印版则获利超过500英镑。即便不计算时间和人力成本，每本书他仍必须卖出12套印本才能勉强收回铜、纸张和其他材料成本。如果偶尔有些盈余，那也从来没有多少。[41]

轮廓与理想形式

　　布莱克对自己幻象的个人特征坚信不疑，这让有些人认为他顽固不化，但他很快就发展出人所共知的布莱克式风格。但是有许多年，正如他后来所承认的，他发现自己很难从前辈画家的影响中解脱出来，"就像按别人的方式走路，或者按别人的方式或举止说话或观看，这对你自己的性格来说是不合适或令人厌恶的"。他说，鲁本斯"是最难以容忍的魔怪[①]，对他的画和风格的记忆潜移默化，阻碍了个性思想的一切力量"。莫里斯·伊夫斯（Morris Eaves）解释了这句话的意思："魔怪（以它们在《新约》中的形式）是盘踞在内部的外部力量，某种精神寄生虫，导致宿主变得不像其自身。"[42]

033

　　这并不是要说布莱克的风格是完全独一无二的。他的密友约翰·弗拉克斯曼绘制了一些王室御用陶瓷韦奇伍德（Wedgwood，也译"玮致活"）产品名录的插图，布莱克则把它们刻成了雕版。弗拉克斯曼是所谓浪漫古典主义的主要人物，这一流派有时也被称为"国际线条风格（international linear style）"。其标志性的英雄形象取材于古典雕塑、古希腊瓶绘和米开朗琪罗壁画；他们通常赤身裸体或衣纹紧贴身体，置身于无时间性和非幻想性的场景中。[43]

　　布莱克的另一位朋友乔治·坎伯兰出版了一部题为《关于轮廓的思考》（Thoughts on Outline）的著作，他在书中说轮廓应该"像一根勾勒图样的金属线"，而且总是应该"精美、坚固、流

---

①　除首字母大写专指"撒旦/魔王"时，本书将"devil"和"fiend"译作"恶魔"或"魔鬼"，而将源自希腊语"daimon / daemon"（即希腊神话中一种介于神与人之间的精灵或妖魔，它们与神祇的区别在于精灵并不具有人的外貌，而是一种善恶并存的超自然存在；自基督教在希腊兴起后，因是一神论，故除上帝外不承认任何神灵，因此希腊传统宗教中所信奉的神灵就被剥夺了神位；其在希腊文《圣经》中被用来表示"异教神灵、不洁净的神灵"，开始了从"神"向"魔"的转变，而在进入英语世界后，其地位继续降低，被用来表示"恶魔"）的"demon"译作"魔怪"。（除特殊情况外，后不再说明。）

畅、轻盈"。布莱克应该会同意所有这些说法,除了"轻盈"。他甚至断言轮廓的清晰也具有道德维度:"除了行动和意愿中的正直与坚定那坚硬且金属丝般的线条,有什么能把诚实与无赖行径区分开来? 抛开这线条,你就抛开了生命自身;一切又都是混沌。"[44]

布莱克不喜欢制造出立体错觉的镂刻技法,他认为那是对自然的奴隶式模仿,而非对自然内在意义的直观呈现,他甚至蔑视油画中的同等效果。有一位作者将意大利画家安东尼奥·阿莱格里·达·科雷乔(Antonio Allegri da Correggio)的风格描述为"以几乎不可察觉的过渡,穿越透明的中间色调和温暖的反射光,进入宽广、幽深而又透明的阴影","以可能想象出的最甜蜜、最柔和的恬静"产生出"最大的潜在效果"。按照布莱克的观点,对一位艺术家来说,屈从于科雷乔"没有边际的柔和、平滑的色调"是灾难性的。此处,贡布里希对科雷乔的评价特别有帮助。贡氏将科雷乔的技法与"列奥纳多·达·芬奇(Leonardo da Vinci)的著名发明,即被意大利人称为'晕涂法(sfumato)'① 的方法"联系起来:"模糊的轮廓,柔和的色彩,允许一个形式融合于另一个,而且总是给我们的想象力留下某种东西。"布莱克也想要激发观看者的想象力,不过是用鲜明的轮廓线,而非晕

---

① 在意大利语中意为"消散",源自"fumo"(烟),系用来描述将不同调子或不同色彩衔接起来的术语。这种衔接是如此微妙,以至于这些不同的调子和色彩彼此融合,看不出过渡的痕迹,用达·芬奇的话说就是"不用线条或边界,而用烟雾的方式"。达·芬奇是晕涂法的最高代表人物,乔尔乔·瓦萨里(Giorgio Vasari)把他这种将清晰的轮廓线柔化的能力视作那个时代"现代绘画"的显著标志之一,而清晰的轮廓线则是早期15世纪意大利艺术的特征。

涂法。[45]

布莱克对鲁本斯的评论则是彻头彻尾的辱骂："在我眼里，鲁本斯的色彩最不值一顾。他的阴影是由肮脏的棕色组成，有点带粪便的颜色；这些又填满了黄色与红色色调和凌乱之物。他的光线是彩虹的所有颜色不加区分地涂抹在一起，又彼此互相混入。"威尼斯画派（Venetian School）同样糟糕："威尼斯和佛兰德（Flanders）画法是断裂的线条、断裂的实体和断裂的色彩。布莱克先生的［亦即他自己的］画法是未断裂的线条、未断裂的实体和未断裂的色彩。他们的技艺是失去形式，他的技艺是找到形式，并且保持它。"[46]

布莱克很少用油画颜料，而是偏爱"蛋彩（tempera）"① 或水彩，在这两种媒介中，他通常都突出轮廓（1790 年代中期的一套

034

---

① 也译"坦培拉"，系一种原本用于所有溶于水并用有机树胶或胶调和的颜料。蛋彩可能从古希腊罗马时代就已用于绘画，目前仍是希腊和俄罗斯东正教圣像的主要调色剂。然而，蛋彩与欧洲艺术的关联主要出现于 13 世纪初到 15 世纪末。它在这一时期一直是木板绘画的标准技法，直到后来被油画所超越。用蛋彩作画是一项要求很高的工艺。与油画不同，每种颜色或调子都需要预先混合好，因为它们无法在画面上进行调和。技艺高超的画家依靠一种缓慢建立色层的方法来取得丰富的变化和微妙的过渡，用这种方法，需要在每一个步骤，即底料、底色和各个半透明的色层都考虑好对下一步可能产生的影响。蛋彩的颜色比湿壁画更光亮、更深，但它的色域和色调是有限的，无法像油画那样获得对自然效果的逼真模仿。在 15 世纪晚期和 16 世纪早期，用两种技法混合绘制的画作非常常见，通常是用蛋彩画出速干的底色层，再在上边罩染油画颜料。在随后的几个世纪中，蛋彩实际上已被大多数人遗忘，直到 19 世纪，人们受切尼诺·切尼尼（Cennino Cennini）论文重新发现和出版的刺激，才再次对它产生了兴趣。

超凡的套色版画是主要的例外）。当时，大多数水彩画家都用淡染让色调彼此融合，比如那些极为流行且令人浮想联翩的风景画。布莱克从不画风景画，除非是作为人类形象的粗略背景，而且他的轮廓都在填充色彩前就用墨水仔细画好。

如果人们得知布莱克坚持要得到"微小的特殊"，那么他们将会大吃一惊，因为布氏的艺术风格是高度风格化且非模仿自然的；他在《耶路撒冷》（*Jerusalem*）中写道，神圣的人性"保护微小的特殊，每一个细节都拥有独立的地位（protects minute particulars, every one in their own identity）"。一份重要的声明解释了这段话的意思。

> 常识是遥远的知识；智慧由特殊组成，幸福亦然。在艺术和生活中，一般性的物质组成部分是艺术的程度，恰如纸板人是人类。每个人都有眼睛、鼻子和嘴巴；每个傻瓜都知道这一点。进入并且最精细地区分举止与意图，在所有的分支中辨别它们的特征，只有这样做的人才是有智慧或明智的人，而一切艺术都建立在这种区分之上。于是我请求观看者关注手和脚，关注面部特征。它们对性格都具有描述性，没有一根线条是毫无意图地画出来的，并且是那最具区分性和特殊性的意图。正如诗歌容不得一个无意义的字母，所以绘画容不得无意义的一粒沙子或一片草叶，更不用说无意义的模糊或记号。

布莱克的艺术是图像式和象征性的，运用常规的手势与姿势，即所谓的"激情公式（Pathosformel）"①，其中的每样东西都意图传达意义。因此，看似矛盾的是，他所说的"特殊"意指的不是使特定个体具有独特性的外部特征，而是普遍的真理，以某种方式在每个个体中独特地体现。47对大多数人来说，离开布莱克对这种真理的柏拉图式信仰，他的艺术看上去一点也不"特殊"，这样说是公平的。换言之，他对个体性的理论追求引导他走向一种建立在高度常规化姿态之上的艺术风格，而这看起来似乎自相矛盾。

035

　　布莱克为自己时代那些商业上成功的作品创造了一个用语，"可鄙的反艺术（the contemptible counter arts）"。他很喜欢讽刺性的双关语，像"坚赏与爱蒙你（the cunning sures and aim at yours）"，分别指"鉴赏家（connoisseurs）"与"业余爱好者（amateurs）"。当阅读乔舒亚·雷诺兹爵士深受仰慕的《艺术演讲》（*Discourses on Art*）时，他在页边空白处写满了狂怒的批语，从扉页开始："此人受雇压制艺术。"下一页："在乔舒亚爵士及其所

---

①　系由德国艺术历史学家阿比·瓦尔堡（Aby Warburg）所创的图像学术语，其字面意思为"激情公式"（也译"情念程式"、"情感范型"、"激情程式"及"受难准则"等）。瓦尔堡在其早期作品《费拉拉的斯基法诺亚宫中的意大利艺术和国际星相学》（*Italian Art and International Astrology in the Palazzo Schifanoia In Ferrara*）中即已关注古代文化影响早期文艺复兴文化的方式，提出了"人类表现历史心理学"。在其后期研究项目《记忆女神图集》（*Mnemosyne Atlas*）中，瓦氏提出"间隙的图像学"研究方法，即在年代久远、文化疏异的图集世界里发现动作与表情的相似性，这并非一般艺术史研究所追求的传承与模仿问题，而是人类的强烈原始情感通过艺术家在艺术中的反复呈现。瓦尔堡把这些动作与表情在历史间隙和风格差异中不断复现的规律称为"Pathosformel"。

雇奸猾无赖团伙的压迫下耗尽了我青春和天赋的活力，没有支付酬劳的雇佣关系，尽可能地克扣面包，在我对这些书籍的评论中除了义愤和憎恨别无他言，对此读者一定要有所预期。"雷诺兹的死讯引发了诗歌的机智道别：

> 当乔舒亚·雷诺兹爵士死的时候
>
> 整个**大自然**都被降低；
>
> 国王落下一滴泪掉进王后的耳朵，
>
> 而他的所有画作逐渐消失。[48]

布莱克说"读者"一定要对义愤之词有所准备，因为事实上他确实希望这些页边评论能被其他人读到。他和朋友们习惯于交换书籍，分享各自写下的读后感。

抛开个人恩怨，布莱克对雷诺兹的敌意从根本上说是深刻的哲学差异，理解这种差异意味着什么对理解布氏的个人愿景至关重要。雷诺兹写道："抽象的禀赋，还有概括和分类，是人类头脑的伟大荣耀。"布莱克反驳："概括就是成为傻瓜；区分细节才是美德的唯一奖章。常识是那些傻瓜掌握的知识。"[49]

实际上，雷诺兹恰恰与布莱克一样，相信艺术家应该描绘理想形式，而他同样轻视尼德兰绘画当中的详尽细节。但是雷诺兹接受了经验主义观点，认为心灵是一块白板，直到其上铭刻了感觉资料。因此，理想形式由人工构造而成，通过收集真实事例以确定它们都有何种共同点。按照雷诺兹的说法，艺术家学会"把事物的偶然缺陷、累赘以及畸形与它们的一般特征区别开来；他制作出形式的抽象理念，比任何一个原始事物更加完美"。[50]

布莱克也相信理想形式，但是以完全不同的柏拉图式方式。他在自己那本雷诺兹所著的《艺术演讲》的页边上写道："一切形式在诗人的心灵中都是完美的，但是它们不是从自然当中抽取或混合而成，而是从想象中来的。"他对洛克式的"白板隐喻（metaphor of the tabula rasa）"完全不屑一顾。"雷诺兹认为人学会他所知的一切。我说正相反，人随身带着他所拥有或能拥有的一切来到这个世界。人生来就像一座准备好种植与播种的花园；这个世界太过贫瘠，产不出一粒种子。"[51]

归根结底，布莱克与雷诺兹的分歧更多是理论上而非实践上的，而且或许可以说，这两种理想化的形象可能看上去几乎就是一回事。但是，雷诺兹为富人和权贵画肖像画而致富，这也是事实，布莱克从不会做这种事，即便他有过机会。从理论上说，他认为雷诺兹试图调和柏拉图式的普遍与经验主义的特殊，这一努力是毫无希望的人为干涉。他尖锐地写道："雷诺兹《艺术演讲》中的矛盾，就是强势的预设，即这些互相矛盾的说法出自多人之手，但是，这并不证明雷诺兹自己没有写出它们。一个人，不论是画家或哲学家，如果从别人那里学会或获得他所知的一切，必定充满矛盾。"[52]

失望的生涯

由于布莱克愈发抗拒以当时流行的风格来创作，得不到读者认可也可能就在所难免。单纯的插画工作让他深感厌倦；他称之为"扎实的苦工，原样再现不过是终有一死、行将消亡的实物"。吉尔克里斯特说，好心的出版商约瑟夫·约翰逊（Joseph Johnson）徒劳地想要"帮助如此没有销路的天才"。布莱克表达了对依靠迎合时尚而获得成功的同代人的蔑视。他机智地评论道，他们的注意力集中"在多数人身上，或者不如说是在钱上"。与此同时，布莱克的朋友们也对他的轻率任性大为摇头。其中一位于 1805 年写道："关于版画家的话题，你会开心地听到布莱克手上满是为遥远的未来所作的作品，如果他只是屈尊留意自己的俗务，每个宁愿生存而非挨饿的人都会如此，那么他如今就在发家致富的路上了。"53 事实与此相反。1806 年之后，有十年之久，再也没有任何商业版画的生意愿意交给布莱克。

1809 年，布氏 50 岁出头，深深苦于无人认可，于是决定举办一次公开个展。这次展览最多也只是不温不火，在家族的服饰用品店举行，店铺当时归大哥詹姆斯所有。他极为独特的画作一定与袜子手套等日常用品形成了鲜明的对比。正如吉尔克里斯特所说，"在这样的背景下举办的展览很可能对整个世界来说一直是深藏的秘密"。这次画展展出的不是我们今天所仰慕的作品，而是关于公共主题的大型蛋彩画。布莱克称它们为"湿壁画（fresco）"①，以致敬米开朗琪罗和拉斐尔（Raphael）。其中两幅分

① 一种壁画绘制方法，色粉仅与水混合后便施于新涂在墙面上的湿灰泥上。在墙面干燥的过程中会发生一种不可逆的化学反应，将色粉与灰泥胶结在一起，使画面变成墙体的一部分。因而这种技法也称"真湿壁画（buon fresco）"，以示不同于在干灰泥上所作的画，而在干灰泥上作画的技法则类称为"干壁画（secco）"。湿壁画在干燥的气候下格外耐久，但如果湿气透过墙壁，灰泥连同色层就容易粉化。因此，这种艺术主要实行于干燥的国家，尤其是意大利，而很少被用于北欧。湿壁画画家必须在灰泥干燥前快速作画，若不将灰泥削掉再次涂覆新鲜的表面，就几乎无法作任何的修改，因此这种技法需要确定的意图和手法。可用的颜色则是有限的，它们在化学性质上必须与这种方法相符，而且因为它们在干燥的过程中会倾向于（转下页注）

别是英国海军英雄纳尔逊勋爵（Lord Nelson）和威廉·皮特首相
（Prime Minister William Pitt）的象征性再现：《纳尔逊的精神之相
引导利维坦》（*The Spiritual Form of Nelson Guiding Leviathan*）以
及《皮特的精神之相引导比蒙》（*The Spiritual Form of Pitt Guiding
Behemoth*）。[①] 这些作品是对英国反革命战争政策的隐晦抨击，但
它们是如此含糊，以至于那些现身画展的极少数观看者不太可能
看得懂。我们知道，布莱克梦想创作公共壁画，金斯利·艾米斯
（Kingsley Amis）在小说《变化》（*The Alteration*）中对此作了辛辣
的影射。艾米斯假定的前提是马丁·路德（Martin Luther）成了教
宗而不是发起宗教改革。结果，天主教会依然占据着最高统治地
位，它那伟大的英国主教座堂[②] 如今展示着"布莱克辉煌的壁画，
描绘圣奥古斯丁（St Augustine）穿过英格兰的巡行"。[54]

　　一篇对这次画展的长篇评论可谓毁灭性的打击。评论者罗伯
特·亨特（Robert Hunt）——他与兄弟利·亨特（Leigh Hunt）
是《考察者》（*The Examiner*）周报的合编者——宣称说出真相
是自己的责任，"当失常大脑的突然爆发被误认作天才的灵光闪

（**接上页注①**）变得比原来明亮，就很难取得深色的调子。混色也很困难，
　　　　　因此画家会大量采用影线法来制造调性的效果。他们有时在灰
　　　　　泥干燥后会进行额外的干壁画润色，但这时必须使用蛋彩或胶
　　　　　料调和的颜料，而不是纯用色粉和水。这种技法的难度和局限
　　　　　性促使艺术家将题材设计得粗放并大胆地去处理，这对于促成
　　　　　意大利文艺复兴绘画的纯净、强劲和宏大起了很大的作用。另
　　　　　外，湿壁画也存在于欧洲以外的地方，比如中国和印度。

①　　利维坦与比蒙（简体和合本《圣经·旧约·约伯记》40: 15 将其
　　　　译作"河马"）都是《圣经》中记载的远古巨兽。布莱克将它们分
　　　　别描绘为爬行动物（类似龙或蛇）和哺乳动物（类似麒麟）。

②　　此处指坎特雷基督教堂和大主教座堂（Cathedral and Metro-
　　　　political Church of Christ at Canterbury，简称"坎特伯雷大教堂"）。

现……威廉·布莱克的作品和仰慕者即属此列，他是一个不幸的疯子，缘于没有攻击性，得以免于监禁"。至于布莱克准备的《叙录》（*Descriptive Catalogue*），那是"废话的大杂烩、不可理喻之物、令人震惊的虚荣以及头脑失常的狂野发泄"。[55] 亨特兄弟随后以恶棍的形象出现在布莱克的诗歌里。

在这次画展失败以后，布莱克放弃了获得公众广泛认可的希望。从某种意义上讲，这很不利，他此后愈发创作出专注于自我和朦胧晦涩的作品。但是，这也极大地赋予他力量。布莱克可以自由自在地追随自己的愿景，无论它将引向何方；凭借把作品出售给少数相投合的收藏家，他也可以求得温饱。在重操旧业后，布莱克恢复了实际上发明于1790年代的创作模式，本书接下来将转向这个话题，即图像与文字相结合的"彩画书"。"他找到了毕生事业的形式，"一位评论者说道，"他遭遇并成功解决了大多数人从未克服的难题，即如何将他们的创造能力运用于他们最圆满的目的上。"[56]

第2章 如何理解布莱克的象征?

幻象

有时候，尤其是在后期的作品里，布莱克仿佛在使用一种只有一个人说的语言。但是，他的想象从根本上说是视觉的，而学会"阅读"伴随着他文字的图像，我们能进入他幻象的核心，认识到这一点很重要。

而且，那真的是幻象。布莱克终其一生不断见到真正的幻象并从中获取灵感。它们不是幻觉，他知道自己见到幻象时别人看不见它们，但是他确信无疑自己看见了它们，栩栩如生，仿佛以有形实体出现。这一现象就是所谓的"遗觉幻象（eidetic vision）"，据信常见于儿童，而且常常在有艺术气质的成年人中持续出现。它大体上意味着曾亲眼见过的图像的心理重现，而布莱克艺术作品中的许多图像，尽管他认为它们是灵视的，却都可以追溯到他所熟悉的前人版画和绘画作品。它们共同遵循浪漫古典主义的美学准则：情感以人类的形象出现，要么裸体，要么身穿轻薄精致的外衣，透过衣服，身体清晰可见，这些人体从粗略描绘的背景中突显出来，暗示了无时间性。如同始终让布莱克深感兴趣的中世纪艺术，那些人物形象可能大小差异极大，反映了它们的象征意义，而不是什么符合自然的尺寸。

不论他的幻象来源是什么，布莱克确信自己不是在循环利用普通的感官印象——18世纪的心理学对"想象

（imagination）"就是这么理解的——而是以异乎寻常的完整和深度来感知现实。在为那个失败的画展准备的《叙录》中，他宣称："精神和幻象并不像我们时代哲学假定的那样，是云雾般的水汽或空无一物。它们是组织完备且精确表达出来的，超过终有一死并正在消亡的自然所能产生的所有东西。一个人如果不用比他那正在消亡的凡人眼眸所能见到的更好、更强的特征以及更好、更强的光来想象，他就根本不是在想象。"布莱克也曾借用柏拉图（Plato）的思想说道："我质疑我肉体的、植物般的眼睛，恰如我要质疑面向风景的一扇窗；我经由它而观看，而不是凭借它来观看。"①1

一场与不满意的顾客的争吵，激发了布莱克作出对"灵视艺术（visionary art）"的清晰声明。一位名叫"约翰·特拉斯勒（John Trusler）"的非常保守的牧师写过一本题为《通向富裕与可敬之路》（*The Way to Be Rich and Respectable*）的书，他委托布莱克画一幅名叫《恶毒》（*Malevolence*）的画，如果画得令他满意，接下来还要画《仁慈》（*Benevolence*）、《骄傲》（*Pride*）与《谦卑》（*Humility*）。特拉斯勒似乎提出了非常具体的要求，当布莱克把画交付给特氏时，他说自己尽最大努力展现了"一位父亲向妻儿告别，有两个恶魔的化身注视着他，意图等他一转身就谋杀那位母亲和她的婴儿"。然而，最终这位父亲感受到"被我的守护精灵或天使驱使着追随他所引领的方向"。特拉斯勒愤愤不平地回答道："你的幻想，从我

①　詹文杰译注的商务印书馆 2017 年版《泰阿泰德》中雅典的泰阿泰德（Theaetetus of Athens）曾说："苏格拉底，我觉得，在这些例子中，我们'经由'它们而感觉，而不是'凭借'它们来感觉。"（"它们"指"眼睛和耳朵"。）

所见的来看，似乎是在另一个世界或者精灵①的世界，这不符合我的意图，既然生活在这个世界上，我的意图就是希望符合它的本质。"布莱克反驳道："我知道这个世界就是想象与幻象的世界。我在这个世界看到我画的每样东西，但是每一个人所见的不一样。在守财奴眼里，一枚 1 几尼（guinea）②的金币比太阳更美，因为磨损的钱袋拥有比结满果实的葡萄藤更美的比例。让一些人感动落泪的树木，在另一些人眼里只是挡路的绿东西。"[2]

拟人

在我们探索布莱克自己作品中的象征意象之前，看一看他为别人的诗所作的插画（他从不为小说作插画）应该会有帮助。他的习惯做法是给"隐喻"赋予具体的视觉形象，威廉·巴特勒·叶芝（William Butlter Yeats）称他为"想象的真正现实主义 041

---

① 此处特拉斯勒指的是"超自然的存在（supernatural being）"，正常情况下人类无法感知，但只要乐意，精灵也能现形。因而，精灵在通常情况下被认为对人类有敌意或令人畏惧。"spirit"在英语中的早期用法皆源于《圣经武加大译本》（Biblia Vulgata，也称《拉丁通俗译本》）中用以对译古希腊语单词"πνεῦμα"（pneuma）和希伯来语单词"rūah"的拉丁语单词"spiritus"。"pneuma"的基本词义是"微风"，引申义为"影响"、"精神"、"灵感"和"灵"等，亦表示"超自然或非物质的存在"以及"天使"。英语中"spirit"表示精灵的用例如："原来天上的精灵为男为女可如意。（For Spirits when they please Can either Sex assume, or both.）"（引自朱维之译的上海译文出版社 1984 年版《失乐园》第一卷。）

② 它是英国首款以机器铸造的金币，得名于西非盛产黄金的几内亚，于 1663~1813 年发行。1 几尼原先等值于 1 英镑，即 20 先令，后金价上涨，其在 1717~1816 年间便等值于 21 先令。

者"，这在当时的艺术家中很普遍，他们仿效18世纪诗人的做法，将抽象观念拟人化。[3]但布莱克远比其他艺术家更甚，他以一种与文本对话甚至是批评的方式加入自己的想法。有时，他的视觉意象如此惊人地偏离文字来源，乃至为了理解它们，我们需要走向他自己的象征神话。他认为以这种方式输入自己的个人象征是完全正当的，因为他认为它们反映了我们栖身其中的最终现实。

一个相对简单的拟人例子是一幅图画（见图12），它描绘了托马斯·格雷（Thomas Gray）[①]《遥望伊顿学园颂》（*Ode on a Distant Prospect of Eton College*）里的一个段落，是布莱克在1797~1798年间为朋友所作的一套水彩画中的一幅。从一部格雷诗歌通行本中粘贴文本到每一页中央，布莱克用图像填满背景。格雷在这首诗里想象自己正从温莎城堡（Winsor Castle）俯瞰这所他毕业的名校，向往"无忧无虑童年"失落的乐园。泰晤士河（River Thames）流经伊顿与温莎之间，格雷请求这条大河描述如今的学童。

> 说吧，父亲泰晤士[②]，你已
> 完整看过生气勃勃的竞逐
> 在你的绿色边缘上尽情嬉戏

[①]　系英国18世纪新古典主义后期的重要抒情诗人。格雷一生作诗不多，仅十余首传世，其中以《墓园挽歌》（*Elegy Written in a Country Churchyard*）最为知名。他与一圈朋友更以此类主题创作了许多诗篇，故被后人称为"墓园派（Graveyard School）"。

[②]　意大利雕塑家拉斐尔·蒙蒂（Raffaelle Monti）曾在1854年为锡德纳姆水晶宫（The Crystal Palace, Sydenham）的喷泉池创作雕像《父亲泰晤士》。1958年，这座雕像被搬到了图斯伯里米德（Trewsbury Mead），即泰晤士河源头所在的河边低洼地。在遭到破坏后，其于1974年被再次移至圣约翰船闸（St John's Lock）旁的现址。

追踪快乐的条条歧路，

谁最先开心地用柔韧臂膀

劈开你玻璃般的波浪?

捕获的朱顶雀迷住了谁?

图 12　《父亲泰晤士》

　　　什么样的懒惰小子

　　　成功追上了滚圈的迅疾，

　　　或者催促皮球疾飞？⁴

塞缪尔·约翰逊（Samuel Johnson）反感诗歌的拟人，进而严厉地评论道："他对'父亲泰晤士（Father Thames）'的恳求，求他告诉自己是谁在滚圈或抛球，是无用且幼稚的。'父亲泰晤士'不比他自己更有办法知道这些。"但对布莱克来说，拟人不仅是修辞手段，还表达了他的信仰：自然从根本上说是人。也就是说，我们栖身于充盈着精神的宇宙，完全不同于经验主义科学和物质主义哲学所假定的没有灵魂的机器。由于我们的想象是人，我们在世界中发现人的意义和价值。而正是为此，自然能感动我们落泪，或者让我们趋向更深刻的直觉，如同华兹华斯在一首被布莱克赞赏的诗《颂歌：永生的消息，来自童年早期的回忆》（*Ode: Intimations of Immortality from Recollections of Early Childhood*）中所说：

　　　因为人心，我们赖之以生活，

　　　因为心的柔情、欢乐和恐惧，

　　　绽放的最低微花朵都能给我

　　　眼泪常不足表达的深沉思绪。①5

————————

①　黄果炘译的上海译文出版社 1986 年版《华兹华斯抒情诗选》将此诗译作《颂诗：忆幼年而悟不朽（不朽颂）》："感谢我们赖以生存的人心，／感谢这心中的柔情、欢乐和恐惧，／对于我，最微贱的花朵常能给人／深刻得眼泪也无法表达的思绪。"杨德豫译的人民文学出版社 2001 年版《华兹华斯、柯尔律治诗选》将此诗译作《咏童年往事中的永生的信息》："感谢人类的心灵哺养了我们，／感谢这心灵的欢乐、忧虑和温存；／对于我，最平淡的野花也能启发／最深沉的思绪——眼泪所不能表达。"

在传统上，河神都被描绘成携带着瓮，水正从中流淌，而布莱克的"父亲泰晤士"就倚靠着这样的一只瓮。但格雷的诗里没有任何东西暗示这位河神应该是体形庞大的巨人，使玩耍的少年们相形之下显得像是小矮人。至少部分原因是，他的体形反映了泰晤士河在英国民族意识中的重要意义。但比他的块头更引人注目的是他沉思的表情，额头上布满皱纹（因为某种原因，头戴葡萄叶冠）。他的神情似乎反映了在他正下方且目光向下看的两个少年的情绪，而一个小小的身影正坐在瓮上眺望远处。游泳的人可能满不在乎地忽视了等待他们的失望与折磨，但他们的幸福只能是短暂的，坐着的那一对似乎知道这一点。他们是沉思和沉默的，已经体验了格雷诗歌所弥漫的忧郁："啊徒劳眷恋的田野！"也许瓮上的小小人像已在向未知却预兆凶险的未来凝视。70 行之后，这首诗将以一个已然经成为谚语的警句结束："如果无知是福，/ 那智慧就是愚蠢。（Where ignorance is bliss, / 'Tis folly to be wise.）"怀旧情绪很早就触动着格雷，正如他的生活好似一场漫长的失败。他写《遥望伊顿学园颂》的时只有 26 岁。

布莱克的一幅水彩套色版画的想象力更加惊人，描绘的是《麦克白》（*Macbeth*）中的一段台词。（见彩插 1）取材于威廉·莎士比亚（William Shakespeare）戏剧的绘画作品很流行，但大都会描绘某一段剧情。如果另一位艺术家选择了这段台词，画出的图画可能会展现麦克白陷入沉思或在不安地踱步。布莱克的画完全不是这样。它所做的是为麦克白的话语赋予具体的视觉形象，比如当他酝酿谋杀国王并预见到可怕的后果时。

　　而且，这个邓肯秉性仁慈，处理国政，从来没有过
　失，要是把他杀死了，他的生前的美德，将要像天使一

044

般发出喇叭一样清澈的声音，向世人昭告我的弑君重罪；"怜悯"像一个赤身裸体在狂风中飘游的婴儿，又像一个御气而行的天婴，将要把这可憎的行为揭露在每一个人的眼中，使眼泪淹没叹息。①

并不容易为这些隐喻找到视觉对等物。文学批评家克林斯·布鲁克斯（Cleanth Brooks）很久之前就指瑕，新生儿"当然不可能蹒跚而行，更不可能在狂风上阔步行走"，如果婴儿真的能在狂风上大步走过，就很难说是"值得怜悯"了。[6]

布莱克从来没有给这幅画起过标题；是他的朋友弗雷德里克·泰瑟姆将其称为《怜悯》（*Pity*）的。它完全可能叫作《天堂的基路伯》（*Heaven's Cherubin*）或《看不见的空气信使》（*Sightless Couriers of the Air*），抑或是《裸婴》（*The Naked Babe*）。[7]因为布莱克确实设法把两个十分不同的隐喻合到一处，莎士比亚用"或者（or）"（又）把它们区别开来。我们通常认为基路伯（Cherub，俗译"智天使"）是个稚气的裸体小孩，但那不是这个词的最初意思。在 1775 年版的《英语辞典》（*A Dictionary of the English Language*，也称《约翰逊字典》或《约翰逊英语词典》）里，塞缪尔·约翰逊引用莎士比亚的诗行，将其定义为："天国的精灵，在九级天使中，等级仅次于撒拉弗（Seraph，俗译'炽天使'）。"这些强大的天使（"cherubin"是复数形式）通常被描绘为男性。然而在布莱克的画里，一位满怀怜悯的女性天使躬

---

① 引自朱生豪等译的人民文学出版社 2014 年版《莎士比亚全集》第九册中的《麦克白》第一幕第七场。"又像一个御气而行的天婴"中的"又"和"御气而行"即达姆罗施教授在正文中论说的"or"和"horsed"。

身张开双手小心翼翼地从一个仰躺在下方的神秘女人那里接过一个小婴儿。这个婴儿有着成人的体型，不是一个现实主义风格的新生儿，并没有那么"昂首阔步"，婴儿开心地猛然张开手臂，也许是被接纳进入永生。

看不见的信使也在那儿，以马的形象出现，正如"horsed"一词所暗示的。它们的眼睛都是闭着的，象征失明，尽管莎士比亚的意思，如同约翰逊在他编辑的莎剧版本中所暗示的，可能是说"风是看不见的"。第二个天使，伸出双臂，看向远处，半隐在阴影中，这样就不会让观看者从明亮的中心形象转移开注意力。天国的马极力奋蹄向前飞奔，让女性天使的温柔善行更加令人动容。鞭挞般的雨丝暗示眼泪浸透了风。

早期的布莱克敬慕者，诗人—画家丹蒂·加布里埃尔·罗塞蒂（Dante Gabriel Rossetti，他是布莱克珍贵的笔记本手稿的拥有者）是这幅画令人钦佩的向导。

> 在一片绿色的芳草地上，一个女人躺卧着，她僵直的身体上覆盖着灰白色的轻薄衣衫，形式和色彩的细节都奇妙非凡。在她上方，铅灰的云在一阵狂风暴雨中裂开，白色"空气的信使"穿过云层，狂怒飞驰，冲决而出。瘦削而目盲，鬃毛和马尾飞扬，它们横扫过天空，此时，从较近的马上一个精灵侧身从濒死的母亲身边抬起"赤裸的新生儿"。更远处的骑手，双臂张开，长发飘扬，仿佛是暴风雨的一部分……飞行的幻象效果极为生动，看上去几乎像是一道苍白的闪电劈开了黑暗。[8]

"父亲泰晤士"或多或少是格雷诗行的文字对等物，但即便在那里，布莱克也能够不仅仅表达直接对河流说的话，更含有诗歌作为一个整体的情绪。在《怜悯》中他走的要远得多。毕竟，谁是地上的女人？莎士比亚的诗行中并没有提到母亲。如罗塞蒂所认为的，她可能在分娩中濒临死亡；一位后来的评论者认为，她应该代表在劫难逃的邓肯的美德："字里行间暗示，是邓肯如泣如诉的美德生出了'怜悯'这个婴儿，而版画中的母亲确实是在哀求。"[9] 布莱克很有可能想让天使的脸与下方女人的脸相像，仿佛是后者精神的投射；值得注意的是，她们都梳着圆锥形发式。在《怜悯》中，如果那真的是正确的标题，呈现给我们的则是异常复杂的意象，借麦克白的独白展开天马行空的发挥，创造了一个完全属于布莱克个人的概念宇宙。一如既往，他的目标不是传递明确的信息，而是唤起天赋官能去行动。

阳光灿烂的假日

046　　　布莱克用了"父亲泰晤士"与"怜悯"，他那时可能只是认为自己在运用词语的本义。在别的插画中他走得更远，把诗人的想法置于自己的神话思想的批判之下。《阳光灿烂的假日》（*A Sunshine Holiday*，见彩插 2）取材于约翰·弥尔顿（John Milton）的诗歌《快乐的人》（*L'Allegro*）中的两段。

在那山岳光秃的腰间

常有滚滚云雾去歇闲；

……

有时丰衣足食很开心

也会请来高地的村民，

到时候铃儿欢快四处响，

传出愉悦的雷贝克琴声，

召来许许多青年男女，

光影交错中载歌载舞；

老少一齐出动做游戏，

度过风和日丽的假期，

……①

布莱克为他的图画撰写了一段描述性文字，强调了人化自然的概念：“在阳光灿烂的假日，山脉、云朵、河流、树木看上去都有人的特征。教堂的尖塔钟声悦耳；云从山脉的胸膛升腾，两个天使在天上吹响号角，宣告阳光灿烂的假日开始。”10

　　恰如其分的是，这个场景的基调是欢快的，因为《快乐的人》与其忧郁的伴随诗篇《忧思的人》（ *Il Penseroso* ）正好相反。画面左边远处树木掩映的教堂，一定是弥尔顿提到的钟声的来源，一位乐师拿着雷贝克（rebeck，也译“三弦琴”），即类似于小提琴的弦乐器为年轻的舞者伴奏。但布莱克在高处添加了想象中的号手。跳舞的人围绕传统上象征求爱与繁衍的“五朔柱（maypole）”②翩翩起舞。右边的人物则代表作为整体的从童年到

---

①　　引自金发燊译的湖南文艺出版社 1996 年版《弥尔顿抒情诗选》。其中第一行“光秃的腰间（barren breast）”按原文应为“荒芜的胸膛”。

②　　又称“仲夏柱”，系欧洲传统民间节日“五朔节（May Day）”上的用以祭祀树神、谷物神和庆祝农业收获以及春天来临的花彩装饰柱。五朔节历史悠久，最早起源于古代东方的前基督时代，后传至欧洲；其也与凯尔特人的“贝尔丹火焰节（Beltane）”和日耳曼人的节日“沃普尔吉斯之夜（Walpurgis Night）”有关。随着欧洲的被基督化，五朔节失去了异教特征，（转下页注）

老年的全体居民。由于跳舞的人沐浴在阳光里，那么，呈现"光047影斑驳"效果的就一定是树林。约翰逊引用弥尔顿的诗行来解释"斑驳"："错综变化，按照棋盘的方式，以交替的色彩或较暗与较亮的不同部分，形成变化。"

除了借用弥尔顿漫不经心提到的白云出岫的群山，以及展现山脚的"高地村落"，这幅画中的其他事物完全是布莱克的原创。就像泰晤士河那样，他画中的山也具有完整的人类特征，她的下身有一座城市。她以瑞亚（Rhea）①的经典造型托起一只乳房，乳头喷溅出银河，这很难说是"荒芜的胸膛"，而她的头发落进一座瀑布。[11]这座瀑布由一位女河神从瓮中倾倒出来，成为下方流淌的河流之源。女河神显然正在仰头从高举的高脚杯中畅饮河水。

这些布莱克式拟人所暗示的到底是何种对自然的"悬想（vision）"呢？他的山之精灵看似莫名的怅然若失，或是郁郁寡欢，完全不是假日心情，她的男伴也同样如此，虽然弥尔顿没有提到这位男伴。在布莱克的个人象征体系中，我们通常所体验到的自然是陷阱或监狱，即凡人从生到死所无尽循环的场所。他经

（接上页注②）进而演变为流行的世俗庆典。在每年5月1日节日前夕，英、法、瑞等国的人们通常会在家门口插一根青树枝或栽一棵幼树，并用花冠、花束装饰起来。少女们则手持树枝花环，挨家挨户去唱五朔节赞歌，祝福主人。到了节日当天，庆典上还会举办跳五朔节花柱舞和加冕五月女王的活动。到了20和21世纪，许多新异教徒开始重建以前的传统并将五朔节当作异教节日来庆祝。

①　系希腊神话中12位泰坦巨神之一的时光女神，第一代神王、神后乌拉诺斯（Uranus）和盖亚（Gaia）的女儿，第二代神王克洛诺斯（Cronus）的妻子，第三代神王宙斯（Zeus）的母亲。

常把这个意义上的自然描绘成地中海地区的"大地之母（Magna Mater）"①，头戴钉刺状或雉堞状边缘的冠冕，而《阳光灿烂的假日》中的山之精灵确实戴着这样一顶王冠。¹² 远非荒芜，她是丰饶的，但不一定是在积极的意义上。另一座山，正好在左边教堂的上方，形如一座金字塔。在布莱克的象征体系中，金字塔代表着压迫性的几何秩序，还代表以色列人在埃及所受的奴役。

画面右边前景人群的正上方有一个六翼形象，可能也表示必死之人的轮回，具有人类特征的飞蛾或蝴蝶，破茧而出，旋即将死。树上还有其他形象，或许它们被困在了那里；布莱克在自己的长诗《四活物》（*The Four Zoas*）②中化用了但丁·阿利吉耶里（Dante Alighieri）的《地狱篇》（*Inferno*），但丁描述自杀者变形

---

① 也称"大地母神"，名为库伯勒"（Cybele）"。起初其与配偶阿提斯（Attis）在弗里吉亚（Phrygia）受崇拜，后在古希腊、古罗马及罗马诸行省尤其受到膜拜，并在古希腊与得墨忒耳（Demeter）相结合。库伯勒是野生自然的女主人，其常伴身边的雄狮就是这一身份的象征；她还掌管疾病与医疗和丰收，并在战争中充当保护女神。其雕塑通常为头戴雉堞形冠冕的形象。

② "Zoas"是布莱克创造的词语，是希腊文"Zoon"（生物）的复数形式"Zoa"加上英文的复数词尾"s"。布莱克是在希腊文《圣经·新约·启示录》中接触到这个单词的。因此，希腊文《新约》中的"Zoa"对应希伯来文《旧约》中的"Chayot Hakodesh"，英文《钦定版圣经》（KJV）和《新国际版圣经》（NIV）将其译作"living creatures"或"beasts"。而几乎所有的中文《圣经》译本都将它们译为"活物"，包括天主教的思高本系统与新教的和合本系统；只有麦都思（W. H. Medhurst）等主持翻译的委办译本等是少数例外，其中委办译本将"living creatures"与"beasts"译为"灵物"。[见 S. 福斯特·戴蒙（S. Foster Damon）编著的《布莱克词典：威廉·布莱克的思想与符号》（*A Blake Dictionary: The Ideas and Symbols of William Blake*）中的"Zoas"词条。]

为树且不能说话。而布莱克的画里，树丛中有一张严肃的面孔引人注目，看起来特别像流行的基督画像。这是不是"多受痛苦，常经忧患？"[13]他那树枝状的手暗示的是什么意思？跳舞的人中除了一个众人瞩目的沾沾自喜的男子，其他的似乎都是女人。树丛中的男性面孔是不是在向跳舞的人示意，鼓励他们离开这庆祝丰收的仪式？

048　　　这些都是问题，不是答案，而提问正是布莱克鼓励我们去做的。尽管丝毫无意于拆穿弥尔顿的欢快景象，他却以自己的共鸣深刻地影响了这首诗，把它变得更加复杂。按照这种个人象征体系，这可能是布氏所谓的"柏拉（Beulah）"①幻象：脱离苦难与斗争的暂时休憩之地，但是从此处必须向上或向下移动。**柏拉**的下方是"世代（Generation）"②，即凡人的轮回，威胁着要困住我们，如同这幅画看似在警告的那样。但是，**柏拉**的上方是"伊甸（Eden）"，系一种变化不居的活跃状态，参与**永恒**的完成。在《阳光灿烂的假期》中，**伊甸**一定是玫瑰色天空中那些半透明形象的目的地，一片完全不同于下方景象的领域，下方的凡人配对、生

---

①　"柏拉"系音译，典出《圣经·旧约·以赛亚书》62：4，是上帝赐给耶路撒冷的名称，意为"结缡之地"（你的地也必称为"有夫之妇"）。S. 福斯特·戴蒙编著的《布莱克词典：威廉·布莱克的思想与符号》中写明，其在布莱克的神话体系中表示潜意识领域，是灵感的来源。

②　系布莱克四重幻象体系中的一个重要概念，根据《布莱克词典：威廉·布莱克的思想与符号》，"世代"是真正爱的行为。它是通向永恒的最简单道路。完整的幻象世界是四重幻象，其下是三重幻象"柏拉"，而世代是二重幻象，其下是一重的"乌尔若世界"。"世代"一方面从"混乱中创造出形式"，另一方面它可能会吞噬"重生（Regeneration）"。

产、变老、死去。翱翔的形象中有一个似乎头顶一篮食物,也许是飞向永恒的聚众宴会。

怀疑论哲学家大卫·休谟(David Hume)认为所有宗教的起源都在泛灵论者的迷信中,他们认为"树木、山川和溪流都被人格化……同时,每一片树林或田野也被表现为拥有一个特定的守护神或不可见的力量,这种力量居于其间并保护它"①。[14]布莱克在《天堂与地狱的婚姻》中描述的很大程度上是同一回事,但对他来说这不是迷信,而是"灵视洞察(visionary insight)",即在自然中发现人类的价值。

> 古代诗人以众神和精灵的名义把生命赋予一切可感知的对象,用名字来称呼它们,以各种特性装饰它们,树林、河流、山脉、湖泊、城市、邦国的特性,以及无论什么他们扩大、繁多的感官所能感知事物的特性。他们特别研究了每一座城市、每一处乡间的精灵,把精灵置于其精神神祇之下,直到形成一个体系,有些人别有用心对这个体系加以利用,从精神神祇的对象将神明实体化或抽象出来,以此奴役庸众:由此开启了神职,亦即从诗的讲述中选择崇拜的形式。久而久之,他们宣布是众神命令了此类事情。由此,人们忘记了一切神祇都居于人类的心胸。[15]

如同休谟和其他启蒙思想家一样,布莱克是对制度化宗教的猛烈

---

① 引自徐晓宏译的上海人民出版社 2003 年版《宗教的自然史》第 3 章"续同一主题"。

批评者，但与此同时，他仍相信一个并非机械而是人性的自然。
休谟认为，多神论，随后是一神论，都是超越原始泛灵论的进步，
他还相信，符合逻辑的最终结果应当是他自己那种不可知论的怀
疑主义。布莱克以另一种方式作了排列组合。在他看来，远古文
化的人们是完全正确的，他们在每一条河流、每一座高山中感知
到"众神和精灵"，表达他们在这个世界中的归属体验。过渡到崇
拜遥远天宇的神明，是错误的一步，错上加错的是崇拜唯一的上
帝。这个过程可能确实终结于怀疑主义，但对布莱克而言，怀疑
主义是对想象性现实的毁灭性盲目。

第 3 章　天真

灵视歌谣

布莱克诗歌中最容易入门的是《天真之歌》(*Songs of* *Innocence*)，其意图是由成年人向儿童朗读。它们被嵌于图像内，从而使文本更加丰富。这些图像，有些是简单的插画，但有些则意味深长地背离文字，暗示成年读者可能会考虑的视角，而孩子们只是接收更简单的信息。更甚于为其他诗人所作的插画，布莱克在《天真之歌》中正发展出很大程度上独属于自己的象征观念，但是需要读者运用与"阅读"图像相同的技巧。

《天真之歌》首印于 1789 年，仅包含 23 首抒情短诗；五年后再次印行，连同一组伴随诗歌，总题为《天真与经验之歌》(*Songs of Innocence and of Experience*)。组合而成的诗集的副题为《表现人类灵魂的两种对立状态》(*Showing the Two Contrary States of the Human Soul*)，其中 4 首先前的《天真之歌》移入《经验之歌》。《经验之歌》是补充《天真之歌》，而非取代或否定，因为《天真之歌》充满希望和信任感，将其保持不失是关键所在。"**天真**与智慧同在，"布莱克后来写道，"但是从不与无知共存。"[1]

布莱克的早期传记作家艾伦·坎宁安(Alan Cunningham)曾说："布莱克的原创性天才总是被贫困限制在小的维度上。"铜确实很贵，一块印版只有 3 英寸宽 5 英寸长，但那不一定

051 是坏事。这个规格适合布氏所受训练的那种镌刻风格，大尺寸的印版可能会减弱他聚焦的强度。一位艺术历史学家评论说："布莱克是位袖珍画画家，在着色上就像个珠宝匠，总是偏好小的尺寸。他在创作艺术作品时总是从手腕而绝不是从肩膀发力。"[2]

珠宝般的效果在扉页中生动可见，本书中翻印的插画（见彩插 3）是从后来的印本 Z 复制而来，系 1826 年布莱克为朋友亨利·克拉布·鲁宾逊（Henry Crabb Robinson）印制，现藏于美国国会图书馆。一本图画书摊开在母亲或保姆的膝盖上，男孩和女孩凝视着伴随文字的图画。在他们身后，一棵树缀满苹果，支撑着攀爬的葡萄藤，藤蔓是儿童由成人养育的传统象征。"天真（Innocence）"一词以曲线优雅的手写体流畅呈现，而"歌（SONGS）"字则从树叶间迸出。

就父母而言，意识到人生**经验**的凄凉真相的情景是很痛心的。奥裔美国社会学家彼得·伯格（Peter Berger）曾说："幼年体验过的令人宽慰的手势与词语，在孩童心中建立起对世界的根本信任。不过，凭经验来说，这种信任是放错了地方，是幻觉。世界根本不值得信任。它是这样一个世界，孩子将在其中经历每一种痛苦，而且终将杀死他。"悬在母亲和孩子们上方的苹果可能暗指"知善恶树（Tree of the Knowledge of Good and Evil）"（也译"智慧树"或"知识之树"），即猝不及防就学会了的知识。[3]

布莱克夫妇膝下没有子女，我们也不知道那会造成多大的忧愁。无论如何，《天真之歌》的作者很明显对孩子深感同情，在这一点上，这些诗歌与那个时代销路甚广的儿童读物大相径庭。那些流行出版物对孩童式的恶作剧甚为苛刻，例如艾萨克·瓦茨（Isaac Watts）在一首赞美诗中曾写道：

噢父啊，我只是个孩子，

　　我的身体是由泥土所造，

　我的本性，啊！败坏了，

　　从出生起我就是罪人。

循道宗（Methodism）① 的共创人约翰·卫斯理（John Wesley）教
导为人父母者，"如果你不想诅咒孩子，无论付出多大的痛苦，都
要消灭意志。要让孩子从 1 岁起就被教会害怕棍棒，并且轻声哭泣；
从那个年龄起，就要让他按吩咐去做事，如果你连续鞭打他十次"。⁴　052
孩子应该轻声哭泣，因为大声哭喊将会招致更多鞭打。

　　为孩子出版的进步书籍确实也有，但尽管不再沉迷于地狱火，
它们也还是说教，只不过是以自己的方式。典型的书名是这样
的：《汤米·贪玩与杰基·爱书传：借此表明美德胜过恶习》（*The
History of Tommy Playlove and Jacky Lovebook: Wherein Is Shown
the Superiority of Virtue over Vice*），或者《单音节词寓言：善教　053
夫人讲授，各篇附加寓意，以母亲与孩子对话的形式》（*Fables in
Monosyllables, by Mrs. Teachwell, to Which Are Added Morals, in
Dialogues, between a Mother and Children*）。⁵ 布莱克想要改变和

---

① 　又称"卫斯理宗"，系基督新教主要宗派之一，是以约翰·卫
斯理的宗教思想为依据的各教会的统称，因在教会组织上实
行监督制，故也称"监理宗"。其创始人约翰·卫斯理于 1729
年在牛津大学组织宗教小组"圣社"，社员被称为"循道者
（Methodist）"，该宗派便由此得名。循道运动在卫氏兄弟以及曾
经也是国教会牧师的乔治·怀特菲尔德（George Whitefield）的领
导下迅速发展，后于 1795 年召开会议，通过"安定计划"，正
式形成独立的宗派。在移民美国的信徒将其传到美洲大陆后，
形成了独立的卫理公会，而留在英国的教会则称"循道公会"和

激励孩童，而非向他们布道，他的**天真**世界充满了美、温情、同情与欢乐。

《天真之歌》的扉页其实不是印版1。在它之前有一幅令人赞叹的卷首画：一位乐师抬头凝望一个飞翔的孩子，背景中的树木和吃草的羊群环绕着四周。（见图13）扉页上的母亲和孩子穿着衣服，但布莱克更加明确具有象征意义的形象通常是裸体或穿着半透明的衣服，根据他的信念，一幅好的画作中，"衣纹仅由赤裸的身体形状构成"。[6]

由于这幅卷首画没有文字，它便吸引我们玩味图像可能暗示的任何东西。印版3（本书未翻印）上的诗歌题为《序诗》（*Introduction*），解释了我们在卷首画中所看到的图像。

> 我吹着牧笛从荒谷下来，
> 我吹出欢乐的曲调，
> 我看见云端上一个小孩，
> 他笑着对我说道：
>
> "吹一支羔羊的歌曲！"
> 我就快活地吹了起来。
> "吹笛人，再吹吹那支曲，"
> 我再吹，他听着流下泪来。
>
> "放下那笛子，欢乐的笛子，
> 把你那快乐的歌儿唱一唱；"
> 我把那支歌唱上一次，
> 他听着，快活得泪儿汪汪。

图 13 《天真之歌》卷首画，印本 L，印版 1

"吹笛人，坐下来写成一本诗，

好让大伙儿都能读到。"

他说完就从我眼前消逝，

我拿起一根空心的芦草，

054

用它做成土气的笔一支，

把它蘸在清清的水里，

写下那些快乐的歌子，

让个个小孩听得喜欢。①

根据接下来的诗篇中的所指来判断，羔羊暗示的是"上帝的羔羊（Lamb of God）"。流泪哭泣在这里表达欢乐而不是悲伤，如同《天堂与地狱的婚姻》里"地狱箴言（Proverbs of Hell）"中的一则："悲伤过度就笑，高兴过头就哭。（Excess of sorrow laughs, excess of joy weeps.）"[7]

在卷首画中，幻想性的孩子飘浮在吹笛人的头上，告诉他该吹奏什么歌曲。先是旋律出现，然后是旋律带着歌词，最后歌词被记录下来，使用自然的材料。然后空中的孩子消失了，留下纸页上的诗作为礼物。它也是乐师—诗人的礼物。扉页上有一个微缩的吹笛人，斜倚在"天真（Innocence）"倾斜的字母"I"上。

在布莱克把这些抒情诗称为"歌"时，他是认真的。某个熟识的人回忆起布氏曾创作过乐曲，"尽管据他自己坦承，他完全不了解音乐学问，他的耳朵却是如此之好，以至于所写的曲子有时候美丽非凡，一些音乐教授甚至把它们记录下来"。唉，可惜这些

---

①　本章《天真之歌》译文均引自人民文学出版社 1957 年版《布莱克诗选》中的袁可嘉译本。

乐谱无一幸存，不过，布莱克的旋律极有可能类似于他热爱的赞美诗和民歌。另一位传记作家声称，布莱克喜欢同时以三种艺术形式创作："他绘画时，默想伴随图像的歌词，而诗篇吟唱所配的音乐则是同一时刻的产物。"[8]

婴儿的快乐

一首狂想曲式的抒情小诗，题为《婴儿的快乐》(*Infant Joy*)，是对**天真**的最简表达。

> "我没有名字；
> 生下才两天。"
> 我叫你什么？
> "我很快活，
> 欢乐是我的名字。"
> 祝你得到欢乐！

055

> 美丽的欢乐，
> 欢乐了才两天。
> 我叫你欢乐：
> 你笑笑，
> 我唱着歌。
> 祝你得到欢乐。[9]

布莱克从有规律的基本节拍改变重音的安排，显得毫不生硬。

Thóu dost smíle.

I síng the while,

Swéet jóy befáll thee.

这首诗的语言具有儿童的说话方式或者传统儿歌的极致单纯，狄兰·托马斯（Dylan Thomas）说自己在年纪还不足以理解时就爱上了这些诗句："我那时只是爱它们的词语，仅仅是词语……随着我读的越来越多，我对词语真正生命的热爱与日俱增，直到我知道必须永远和词语一起活着，永远在词语之内活着。"[10]

　　在任何效果好的抒情诗里，节奏都和语义同样重要。布莱克偶尔会使用抑抑扬格（anapest，也称"轻轻重格"），即两个轻读音节后接一个重读音节。如果一成不变地运用，这种格律有时听起来会显得节奏过于轻快而不适于严肃诗歌，正如布莱克所熟悉的威廉·考珀（William Cowper）的《白杨地》（*The Poplar Field*）。

　　　　十二个年头已过去自从我最后看一眼

　　　　我喜爱的田地与河岸它们生长的地点，

　　　　如今可以看见它们都被放倒在草丛里，

　　　　曾为我洒下绿荫的大树成了我的座椅。

布莱克在另一首诗《歌声荡漾的青草地》（*The Ecchoing Green*）中缩短了诗行的长度，为抑抑扬格赋予了挽歌的韵味。

　　　　老约翰白发满头，

　　　　笑得无忧无愁，

他和老人们一道

坐在橡树底下笑。

他们看着我们打闹，

立刻异口同声说道：

"我们少年时期，

不管男男女女，

也有这般的乐趣，

在这歌声荡漾的青草地。"[11]

056

对**天真**的心境来说，这种对乡民的美好印象恰如其分，尽管事后看来会不一样。缘于此，乔治·奥威尔（George Orwell）将自己那虐待儿童的寄宿学校生活的刺痛人心的回忆录命名为《如此欢乐童年》（*Such, Such Were the Joys*）。

单纯如《婴儿的快乐》，欣喜若狂的婴儿话语却不符合事实，因为正如柯尔律治令人信服地指出的，出生两天的婴儿不会笑。年龄是象征性的。在习惯上，婴儿于出生后第三天受洗，父母也会在这时起名字。因此，这时的婴儿是绝对天真的，她直接以自己的幸福为自己命名，"Joy"（欢乐，音译为"乔伊"）是女孩的名字，而她的母亲则预见到未来，唯有希望甜美的欢乐会一直降临到她身上。[12]

不言而喻，这幅令人陶醉的图画充满了象征意味。（见彩插 4）本书翻印的是印本 Z，即柯尔律治在布莱克生命的最后一年所见并仰慕的那个版本。一个母亲和她的孩子坐在一朵盛开的硕大花朵里，一个长翅膀的形象面对着他们，毫无疑问这让人想起圣母玛利亚怀抱幼子基督的绘画作品。但是布莱克鄙弃玛利亚是贞女的神学教条，喜欢暗示如果不是约瑟让她怀孕，那就一定是别人。

　　这些是什么花？它们是银莲花，在古典传统中是维纳斯（Venus）的圣物，据信是由濒死的阿多尼斯（Adonis）[1] 的鲜血染红。植物拥有性别是布氏所处时代的植物学新发现，伊拉斯谟斯·达尔文［Erasmus Darwin，查尔斯·罗伯特·达尔文（Charles Robert Darwin）的祖父］出版了一部极为流行的诗作，题为《植物之爱》（*The Loves of the Plants*）。其中的语言毫不羞耻地富于色情意味。

> 热恋的忍冬以抹了蜜的嘴唇相会，
> 深情的手臂环抱，香吻交融。

057　在达尔文的诗里，银莲花让人联想起维纳斯的悲伤，是秋霜的受害者。

> 叶落尽的林地一切都黯淡、颤抖
> 伤心的银莲花向后仰起她的头；
> 脸上的悲伤让玫瑰色红晕失色，
> 她甜蜜的眼睑沾上露珠低垂着。[13]

　　布莱克对《植物之爱》很感兴趣，于是花朵在《天真之歌》

[1]　系希腊神话中每年死而复生、永远年轻的植物神。相传阿多尼斯为阿佛洛狄忒（Aphrodite）所宠爱，阿佛洛狄忒将他交给冥后珀耳塞福涅（Persephone）教养，冥后也不愿和他别离。两位女神因而发生争执，结果由宙斯作出裁决：阿多尼斯每年在冥后那里度过四个月，在阿佛洛狄忒那里住四个月，其余四个月则由他自己支配。后来阿多尼斯在狩猎时被野猪咬伤致死，从他的血滴中长出了血红色的银莲花。

里参与了人类与大自然共享的性能量。评论者早已指出,《婴儿的快乐》中母性的花朵被刻意画得看起来像子宫,下方低垂的蓓蕾则形如男性的阴茎。整部《天真之歌》还有更进一步的性暗示,同时还提及轻抚、玩弄、舔舐、亲吻以及触碰。在数年之后的《阿尔比恩女儿们的幻象》(*Visions of the Daughters of Albion*)中,女性角色"乌松(Oothoon)"宣称,"婴儿期,无畏,好色,幸福! 筑起爱巢 / 在快感的大腿上。(Infancy,fearless,lustful,happy! Nestling for delight / In laps of pleasure.)"至于《婴儿的快乐》图画中长翅膀的形象,点线勾勒的翅膀更像是昆虫而非天使,可能是普绪客(Psyche,也译"普赛克")①,即不朽灵魂的象征,如同《阳光灿烂的假日》中的一样。[14]

花朵

缘于这些诗歌表达天真的多个方面,阅读它们并没有正确的顺序可以遵循。《天真之歌》还有 20 个印本存世,最初的顺序因此得以为人所知(布氏夫妇用简易的纸质封面把纸页缝合在一起,

---

① 系希腊神话和罗马神话中的人物。在希腊神话中,她是人类灵魂的化身,常以带有蝴蝶翅膀的少女形象出现。据阿普列乌斯(Apuleius)的《金驴记》[*Golden Ass*,原名《变形记》(*Metamorphoses*)] 记载,普绪客是人间一位国王最小的女儿,拥有美丽的容颜,甚至比维纳斯还要美丽。由于她实在过于漂亮,以致人们不再去崇拜爱与美的女神维纳斯,而是去崇拜普绪客。但因无人把她当作可以追求的女孩,普绪客一直保持独身。同时,维纳斯对此也甚为不满,所以命令儿子爱神丘比特(Cupid)用箭射向普绪客,以便让她爱上一个丑陋的怪物。但当丘比特看到普绪客时亦被她的美貌吸引,一不小心让金箭划伤了自己,由此他就无可救药地爱上了普绪客。

购买者随后可以重新装订）。值得注意的是，每个印本的排列顺序均独一无二且互不相同。[15]《婴儿的快乐》有时出现在靠近开头的部分，有时则几乎位于最后。另一首诗《花朵》（*The Blossom*，见彩插 5）通常出现的位置与《婴儿的快乐》有一段距离，但它们在视觉上有许多共同之处。我们再次见到一对母子，但这一回妈妈长有翅膀，其他带翼的小生物则在周围跳舞、飞翔。母子俩显然坐在某种形式的植被上面，不过它正以非同寻常的能量汹涌起伏，一点也不像真实的植物。戴维·V. 厄尔德曼的描述说到了点子上：这是一朵"火焰花（flame-flower）"。人们会想起狄兰·托马斯的诗行："穿过绿色茎管催动花朵的力。（The force that through the green fuse drives the flower.）"[16]

058

布莱克的这首诗像一个谜语。

> 快快活活的雀儿！
> 在碧绿的叶子底下，
> 有一朵鲜花
> 看见你箭一般飞过，
> 寻找你的小窠，
> 挨着我的胸怀。
>
> 漂漂亮亮的知更！
> 在碧绿的叶子底下，
> 有一朵鲜花
> 听见你呜呜咽咽
> 漂漂亮亮的知更，
> 挨着我的胸襟。

花朵自诉道，正在发生什么？一只快活的麻雀向鸟巢飞落，布莱克用小孩子能懂的说法将其描写为麻雀的"摇篮（cradle）"（小窠）。至于漂亮的知更鸟则根本不快乐，因为它在呜咽。这些很可能暗示了对生育的讽喻，而呜咽则表达了分娩的痛苦，就连开心时也痛楚难忍。布莱克自创了一则"地狱箴言"："快乐孕育之。悲痛生育之。（Joys impregnate. Sorrows bring forth.）"[17]麻雀和知更鸟也可能代表小孩子情绪的两种状态，有时心满意足地窝着，有时又伤心地呜咽。实际上两种鸟在画中都没有出现，这似乎令人惊讶，不过，强调象征意义而非确实的意象正是典型的布莱克做法。诗歌的焦点是说话的花朵。

如果环绕母子的人像可被看作自左而右顺时针移动的序列，那么，在母亲上方拥抱的二人就象征着导致生育的两性结合，而母子右侧最后的那个一边下落一边向上举起没有翅膀手臂的人像，则是一个即将降生的小天使。这样的阐释说得通，但别的说法也不是没有道理。厄尔德曼表示："我们会想到五种长翅膀的欢乐，如同被唤起的感官，能够翱翔，而那个没有翅膀却实际上在飞翔的男孩则代表'想象（imagination）'或'天才（genius）'。"我们还可能想起婴儿耶稣和他的母亲。在几种后期的印本中，一个白色的太阳在母亲的脑后闪耀，如光轮般环绕着头部。[18]

知更鸟的呜咽是否还会让听者想起一首熟悉的儿歌？

谁杀死了知更鸟？
"是我，麻雀说，
用我的小弓箭，
杀死了知更鸟。"

天真是轻信的，但对死亡并不无知，死亡在布莱克的时代对婴幼儿来说太过常见。

布莱克有时被归为"考克尼（Cockney）"，即所谓的"伦敦东区人"，但没有证据表明他讲一口地道的伦敦腔（如"artist"发音成"hartist"，等等）。然而，通过查看他的用韵，我们可以了解他是如何发音的，有些地方他能听出准确的韵，但我们现在已认为其不再押韵。比如"poor"与"moor"，"devil"与"civil"，"creature"与"later"押韵（读音好似美音的"critter"）。由于布莱克去掉了以"-ing"结尾的单词的"g"，所以"sobbing"（呜咽）就确实与"robin"（知更鸟）押韵。[19]

羔羊

另一首甜美朴素的抒情诗《羔羊》（*The Lamb*）也挑明了宗教主题。

> 小羔羊，谁创造了你?
> 你知道吗，谁创造了你，
> 给你生命，叫你去寻找
> 河边和草地的食料?
> 谁给你可喜的衣裳，
> 柔软，毛茸茸又亮堂堂;
> 谁给你这般柔和的声音，
> 使满山满谷欢欣?
> 小羔羊，谁创造了你?
> 你知道吗，谁创造了你?

小羔羊，我来告诉你，

小羔羊，我来告诉你：

他的名字跟你一样，

他管自己叫羔羊；①

他又温柔，又和蔼，

他变成一个小孩；

我是小孩，你是羔羊，

咱们名字跟他一样。

小羔羊，上帝保佑你。

小羔羊，上帝保佑你。[20]

060

这首诗的说话人是小孩子，他在对羔羊进行教理问答——"小羔羊，我来告诉你（Little lamb I'll tell thee）"。保护天真世界的上帝是降生为小孩的耶稣，而非远在天堂的君父。

《羔羊》的配图（见图 14）有一种令人舒适的现实感，与《婴儿的快乐》和《花朵》的强烈象征性大为不同。文字被妥帖地安放在卷曲的树木枝条组成的拱形内，藤蔓和卷须环绕。一群羊聚集在茅草屋前，一个赤身裸体的男孩伸手让一只羔羊舔舐。一双白鸟，也许是牡丹鹦鹉［也称"爱情鸟（lovebird）"］，飞落在屋顶远端。在有些印本中，一片绿茵填满了画面底部；在另一些印本中，那个位置是一条蓝色的小溪在流淌。往往有人指出画中的树木看起来都很脆弱，暗示对它们的保护将不会长久，但无论如何，画面传达给人的直接印象是安全和信任，当然背景中巨大的遮阴树无疑强化了这一点。

---

① 　耶稣自称是"上帝的羔羊（Lamb of God）"。

图 14   《天真之歌·羔羊》，印本 L，印版 24

这并不是说**天真**拥有了对存在的充分理解。布氏在一首年代晚得多的诗中问道：

> 为什么把羊送给利刃？羔羊在阳光里玩耍
>
> 他惊起！他听到了人的足音！他说，饶命
>
> 拿走我的羊毛，但他不知道冬天来得很快。[21]

冬天的羔羊将为失去羊毛而惋惜，羊毛则变成衣服让人类保暖。羔羊和绵羊一样，最终常常落得盘中餐的下场。

布莱克在《天真之歌》的许多处都对生活的险恶一面作了暗示。比如《别人的痛苦》（*On Another's Sorrow*）在解释为何耶稣能够同情人的苦难时，是在暗示耶稣的殉难。

062

> 他把快乐赐给一切，
>
> 他变成一个小小的婴孩；
>
> 他变成一个痛苦的人，
>
> 他也感到痛苦和伤心。[22]

耶稣感到伤心是因为他自己也是个伤心的人。

扫烟囱的孩子

在这些诗歌中，任何的晦涩都被深深埋藏，但有几首非常清楚地传递了双重信息：那首令人宽慰的诗是小朋友要听的，而另一首则反映了成人视角。在一首这样的诗里，一个黑人男孩希望一个英国男孩能不嫌弃自己的黑皮肤而学会爱他，但黑人男孩猜

想还是要等待一个天堂，在那里他的皮肤也将变成白色。另一首诗则描述了在慈善学校上学的穷苦孩子排队进入圣保罗主教座堂（Saint Paul's Cathedral，也称"圣保罗大教堂"），参加一年一度的感恩礼拜。

> 于是像一阵强风他们把歌声送上云天
> 或像和谐的雷声在天堂的座位之间
> 他们下方坐着长老们，穷人的明智守护人
> 所以心怀怜悯吧，以免把天使驱离你家门 ①

这里有《启示录》19：6 的回声："我听见好像群众的声音，众水的声音，大雷的声音。"也许还有《希伯来书》13：2 的回声："不可忘记用爱心接待客旅，因为曾有接待客旅的，不知不觉就接待了天使。"23

这听起来颇为正面，但正如布莱克所熟知，慈善学校的条件实在是糟糕，因此最后一行可被解读为冷酷的反讽。远远不是心怀怜悯，这些"明智守护人（wise guardians）"会把他们的受监护

---

① 引自《月亮上的岛》（An Island in the Moon）。本书英文版诗文与厄尔德曼版略有出入，本书英文版为："Now like a mighty wind they raise to heaven the voice of song, / Or like harmonious thunderings the seats of heaven among. / Beneath them sit the aged men, wise guardians of the poor; / Then cherish pity, lest you drive an angel from your door." 厄尔德曼版为："Then like a mighty wind they raise to heavn the voice of song / Or like harmonious thunderings the seats of heavn among / Beneath them sit the revrend men the guardians of the poor / Then cherish pity lest you drive an angel from your door."（E463）

人直接送回剥削性的济贫院劳动。小孩子听完这首诗，便会接受到积极的信息，但是成年人则会注意到别的东西，有人将其描述为"天真之内经验的潜在呈现（latent presence of Experience within Innocence）"。[24]

诗歌《扫烟囱的孩子》（*The Chimney Sweeper*）尤把这种双重视角展露无遗。

063

> 我妈妈死时我年纪很小，
> 爸爸就把我送去卖掉；
> 我连叫一声"哭啊，哭啊"也不会，
> 你家烟囱我来扫，煤屑堆里我来睡。
>
> 有个小汤姆·代克头发卷曲像羊毛，
> 一剃头就要哭个哇哇叫；
> 我说："汤姆，你别哭，不要紧，头一光，
> 煤屑就不会再把你的白发弄脏。"
>
> 汤姆安静了，就在当天夜间，
> 他睡着梦见奇迹出现；
> 阿狗阿猫上万个扫烟囱的小孩
> 都给锁进了黑漆漆的棺材。
>
> 天使来了，手里的钥匙亮晃晃，
> 他打开棺材，让他们个个解放；
> 他们奔下绿原，又跳又笑，
> 下河洗澡，在阳光里闪耀。

赤裸的身子雪白，他们把袋子丢下，

他们升上云端，在风里玩耍；

天使告诉汤姆，要是他乖乖听话，

他就会一生快活，上帝做他爸爸。

汤姆醒来，我们就摸黑起床，

带着袋子刷子把工上；

早晨虽冷，汤姆又快乐又暖和：

大家都尽本分就不怕灾祸。[25]

　　扫烟囱的工作环境恶劣得可怕，为改善其而发起的社会活动催生了一大批书籍和小册子，读起来很是折磨人。如布莱克的经历，开始学徒的正常年龄是 13 岁左右，但男孩到了这个岁数个子可能就太大了，以致挤不进狭窄、弯曲的烟囱。因此男孩——极少数情况下是女孩——7 岁就开始扫烟囱，有时甚至小到 4 岁。"爸爸就把我送去卖掉（my father sold me）"说的千真万确。正常情况下，父母都要付给师傅一笔酬金，以回报他将传授的手艺，布莱克的父母对雕版师巴西尔也是这样做的，但在扫烟囱这个可怕的行业中，师傅却要付钱给父母。孩子们会受到各种各样的伤害，例如关节和脊椎扭伤，由于没有清洗煤烟所必需的设施，阴囊癌也是常见病。他们干活时经常要赤身裸体，以免衣服挂在烟囱内壁涂抹的粗糙灰泥上。[26]

　　1788 年，即《天真之歌》发表的前一年，英国议会通过了一项草案，禁止 8 岁以下的男孩做学徒工，并且要求他们每周洗一次澡，尽管其中并未明确所需的设施该如何提供。另一项条款也可以表明年幼的烟囱清扫工所受的待遇是多么冷酷无情：不应再强迫他们爬上已经点燃的烟囱。然而，即使是这种保守的改革尝试也从未得到实施，雇小孩做烟囱清扫工直到 1875 年才为法律所禁止。[27]

正如希瑟·格伦（Heather Glen）所见，布莱克的诗还是因避免了任何直白的抗议口吻而令人赞叹。因为男孩的母亲死了，他的父亲就把他卖了，那时候他还太小，发不出沿街揽活时的叫喊"扫烟囱咯！（Sweep！）"（你家烟囱我来扫）他只是把这一切当作不可避免的事实接受下来。"哭啊，哭啊（weep weep weep weep）"是刺痛人心的哀叹。诗歌中还有一个对读者的挑战，无心为之却富有感染力："你家烟囱我来扫，煤屑堆里我来睡。（So your chimneys Is sweep and in soot I sleep.）"实际上，孩子们真的睡在填满煤烟的袋子上。[28]

汤姆的"头发卷曲像羊毛（That curled like a lamb's back）"唤起了读者对《羔羊》中深情信任的回忆，这种对乡村意象的暗示让人想到受伤的天真所受的苦难。年龄大一点的男孩知道得很清楚，当他说剃光金色卷发会让汤姆的头更容易保持干净时，他是假装在讲道理，实际是为了安慰小汤姆。但这首诗的最后一行是远远更加隐晦的文过饰非，这个大一点的男孩已然把它内化了："大家都尽本分就不怕灾祸。（So if all do their duty, they need not fear harm.）"暗含的意思是，如果他们哪怕松懈一会儿，惩罚就会立刻降临。更令人不寒而栗的含意是，他们正在履行骇人的职责，可即便如此，他们还是日复一日地饱受摧残，并且伴随着更进一步的威胁，即如果完不成任务，上帝会拒绝做他们的父。

这首诗的配图小得出奇，文字几乎填满了整个页面。（见彩插 6）在画面的最底部，跑向河边的男孩是些小小的火柴人模样，一个天使模样的人躬身扶着最小的孩子从棺材里出来，这是烟囱幽闭恐惧症的梦中情景。当布莱克想要这么做时，他完全有能力

065

为一首诗用两块印版；显然这里拥挤闭塞的效果是刻意为之。扎卡里·利德（Zachary Leader）提出了一种有说服力的解释："这个场景缺少扫烟囱的孩子最渴望的东西：开阔的空间、阳光、温度以及清晰明亮的颜色。大块的文字压在汤姆的梦上，像一个重物，遏制、压垮了梦，就像**天真**被贫困且压抑的生活弄得憔悴不堪。"[29] 然而几个印本的效果具有明显的差异。在本书彩插翻印的印本 Z 中，天空充满金光，那个弯腰者的头部笼罩着明亮的光轮。那是**天真**的耶稣，全然是人，又全然是神。

在这里，制度化的宗教起到意识形态的作用，反复灌输关于服从与义务的强制信息。不过，它还不是马克思主义所定义的否定意义上的"虚假意识（false consciousness）"。孩子们得到的安慰是非常真实的，如果被夺走，他们的生活只会变得更加悲惨。小汤姆的梦同样是迫切需要的逃离沉重现实的避难所。白天孩子们会哭喊"哭啊，哭啊"；在梦里他们可以把自己洗干净，在阳光里跳跃。[30]

为说明布莱克引经据典的广博，凯瑟琳·雷恩（Kathleen Raine）拈出埃马努埃尔·斯韦登堡（Emanuel Swedenborg）^①著作

---

① 系瑞典著名科学家、哲学家、神学家以及新耶路撒冷教会（The New Jerusalem Church，简称"新教会"）的理论奠基人。斯氏的前半生致力于自然科学领域，后半生则全身心投入神学领域。他所生活年代的欧洲正处于宗教影响力逐渐衰落，人们更为注重科学和理性的启蒙时代。在这一历史背景下，斯韦登堡通过自己的心灵体验不仅在所阐述的精神信仰中将基督教、泛神论和神智学结合在一起，还向世人诠释了一个关于基督教的全新观念，即他在《真实的基督教》（*The True Christian Religion*）中所预言的上帝将建立一个新教会以取代传统的基督教会，进而将耶稣基督作为上帝来敬拜。这种宗教观与传统观念大相径庭，因而遭到了传统基督教会的排斥。

中的一段话，布氏阅读并批注了这位自封先知者的著作。

> 还有从朱庇特（Jupiter）而来的那些精灵中的一部分，他们被称为"扫烟囱者"，因为他们出现时穿相似的衣服，而且同样满脸煤烟……这些精灵中的一个走向我，焦急地请求我为他说情，让他可以被接受进天堂……那一刻，天使招呼他脱掉衣饰，他以不可思议的速度立即照办，因为他的愿望热切……我被告知，当这些精灵准备好进天堂，他们被剥去自己的衣服，包裹上新的闪亮衣装，变成天使。[31]

躯体是不朽灵魂的临时覆盖物是"新柏拉图主义（Neo-Platonism）"[①]的概念，斯韦登堡认为这是完全正面的象征方式。但在布莱克的诗里， 066

① 系罗马帝国衰落时期，即公元 3—5 世纪的神秘主义哲学，其学说体系是在柏拉图的理念论与神秘主义思想的基础上，吸取亚里士多德主义、斯多葛主义、毕达哥拉斯主义等古希腊罗马哲学的部分内容，再与东方的宗教哲学糅合在一起，进一步使之神秘化而形成的。但"新柏拉图主义"这个标签实则来自 18 世纪的学者，而新柏拉图主义思想家往往认为自己只是"柏拉图主义者"。从一般意义上说，新柏拉图主义神学的任务在于，证明"俄耳甫斯启示"（含毕达哥拉斯及柏拉图的教义）与《迦勒底神谕》（*Chaldean Oracles*）之间的一致性。在这两种启示中进行言说的都是神，而神不会自相矛盾。他们只不过是以不同的形式在言说相同的事情，俄耳甫斯教（Orphism）用象征的方式、毕达格拉斯（Pythagoras）用数学的方式、柏拉图用辩证的方式、《迦勒底神谕》用断言的方式。因此，新柏拉图主义者尽最大努力对所有这些进行系统化，所形成的基本理论就是"流溢说"，即认为世界的一切，包括人的心智、灵魂都是从最高的精神本原"太一"流溢出来，而肉体是罪恶的根源，人在现世处于绝望与无能的境地。该理论后为基督教所吸收，成为其教义的组成部分。

它是冷酷的反讽，因为布氏不相信等待死后生命去补偿今生的苦难。

　　对不可避免之事加以合理化与真心接受并非同一回事，布莱克的笔记本，即"皮克林手稿（Pickering Manuscript）"里的一些警句式诗篇在合为一集后被冠以篇名《天真的预兆》（*Auguries of Innocence*），它们对残忍和不公正极富敏锐的表现力。

> 笼中一只红胸知更鸟
>
> 使整个天堂怒火中烧；
>
> 挤满斑鸠和家鸽的鸽棚
>
> 把地狱的所有区域震动。
>
> 狗在主人门前饿死
>
> 预示邦国毁灭无遗；
>
> 马在道路之上受虐
>
> 向天堂索取人的血。①32

最初几行的浅显意思是说，知更鸟自由飞翔，不应该被关进笼子里，而驯化的鸽子认家，自愿回到它们的鸽棚。但是，地狱震动

---

①　　此诗英语原文为："A robin red breast in a cage / Puts all Heaven in a rage; / A dove house filled with doves and pigeons / Shudders Hell through all its regions. / A dog starved at his master's gate / Predicts the ruin of the state; / A horse misused upon the road / Calls to Heaven for human blood." 宋雪亭译本为："笼子里关着一只知更鸟，/会引起天上神灵的怒恼。/鸽舍里挤满着快乐的鸽群，/会使全地狱震荡不宁。/一只狗饿死在主人的门前，/预示着整个国家的衰乱。/一匹马在路上受了虐待，/呼吁上苍要人的血还债。"（引自人民文学出版社1957年版《布莱克诗选》中的《天真的预言》。）

的原因或许是人类与鸽子的和谐友好关系只不过是表面现象，人养鸽子是为了果腹。这里同样还有宗教寓意的回声。在民间文学的传统中，知更鸟的胸脯之所以是红色的——英国知更鸟要比同名的北美鸣禽红得多——是因为它对十字架上的耶稣行过善事。当耶稣爬犁地狱以拯救义人的灵魂，地狱因为地震而震动。[33]

　　如同布莱克所想象的，**天真**满怀信任，但并不幼稚，虽涉世未深，但已预想到**经验**的浸染。布氏显然乐意向不想要《经验之歌》的购买者出售《天真之歌》的独立印本，但在组合起来的《天真与经验之歌》中，他达到了想象性洞见的卓越延伸。除了极少数例外，《经验之歌》中的诗没人会愿意读给小孩子听。

第 4 章　经验

对立状态

　　跟随着显然是面向成人而非儿童的《经验之歌》（*Songs of Experience*），我们进入了一个完全不同的想象世界，孤独、挫折、残忍笼罩着它。"经验系列"中的一首诗有时直接对应"天真系列"中的一首；两个系列中都有一首《扫烟囱的孩子》，而《老虎》（*The Tyger*）则直接呼应《羔羊》（*The Lamb*）。对《经验之歌》中的其他作品来说，例如壮丽的《伦敦》（*London*）则在《天真之歌》中没有对应，"天真系列"的意象通常是乡村而非城市。

　　《经验之歌》有单独的扉页（见图 15），展现了从"歌"中萌芽而出的叶子与卷须，但是"经验（EXPERIENCE）"笔画僵正的大写印刷体字母可能是凿刻在墓碑上的，而且真的有两个哀悼的人在俯身面向平躺的躯体或殡葬雕像，它们可能是哀悼者过世的父母。**经验**可能会相信死亡就是终结，但是**天真**更加充满希望，空中的小人表明灵魂并不随躯体的死亡而消灭。不过，那并不是说**天真**就完全是正确的。布莱克确实相信人的灵魂会继续存在，但那不是所谓正统意义上与我们所知的生活全然相反的彼岸天堂里的复活。在与《经验之歌》同年出版的《欧洲：一个预言》（*Europe: A Prophecy*）中，他轻蔑地称那个天堂为"存在从未光顾的寓言式住所（an allegorical abode where existence hath never come）"。[1]

　　《经验之歌》的卷首画（见图 16）呼应了《天真之歌》的相同

图 15 《经验之歌》扉页，印本 L，印版 30

图 16　《经验之歌》卷首画，印本 L，印版 29

页面，但同时也形成了对比。在这幅插画中，男人不再拿着一件乐器，遮蔽上方的树荫被近处的粗厚树干与远处的另一棵树所取代，而长翅膀的小孩则奇怪地坐在男人的头上。孩子的双手被捉住，是为了帮他在那个位置保持平衡，还是防止他逃脱？男人和孩子都直勾勾地盯着观看者，表情很难解读——是质疑？抑或冷冷的挑战？在某些印本中，天空闪着金光，在另一些印本中，天空是红色的，暗示太阳已然落山。这幅卷首画中的风景似乎很荒凉，羊群被两三头羊所取代，它们正在团团阴影中吃草。

布莱克为两个系列的合集《天真与经验之歌》绘制了新的扉页，**经验**在其中占据主导地位。（见彩插 7）无花果叶子遮住了一对男女的性器官，他们身体前倾几乎趴到了地上，无疑就是刚刚偷吃完禁果的亚当（Adam）与夏娃（Eve）。"性"在堕落之前是天真无邪的，此刻则引发了羞耻心，以及在上方熊熊燃烧的神圣火焰。但是，由于布莱克否定"原罪（original sin）"①概念，罪恶感就一定是亚当与夏娃的臆想，天罚怒火也同样如此。在布氏看来，《创世记》中的故事也是假的，即一个天使把守入口以阻止亚当与夏娃重返天堂。在《天堂与地狱的婚姻》（可能出版于 1793 年，亦即《经验之歌》出版的前一年）里，布莱克宣称："带火焰之剑的基路伯由此受命离开了他对生命之树的守卫。（The cherub with his flaming sword is hereby commanded to leave his guard at the tree of life.）"² 如果亚当与夏娃被从天堂中驱逐，那也是缘于他们错误地自我驱逐。

---

① 系基督教重要教义之一。即人类的始祖亚当与夏娃在伊甸园（Garden of Eden）中因受了蛇的诱惑，违背上帝命令，吃了禁果，故这一罪过成了整个人类的原罪。基督教认为原罪一直传至所有后代，因此需要基督的救赎。基于此，其也喻指与生俱来的罪过。

070

父权与压迫

《经验之歌》里有一首诗与《婴儿的快乐》（*Infant Joy*）直接对应，题为《婴儿的悲哀》（*Infant Sorrow*）。

> 妈妈在呻吟，爸爸在哭泣，
> 我一下跳进这危险的世界；
> 狼狈、赤裸、大声地喊叫，
> 像一个躲在阴云里的魔怪①。
>
> 我在爸爸的手里挣扎，
> 拼命想从小包被里脱身，
> 挣不脱又疲倦，只好乖乖地
> 躺在妈妈的怀里发闷。②

071

所有声音都叫人难过：母亲在分娩时呻吟，父亲在流泪（因为妈妈的痛苦？），新生儿则像令人惊恐的魔怪一样大喊大叫。在《天真之歌》的那首诗里，"快乐"既是一种情绪也是女孩的名字。这首诗里的"悲哀"并非名字，只是悲伤与痛苦的处境，此处的婴儿既可能是男孩也可能是女孩。在兴冲冲地跳进这个危险的世界后，婴儿发现自己被无助感所阻，困在了襁褓中。"他／她"别无选择，只能"躺在妈妈的怀里发闷（To sulk upon my mother's breast）"。³

插画的意义很含糊。（见图17）它是暗示母爱还是母亲的

---

① 此处的"魔怪"并非"demon"，而是"fiend"（恶魔／魔鬼），因经典译本之故，与本书译法略有不同。

② 除《人的抽象观念》外，本章《经验之歌》译文均引自人民文学出版社1957年版《布莱克诗选》中的宋雪亭译本。

图 17　《经验之歌·婴儿的悲哀》，印本 L，印版 39

控制？在厚重的窗帘下，孩子——比真实的新生儿要更大更壮实——似乎正在躲开母亲往回缩，而不是向妈妈探出身子。母亲的表情严厉坚决，也许是被激怒了。尽管房间的家具齐全且舒适，但这里真的要变成个危险的世界，而且孩子从一开始就意识到所充斥的威胁情绪，这与《婴儿的快乐》的基调很不同。

父亲在《天真之歌》里几乎不露面。但在《经验之歌》里他们是一些施行压迫的男性家长，就连出于好意时这种父权与压迫也不例外。诗歌《一个女孩子的犯罪》（*A Little Girl Lost*）[1]以热切的宣言开篇。

> 未来时代的孩子们，
>
> 读了这令人愤慨的情节，
>
> 会知道从前有一个时候，
>
> 甜蜜的爱情被当作罪恶！[2]

接下来则是对裸体的直白宣扬：

---

[1] 《经验之歌》中有两首作品的标题很相似，人民文学出版社1957年版《布莱克诗选》中的宋雪亭译本将它们分别译为《小姑娘的迷失》（*The Little Girl Lost*）和《一个女孩子的犯罪》（*A Little Girl Lost*）。

[2] 本书英文版诗文与厄尔德曼版（E29）略有出入。厄尔德曼版严格仿照布莱克印版上的格式，第一诗节不仅排版采用正体，而且相比其后的正文部分整体向右缩进两个字符，其中第一诗行在此基础上再缩进两个字符。但本书英文版和宋雪亭译本均未采用这种排列方式，而是参照诗歌的正文部分排版。（正如本书作者达姆罗施教授所说，布莱克印版上的排列方式并不明确，例如并不能确定第一诗节是否应为斜体。）

> 在黄金时代里，
> 没有寒冷的天气，
> 许多青年男女，
> 白天里越显得美丽，
> 赤条条地在太阳光里游戏。

他们在花园里天真无邪地消磨时光，就像尚未堕落的亚当与夏娃，并且约定入夜时分再行相会。但是严父却出面干预。

> 随后这美丽的少女
> 到了她父亲那里；
> 但是老父的慈颜
> 严肃得像圣书一般，
> 吓得她四肢不住地打战。
>
> "你怎么又无力又苍白！
> 你怎么抖得很厉害！
> 你要对父亲说实话。
> 哦，叫我这样操心真可怕，
> 硬要我落掉这几根白头发！"

073

这是一位慈爱的父亲，责怪女儿激起了他的恐慌，并且让人想起那部教导人们"罪过（guilt）"即"罪孽（sin）"的"圣书"。①

---

① "guilt"一般指行为的过错、过失与犯罪，而"sin"指违犯宗教戒律的罪孽。

据圣保罗（St Paul）所说，这正好是《圣经》的旨意："只是非因律法，我就不知何为罪。非律法说'不可起贪心'，我就不知何为贪心。"（《罗马书》7：7）[4]

　　布莱克认为，以制度形式组织的宗教用心险恶，不遗余力地提倡性压抑。**天真**存在于布满茂盛花园的世界；**经验**则为失乐园的记忆所困，亚当与夏娃被逐出，抑或是他们从这座乐园中自我放逐。

> 我到了爱神的花园那里，
> 看见从来没有见过的景象；
> 我常在园中央草地上玩耍，
> 那里已建起了一座礼拜堂。
>
> 礼拜堂的大门紧紧关闭，
> 门上写着"不准你"字样；
> 我转身游览爱神的花园，
> 那里许多花曾吐着芬芳。
>
> 我看见满园里全是坟墓，
> 墓碑代替了昔日的花朵；
> 穿黑袍的牧师在来回巡视，
> 把我的欢情用荆棘捆起。[5]

074　《爱神的花园》（*The Garden of Love*）的插画（本书未翻印）展现了一座敞开的坟墓，一个男孩和一个女孩在双膝跪地祈祷，一名僧侣则在朗读一本黑色的书。

另一首花园诗《向日葵啊!》(*Ah! Sun-flower*)则表明了压抑能够内化到何种深度。

> 向日葵啊,你嫌日子过不完,
> 姑且把太阳的脚步数数看;
> 你在寻找那美丽的国土,
> 那里旅行人结束他的征途。
>
> 那里害相思病而死的少年郎,
> 和面容憔悴穿白尸衣的姑娘,
> 都从他们的坟墓里爬了起来,
> 向往着我的向日葵要去的所在。[6]

向日葵属于向日性植物,随太阳在空中的移动轨迹而转向,因此厌倦了无尽循环中的时间。情欲被压抑的少年郎和苍白的姑娘(即处女)在不必要的自我否定中虚度生命,等待着虚幻天堂里的最终奖赏,而非此时此地的及时行乐。

病玫瑰

这些诗歌也许在暗示充满希望的最终解决依然是可能的,但贯穿布莱克作品的中心主题似乎是与性欲分不开的持久冲突。《经验之歌》中最令人难忘的《病玫瑰》(*The Sick Rose*)的长度虽仅为 8 行,却充满了令人不安的暗示。恰如哈罗德·布鲁姆(Harold

Bloom）[①]所说，它有"34 词的无情简洁（ruthless economy of thirty-four words）"[②]。

　　　　玫瑰啊，你病了！

　　　　那看不见的飞虫，

　　　　出现在黑夜里，

　　　　在怒号的暴风雨中；

　　　　他找到了你的床，

　　　　陶醉于红色的欢欣；

[①]　系美国当代著名文学教授、"耶鲁学派（Yale School）"批评家、文学理论家。布鲁姆早期主要进行浪漫主义批评，侧重于重建浪漫主义传统，曾出版过论威廉·布莱克、珀西·比希·雪莱（Percy Bysshe Shelley）、威廉·巴特勒·叶芝（William Butlter Yeats）、华莱士·史蒂文斯（Wallace Stevens）等英美诗人的专著。1973 年，他的里程碑之作《影响的焦虑》（The Anxiety of Influence）从根本上修正了文学传统的概念，提出了以影响、焦虑和误读为主题的西方文学发展史模式。1990 年代，美国学界盛行多元文化主义，布鲁姆主张回归美学价值，反对"憎恨学派（School of Resentment）"将意识形态化的政治批评取代审美判断。他捍卫经典，推崇威廉·莎士比亚（William Shakespeare），将其视为西方经典的核心人物，持续推介和分析经典作品。布鲁姆还与保罗·德·曼（Paul de Man）、杰弗里·哈特曼（Geoffrey Hartman）和小约瑟夫·希利斯·米勒（Joseph Hillis Miller Jr）并称"耶鲁四大批评家"，他关于文学史和文学创作富有创意的阐释改变了人们对文学传统的认识，也改变了批评本身的概念。

[②]　语出首版于 1963 年的《布莱克的启示录：一部诗论研究》（Blake′s Apocalypse: A Study in Poetic Argument）。

他黑暗而隐密的爱

断送了你的生命。

这首诗的插画展现了一朵垂向地面的深红之花，一条蠕虫 ① 正扭 075
动着钻进花里，同时一个受到惊吓的女性形象则想要从花中逃走。
（见彩插 8）画的上方，一条毛虫在进食，还有两个女人，她们也
许是枯萎的花，蜷缩在光秃秃的枝上。硕大的刺对于保护玫瑰免
受枯萎病侵害并无帮助。一位批评家评论道，"攻击就是蠕虫的
'爱'的形式"。7

无论选择什么方式去诠释这首神秘的诗，它显然是在关切腐
蚀性的性罪过，还有禁忌与秘密所激起的兴奋。玫瑰是美的易逝
本性的古老象征，例如英格兰抒情诗人罗伯特·赫里克（Robert
Herrick）《劝处女，珍惜时间》（*To the Virgins, to Make Much
of Time*）中的"折取玫瑰花苞须趁早（Gather ye rosebuds while
ye may）" ②。此外，布氏可能还受到了两个近期文本的影响。一
个出自塞缪尔·理查逊（Samuel Richardson）的流行小说《克拉
丽莎》（*Clarissa*），女主角发觉那个引诱她不成的人下药让自己
失去了意识。在被强奸后她匆忙写下："你这恶劣的毛虫，捕食
处女名誉的美丽绿叶，对那些吃不到的叶子你就下毒！……你这
饕餮的尺蠖，捕食张开的花苞，把大马士革玫瑰 ③ 变成了发黑的

① 宋雪亭译本将"worm"译作"飞虫"，但在布莱克的版画中，
那是一条蠕动的毛虫。
② 引自傅浩译著的中央编译出版社 2015 年版《英诗华章》。
③ 也称"突厥蔷薇"，原产小亚细亚，在南欧栽培悠久，供制香
精原料，拥有很高的经济价值。另，在今天的中文日常用语中，
"玫瑰"已成为多种蔷薇植物的误称，如中国原产的蔷薇属物种
以"蔷薇（R. multiflora）"（拉丁语意为"多花蔷薇"）、（转下页注）

惨黄！"[8]在确信自己遭到玷污后，尽管这违背了她的意志，克拉丽莎日渐消瘦，香消玉殒，成了圣徒，这个世界配不上她的善良。

另一个出自马修·普赖尔（Mathew Prior）的诙谐诗《真正的处女》（*A True Maid*，"maid"意为"virgin"，即处女）。

> "不，不；为我的贞操，
>
> 　一旦失去，"罗斯说，"我会死掉。"
>
> "昨晚在榆树林后，"迪克喊叫起来，
>
> 　"罗斯，你不是病得特厉害？"[9]

这是个名叫"罗斯（Rose）"的女孩逃过了比死还要不堪的命运，但险些就难逃厄运——这首诗是刻意为之的玩笑，有一个名如其人的"迪克（Dick）"[①]。布莱克显然从普赖尔的最后一行得到灵感，将其变为自己诗歌的第一行："玫瑰啊，你病了！（O rose, thou art sick.）"其中所蕴含的意味是，一个文化如果对普氏的狡黠影射轻声发笑，它就出了大问题。

在布莱克的诗里，说"玫瑰啊，你病了！"的人是谁？不像别的浪漫主义者，他很少使用自白式第一人称风

（接上页注③）"月季（R. chinensis）"（拉丁语意为"中国蔷薇"）和"玫瑰（R. rugosa）"（拉丁语意为"皱纹蔷薇"）最为常见；而在欧洲诸语言中，所有蔷薇属植物都使用同一个词，如英语和法语都是"rose"。所以，"rose"一词在中外语言对译中常会出现名称混淆的问题。

① "Dick"在做普通名词时属粗俗俚语，相当于中文俗语里的"屌"。

格。他的抒情诗反映了苏珊·朗格（Susanne Langer）① 所说的"非个人化主观性（impersonal subjectivity）"，如同全体教众可以在圣歌中合唱："耶稣，我灵魂的爱人。"[10] 理查逊的克拉丽莎属于现实主义叙事中的人物；普赖尔的罗斯和迪克是笑话中的主人公；而布莱克的诗则是关于普遍经验的。

约翰·沃尔夫冈·冯·歌德（Johann Wolfgang von Goethe）的诗作《野蔷薇》（*Heidenröslein*）显然是"布莱克式的"，与《病玫瑰》相仿。弗朗茨·舒伯特（Franz Schubert）为歌德的这首诗配了乐，效果绚丽不凡。《野蔷薇》需要读原文，因为抒情之美会在翻译中消失。一个男孩俯身去摘一朵玫瑰，花儿警告手会被刺痛，但他还是一样摘下了花。

> 野蛮少年去采她，
> 荒野的小蔷薇；
> 蔷薇自卫去刺他，
> 她徒然含悲忍泪，

---

① 系美国心灵哲学家、艺术哲学家，美国历史上第一位在哲学领域取得学术成就的女性。朗格的艺术哲学是一种根植于逻辑、语言哲学和心灵哲学，并以语义学为基础探究艺术之意义和认知意蕴的符号论美学。她的《哲学新解》（*Philosophy in a New Key*）、《感受与形式》（*Feeling and Form*）和《心灵：论人类感受》（*Mind: An Essay on Human Feeling*）先后承接，是她对艺术研究最为重要的贡献，旨在为理解艺术和文化的创造奠定一种明确且体系性的基础，并对艺术的创造、价值、评价等核心问题作出全面的阐述。目前，朗格的理论在西方世界可谓广为人知，几已成为知识界的"集体意识"。

还是遭到采折。

蔷薇，蔷薇，红蔷薇，

荒野的小蔷薇。①

歌德的诗是婉约哀伤的，对向来如此的世道逆来顺受；布莱克的诗则是金刚怒目，控诉向来如此的世道。

《病玫瑰》经常被解释为对性解放的呼唤。如果牧师能停止强行要求"汝不可（thou shalt not）"（不准你）②，如果赤裸的爱能得到纵情享受而非严令禁止，难道性爱自由就不会随之而来吗？布莱克有时确实这么说话，"这将会随感官享乐的改善而来（This will come to pass by an improvement of sensual enjoyment）"。[11]但是，由于蠕虫恰恰和玫瑰一样都是自然的一部分，问题就比压抑人性的思想体系看起来要更为深刻。《经验之歌》中的某些诗篇暗示了

---

① 引自钱春绮译的上海译文出版社1989年版《歌德抒情诗新选》中的《野蔷薇》。本书英文版附有双语诗文，德语原文为："Und der wilde Knabe brach / 's Röslein auf der Heiden; / Röslein wehrte sich und stach, / Halfihm doch kein Weh und Ach, / Mußt es eben leiden. / Röslein, Röslein, Röslein rot, / Röslein auf der Heiden." 英语译文为："And the rough boy picked the rose, / Little rose on the heath; / Little rose defended itself and pricked, / No 'woe' or 'alas' was any use, / It simply had to bear it. / Little rose, little rose, little red rose, / Little rose on the heath."

② "汝不可"是《圣经》中的常用句式，例如："只是分别善恶树上的果子，你不可吃，因为你吃的日子必定死！（But of the tree of the knowledge of good and evil, thou shalt not eat of it: for in the day that thou eatest thereof thou shalt surely die.）"（《创世记》2：17 / KJV Genesis 2：17）

一种更加黑暗的可能性：禁忌与挫折是如此深刻地与性欲捆绑在一起，以至于它们不可超越。这将形成布氏除《天真与经验之歌》外的后期诗作的主要甚至是痴迷的主题。

土块和石子

　　在"经验系列"的另一首诗歌《土块和石子》(*The Clod and the Pebble*) 中，说话者是无生命的物件，布莱克以对称的形式表现了冲突的人生哲理。　　077

> "爱情并不想满足它自身，
> 也不把自身放在心上，
> 它为着别人牺牲宁静，
> 在地狱的绝望里建一座天堂。"

> 　这样歌唱着一个小土块，
> 　它曾经被牛群踩来踩去，
> 　但是小溪里有一颗石子，
> 　它也唱出了适合的诗句：①

> "爱情只想满足它自身，
> 束缚人也出于自娱的愿望，
> 它高兴看别人失去宁静，
> 建一座地狱来对抗天堂。"12

---

①　宋雪亭译本第二诗节未按厄尔德曼版（E19）缩进，此处体例
　　随本书英文版排列方式作了相应调整。

不仅天真和经验是灵魂的对立状态，而且从经验的视角看，它们是不可调和的。这里的"石子"显然是自私和施虐的，但批评家对"土块"则看法不一。有些人说"土块"因自我牺牲而高尚。确实，无私的爱在《哥林多前书》中受到赞扬，根据布莱克的一则"地狱箴言"："最崇高的行为是把别人放在你之前。(The most sublime act is to set another before you.)"然而，代替别人做的自觉选择行为与持续的自我克制很不相同，而布氏从不赞同要伸出另一边的脸庞。

> 耶稣很谦卑吗？他可曾
> 作出任何谦卑的证明？ ①13

"土块"和"石子"通常被认为是"女性"和"男性"，不过它们也完全可能是同一性别，如果我们真的应认为它们有性别的话。如果有的话，它们会有着什么样的关系？它们会不会是两首歌，唱完一首接着唱下一首，或者我们会不会偷听到的是一段对话？如果我们真要把它们连在一起想象，它们将会是严重的"施虐—受虐"，但布莱克不太可能暗示那种关系。《土块和石子》似乎是法国作家皮埃尔－安布霍瓦兹－弗朗索瓦·肖代洛·德·拉克洛（Pierre-Ambroise-Francois Choderlos De Laclos）的书信体长篇小说《危险的关系》（Les Liaisons Dangereuses，1782）的袖珍画像，讲述了一位虔诚的女性因委身于一个自恋的唐璜（Don Juan）而招致的悲惨遭遇。哈罗德·布鲁姆简洁明了地说道，"土块因自

---

① 本书《永远的福音》译文均引自人民文学出版社 1957 年版《布莱克诗选》中的袁可嘉译本。

己失去安逸的生活而欢欣，石子因别人的损失而快乐，但二者皆有损失"。[14] 如果确实要想象出一种关系，"土块"的自降身份可能恰好刺激了"石子"的自私欲望。

布莱克在插画中再次忽略了对诗文进行图示的做法，以至于"土块"和"石子"根本没有被表现出来。（见图 18）我们看到绵羊正从小溪中饮水，一起解渴的还有两头犄角醒目的牛科动物。它们显然全都没有注意到"土块"和"石子"，后者大概正在下方进行它们的小小心理剧。就这样，坚硬的"石子"和柔软的"土块"一模一样，被"牛群踩来踩去"。同时，一只鸭子在溪水上安静地漂浮，一只青蛙歇在岸边，另一只则跳向空中，下方还有一条蚯蚓。这些生物在它们的世界里自由自在，仿佛是从田园般的**天真**中来的访客。另外，"土块"和"石子"在这里也是自由自在的。

老虎

《经验之歌》中有两首杰作。最有名也最名副其实的是《老虎》（*The Tyger*）。

> 老虎！老虎！你金色辉煌，
> 火似地照亮黑夜的林莽，
> 什么样超凡的手和眼睛
> 能塑造你这可怕的匀称？
>
> 在什么样遥远的海底天空，
> 烧出给你做眼睛的火种？
> 凭什么样翅膀他胆敢高翔？

图 18　《经验之歌·土块和石子》，印本 Z，印版 32

敢于攫火的是什么样手掌?

什么样技巧,什么样肩头,
能扭成你的心脏的肌肉?
等到你的心一开始跳跃,
什么样吓坏人的手和脚?

什么样铁链?什么样铁链? 080
什么样熔炉炼你的脑髓?
什么样铁砧?什么样握力
敢捏牢这些可怕的东西?

当星星射下来万道金辉,
并在天空里遍洒着珠泪,
看了看这杰作他可曾微笑?
造小羊的可不也造了你了?

老虎!老虎!你金色辉煌,
火似地照亮黑夜的林莽,
什么样超凡的手和眼睛
敢塑造你这可怕的匀称? ①15

这首诗的最后一节与第一节一字不差,除了对这令人惊叹的造物
的沉思使得说话者把"能塑造(could frame)"替换为"敢塑造

---

① 宋雪亭译本将"immortal"(不朽的)译作"超凡的"。

（dare frame）"。

亚历山大·韦尔什（Alexander Welsh）注意到儿歌"雨，雨，走开吧，换个日子再来吧（Rain, rain, go away, come again another day）"[1] 中的相似节奏模式，指出布莱克设法结合了"天真的儿歌、游戏歌谣以及魔法咒语、祈神显灵咒语以及预言圣歌的节奏"。英语的标准格律是抑扬格，即每逢第二个音节重读，例如弥尔顿的"使我能够阐明永恒的天理 / 向世人昭示天道的公正（I may assert eternal Providence / And justify the ways of God to men）"[2]。按照扬抑格的格律，重音应放在第一而非第二个音节上，就如同布莱克在《老虎》中的做法，安排重读音节。如果短语"黑夜的林莽"出现在散文中，人们可能会听出两个重音，即"in the fórests of the níght"。但是将其放进节奏跳动的扬抑格后，每一行就拥有了四个强力的重音。

> Týger Týger búrning bríght
>
> Īn the fórests óf the níght ... .[16]

布莱克是力求精确的修改者。《老虎》的好几份草稿可以在名为"罗塞蒂手稿（Rossetti Manuscript）"的笔记本上被辨识出来。他有一次写道："想法只能在精细入微的恰当词语中表达出来。"他对《老虎》付出的辛苦反映了这种信念。老虎在几份初稿中被按照常规画成了可怕的样子。在笔记本纸页的右下处，几行几乎被涂抹掉的诗描绘出一头真正恐怖的野兽。（见图19）

081

---

[1]　这首英国儿歌可追溯到17世纪，"劳德民歌索引（Roud Folksong Index）"编号为19096。

[2]　引自朱维之译的上海译文出版社1984年版《失乐园》第一卷。

能从深深的火炉将它拿起

还敢浸入你可怕的胸腔里

在血色哀伤之井

什么样的泥土什么样的模具中

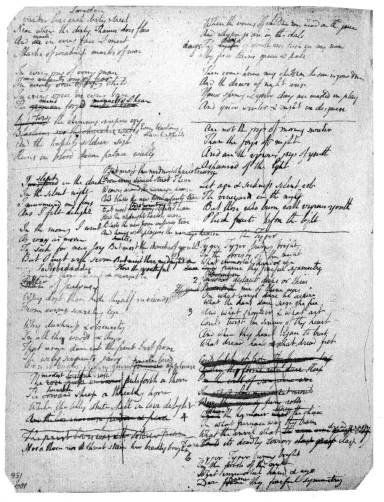

图 19　布莱克笔记本中的手稿

你狂怒的双眼转动

曾经在印度生活过的英国人众口一词地用"残酷无情"来描述吃人的老虎。据首版《不列颠百科全书》（*Encyclopaedia Britannica*），"老虎比狮子更加凶猛、残忍、野性。尽管已经在杀戮中饱餐一顿，它对鲜血的饥渴却并未平息；就在吞噬前一个猎物后的那一瞬间，又以同样的狂怒和迅速抓住新的猎物并撕成碎片"。但布莱克诗里的老虎并非模仿自然的野兽。无论如何，黑夜的林莽都不是一片普通的印度雨林。布莱克的老虎居住在神秘遥远的深渊或天空，根本不在世间。[17]

"造小羊的可不也造了你了？（Did he who made the Lamb make thee？）"就像这个问题所暗示的，《老虎》的对应诗是《羔羊》。《羔羊》问了唯一的问题，只有唯一的答案："小羔羊，我来告诉你。（Little Lamb I'll tell thee.）"《老虎》则以一种持续推进、不断加快的速度，充满了问题却没有答案。在《羔羊》里，"创造"被想象成由一位自己既是牧羊人又是羔羊的上帝给予孩子和小羊羔的爱心礼物。在《老虎》里，"创造"赋予一头威严的老虎以形式，是需要极大胆量和力量的劳作。

"神说：'要有光。'就有了光。"（《创世记》1：3）对于布莱克诗歌中的造物者——他有许多版本的造物者——"创造"并不像说的那么轻而易举。如同《老虎》里的一样，他们通常是铁匠，加热耐抗的材料，以便捶打成型。铁链也许是指脊椎，而创造物既是有机物又是金属，扭曲的肌腱被用于跳动的心脏。

在布莱克诗歌中寻找反语的批评家有时会宣称《老虎》中的说话者被误导了，愚蠢地膜拜自我想象力的幻影。但创造老虎的造物者的惊人力量不可能置之不理。问题是开放性的，富有挑战性，因为正如戴维·富勒（David Fuller）所说，"这首诗惊叹；不解释也不阐述"。[18]

　　《老虎》不仅质疑是什么样的造物者既创造捕食者又创造猎物，还暗示了其他神话，从而提示进一步提问的方向。陶醉于滚滚向前的诗句，读者也许不会停下来问一问这两行诗的意思，"当星星射下来万道金辉／并在天空里遍洒着珠泪（When the stars threw down their spears / And watered heaven with their tears）"。投枪大概是星光的光线，还令人想起《失乐园》（*Paradise Lost*）中堕天使的武器，全能者（即上帝）击溃他们的叛乱后，这些武器被从天空抛下；是堕天使苦涩的泪水浇灌了天堂。《老虎》中有一处明显的暗示确实指向撒旦（Satan）就是这首诗里的造物者。"凭什么样翅膀他胆敢高翔？（On what wings dare he aspire ?）"令人想起撒旦的飞行，他穿越混沌去毁灭新造出来的亚当与夏娃，如弥尔顿所述："一会儿平飞掠过渊面，一会儿／奋翅高翔，直向火的穹顶冲去。"①[19] 布莱克对《失乐园》几乎烂熟于心，终生与其争论，并最终将**弥尔顿**唤回世间，在一首题为《弥尔顿》（*Milton*）的诗里与他结合。

　　在布氏非凡凝练的抒情诗中，"敢于攫火的是什么样手掌？（What the hand dare seize the fire ?）"还唤起了另一种反叛。普罗米修斯（Prometheus）与撒旦之间显著的相似性为早期基督教神学家所熟知。宙斯（Zeus）以永恒的折磨惩罚普罗米修斯，因为他违反了神的戒律：禁止任何神把火这份礼物，实质上就是文明，送给人类。毫不令人惊讶，基督教神学家认为普罗米修斯的反叛是对的，但撒旦是错的。然而对布莱克来说，两次反叛都同样正

---

　　①　引自朱维之译的上海译文出版社 1984 年版《失乐园》第二卷。

当，因为在他看来，《创世记》中的上帝正如宙斯一样专横。这就是布莱克为何在《天堂与地狱的婚姻》中宣称："弥尔顿是真诗人，属于撒旦同党而不自知。(Milton was a true poet, and of the Devil's party without knowing it.)"[20]弥尔顿反抗人间的暴君查理一世（Charles I）①，但在布氏看来，他在《失乐园》中徒劳地试图证明家长式上帝的专制合理。

　　这并不意味着布莱克是"撒旦崇拜者（Satanist）"。他的意思是基督教教义混淆了两个很不一样的东西，并错误地用"撒旦"这个名字称呼它们。其一是对专制的抵抗，其二是施虐的残忍。撒旦为了向上帝复仇，诱惑亚当与夏娃犯下罪孽，这与《失乐园》开篇的英勇反叛毫无共同之处。布莱克无法容忍任何人相信这种说法，即一位全能全知的上帝先是禁止食用知善恶果，然后又纵容一位极其强大的堕天使去诱惑刚刚被创造出来的亚当与夏娃摘下它，进而招致地狱永劫之苦。

　　最后，人们该如何理解那幅老虎的画呢？尽管按原作的布局，这幅画应该与诗文同时观看，但它给大多数观看者留下了

084

---

① 系英王詹姆斯一世（James I）和丹麦公主安妮（Anne）的次子，英国历史上唯一被公开处死的国王，欧洲史上第一个被公开处死的君主。查理一世在位期间卷入了与议会的权力斗争，他试图获得王室收入，而议会则试图节制国王所谓的君权神授。他的很多臣民都反对他的行为，认为他是残暴的独裁者，尤其是他干扰英格兰与苏格兰教会的活动，以及未征得议会同意就任意向民众征税。查理一世在第一次英格兰内战中被击败，议会希望他能够接受君主立宪制。然而他执迷不悟，与苏格兰结盟，并逃到了怀特岛（Isle of Wight），后于第二次英格兰内战中被再次击败。随后他被逮捕，并在不久后以叛国罪被处斩，时年49岁。

莫名的不协调印象。此外，它不同印本间的差异也很明显，取决于怎样上色以及老虎的表情是如何处理的。本书彩插翻印了两个不同的印本。第一幅的场景昏暗，并且凶险难测。（见彩插 9）第二幅中眼睛睁大的老虎看上去只是焦虑或茫然，场景则是白天，很难说是"黑夜的林莽"。（见彩插 10）据厄尔德曼描述，画中孤树"虬桋无叶"。布莱克画中的老虎当然不是"金色辉煌（burning bright）"，也没有任何东西暗示"可怕的匀称（fearful symmetry）"。[21]

许多评论者都抱怨过，相对于诗文，这幅插画可悲的贫乏；一个说老虎"没劲而呆板"，另一个说它"忸怩作态"。甚至有人暗示，布莱克根本不会画动物，但这是无稽之谈。布氏完全有能力绘出凶猛的老虎，他笔记本的一页上就画有两头猛虎。[22]

还有另一种可能。从**经验**的角度看，任何存在物，只要看起来有压迫感，就都会激发恐惧与敬畏。**天真**则有着不同的看法。不仅是同一个上帝创造了老虎和羔羊，而且老虎和羔羊都栖息于我们居住的世界。伺机猎杀我们的食肉动物存在，正如我们自己屠宰充满信赖的绵羊和羊羔。但是，一种能让人感到自然充满威胁的动物，同样能象征自然是我们真正的家园。《天真之歌》里有一首美丽的抒情诗《夜》（Night），"豺狼虎豹寻食怒叫（wolves and tygers howl for prey）"，但温柔的狮子却站在那儿守护。

那儿狮子血红的眼睛

流下金色的泪来，

怜悯那柔声的呼唤，

只在羊栏的旁边徘徊；

它说："在我们的不朽之世，

　　　　他的柔和能把愤怒克制，

　　　　就像他的健康的身体，

　　　　能把疾病赶去。"①23

《老虎》这首诗没有回答它所提出的问题。插画提醒我们可能有不止一种方式试图去回答它们。**经验**在文本中说话；**天真**在图画中回应。**天真**和**经验**在对话中继续存在，尽管这首诗充满了有关造物者应该像什么的挑战性问题，但它也是对创造力与生命的雄辩颂扬。

社会抗议

　　《天真之歌》中的《扫烟囱的孩子》在强烈地暗示社会抗议，既反对剥削儿童，也反对教导儿童接受认命的宗教教义。《经验之歌》里的一首诗也题为《扫烟囱的孩子》，其中的政治话题很直接。

　　　　大雪里一个乌黑的小东西，

　　　　"扫呀，扫呀！"哀声地喊叫。

　　　　"你的爹娘到哪里去啦？"

　　　　"他们都在礼拜堂做祷告。"

　　　　"因为我在荒野里很快乐，

　　　　并在冬天的大雪里嘻笑，

　　————————

①　引自袁可嘉译的人民文学出版社 1957 年版《布莱克诗选》中的《夜》。此处"不朽之世（immortal day）"指"天堂"，"他"指"上帝"。

他们给我穿丧服似的黑衣，

并教我唱起这悲哀的腔调。"

"因为我快乐，又跳舞又唱歌，

他们以为并没有错待我，

因而去赞美上帝、牧师和国王，

这些人把我们的惨状说成是天堂。"[24]

这幅插画呈现了所谓出对布莱克来说罕见的立体写实景象。（见图20）一个男孩，背上扛着装煤烟的袋子，右手拿着钢丝刷（在这个印本中不容易看出来），焦虑不安地抬头看着漫天大雪，走街串巷，家家户户却向他紧闭大门。他相信自己被迫受苦只是"因为我在荒野里很快乐"，他发黑的外套则真的是死亡之衣。

人们可能认为教会在布莱克的时代会把解脱这种苦难视作己任，但实际情况远非如此，他们教导说每种形式的童工都是一种义务。扫烟囱的孩子，因为外表肮脏，甚至被禁止进入教堂。如果他们真想混进去，一位社会改革家说，"他们被教区的世俗教吏①赶出来，遭受这样的奚落，'扫烟囱的在教堂里做什么？'"即便教会提倡慈善，布莱克也将其视为虚伪的逃避责任，是不公正使慈善成为必需，教会本应对这种不公正负责。"天真系列"中的《神圣的形象》（The Divine Image）乐观地宣称说：

原来仁慈有一颗人心，

怜悯有一张人的脸蛋，

087

---

① "beadle"系教区治安官，即穿制服的平信徒小吏，负责传唤、维持秩序、报告和协助宗教活动。

图20 《经验之歌·扫烟囱的孩子》，印本L，印版41

> 爱有一副神圣的人形，
>
> 和平有一身人的衣衫。①

"经验系列"中的对应作《人的抽象观念》（*The Human Abstract*）却是苦涩的幻灭。

> 那就无须有什么怜悯，
>
> 若是我们并没有使人穷困：
>
> 也不必再施什么恩德，
>
> 若是所有的人都像我们这样快乐：②

可能值得一提的是，"poor"（穷困）与 "more"（再）当时在许多英国人的口语中还是押韵的，正如马克·吐温（Mark Twain）的作品："少说些你可怜的破碎的心吧。（drot your pore broken heart.）"③ 25

---

① 引自袁可嘉译的人民文学出版社 1957 年版《布莱克诗选》中的《神圣的形象》。

② 引自杨苡译的译林出版社 2012 年版《天真与经验之歌》中的《人的抽象观念》。本书英文版诗文为："Pity would be no more / If we did not make somebody poor, / And mercy no more could be / If all were as happy as we." 杨苡译本首行没有译出"more"，据达姆罗施教授的解说，应改为"那就无须再有什么怜悯"。由于所据版本不同，《人的抽象观念》并未收录进人民文学出版社 1957 年版《布莱克诗选》。

③ 引自成时译的人民文学出版社 2004 年版《哈克贝利·费恩历险记》第 19 章"白天停靠。——一个天文学说。——重振戒酒运动。——勃烈奇瓦特公爵。——王族遭难"。此处"poor"拼作"pore"，意味着可与"more"押韵。

除了《老虎》，《经验之歌》里的另一首杰作《伦敦》对社会
不公展开了震撼人心的控诉。

> 我穿过每一条专用的街道，
> 离开专用的泰晤士河不远，
> 我看到我遇见的每一张脸上
> 都浮现着衰弱，浮现着伤感。
>
> 每一个成人的每一声呼喊，
> 每一个孩子惊恐的啼叫，
> 每一个声音，每一个禁令，
> 里面我都听到心灵的镣铐。
>
> 我听到扫烟囱的人的叫喊
> 震惊每一座污黑的教堂；
> 还有不幸的兵丁的叹息
> 带着鲜血飘下了宫墙。
>
> 更不堪在午夜的街道上
> 听到年轻妓女的诅咒
> 灭绝了初生婴儿的眼泪，
> 用疾病摧毁了新婚的灵柩。[1]26

088

---

① 据达姆罗施教授后文的解说，该诗首行与次行中的"chartered"
（专用的）指"特许的"，亦即"由英国法律及政府颁发许可"
之意；而尾行中的"marriage hearse"（新婚的灵柩）指"灵
车"，实则与一般预期中的"marriage bed"（婚床）相对。

布莱克一生都是伦敦人。当他想象自己漫步穿过出生的城市，没有什么表明这首诗的说话人不是他自己，布氏受到了来自四面八方的人类苦难景象与声音的攻击。男人和孩子大声呼喊［"bans"（禁令）意为"诅咒"］；扫烟囱的人喊着"扫呀，扫呀！"招揽活计。真的，声音入耳如此强烈，以至于在通感中变成了可见的景象，布莱克似乎是以通感的方式来感知世界。兵丁的叹息像鲜血一样从宫墙上往下流，王宫命令他们前往海外为大英帝国捐躯赴死。扫烟囱的人的叫喊同样变得可见，在像柩衣一样覆盖着教堂的煤烟之中（这里还有可能在暗示教堂应因恐惧或羞愧而变得苍白）。詹姆斯·乔伊斯（James Joyce）说的好："布莱克看着圣保罗大教堂，用灵魂之耳听见扫烟囱的年幼孩子的哭泣……看着白金汉宫，布莱克仿佛看见不幸的战士的叹息以血滴的形式流下宫墙。"①27《伦敦》第三诗节每一行的首字母拼成了单词"听（HEAR）"，这可能并非巧合，正如全诗临近结尾处"初生婴儿的眼泪（newborn infant's tear）"呼应了第二诗节的"每一个孩子惊恐的啼叫（every infant's cry of fear）"。

如同《老虎》,《伦敦》的节奏急促且强劲。潜在的格律虽是抑扬格，但又如此情不自禁、愤愤不平，以至于常常上升为扬抑格鼓点节奏。

> Hów the yóuthful hárlot's cúrse
>
> Blásts the néwborn infant's téar ... .

① 引自姚君伟、郝素玲译的上海译文出版社 2013 年版《乔伊斯文论政论集》第 43 章"威廉·布莱克"。

控诉以催眠般的强度重复："每一个——每一个——每一个——每一个——每一个——。"在高强度的"灵视感知（visionary perception）"中，动词可以变成名词："我看到我遇见的每一张脸上／都浮现着衰弱，浮现着伤感。（mark in every face I meet／Marks of weakness, marks of woe.）"布莱克想的是《圣经》中的段落，例如上帝对以西结（Ezekiel）的命令："你去走遍耶路撒冷全城，那些因城中所行可憎之事叹息哀哭的人，画记号在额上。"（《以西结书》9：4）[28]

089　　　街道是"专用的"（特许的），因为特许状在当时激烈的政治论争中扮演了重要的角色。布莱克所认同的伦敦激进主义者，希望像法国革命（French Revolution）①那样能够建立起自由、平等、博爱。保守主义者，如埃德蒙·伯克（Edmund Burke）②，反驳说

---

①　系一段法国历史上的社会激进与动荡时期，对于法国及整个欧洲都留下了深刻且广泛的影响。法国政治体制在革命期间发生了众多转变：统治法国多个世纪的绝对君主制与封建制在三年内土崩瓦解，过去的封建、贵族和宗教特权不断受到左翼政治团体、平民和乡村农民的冲击，传统君主制的阶层观念、贵族以及天主教会的统治制度被自由、平等、博爱等新的原则所推翻……虽然法国革命拉开了现代社会的帷幕，其也作为近代伟大的民主革命而受到赞扬，但革命也因其间的一些暴力专政行为，如马克西米连·罗伯斯庇尔（Maximilien Robespierre）领导的雅各宾派（Jacobins）的恐怖统治而为人所诟病。革命随后导致了拿破仑战争（Napoleonic Wars）、两次君主制复辟及两次法国革命。后直至1870年法兰西第三共和国建立，法国历史上第一个稳定的共和政体方才确立。

②　系爱尔兰裔英国政治家、作家、演说家、政治理论家和哲学家，曾在英国下议院担任了数年的辉格党（Whig Party）议员。他最为后人所知的事迹包括反对英王乔治三世和英国政府、支持北美殖民地和后来美国革命的（转下页注）

英国人已经有了过多的由法律特许加以保护的自由，这些"特许"可以一直追溯到 13 世纪的《大宪章》（Magna Carta / The Great Charter）①。但激进主义者，如托马斯·潘恩（Thomas Paine）②，则认为这一法律系统限制太紧，任何没有特许状的事务均被禁止。在布莱克的《伦敦》里，街道是法律意义上划定的，连流淌的河流也被限制在人造的围墙内。

　　《伦敦》是深刻道德意义上的政治抗议，却并非以所谓有计划

（接上页注②）立场——他以"老辉格（Old Whigs）"自称，并反制党内提倡革命的"新辉格（New Whigs）"。其名著《法国大革命感想录》（Reflectons on the Revolution in France）是对法国革命进行学术批判和思考的最为知名的经典作品，深刻阐述了现代保守主义理论的基本原理，是保守主义的经典著作之一。因此，埃德蒙·伯克常被视为英美保守主义的奠基者。

①　也称《自由大宪章》，系英国封建时期的重要宪法性文件之一，由金雀花王朝的约翰一世（John I）于 1215 年 6 月 15 日在大封建领主、教士、骑士和城市市民的联合压力下被迫签署。该文件把王权限制在了法律之下，并确立了私有财产和人身自由不可被随意侵犯的政治原则，既有开英国宪法先河的历史意义，亦成为日后英国政治秩序的基石。

②　系英裔美国思想家、作家、政治活动家、理论家、革命家、激进民主主义者，被视为"美国建国先贤（Founding Fathers of the United States）"之一。潘恩在 37 岁移居英属北美殖民地后参加了美国独立运动，撰写了铿锵有力且广为流传的小册子《常识》（Common Sense），从而极大地鼓舞了北美民众的独立情绪，并在战争期间完成了系列小册子《美国危机》（The American Crisis）。潘恩后来受到法国革命的影响，撰写了极为成熟与系统化的政治思想作品《人的权利》（Rights of Man），驳斥了埃德蒙·伯克在《法国大革命感想录》中对法国革命的抨击，点出了法国革命的划时代意义，并成为启蒙运动的指导作品之一。

的方式。乔治·奥威尔说："'我穿过每一条特许的街道'，在像这样的一首诗里，对资本主义社会的理解比四分之三的社会主义文学还要多。"迈克尔·K. 费伯（Michael K. Ferber）说，今天在威斯敏斯特桥（Westminster Bridge）附近，可以看到布莱克的《伦敦》被凿刻在石头人行道上。河对岸就是议会大厦与国防部，这首诗被写出来就是要揭露这两座权力结构的双子堡垒。[29]

《伦敦》的插画为文本作了补充。（见图 21）一个上了年纪的人拄着拐杖，由一个小男孩牵着，经过一扇向他们紧闭的门。画中显然是冬季，因为还有另一个男孩在街道上烤火暖手。老人很可能失明了，而布莱克后期的诗篇《耶路撒冷》则召唤出一幅类似的图像，其中的老人就是个瞎子。

> 我看到伦敦眼瞎了、老得弯了腰，沿巴比伦的街道
> 乞讨，由一个孩子牵着。他的眼泪顺胡须流下……
> 宽街的街角在哭泣；波兰街懒洋洋地伸展
> 直到女王大街和林肯律师学院。一切都压抑、悲伤。[30]

布莱克在自己后期的诗歌中想象出作为"耶路撒冷（Jerusalem）"的理想伦敦，以及作为"巴比伦（Babylon）"的真实伦敦。他出生在宽街的家庭店铺里，转角就是波兰街（Poland Street），女王大街（Great Queen Street）是他跟随詹姆斯·巴西尔度过七年学徒生涯的地方。林肯律师学院（Lincoln's Inn）就在附近，一直是律师受训的地方。在《天真与经验之歌》的几个印本中，页脚处起伏的边缘好似一条蚯蚓，是终有一死的象征；而在本书翻印的印本中，这条边缘则是嘶嘶吐信的蛇。

图 21 《经验之歌·伦敦》，印本 N，印版 21

所有这些受害者内化了一套残酷的思想, 在辉煌地表达 "心灵的镣铐 (mind-forged manacles)" 中的结晶。布莱克在一份早期草稿中将其称为 "德意志铸造的锁链 (German forged links)", 心目中想的是汉诺威王室[①] 的君主 (见图 19), 但是那太简化了。一代人之后, 雪莱也谈到了镣铐, "以有毒的锈迹咬蚀进灵魂", 但是雪莱暗示锁链可能只是 "像秸秆一样的易脆偶然"。布氏的隐喻暗示铁或钢制的镣铐, 而非秸秆, 他在后期的诗歌中经常承认要摆脱这些镣铐会有多么困难: "他不能拿开他们的镣铐因为那是从灵魂里长出来的。" 南非烈士史蒂夫·比科 (Steve Biko) 令人难忘地说道: "压迫者最强大的武器是被压迫者的心灵。"[31]

最后, 人们是在 "午夜的街道" 听到最折磨人的声音。年轻娼妓的苦难形成了这篇令人惊叹的社会控诉的顶点, 因为它收拢了这首诗的所有主题。布莱克在《耶路撒冷》中谈到 "一种贞洁的宗教, 形成了以道德律 / 出售爱情的生意 (a religion of chastity,

---

[①] 1688 年, 英国发生 "光荣革命 (Glorious Revolution)", 英王詹姆斯二世 (James II) 和其信奉天主教的后裔被逐离英伦。詹姆斯二世信奉新教的女儿玛丽 (Mary) 和安妮 (Anne) 陆续继位, 但不幸二人驾崩后都无存活子嗣可继承王位。在安妮女王长子格洛斯特公爵威廉王子 (Prince William, Duke of Gloucester) 夭折后, 英国议会为避免兼领英国国教的国王宝座再次落入天主教徒之手, 遂通过《1701 年嗣位法案》(Act of Settlement 1701) 规定: "若《1689 年权利法案》中所规定的继承人全部无子而亡后, 王位由英王詹姆斯一世的外孙女, 汉诺威选帝侯夫人索菲和她的新教后代继承。" 于是, 汉诺威选帝侯格奥尔格·路德维希 (Georg Ludwig, Elector of Hanover) 于 1714 年 8 月 1 日即位为乔治一世 (George I), 英国进入汉诺威王朝统治时代直至 1901 年爱德华七世 (Edward VII) 即位。

forming a commerce to sell loves / With moral law）"。婚姻会在家族之间出于经济考虑按惯例安排，妻子受到鼓励要保持贞洁无性，离婚则根本办不到。于是娼妓亚文化为欲望得不到满足的男人而发展起来，官方虽对其公开谴责，但实则纵容；而女人的需求并不在考虑之列。布莱克在《耶路撒冷》中提出了一个有力的问题。

> 什么是妻子，什么是妓女？什么是教堂？而什么
> 是戏院？它们是两个而不是一个？它们能分开存在吗？
> 宗教与政治难道不是同一个东西？

因此，传统婚姻就是制度化的卖淫业，传统宗教就是剧院表演，观众则消极被动。布莱克可能会在 T. S. 艾略特（T. S. Eliot）的话里听到撒旦的声音，"我认为，戏剧的完美或者说完美和理想的戏剧，将会在（大）弥撒的仪式中被发现"[①]。[32]宗教与政治是同一个东西，因为国教会是高压政府的工具。对布莱克来说，宗教的使命应该是在我们现在所居的世界里引发变革，而非宣扬等待来世时的逆来顺受。

这首诗里最惊人的是最后一个词"hearse"。在诗人—批评家约翰·霍洛韦（John Holloway）看来，"据我所知，它赋予了《伦敦》在任何语言的任何一首诗中最强有力的结尾诗行"。"婚床"会是预期的想法：丈夫从妓女那里感染了性病，然后传染给妻子，妻子又传染给孩子（可能致命的淋病症状可能会出现在新生儿的眼泪里）。如此说来，载着他们离开婚礼的马车确是一辆伪装的灵

092

[①] 引自卞之琳、李赋宁等译的上海译文出版社 2012 年版《传统与个人才能》中的《关于戏剧诗的七人谈》。

车。但是，相比妓女可能会传播的只是肉体的传染病，社会在一个更深的层面生病了。像"心灵的镣铐"一样，疾病的含义无所不包。哈罗德·布鲁姆曾说："布莱克说的是每一桩婚姻，他就是说每一桩婚姻都驾着一辆灵车——某种活死人。"[33]

根据犀利的"地狱箴言"："监狱是用法律的石头建成，妓院用宗教的砖块。（Prisons are built with stones of law, brothels with bricks of religion.）"[34] 石头与砖块的区别令人深思。石头是自然物质，坚硬耐久，以劳力和技艺打造成为建筑用的石块。布莱克无疑相信英国的刑事司法系统既腐败又不公正，但他不会否认社会确实需要法律。砖块不是石头，但是类似石头，柔软的黏土被用秸秆固定起来，然后用相同的模子铸造。是宗教随它们一起建造了妓院，因为宗教对性的监督创造了妓院赖以存在的诱因。

在名为《天真的预兆》的笔记本诗歌中，我们再一次听到了妓女的哭喊，连同着"诅咒（curse）"与"灵车（hearse）"的尾韵。

> 政府许可的娼妓与赌棍
> 建设了那个国家的命运；
> 娼妇的叫喊从街衢到街衢
> 编织老英格兰的裹尸布。
> 胜利者呼喊，失败者咒诅，
> 在已死英格兰的灵车前跳舞。
> 每个夜晚与每个清晨
> 有些人生来艰辛；
> 每个清晨与每个夜晚
> 有些人生来快乐甘甜。

有些人生来快乐甘甜，

有些人生来长夜无边。①

"快乐甘甜（sweet delight）"与"长夜无边（endless night）"在诗　093
行之间互引，这种情况在布莱克的诗歌里很常见，这两个短语似
乎是在承认不可避免的人类差别，但它们并非完全不可避免。关
键的洞见是短语"政府许可（gambler by the state）"。如果没有它，
戴维·庞特（David Punter）说，"这个选段就只是哀歌；有了它，
就已经变成了诊断"。布莱克在《伦敦》的寥寥 16 行诗句里对教
会、法律、王室、财产、婚姻作出了控诉。如他所见，如果人们
认为王室是父权统治制度的象征性体现，那么在婚姻中，几乎所
有别的东西就全都联合起来，甚至也许就是所有的东西。[35]
　　《伦敦》看起来似乎适合做《经验之歌》的顶点，它也确实

---

①　此诗英语原文为："The whore and gambler by the state /
　　Licensed build that nation's fate; / The harlot's cry from street
　　to street / Shall weave old England's winding sheet. / The
　　winners shout, the losers curse, / Dance before dead England's
　　hearse. / Every night and every morn / Some to misery are
　　born; / Every morn and every night / Some are born to sweet
　　delight. / Some are born to sweet delight, / Some are born to
　　endless night." 宋雪亭译本为："娼妓和赌徒经政府批准，/ 他
　　们却决定国家的命运。/ 条条街道上有叫号的娼妓，/ 为古老的
　　英国织着尸衣。/ 输的人咒骂，赢的人高呼，/ 在死了的英国灵
　　柩前跳舞。// 每一天夜晚和每一天早晨，/ 有些人生下来就陷
　　入贫困。/ 每一天早晨和每一天夜晚，/ 有些人生下来就幸福无
　　边。/ 有些人生下来就幸福无边，/ 有些人生下来就长夜漫漫。"
　　（引自人民文学出版社 1957 年版《布莱克诗选》中的《天真的
　　预言》。）

通常出现在临近结尾处，但不是充当最后一首诗。正如布莱克在《天真之歌》中从一个印本到另一个印本会调换诗歌顺序。在本书翻印的印本 N 中，《伦敦》是倒数第 5 首，随后是《流浪儿》（*The Little Vagabond*）、《升天节》（*Holy Thursday*）、《保姆之歌》（*Nurse's Song*），最后则是一首十分温和的诗《小学生》（*The Schoolboy*）。《老虎》在本书彩插 9 翻印的印本 F 中是倒数第 9 首，在彩插 10 翻印的印本 Z 中是正数第 13 首。

经验的代价是什么？

布莱克在世时作为诗人几乎不为人所知，部分原因是他诗作的发行量非常少，此外，毫无疑问的是，这也缘于它们非常奇怪。少数买了他彩画书的人极少关注其中的文字。甚至作为艺术家，他也是个边缘人，除了《夜思》与《墓穴》的插画，其他作品极少为人所知。在对乔舒亚·雷诺兹爵士作的批注中，布氏苦涩地写道："富泽利几乎隐藏了自己——我被隐藏了。"[36] 他原先写的是"我曾被隐藏了"，然后把"was"（曾被）改成了"am"（被）。对布莱克来说，亨利·富泽利［Henry Fuseli，也称"约翰·海因里希·菲斯利（Johann Heinrich Füssli）"］既是导师又是朋友，作为艺术家，他比前者要成功，但同样被视作古怪和非主流。

布莱克确实找到了门路发表他的几首早期抒情诗，例如"天真系列"中的《扫烟囱的孩子》被收入一部改革主义者的作品集，题为《扫烟囱的孩子之友与爬高男孩之书》（*The Chimney Sweeper's Friend and Climbing Boy's Album*）。一位评论者说道："我们不知道该怎么形容出自布氏《天真之歌》的这首诗。它狂野而奇怪，好似'少女春天在疯人院'的吟唱；但那是天才的疯

癫。"[37] 这首完全直白坦率的诗也能被说成是疯癫，恰恰表明那个　094
年代大多数读者的品味是多么因循守旧。

　　布莱克的一位友人本杰明·希斯·马尔金（Benjamin Heath
Malkin）在一本 1806 年出版的小书里收入了几首他的诗，其中就
包括《老虎》。评论者对此更加不屑一顾。一个人纡尊降贵地说它
们"并非全无优点"，另一位则说"布莱克先生的诗没有摆脱平
庸"。布莱克故去后不久，一名熟识者这样说道："这些歌的诗情
既狂野不羁又极其神秘，但缺乏高度的优雅或卓越，它们的主要
特征是对人类苦难的抱怨语气。"[38] 布莱克对冷酷、虚伪和剥削的
揭露尖锐强烈，用"抱怨"来描述就显得乏力无味了。

　　两位大诗人华兹华斯与柯尔律治，通过他们共同的朋友亨
利·克拉布·鲁宾逊确实听说了布莱克，此时他的生命已临近终
点。事实上柯尔律治还拜访了布莱克，鲁宾逊说柯氏"说了他的
好话"，尽管没有提及他说了什么。华兹华斯对《天真与经验之
歌》反馈良好；他和姐姐多萝西（Dorothy）抄写了包括《老虎》
在内的几首诗。但据鲁宾逊所说，他们的赞美是有限定条件的。
他回忆华兹华斯曾说，"毫无疑问这个人是疯了，但在这疯癫中有
某种东西我更加欣赏，它要胜过沃尔特·司各特或拜伦勋爵的理
智"。柯尔律治也借阅了鲁宾逊的《天真与经验之歌》印本，并用
一套标识标记了自己最喜欢——其中以《婴儿的快乐》居首——
与最不喜欢的诗。华氏还认为《病玫瑰》是首好诗，《老虎》要更
好，但他把《扫烟囱的孩子》（可能指《经验之歌》中的那一首）
与《花朵》列为最差。[39]

　　那是远在华兹华斯与柯尔律治获得他们今日所享有的声望之
前。当塞缪尔·约翰逊的朋友查尔斯·伯尼（Charles Burney）评
论华兹华斯与柯尔律治的成名作《抒情歌谣集》（*Lyrical Ballads*）

时，他发现这些诗歌赏心悦目，但他总结道："我们不能把它们当作'诗'，它们属于以牺牲更高级韵律为代价进行培养的那一类。"在那个时代，最受赞赏的诗人是沃尔特·司各特爵士（Sir Walter Scott）、拜伦勋爵（Lord Byron）、罗伯特·骚塞（Robert Southey）、塞缪尔·罗杰斯（Samuel Rogers）以及托马斯·莫尔（Thomas Moore）。[40]

草创于 1790 年代末的《四活物》中有一段雄辩的哀叹，十分令人信服地概括了布莱克的毕生事业。

095
　　　　经验的代价是什么？人们会不会用一首歌买下它，
　　　　或在大街上用一支舞买下智慧？不，买下它的价钱
　　　　是一个人拥有的一切，房子、妻子、孩子。
　　　　智慧在荒凉的市场出售，没有一个人来买
　　　　在凋零的田野上农夫徒劳地为面包而犁地。[41]

第5章 革命

阿尔比恩起来了

1790 年代初，受到法国革命的鼓舞，英国爆发了一场有组织的政治改革运动。其焦点是扩大选举权，以便更多人（当然不包括女性）可以投票，并重组议会选区，以便迅速成长的工业城市能够拥有相应的代表名额。同时还有人呼吁废除所谓的"口袋选区（pocket boroughs）"，这些地方的权贵可以选择适合他们所需的议员；同样还有"腐败选区（rotten boroughs）"，这些地方的议席设立于中世纪，当时的常住人口已极为稀少，甚至在某些臭名昭著的实例中连一个人也没有。①

这些都是重要目标，即使只是部分实现，也花了四十年时间，最终形成了《1832 年议会改革法》（Reform Act 1832）。改革者们仍试图在政治体系内运作，而不是推翻它。少数激进派认为这些做法远远不够，与此相反，他们希望激发整个社会体系的广泛重建。历史学家努力尝试确认这些人的身份，但这绝非易事，因为他们被迫秘密活动。有一点则很清楚，他们和 1640 年代的革命者有

---

① "口袋选区"和"腐败选区"是 1688~1830 年间因英国下议院未修改选举制而出现的选区腐败问题。当时，英国下议院并未对已有的以 1429 年英国议会规定的财产权限制选民资格的选举制作出修改，致使一些原选民人数众多后大幅减少的选区仍可选出两名下议院议员，而这给了英国权贵通过赞助选区的方式获取下议院席位的便利。该问题的实质是英国下议院选举制变革滞后，反映了当时英国政治变革的滞后性。

着很多相同的想法，那一代人处决了国王查理一世，他们还骄傲地借用《圣经》对早期基督徒的描述，"那搅乱天下的也到这里来了"（《使徒行传》17：6）。这些 17 世纪的激进派被称为"唯信仰论者（antinomian）"，字面意思是"反对律法"，源自古希腊语"nomos"（律法）。他们憎恶制度化的宗教，相信《旧约》的**律法**已被废除，期待清教徒的胜利将会激发一场革命，而这远比单纯的政治改良要深刻，耶路撒冷则将被重新创造，一个四海之内皆兄弟的时代即将到来，正如长久以来以"永远的福音（Everlasting Gospel）"（这个习语出自《启示录》）之名流传的预言。[1] 布莱克的笔记本诗歌中有一首就题为《永远的福音》（*The Everlasting Gospel*）。

然而，清教徒在 1650 年代掌权后就变得保守了，明确表示他们中的激进派已不再受到欢迎。果不其然，他们的统治是短命的，英格兰人在 1660 年的"斯图亚特王朝复辟（Stuart Restoration）"中迎回了国王查理二世（Charles II）。此后，唯信仰论者遭到了残酷迫害，被迫转入地下，几乎从人们的视野中消失，直到 150 年后即布莱克的时代才又重新浮现。他们从来没有组织，也没有共同的计划，其中最极端者仍然希望清除君主制，甚至完全消除阶级差异。

目前，布莱克与同时代的激进派别有过何种接触已不可考。著名历史学家爱德华·帕尔默·汤普森（Edward Palmer Thompson）确信他一定与以洛多威克·马格尔顿（Lodowicke Muggleton）姓氏命名的松散小教派① 有着联系，该教派最多也就只有几十名成员，但布莱克实际上从未加入。无论如何，马格尔顿教派的著作

① 该教派很小，约于 1651 年由洛多威克·马格尔顿和约翰·里夫（John Reeve）创立，他们俩自称《启示录》11：36 中提及的两个见证。马格尔顿教派的教义尽管颇多怪僻之处，如反对三位一体，相信圣灵启示等，但一直存续至 19 世纪末。

与布氏相比仍是墨守成规且意思显豁的。²

不论布莱克与激进的地下组织有着什么样的个人联系，显而易见的是，布氏同情他们的很多理念。把他与像理查德·布拉泽斯（Richard Brothers）①这样自封先知的人联系起来，并不能说明什么问题；布拉泽斯宣称自己是希伯来人的王子，后因精神病而被收治入院。布莱克从未接受任何正式的任命，而且曾明确声明自己不是任何字面意义上的先知。"先知，在这个词的本时代意义上，"他写道，"从未存在过……每一个诚实的人都是先知；他对私人与公共事务均发表意见。因此，如果你一直如此行事，结果便是如此。他从不说如此这般的事情会发生，而是让你做自己想做的事。先知是先见者，而非专断的独裁者。"布莱克还曾引用过摩西（Moses）的话："惟愿耶和华的百姓都受感说话！愿耶和华把他的灵降在他们身上！"（《民数记》11：29）②³

---

① 此人是"英国以色列主义（British Israelism）"的早期信奉者与传教者。该思想起源于16世纪，后受19世纪的一些著作启发，如约翰·威尔逊（John Wilson）1840年的《我们的以色列起源》（Our Israelitish Origin），认为大英人民在基因、种族和语言上是十个失落的古以色列部落的直系后裔，因而其实际上是一种英国民族主义、伪考古学、伪历史学和伪宗教的信仰。自1870年代起，其在整个大英帝国和美国成立了许多独立的组织，并在美国催生了"基督教身份认同运动（Christian Identity Movement）"。截至21世纪初，其中的一些组织仍在活动。

② 此句"和合本2010年修订版"为："惟愿耶和华的百姓都是先知，愿耶和华把他的灵降在他们身上！"英文《钦定版圣经》为"would God that all the LORD's people were prophets, and that the Lord would put his spirit upon him！"而本书英文版则是抄录自布莱克的引文："Would to God that all Lord's people were prophets！"因布氏原文如此，未知所本。另，本书尾注标明该引文出自《民数记》11：19，似应为作者笔误。

098　　　一幅名为《阿尔比恩起来了》（*Albion Rose*）的壮丽套色版画体现了布莱克的民族诞生幻象。（见彩插11）这幅版画在数年间制作了多个版本，对布氏来说，它的含义在此期间可能发生了变化。本书翻印的彩插11现收藏于帕萨迪纳（Pasadena）的亨廷顿图书馆—艺术馆—植物园（The Huntington Library, Art Collections and Botanical Gardens），是制作于1795或1796年的一幅版画的第二次印图［首次印图现收藏于大英博物馆（British Museum）］。由于每次印刷后并不再重新上色，颜料在首幅印图制成后就不可避免地变薄了。而轮廓在本书翻印的版本里透印过颜料，从而表明图样是先雕刻在铜版上然后再上色的。4

　　　这幅版画起初并没有标题，亚历山大·吉尔克里斯特只是出于猜测称它为《高兴的日子》（*Glad Day*），这个名字被沿用了很久。但布莱克在1804年前后的最后一个印本中加了两句铭刻，暗示了自己想用的标题。

> **阿尔比恩起来了，从他与奴隶一起在磨坊劳作之地**
> **为诸民族奉献他自己，他跳起了永恒死亡的舞蹈**①

"死亡"对布莱克来说意味着我们通常所说的"生命"：在一个机械的宇宙中，孤立的自我只是活着的死亡。布氏在早期作品《没有自然宗教》（*There is No Natural Religion*）中把存在类比为磨坊的无休止碾磨："重复无趣的转圈，即便是宇宙的转圈，很快也会变成一座有着复杂轮子的磨坊。"5

---

①　"Albion rose from where he laboured at the Mill with Slaves / Giving himself for the Nations he danced the dance of Eternal Death"是这一铭刻的英语原文。

　　"阿尔比恩（Albion）"在传统上是指代"英格兰"的诗歌用语名称，如同埃德蒙·斯宾塞（Edmund Spenser）和弥尔顿作品里的一样，它在布莱克的早期作品中仅仅是指这个地方。但在布氏 1800 年代的诗歌里，当这两句铭刻被加进去时，**阿尔比恩**成了完全的人格化，一个巨人形象，体现英格兰的所有人民。"与奴隶一起在磨坊"用的是弥尔顿的"盲参孙（Blind Samson）"典故，参孙被迫劳动，"失去双眼，在加沙，和奴隶一起在磨坊"①。像参孙一样，**阿尔比恩**通过死亡获得胜利，但自我牺牲在布莱克的象征体系中实际上是上升进入生命，"为诸民族奉献他自己"。他一定也想到了弥尔顿《论出版自由》（*Areopagitica*）中的一段名言："我认为，我在心目中已经看到了高贵而生气勃勃（强大）的民族，像一个睡醒了的巨人一样站起来（让她自己觉醒），抖一抖她那所向无敌的发绺。"②6

　　布莱克给这幅版画的最终版（即第二版）刻上了"W.B. inv 1780."的字样。其中"inv"是版画家用的术语"invenit"的缩写，指的是图样的"制作（invention）"。但他不太可能真的那么早就雕好了这幅画，因为如果是那样的话，他应该会加上"sculp"来代表"谨刻（sculpsit）"，指的是把线条刻进印版的镌刻步骤。布莱克想要表达的可能是他首次构思图样是在 1780 年，或许是以铅笔速写的形式，尽管他直到 15 年后才制作了这幅版画。7

099

　　"1780"至少暗示了两点。其一，布莱克在那一年完成了学徒

① 上海译文出版社 1981 年版《复乐园·斗士参孙》中的朱维之译本将本句译为："却在 / 迦萨，失去双眼，跟奴隶一起推磨。"

② 引自吴之椿译的商务印书馆 1989 年版《论出版自由》。括号内文字为本书译者所加，系根据原文所作的修订或补充。其英语原文为："Methinks I see in my mind a noble and puissant nation rousing herself like a strong man after sleep, and shaking her invincible locks."

期，终于可以自由发展出自己的风格。其二，也是在那一年，他始料未及地卷入了后来所谓的"戈登暴乱（Gordon Riots）"。一群愤怒的乌合之众被反天主教情绪煽动，但也是出于普遍的不满而冲上了街头，进而打开了新门监狱（Newgate Prison）[①]，让几百名囚犯得以逃脱。无政府混乱持续了一周，随后军队被派出来无差别开火，打死了将近 300 名暴乱者。《阿尔比恩起来了》很可能最初被构思为民众起义的象征，布莱克后来添加的铭刻则提到了死亡之舞，他当时想的可能是埃德蒙·伯克充满蔑视的说法，即"民主革命的死亡之舞"。伯克暗示改革的呼吁实际上只不过是乌合之众制造混乱的掩饰之词。[8]

　　阿尔比恩的姿势是舒展的，一轮光芒四射的朝阳在他身后。正如 W. J. T. 米歇尔（W. J. T. Mitchell）[②] 所说，这幅图画给人这样的印象，"一个活力四射的人体，辐射出赏心悦目的光热之环，即**阿尔比恩**在解放的狂喜中跳舞的形象"。米歇尔还注意到，尽管这个姿势让人想起文艺复兴时期的理想人体比例示意图，但它们通常以肚脐为中心，而这幅图像却以外生殖器为中心。**阿尔比恩**

---

① 也译"纽盖特监狱"，18 世纪因肮脏的环境而臭名昭著，后在 1780 年因戈登暴乱而被烧为灰烬，现为中央刑事法院（Central Criminal Court）所在地。

② 系美国当代最为重要的视觉艺术批评家和图像理论家之一。米歇尔借鉴了西格蒙德·弗洛伊德（Sigmund Freud）和卡尔·马克思（Karl Maix）的观点，证明从本质上讲，我们必须将图片视为有生命的东西。而他对视觉文化的兴趣，正是源于其早年对布莱克的研究以及对发展图像科学的蓬勃兴趣。其代表作为《图像学》（Iconology）、《图像理论》（Picture Theory）、《图像何求》（What Do Picture Want?），以及《元图像》（Metapictures）等。

的金色鬈发甚至可能具有个人色彩。弗雷德里克·泰瑟姆说布莱克年轻时"的头发是黄棕色，极其卷曲与浓密。他的发绺不是向下垂落，而是像熊熊火焰一样缠立，从远处看有如辐射"。9

《阿尔比恩起来了》制作于 1804 年的一幅未上色后期印本中多了一些生物。（见图 22）在最初的版本中，**阿尔比恩**的双脚立于植被斑驳的石头上。在这幅改过的印本中，植物消失了，右脚悬在空中，左脚踩踏在好似蚯蚓的东西上，它也可能是飞翔在空中的飞蛾的幼虫。正如前述，蚯蚓是被反复使用的生命轮回的象征，飞蛾或蝴蝶则象征灵魂从轮回中解脱。但是问题来了，为什么这只古怪的飞蛾长着一对类似蝙蝠的翅膀？对布莱克来说，蝙蝠是负面的象征。一个可能的解释是**阿尔比恩**确实解放了，那只蝙蝠—飞蛾是暴虐的恶魔，而他快乐地逃开了它。但这些添加的东西也有可能反映了布氏对革命的幻灭。正如 1789 年他曾为之欢呼的法国革命后来堕落成可怕的恐怖，于是在 1804 年的视角中，**阿尔比恩**的舞蹈终究有可能是真正的死亡之舞。10

101

联姻的天堂与地狱

布莱克最公然唯信仰论的作品是《天堂与地狱的婚姻》（*The Marriage of Heaven and Hell*），约出版于 1793 年。这部作品起初似乎只是对埃马努埃尔·斯韦登堡克制的讽刺。布莱克认为斯氏是一个循规蹈矩的教会创始人，只是在冒充受感召的通灵者。11然而，这部作品以《圣经》模仿、散文讽刺、诗歌以及自编箴言的非凡混合物形式，很快变成了对正统道德说教的广泛挑战。

在颂扬自己所谓的地狱时，布莱克心中有某种东西，与那个词的通常含义很不相同。《天堂与地狱的婚姻》中的根本理念是：

图22 《阿尔比恩起来了》（第二版）

尽管能量对存在是绝对必不可少的，但神学家和传道士错误地将其污蔑为如恶魔撒旦般邪恶。他们宣称："善是服从理性的被动者；

恶是从能量涌出的主动者。(good is the passive that obeys reason；evil is the active springing from energy.)" [12] 布莱克唱的反调是天堂与地狱必须作为必要的对立面互相作用，就像婚姻中的伴侣，彼此不同而又互相结合。二者同等重要，尽管地狱以他充满激情的争辩在争论中占了上风。

该诗的扉页壮丽地体现了这些理念。(见彩插 12) 吉尔克里斯特可能没有完全理解它，但他描述得很好："总是在波动的色彩，幽灵般的小人在字母间翻滚、飞翔、跳跃；安静角落里盛开的花，生动的光线，火焰的迸发，随着七色光谱摇曳的火焰的尖顶与火舌，使得画面看上去仿佛在页边之内移动和震颤。" [13]

在画面顶部颇为苍白的图景中，一对恋爱的情侣在优雅矜持地漫步，另一边，一个女人斜倚着，而她的追求者正在向她读一本书 (或者也可能是在演奏一件乐器)。他们上方的树木枝条低垂，没有一片叶子。但是从下方，能量强有力地向上涌起，一对裸体人物在互相拥抱。一个反律法的恶魔从火焰中升起，一个正统的天使则在一朵云上停歇；他们的结合由上面那些小小的飞翔情侣所重演。但是拥抱中的扭转引人注目：尽管他们亲吻纠缠在一起，各自的身体却向相反方向伸展和扭曲。婚姻并非同一，就这一点而言，性别不是它的必要基础。天使与恶魔的形象都是女性，这在一个未上色印本中显然可见，尽管左边的那个——大概是恶魔——更加性感。[14] 随着岁月流逝，布莱克的理想形象将会变得愈发中性。

布氏作品中反复出现的一个主题是他的象征表达了我们心灵中发生的事物，因此在这个扉页图样中也有可能看到一个人头的形状。树木勾勒出毛发浓密的头皮，恋爱中的情侣是它的眼睛，围绕"和 (and)"字的圆圈是它的嘴。我们平常所见的世界仿佛处于双耳间的连线之上。这条线之下则燃烧着让生命成为可能的能量。而两个世界，即天堂与地狱，都存在于人类的意识里。[15]

　　火焰熊熊的能量是生命存在的一个方面，但也有平静的方面。在另一幅插画中，一个外生殖器坦然暴露的裸体青年男子在满怀希望地向上看着天空。（见彩插 13）他左膝下的头骨是一个提示：革命废除了对死去祖先的束缚。伯克对法国革命深感惊骇，宣称社会是一个绝对不可更改的契约："由于这种契约关系的目的不可能靠几代人达到，所以，它不仅是生者与生者之间，而且是生者、死者和后人之间的契约关系。"[①] 托马斯·潘恩反驳道："伯克先生主张的却是死者压倒活人权利与自由的权威。……鉴于政府是为活人而不是为死人而存在，只有活人在其中拥有权利。"[②] 布莱克在一则"地狱箴言"中干净利落地表达了同样的想法："推你的车和犁碾过死人的骨头吧。（Drive your cart and your plow over the bones of the dead.）"[16]

　　值得注意的是，除了本书彩插翻印的印本，这幅版画的每一个印本里都没有金字塔。这些金字塔从未出现在蚀刻图样中，而是在这个特殊的印本中用水彩添加上去的。这个想法一定让布莱克感到合适，那就是引入一个他在诗歌中常用的象征——埃及金字塔——以便让人想起以色列人所逃脱的奴役。在布氏最后的

103

---

①　引自陈志瑞、石斌编的中央编译出版社 2006 年版《埃德蒙·伯克读本》中的《法国大革命感想录》（*Reflectons on the Revolution in France*，1790，也译《法国大革命随想录》或《法国大革命之反思》）。

②　引自戴炳然译的复旦大学出版社 2013 年版《人的权利》第一部分《人的权利：答伯克先生对法国革命的攻击》（*Rights of Man: Being an Answer to Mr. Burke's Attack on the French Revolution*）。

诗篇《耶路撒冷》中，伦敦的劳工不仅制作砖块，他们也变成了砖块。

> 这里他们拿起
> 人的灵魂的发音，大笑着把这个灵魂向下扔进
> 框架，然后把它敲打出来放在木板上，灵魂被烘烤
> 成砖块用来建造希别与他拉的金字塔。

[他拉（Terah）是亚伯拉罕（Abraham）的父亲，希别（Heber）是一位犹太民族的早期祖先。][17]

《天堂与地狱的婚姻》令人难忘的一个部分题为"地狱箴言"，实际上是反箴言。普通的谚语会表达一些约定俗成且不言自明的道理，即便有时会互相矛盾，例如"不相见，倍思念（Absence makes the heart grow fonder）"，但是也有人说"眼不见，心不念（Out of sight，out of mind）"。布莱克的警句绝非约定俗成："勃勃生机就是美（Exuberance is beauty）"，"水池容纳，喷泉流溢（The cistern contains，the fountain overflows）"，"愤怒之虎要比训诫之马更有智慧（The tygers of wrath are wiser than the horses of instruction）"，"欲望但不行动者，培养瘟疫（He who desires but acts not，breeds pestilence）"，"过度之路通向智慧之宫（The road of excess leads to the palace of wisdom）"。有时这些反箴言似乎故意要惊世骇俗："在摇篮里谋杀一个婴儿要比培养不行动的欲望更快。（Sooner murder an infant in its cradle than nurse unacted desires.）"[18]布莱克不可能想说每一种可能的欲望都应付诸行动，更不会想说婴儿就该被谋杀，但是他想强调，只是欲望而不付诸行动有如杀

婴。这就像我们心怀积怨，以同样的方式，我们可能会培养出一种欲望，但我们没有能力或太怯懦而不敢满足这种欲望。布氏箴言的要点不在于重述我们所知的东西，而是促使我们去思考。

由于这些箴言没有什么限制，所以不难脱离出语境。"如今已证实的，过去曾经只是想象（What is now proved was once only imagined）"，这条"地狱箴言"大概是在指精神的洞察力。但笔者几年前曾在一家巴黎时装店的展示橱窗上偶遇过它：曾经只是由设计师想象出来的，如今已穿在橱窗模特的身上。（见图 23）美国前总统唐纳德·特朗普（Donald Trump）过于奢华的大厦位于纽约中央公园（Central Park），其中的图书馆据说展示了一条前已提及的箴言，它在那里已异变成自吹自擂的标语："张扬之道通向智慧之宫。"

图 23　一家巴黎时装店展示橱窗上的"地狱箴言"

美洲：一个预言

1793 年，即出版《天堂与地狱的婚姻》的当年，布莱克出版 104
了他对革命最抱有希望的记述。《美洲：一个预言》(*America: A Prophecy*，简称《美洲》) 是预言式的，预言的意义如前所述，是对事件意义的评论，而非对未来的预测。这一时期的彩画书被学者们统称为"兰贝斯之书 (Lambeth Books)"，得名于布氏夫妇当时所居住的泰晤士河南岸地区。有意思的是，坎特伯雷大主教 (Archbishop of Canterbury) 是他们的近邻，他的居所就是兰贝斯宫 (Lambeth Palace)。

《美洲》的《序诗》(*Preludium*) 引入了一个新角色"奥克 (Orc)"，他被从一个表示地狱区域的拉丁文单词修改而来［它也是一个古英语单词的来源，J. R. R. 托尔金 (J. R. R. Tolkien) 用它 105
来命名"兽人 (orcs)"］。就既定的秩序而言，布莱克的**奥克**似乎像个魔怪，因为他是反叛的青年精神，挣扎着要崩开自己的镣铐。**奥克**在《美洲》中首现时是个四肢伸开被铸在岩石上的裸体青年。（见彩插 14）这个为吸引一位艺术收藏家而制作的后期印本美得惊人。形象的轮廓被印成深蓝色，上水彩颜料时要十分小心，以避免蓝色的天空和黄色的叶子互相浸染。[19] 该印本是布氏斜体字格外雅致的范例，上面的文字很容易辨认，明显是出于手工镌刻，有时笔画舞动得仿佛有了盎然生机，而印刷排字永远也做不出这种效果。例如第六诗行的首字母"W"向下生出蔓状卷须，而最后一词"need"的尾字母则呈螺旋状向上弯曲。

我们看到的究竟是什么？已经有许多人提出了多种可能性。这名青年与铸在高加索山脉 (Caucasus Mountains) 悬崖上的普罗米修斯很相似，布莱克还有可能是用了"耶稣殉难 (Crucifixion of

Jesus）"的典故，因为基督也是为人类而受难的神。插画中的两个成年人与传统叙事中被逐出伊甸园（Garden of Eden）的亚当与夏娃何其相似，但他们俩并非像在《天真与经验之歌》的扉页中那样为所犯的罪孽而悔恨，而是为眼前所见被震惊得往回退缩。也许这名男子是亚当与夏娃的两个儿子，即牺牲的亚伯（Abel）与谋杀者该隐（Cain）的合二为一版本。[20]

普罗米修斯在古典神话中占据了某种绝对空间，他的痛苦之岩悬在整个世界之上。而我们在布莱克插画里向下凝视的岩石仅是地面，它的下方则是多节瘤的人形树根。一个裸体男子缩成一团蹲坐在画面底部沉思，仿佛是在等待复活；诗文下面有一条蚯蚓，再次象征了终有一死的生命。这条蚯蚓被画了六节，因为布氏曾多次写过人是"六十个冬天的蠕虫（a worm of sixty winters）"。[21]

在插画旁的诗文中，"红奥克（red Orc）"已经 17 岁，到了青春期，渴望抓住"**俄薮纳**幽暗的女儿（the shadowy daughter of Urthona）"，这个女孩会带给他食物和饮料。除此之外，女孩的身份就没有别的事物可以指认了，就此而言，"俄薮纳（Urthona）"也同样没有可以借以指认身份的事物，尽管这个名字可能在暗示"大地之主（earth owner）"。或许，这个女孩就是美洲大陆本身。

在彩插 14 的下一印版中，**奥克**不知怎么挣脱了，并得以满足了自己的欲望。

106   沉默如令人绝望的爱，强大如嫉妒，

      多毛的双肩扯开锁链；火的手腕自由了。

      围绕可怕的下体他抓住喘息挣扎的子宫；

      它喜悦了：她挪开她的云朵，露出了初生的微笑，

      如乌云向沉默的深渊显示它的闪电之时。

　　很快当她看到这可怕的男孩于是迸发出处女的喊叫：

　　"我知道你，我找到了你，我不会放你走。"

这段描写经常被视作强奸，毫无疑问这是正确的；类似的性暴力也发生在《阿尔比恩女儿们的幻象》（*Visions of the Daughters of Albion*）中，它与《美洲》均出版于1793年。布莱克对性的看法既朦胧晦涩又常常令人不安，后文会继续探讨这个问题。此处，有一点不得不承认的是，侵犯显然受到了"幽暗的女儿"的欢迎。她的子宫"喜悦了（joyed）"，她说的话则呼应着《雅歌》3：4，"我……遇见我心所爱的。我拉住他，不容他走……"[22]

　　或许布莱克的意思是，尽管革命不可避免是暴力的，但**奥克**的能量却是性欲［即力比多（libido）］而非毁灭性的。否则就无法解释后来正是**奥克**发表了这么一通雄辩的讲话：

　　　　因为每个活的东西都是神圣的，生命因生命而欢喜；
　　　　因为甜美的喜悦之灵魂绝不可能被玷污。

与此相似，描写**奥克**与幽暗的女儿结合的诗行所配的插画一点也不暴力。（见图24）男青年不再被锁住，而是充满希望地凝视天空，同时一棵葡萄藤正从地下的根茎向上螺旋生长。这件黑白印本醒目显示了布氏清晰锐利的形象轮廓。《美洲》最初于1793年印制的10个印本均未上色，布莱克可能希望把它们便宜卖给广大读者，而不仅仅是卖给艺术品收藏家。[23]

　　正如他所想象的，美国革命（American Revolution）可能已经成为引发全球大起义的星星之火，法国革命在其中将会由尚未

图24 《美洲：一个预言》，印本 E，印版 4

到来的英国革命所延续。尽管这首诗几乎没有提及在美国发生的
真实事件，但我们确实遇到了一些熟悉的人物。

> 狂怒！狂暴！疯狂！在横扫美洲的大风
>
> 与**奥克**的红色火焰中；这风与火聚拢怒吼的野性
>
> 连同居民狂热的奔走，围住愤怒的海滩。　　　　108
>
> 纽约市民合上书本，锁好他们的箱子；
>
> 波士顿海员放下他们的锚，卸下货物；
>
> 宾夕法尼亚抄写员把他的笔扔到地上；
>
> 弗吉尼亚建筑工在惊恐中抛下他的锤子。
>
> 于是美洲迷失了，被大西洋压倒，
>
> 而大地失去了无限的另一部分，
>
> 但所有人都冲到一起，在愤怒与熊熊大火之夜。

"海员（The mariners）"是波士顿"自由之子（Sons of Liberty）"，"宾夕法尼亚抄写员（The scribe of Pennsylvania）"是本杰明·富兰克林（Benjamin Franklin），"弗吉尼亚建筑工（The builder of Virginia）"是托马斯·杰斐逊（Thomas Jefferson）。在他们心中，起义者是在抗拒英王乔治三世（George III）的权威，却要保持社会秩序几乎原封不动。在布莱克的幻象中，"冲到一起（rush togther）"的是联合起来的人民，是他们让那些自封的领袖大惊失色，扔掉笔和锤子，进而锁好值钱的东西。可事情并没有真的像这样发生，布莱克对此心知肚明，但从预言的视角看，事情就应该这样发生。[24]

在另一幅插画中，**奥克**摆出的姿势与我们在《天堂与地狱的婚姻》中看到的很相似，他在不知羞耻地展露外生殖器，身边也有一颗头骨。（见图 25）**奥克**在上色的印本中长有卷曲的黄发，这让人想起了《阿尔比恩起来了》以及威廉·布莱克自己。评论者还注意到可能与这幅画相关的名为《巴贝里尼的农牧神》

图 25 《美洲:一个预言》,印本 E,印版 8

[*Barberini Faun*,也称《喝醉的萨堤尔》(*Drunken Satyr*)]的罗马雕塑,即一个放荡的人物形象摊开四肢斜倚着,姿势颇为挑逗,

打着盹，大概还喝醉了。而布莱克所作的插画则没有任何不雅的东西，也许可被视作在描述一则"地狱箴言"："头颅庄严，心脏激情，性器美丽，手脚比例匀称。(The head sublime, the heart pathos, the genitals beauty, the hands and feet proportion.)"克里斯托夫·Z. 霍布森（Christopher Z. Hobson）评论说："尽管这幅画里没有任何严格意义上的同性恋因素，但它是一幅强烈而又极其脆弱的男性之美的图像。"25

这幅印版中的诗文在颂扬解放，有些诗句则是布氏写过的最为雄辩的诗行。

清晨来临，夜晚衰退，守夜人离开了他们的岗位；

坟墓崩开，香料抛撒，细麻布卷起；

死人的骨头，覆盖的黏土，萎缩干枯的肌腱

在重生中颤抖，振奋人心地移动，呼吸！觉醒！

像得救的囚徒跃起，当他们的枷锁与地牢崩开。

让磨坊里推磨的奴隶奔跑到田野上；

让他仰望天空在明亮的空气中大笑；

让幽禁在黑暗与叹息中被束缚的人，

其面孔三十个疲惫岁月中从未见过微笑，

让这人起来向外看，他的锁链松开了，牢门打开了，

让他的妻子和孩子逃离压迫者的鞭笞回家。

他们一步一回头，相信这是个梦，

唱着："太阳已离开黑暗，找到了更新鲜的清晨，

美丽的月亮在清澈无云的夜晚喜悦，

因为帝国不再，如今狮子与豺狼应该休止。"

110

上述诗行充满了《圣经》的回响。"磨坊里的奴隶"和"守夜人"出自《马太福音》，"细麻布衣服"则出自《约翰福音》里基督的空坟墓。以西结目睹干枯的骨头复活："于是，我遵命说预言。正说预言的时候，不料，有响声，有地震；骨与骨互相联络……气息就进入骸骨，骸骨便活了，并且站起来，成为极大的军队。"（《以西结书》37：7，10）[26]

语言是动态的——颤抖、跃起、奔跑——但坐着的人物是静止的，思索着地牢被打开后的未来。画面底部的植物和小生物可能是某种讽喻式所指，但如果是这样它们就太晦涩了。无论如何，它们似乎都像在家里一样置身于健康的自然世界，很像《土块和石子》插画里的生物。[27]

革命靠能量喂养，**奥克**在另一幅插画里因火焰托举而飘浮起来，火焰甚至侵入了诗文。（见图26）丹蒂·加布里埃尔·罗塞蒂的弟弟威廉·迈克尔·罗塞蒂（William Michael Rossetti）称布莱克为"火的高超画家"，而布氏自己则创造了令人难忘的表达："火焰因它的形式而喜悦。（fire delights in its form.）"在同时期的另一件作品中，布莱克论及"厚重的火焰，**奥克**的创造思想的火（thick-flaming, thought-creating fires of Orc）"〔布氏熟读莎士比亚，他也许联想起《李尔王》（*King Lear*）中的"思想一样迅速的硫黄的电火（sulfurous and thought-executing fires）"〕①。正如 W. J. T. 米歇尔所说，火焰在这幅画中"应被看作在他体内，如同意识的外化或投射"。[28]

也可以说**奥克**体现了我们自己意识的一个方面。但他不是

---

① 引自朱生豪等译的人民文学出版社2014年版《莎士比亚全集》第七册中的《李尔王》第三幕第二场。

图 26 《美洲：一个预言》，印本 E，印版 12

唯一的方面，在这幅插画中奥克的表情很不安，因为他有一个强 112
大的对手，同样关乎意识的本质。布莱克称这个角色为"尤理潜

（Urizen）"①，是一个白胡子的家长，与上帝和圣父相关联，也与各种家长相关联，比如从国王、主教直到普通的父亲。

尤理谮位于印版的上部，在视觉上平行于奥克在火焰中的形象。他们俩的姿势虽然很相似，但尤理谮与奥克相反，他没有裸体，只是披了件厚重且笼罩全身的长袍，并露出了对应的右脚，以达到某种平衡。（见图27）下方紧挨着的诗文写道：

> 令人恐惧者回答："我是奥克，环绕着受诅咒的树。
>
> 时代终结了；影子过去了，天方破晓；
>
> 如火的欢乐，尤理谮将其扭曲为十诫，
>
> 怎样的夜里他带领群星般的大军穿过旷野：
>
> 我把石头律法踩踏为灰尘，把宗教向四方的风
>
> 抛散出去，如撕破的书，无人可以收集书叶。"29

"受诅咒的树（the accursèd tree）"是禁止接触的知善恶树，《圣经》里的蛇就是在这棵树下诱惑了夏娃。这意味着对反动势力来说，奥克确实看上去是《圣经》里盘绕禁树的蛇。就像《天堂与地狱的婚姻》里的行动派撒旦，奥克的使命是打碎写在石板上的由摩西从西奈山（Mount Sinai）带下来的压制性律法。

尤理谮坐在厚重的云上，像抱巨石一样在抱着它们，同时阴

---

① 据《布莱克词典：威廉·布莱克的思想与符号》中的"Urizen"词条，该词可能是"Your Reason"（你的理性）的谐音，而凯瑟琳·雷恩等人则认为它源于希腊语"ουριζειν"，意为"限制（to limit）"（论据不足）。基于此，译者将"Urizen"音译为"尤理谮"。

图 27　《美洲：一个预言》，印本 E，印版 10

郁地凝视着下方的世界。他的表情并不比**奥克**在配套的插画里更

有希望，但有关**尤理潜**的每件事都在表达沉重感，反之，**奥克**在

他的火焰里上升，并张开手指去抓住升腾的气流。**尤理谮**的云由精细的交叉影线法塑造，这是一种用于商业印本镌版的表示阴影的方法。有人曾提及布莱克认为这种造作的技法是压制性控制的视觉表征。[30]

赫尔曼·诺斯罗普·弗莱（Herman Northrop Frye）曾将**尤理谮**与**奥克**的斗争描述为"奥克循环（Orc cycle）"，每一次革命在其中都会堕落成压制，而每一个**奥克**也都变成了**尤理谮**。弗莱是如此具有说服力，以至于一代代批评家都接受了他的观点，但事实上这些诗歌并不具备支持这种观点的基础。布莱克非常明白革命能变得残酷，正如当时发生在法国的那样，但**奥克**与**尤理谮**并非同一事物的两个名字。一位更年长的评论者米尔顿·O. 珀西瓦尔（Milton O. Percival）更准确地将奥克描述为"一种不死的现象，是能量被压制时就会兴起的革命精神"。[31]

多种多样的蛇

114　　即便《美洲》是一首乐观的早期诗歌，布莱克也已从多重视角思考过革命，而且他对象征的创造性运用非常适合表达那种复杂性。在传统艺术中，图像式象征通常具有稳定、一贯的意义；因此十字架表示基督教，天平表示公正。但布莱克的象征是动态而非图像式的。我们通过观察它们如何行事以了解其意义，而它们的行动往往会依据语境发生变化。也可以这么说，布莱克的象征在一个不断演化的神话中扮演活跃的角色，因为这个神话由布氏自己创造，所以我们不能依赖传统的联想，即便他从《圣经》、弥尔顿的作品或《薄伽梵歌》（*Bhagavad Gita*）中借用某些材料时也不行。[32]

　　蛇的意象是绝佳的例子，说明仅仅一个动态的布莱克式象征所蕴含的意义范围有多广。而接续《美洲》形成一个系列的则是《欧洲：一个预言》（*Europe：A Prophecy*，简称《欧洲》），它的扉页非常惊人。（见彩插 15）这条壮观的爬行动物通常被认为是在象征**奥克**的反叛能量，如压迫势力所见，它也许会让人想起美国"不要践踏我（Don't Tread on Me）"旗帜①上盘绕三圈的蛇。厄尔德曼把这个意象视作完全正面，"体现能量、欲望、阴茎的力量、火红的舌头"，但其他阐释者怀疑其中含有负面信息。莫顿·D. 佩利（Morton D. Paley）问道："扉页上咧嘴大笑、盘曲的**奥克**是否在暗示尽管'能量'承诺启示录式的自由，它实际上却背叛了人，把人出卖给了历史的轮回？"[33]

　　在《欧洲》的叙事进程中，蛇事实上确实成了自然崇拜压制的象征。一座由巨石建成的"蛇形古老神庙"呈蜿蜒状，就像位于埃夫伯里（Avebury）的古代遗址，②它在布莱克的时代被认为由

---

①　该旗名为"加兹登旗（Gadsden flag）"，由美国大陆军准将克里斯托夫·加兹登（Christopher Gadsden）设计，是一面具有历史意义的黄底旗帜，上面绘有一条盘卧的木纹响尾蛇和一行字"不要践踏我（Don't Tread on Me）"。在美国独立战争的背景下，响尾蛇是殖民地"团结的象征"，虽然它的攻击性并不强，却要小心反击的力量。因而加兹登希望自己的旗帜是"对英国的警告"，不要侵犯美国臣民的自由。

②　系英国西南部威尔特郡埃夫伯里村的一个新石器时代墓群，也是世界遗产"巨石阵、埃夫伯里和相关遗迹群（Stonehenge，Avebury and Associated Sites）"的组成部分。该墓群是欧洲最大的史前石圈，也是英国最为著名的史前景点之一，由一个周长 1.3 公里的巨大的河岸和沟渠组成，其中 180 块局部的未成形的石头形成了较大的外圆和两个较小的内圆。目前，其排列方式对于天文学的重要意义仍在探索中。

竺伊德（Druid）^①祭司建立。（见图 38）

> 思维把无限变成一条蛇；向吞噬的火焰
>
> 表示怜悯；人从它的面前逃走藏进
>
> 夜之森林。于是一切永恒的森林分开进入
>
> 空间轮回里翻滚的诸地球，像海洋奔涌
>
> 并压倒一切，除了这肉体的有限之墙。
>
> 于是蛇庙建成了，无限之图像
>
> 关闭在有限的革命中，人变成了天使；
>
> 天堂，转动的巨轮；上帝，加冕的暴君。[34]

115　行星无休止地在太阳系中旋转，蛇庙则模拟了这个景象，祭司在其中用人祭取悦他们的神。"夜之森林（forests of night）"让人想起《老虎》中模糊不清的造物者。

　　然而《美洲》里也有一幅吉祥的大蛇插画，三个孩子轻松自如地骑在蛇背上。（见图 28）最大的孩子轻轻握着缰绳，与此同时中间的孩子正在回身帮助最小的孩子。在高处飞翔的天鹅颈部呼应了蜿蜒的蛇形，天鹅的缰绳则握在一个肌肉发达的男青年手里。他的头部上方恰巧是"波士顿天使（Boston's Angel）"的字样，即他可能就是空中的保罗·里维尔（Paul Revere）^②。天鹅

---

① 俗译"德鲁伊"，指古凯尔特人原始宗教中的祭司或巫师，他们精通占卜、魔法、医术等，在古爱尔兰等地享有崇高的地位。

② 系美国独立战争时期的一名爱国者。里维尔是一位杰出的军人，曾协助组建针对英军的情报与警报系统。其最著名的事迹是在列克星敦和康科德会战（Battles of Lexington and Concord）前夜，即 1775 年 4 月 18 日当晚向美国革命者通报英军入侵的消息。

图 28 　《美洲：一个预言》，印本 E，印版 13

与蛇均可被视作阴茎状，而且布莱克显然知道出自赫库兰尼姆
（Herculaneum）的雕像，一个孩子骑在巨大的阴茎上。[35] 此处的

蛇象征显然是正面的，尽管没能被令人满意地解释为何夜晚的意象，即一轮新月与昴宿星团可以从云后瞥见。

除了蛇，《美洲》里还有其他动物。一幅插画表现了与同一印版上狂怒文字截然相反的愉悦画面，文字描述愤怒的**阿尔比恩天使**，即乔治三世的"精神形式"谴责**奥克**为"蛇形的……亵渎上帝的魔怪、敌基督、憎恨尊严者"。（见彩插 16）天堂的鸟飞落在一株纤弱的树上，树下一名裸体女青年躺在地上睡着了，一个满头鬈发的男青年则趴在一头睡着的公羊羊毛浓密的背上。他俩极有可能已经交合。在这个后期的上色印本中，朝阳正在升入天空。这是**天真**的幻象，比《天真之歌》里更明确地含有性意味，以唤起替代反叛与压制的另一种现实。它也完成了前一幅印版结尾的宣言："因为帝国不再，如今狮子与豺狼应该休止。（For empire is now no more, and now the lion and wolf shall cease.）" [36]

性欲在《天堂与地狱的婚姻》中是正面的，而在 1960 年代"反文化"的鼎盛时期，布莱克常被人按照这种理解加以引用。但他总能意识到性可能是一种施加控制的手段，并且有时也被折磨其中。布氏画中的绝大多数裸体都不具有色情意味，有时甚至明显令人反感，这恐怕并非偶然。我们知道他心目中的英雄是米开朗琪罗，一位艺术历史学家就后者问道："为什么他的圣母玛利亚如此没有母性？为什么他的超人形象只是比例与尺寸？" [37]

而在《欧洲》里，事实证明，布莱克曾画过的两个最有魅力的人体具有极负面的含义。（见彩插 17）肯尼斯·克拉克（Kenneth Clark）说："不论多么抽象，裸体人像无一例外都能在观看者中唤起某种色情感的痕迹，即便只是最微弱的影子——如果它不这么做，就是坏艺术与伪道德。"假设克氏的说法是对的，布莱克运用它的方式也是反讽式的，因为这些诗文所描述的是"**阿尔比恩天使**受到他自己的瘟疫重击"，这是英国对法国的反革命战争的后果。这两个身形曼妙的仙女实际上正在用螺旋状的号角向庄稼播撒枯萎病。以某种视觉双关的形式，号角发出的声音冲击波恰似霉病在冲击谷物。所以，英国正在承受由自己亲手造成的瘟疫的惩罚，而这个语境则彻底颠覆了画面的色情魅力。[38]

布莱克对革命感到幻灭的一个征兆是 1795 年制作的两个《美洲》印本的其中之一，他给表现男青年爬出地面的那幅印版添加了四行诗。

> 严肃的**游吟诗人**停下了，为他自己的歌而羞愧；一怒之下
> 他猛弹竖琴发出高音，然后把它闪亮的框架撞向
> 残毁的石柱变成闪烁的碎片；他默默地转身离去，
> 在难过而沮丧的哀叹中，沿着肯特的谷地漫游而下。

摔碎竖琴正是传统上游吟诗人拒绝作为奴隶而表演的举动。[39]

退出激进政治

早在 1792 年，一份王家公告就宣布"严厉检控一切犯有撰写和出版煽动性小册子罪责的人，这些小册子意图疏远国王陛下臣民间的感情，从而扰乱国家的和平、秩序与安定，同时禁止一切非法集会"。控告与监禁随之而来，对布莱克来说尤为值得关注的是书商工会（Stationers' Company）宣布了一份"坚定的决议，无论如何，要坚决**抵制并劝阻**一切煽动性和挑动情绪的出版物"。

这份决议由众多出版商签名，布莱克依靠他们获取收入，而他从前的师傅巴西尔也在决议上签了名。[40]

118　　　无论布氏曾考虑过对期待中的革命作出何种贡献，到了 1790 年代中期，他正在从任何活跃的政治立场中退出，他至今尚存的早期彩画书的少数几个印本要么被全都卖出，要么被送给了信任的朋友。反之，随着开始着手《尤理谱之书》(*The Book of Urizen*，后文将讨论这部作品)，布莱克转向了与《圣经》的批判式对话，然后在超过十年的时间里完全停止了创作彩画书。他真诚地相信，如果政府得知自己的作品，他将有性命之忧。布莱克在笔记本中写道："我说自己活不过五年，如果活下来了，那将会是奇迹。1793 年 6 月。"他所谈论的是法律的迫害而非身体的健康。1797 年，在给一位主教对托马斯·潘恩的攻击作批注时，他宣告道："我被地狱来的命令禁止出版此书；这正是我们的敌人所希望的。"[41]

　　除了害怕迫害，布莱克正在变得不关心政治，而那些坚持认为他从未停止投身政治的评论者则是在非常宽泛的意义上使用这个词。而在更通常的意义上，他于 1810 年写道："我真的非常难过，看到同胞在为政治而困扰。如果人们是明智的，最专断的君主也无法伤害他们。如果他们不明智，最自由的政府也会被迫成为专制。君主在我看来都是傻瓜，下议院和上议院也都是傻瓜。他们在我看来似乎是人类生活之外的别的什么东西。"[42]

　　布莱克活了 69 年，其中有一半时间英国都在和法国作战。英国徒劳地在为保住北美殖民地而战，徒劳地在为压制法国革命而战，然后又战胜从而打倒了拿破仑·波拿巴（Napoléon Bonaparté）的法兰西第一帝国（First French Empire）。雅各布·布罗诺夫斯基（Jacob Bronowski）在第二次世界大战期间曾写到布莱克，他评论道："在雄鹰与壮丽之后，[拿破仑时代]以弗朗西斯科·戈雅（Francisco Goya）①强有力的画笔所描绘的样子被留在记忆中：泯灭良知的 22 年把欧洲的人与珍宝践踏进尘土。"43

而布莱克后期作品中与日俱增的悲观困扰着那些批评家，他们乐于把布氏看作马克思主义或至少是工人阶级激进思想的先驱。但阶级团结从来不是他的想法，而且尽管布氏憎恨资本主义的很多方面，其价值观却是属于独立工匠的。无论革命之梦破灭时失落的是什么，随着思想的继续发展，他不再写像《美洲》与《欧洲》这样的政治诗歌，而是愈发深入地探索人类经验中根深蒂固的矛盾。在《天堂与地狱的婚姻》中，他已经发表了一份宣言，这段话经常被引用，仿佛是布莱克思想的钥匙："没有对立就没有进步。吸引与抗拒，理性与能量，爱与恨，对人类的生存必不可少。（Without contraries is no progression. Attraction and repulsion, reason and energy, love and hate, are necessary to human existence.）"44 在布莱克的后期作品中，"对立"将继续扮演中心角色，但我们不再听到锐意进取的"进步"。尽管**尤理潜**将依旧是他神话思维的核心人物，**奥克**却将从视野中逐渐消失，而一整套全新的象征人物将有必要被创造出来。

119

---

①　全名"弗朗西斯科·何塞·德·戈雅－卢西恩特斯（Francisco José de Goya y Lucientes）"，系西班牙浪漫主义画派画家。其风格奇异多变，从早期的巴洛克式画风到后期类似表现主义的作品，是一位承前启后的过渡性人物。代表作包括反映了战争残酷与恐怖的《1808 年 5 月 3 日的枪杀》（El 3 de mayo en Madrid）和《战争的灾难》（Los Desastres de la Guerra）等。

第 6 章　原子与灵视洞察

　　布莱克在对自己时代心理、政治、宗教臆断的批判中隐含着一个信念：当代思想方式让我们看不见经验的完整性。作为信仰衰退中的权宜之计，18 世纪的不可知论者热衷于推广"自然神论（deism）"[①]——源自拉丁语"deus"，意为"神"——即所谓的"自然宗教（Natural Religion）"，他们宣称关于神的任何值得知道的事情，都可以通过自然中井然有序的进程被理性地推断出来。正

---

①　系 17~18 世纪为回应牛顿力学对传统神学世界观的冲击而出现的一种哲学观点。其基本主张是：上帝虽是世界的"始因"或"造物主"，但在创世之后就不再通过超自然的启示和神迹介入世界和人类历史，而是任凭后两者遵照理性和自然的法则来运行。其特点是力求将理性确立为一切宗教信仰的基础，拒斥亚伯拉罕传统宗教中超自然的启示、神迹和先知的观念，甚至主张以"自然真理"或"理性真理"取代"启示真理"。但一般认为，其理论形态最早由 17 世纪的英格兰思想家暨第一代彻伯里的赫伯特男爵爱德华·赫伯特（Edward Herbert, 1st Baron Herbert of Cherbury）所构建。赫氏在《论真理》（De Veritate）中提出了为一切宗教所共有且为人们所普遍同意的五条"自然真理"：①存在一位至上的神；②这位神应受崇拜；③崇拜上帝的最好方式是过虔敬而有德行的生活；④人可通过忏悔来赎罪；⑤人的德行和罪过在死后将得到应有的奖惩。后世遂将这五条原则视为"自然神论"的五大信条，并发展为理性主义神学的基本原则。到了 18 世纪，法国启蒙思想家伏尔泰和卢梭等人则发展出了更为成熟且带有唯物主义色彩的自然神论思想。19 世纪中叶以后，"自然神论"作为一种独立的思潮已逐渐衰落，但它的不少重要观点却为现代宗教所吸收。

如钟表必定是掌握技术的钟表匠的作品，同样，太阳系也一定是
一位钟表匠上帝的产物。当然，这样的一位神不需要对人类抱有
任何兴趣，而布莱克认为像那样非人且超然的神祇根本就不是神。
而且二者都不是正统的耶和华。布莱克真心承认的神是凡人耶稣，
《天真之歌》中满是他的仁慈的显现。

布莱克对自然宗教的攻击，以及他用来反对的象征，皆体现
在他笔记本内一首未发表的抒情诗中，这首诗既没有标题也没有
配图。

> 嘲讽吧嘲讽吧伏尔泰卢梭
> 嘲讽吧嘲讽吧！全是白费！
> 你逆风扬起沙子
> 风又把它吹回

121

> 每粒沙都变成宝石
> 在神圣光芒里反射
> 吹回时它们迷了嘲笑的眼
> 但还在以色列的路上闪烁

> 德谟克利特的原子
> 牛顿的光粒子
> 都是红海岸上的沙粒
> 以色列的帐篷闪光熠熠 [1]

布莱克总是尽量少用标点，这首诗里则根本不用，除了两个感叹
号。他显然想让每一诗行单独承担各自的分量，而不是各就各位

地被安插进整齐的句法。

伏尔泰（Voltaire）和让－雅克·卢梭（Jean-Jacques Rousseau）都是启蒙运动的领袖，该运动得名于它立志用光明照亮迷信与专制的黑暗。法国革命过后，这两位伟大哲学家的遗骨均被重新供奉于先贤祠（Panthéon），彼此相邻，但在世时他们都认为自己是对方的对立面。世故老练的伏尔泰是愤世嫉俗的才子、富裕的地主和哲学王的崇拜者。卢梭则独来独往，是一个隐士、"自然之朴素"的代言人，以及激进的全新政治制度的理论家，这套理论体现了所有公民的"共同意志"。然而，从布莱克的视角看，他们俩的亲和力比差异更深刻。他把伏尔泰和卢梭都视作自然宗教的信徒，他自己的信念则是近代思想家所理解的自然世界是对真理的一道屏障，而非通向真理的一扇窗。

启蒙运动被布莱克所认可的是它是一场反对体制化宗教的运动。伏尔泰很喜欢的一句口号是"摧毁那种丑恶的东西（Écrasez l'infâme/ Crush the infamous thing）"，意指天主教会不仅控制了法国教育，还强制推行正统教条并严格审查出版物。他拒绝一切正统教条，认为它们是以道德名义的思想控制，布莱克也是如此，他认为把《圣经》当作字面与事实意义上的真实是错的。他说："伏尔泰是上帝派来揭露真相的。"[2]

在布氏看来，启蒙运动思想家以他们对正统的批判完成了必要的破坏行动，但他们不知道该如何重建。在灵光一现的隐喻中，布莱克运用了以下事实，尽管沙粒可能看上去像是毫无生气的颗粒，但如果向上抛撒，它们就会像珠宝一样熠熠生辉。当哲学家扬起迷信的沙子，沙子就变成了珠宝，不过由于他们愚蠢地迎着风，尖锐的结晶刺破了眼睛，导致精神的目盲。

可是，还有另一种思考沙子的方式。在布莱克的时代，科学理论家认为自然通过数学法则得到最佳理解，一般来说，这种法则会描述小得看不见的原子的互动。原子在当时还不像今天这样被看作力场，它们更像是口袋里彼此一样的弹珠。古希腊哲学家德谟克利特想象它们是不可打破的坚固积木，而在经验主义哲学里它们被认为是构成存在的每样东西，包括我们自己。至于说我们所感知的颜色、味道和气味等所谓的第二属性，则根本没有真实的存在。它们仅是我们大脑以流入到我们身上的感觉资料构建起来的幻觉。正如一位现代科学历史学家所总结的："人们曾经认为自己所居住的那个世界［在经验主义之前］——一个富于色彩与声音的世界，因芬芳而馥郁浓烈，充满快乐、爱和美，到处诉说着有目的的和谐与创造性的理想——如今已然拥挤不堪，成了四散分布的有机生物大脑的微小角落。真正重要的外部世界是一个坚硬、冰冷、无色、沉寂、死亡的世界；而量的世界则是数学意义上可计算的以机械规律性运动的世界。"[3]

布莱克懂得这些含义并且极度鄙视它们。"减去玫瑰的红，"他写道，"百合的白，钻石的坚硬、海绵的柔软、橡树的高度、雏菊的低微，像哲学家所做的那样纠正自然中的每样东西，然后我们就会重返混沌。"[4]

布莱克与牛顿

艾萨克·牛顿（Isaac Newton）是 18 世纪的重要文化英雄，很像 20 世纪的阿尔伯特·爱因斯坦（Albert Einstein）。如同爱因斯坦，牛顿也提出了只有专家才能掌握的理论。他的杰作是《自然哲学的数学原理》（*Philosophiæ Naturalis Principia Mathematica / The Mathematical Principles of Natural Philosophy*）。对非专家来说，其中

的数学难得不可思议，但牛顿的另一部经典著作《光学》（*Opticks*）则是本普通读者也可以理解的书。他通过棱镜与透镜做了一系列实验以观察光的性质，然后展示了用棱镜把看似白色的光分解成光谱的所有颜色。亚历山大·蒲柏（Alexander Pope）为他写了一句令人难忘的墓志铭。

> 自然与自然的法则深藏于黑夜；
>
> 上帝说："让牛顿来！"光照一切。

以相似的敬畏，布莱克的同时代人华兹华斯对剑桥大学三一学院（Trinity College，Cambridge）的一尊塑像作了描述，牛顿曾在那里生活并执教。

> 或赐助的星光，看见牛顿的雕像
>
> 站在西端前厅，手持着他的
>
> 光棱，脸色安详——大理石的具象
>
> 标示出一个不息的心灵，它永远
>
> 在思想的大海上，扬起远航的孤帆。①5

　　布氏当然不会反对雨滴和棱镜显示出的虹色。他所反对的是牛顿的断言：像其他每样东西一样，光由微小的粒子组成，他称之为"微粒（corpuscles）"。关于宇宙的创造，牛顿写道，上帝"以实心、有质量、坚硬、不可穿透、可运动的粒子形成物质"，

---

① 　引自丁宏为译的北京大学出版社 2017 年版《序曲或一位诗人心灵的成长》第三卷《住校剑桥》。

彼此相似如同"海滩上的沙子"。⁶ 无论何时睁开双眼，粒子之流都会撞击我们的视网膜，触发大脑中的信号。布莱克为了极为不同的目的而引用牛顿"海滩上的沙子"：对他来说，它们暗示了"西奈的旷野（Sinai Desert）"——"红海边的沙子"——即以色列人所穿过的从埃及的奴役向"应许之地（Promised Land）"的跋涉。牛顿描述的是光一直运行的方式；布莱克唤起的则是一个伟大的象征故事，从奴役向自由的《出埃及记》。照亮那个旅程的是一股精神的力量，而非一阵物质粒子的雹暴。

无限与永恒

另一首布莱克的笔记本诗歌《天真的预兆》里也有一粒沙。 124

> 去看一个世界在一粒沙子
> 一片天空在一朵野花间，
> 握住无限在你的手心里
> 永恒在一个钟点。①

———————

① 此诗英语原文为："To see a world in a grain of sand / And a heaven in a wild flower, / Hold infinity in the palm of your hand / And eternity in an hour." 宋雪亭译本为："在一粒沙子里看见宇宙，/ 在一朵野花里看见天堂，/ 把永恒放进一个钟头，/ 把无限握在你的手掌。"（引自人民文学出版社 1957 年版《布莱克诗选》中的《天真的预言》。）该诗节还存有许多知名版本，如徐志摩译本为："一沙一世界，/ 一花一天堂。/ 无限掌中置，/ 刹那成永恒。"田汉译本为："一沙一世界，/ 一花一天堂。/ 双手握无限，/ 刹那是永恒。"宗白华译本为："一花一世界，/ 一沙一天国，/ 君掌盛无边，/ 刹那含永劫。"周作人译本为："一粒沙里看出世界，/ 一朵野花里见天国。/ 在你掌里盛住无限，/ 一时间里便是永远。"

布氏钟爱的一位作家是 17 世纪的德意志神秘主义者雅各布·波墨（Jakob Böhme），波墨曾写道："当我拿起一块石头或一个土块并看着它，于是我看到在上的东西和在下的东西；是的，我从那里看到整个世界。"这种神秘主义与认为可见世界仅是幻觉而不屑一顾的那种看法很不一样。布莱克像波墨一样，远远不是想要逃往"更高的"领域，而是寻求对这个世界更为丰富的理解。"我能看着一块木头上的节疤，"他曾说，"直到对它感到害怕。"也许令人惊讶，布莱克与远比他更有名的画家约翰·康斯特布尔（John Constable）交好。一次，他在翻看康斯特布尔的写生簿时对一幅树林的素描作了评论："啊，这不是素描，而是灵感。""我之前从不知道，"康斯特布尔回答，无疑带着微笑，"我原本是想画素描的。"我们一直居住的是同一个真实世界，却是以"新鲜感（freshness）"或罗伯特·弗罗斯特（Robert Frost）所谓的"陌生感（strangeness）"看见的。[7]

经验主义者认为"无限（infinity）"是无意义的概念，因为我们无法理解一个永不停歇的宇宙。同样，"永恒（eternity）"也是无意义的，因为我们所能确实了解的只是每个前后相续的分秒的嘀嗒声。布莱克将会同意它们是试图想象"无限"与"永恒"的绝望抽象方式，而对他来说，二者都是直接且具体的。"无限"此时此地显现于我们所居住的真实世界，而非遥远的不可想象的无穷。同样，"永恒"显现于每个生活经验的时刻；它是时间的河流，我们不断地沉浸其中。布氏为"永恒"生造了一个令人难忘的术语"永恒的现在（the Eternal Now）"，而他应该会欣赏路德维希·维特根斯坦（the Ludwig Wittgenstein）的名言："倘若人们将永恒不是理解为无限的时间持续，而是无时间性，那么活在当下的人，永恒地活着。"① 布莱克在《天堂与地狱的婚姻》中写道:"永恒是爱上时间的产物";而在别处,他称时间为"永恒之仁慈(the mercy of Eternity)"。[8] 也许那意味着对终有一死的男人和女人来说,永恒的广大将会是压倒性的,如果我们完整地察觉到它。令人宽慰的是,我们只是意识到自身所沉浸其中的时间在向前流淌。

尽管布莱克批评牛顿的断言有简单化的倾向,但他仍对牛顿的天才怀有慷慨的欣赏。这位伟大的物理学家是一幅非凡图画的对象(见彩插 18),观看者就算不知道它题为《牛顿》(*Newton*),也不难猜出它在表现什么。在这幅画里,牛顿孤身一人,如华兹华斯的诗行所述,但并不像雕像那般凝视天空。他以屈身的姿势坐在海底的一块被地衣覆盖的岩石上,与像《阿尔比恩起来了》这类画作里的舒展四肢相反,他几乎缩成了一个球,正以高度的专注凝视着一个小卷轴,并用圆规在描画几何图形。

尽管历史上的牛顿是瘦削且苦行禁欲的大学教授,画中的他却是肌肉发达的体健者。他俯身向前,那强有力的身躯和线条清晰的肌肉与他相信是现实的真实图画的简化几何图形形成了鲜明的对比。很像米开朗琪罗会做的那样,布莱克由此把智力的力量转化为身体的等价物。[9] 牛顿之所以出现在海底,缘于布氏从新柏拉图主义哲学那里吸收了以水作为令人窒息的物质性的象征方式。但是通过暗示,没有什么阻止牛顿从岩石上起身离开并上浮到水面,进入阳光与新鲜空气的世界。他也没有显示出对覆盖着岩石的精巧美丽生命形式的任何兴趣。牛顿虽是强大的天才,却也是倾向于简化事物的智力程序的囚徒。布莱克在这幅画里的意图不

125

---

① 引自卫茂平译的社会科学文献出版社 2018 年版《时间:它对我们做什么和我们用它做什么》第 10 章"被充实的时间和永恒"。

是去否定他的伟大，而是在暗示由他的智力体系所施加的想象力的枷锁。

有趣的是，当布莱克真的尝试学习几何学时，他不能理解与直觉对立的形式证明的要点。托马斯·泰勒（Thomas Taylor）负责教他，布莱克用过他的柏拉图译本。据某个认识泰勒的人说，他们学到了"欧几里得第五公设（Euclid fifth postulate）"①，"证明等腰三角形底边的两个角必定相等。泰勒正在进行证明，却被布莱克叫喊着打断：'啊，别在意那个——证明它有什么用？哎，我用双眼就能看见它是这样，而不需要任何证据来让它更清楚。'"10

一则关于布莱克制作这幅版画的记录能增进我们的鉴赏力，它解释了釉质般的人类形象与模糊不清的植物间的鲜明对比。一位画家朋友解释了它是如何制作的。

> 如果他想用油画颜料制作版画，就取出一块普通的厚纸板，然后用某种浓重的墨水或颜料把图样浓厚地画在上面。接着他在上面用特定的油画颜料以特定的融合状态作画，这样一来它们就会一片模糊。他画得粗略且快速，这样一来颜料就会来不及干。然后他把那个

---

① 也称"平行公设（parallel postulate）"，因是《几何原本》（Elements）五条公设的第五条而得名。这是"欧氏几何（Euclid geometry）"一条与众不同的公理，比前四条复杂。公设是说：如果一条线段与两条直线相交，在某一侧的内角和小于两直角和，那么这两条直线在不断延伸后，会在内角和小于两直角和的一侧相交。而假设"平行公设"不成立和不依赖于"平行公设"的几何则分别被称为"非欧几何（noneuclidean geometry）"和"仿射几何（affine geometry）"。

底版印在纸上得到一幅版画，并用水彩为这个印本上
色。如果他想制作另一幅版画，就重新描画厚纸板上的
轮廓。之所以借助这个方法，是因为他能轻微改变每一
件成品；每一件都具有某种偶然的外观，他可以将其放
大，以便让每件都不一样。它们所拥有的偶然外观非常
诱人。[11]

布莱克就这样用视觉体现突显了一组对比，即相对于世界的紊乱
和僵硬的物质性的人物形象的清晰，前者一如牛顿与经验主义者
所见。

及至现代，布莱克的《牛顿》启发了爱德华多·保洛奇（Eduardo
Paolozzi）[①] 引人注目的雕像（见图 29），它于 1995 年被竖立在伦敦
大英图书馆外。这尊雕像被由肉眼可见的螺栓连接起来的沉重金属
板建造，它透过紧贴在头上的很像护目镜的眼镜凝视，这位牛顿
则提供了对布氏画作令人深思的再想象。而一位评论者则称其为
"立体机器人"，即通过强调牛顿学说科学的非自然状态来强化布
莱克对这种科学的批判。[12]

---

① 系意大利裔英国雕塑家，1979 年获选英国王家艺术学院（Royal
College of Art）院士。保洛奇被认为是亨利·摩尔（Henry Moore）
之后挣脱其影响的最早一批英国雕塑家之一。"拼贴（collage）"
是他作为版画家与雕塑家共用的工作方法。他最早的拼贴创作
可以追溯到 1950 年代早期，它们传达了一种激进的新美学，被
视为 1950 年代末波普艺术（Pop Art）的前兆。而保氏则将其视
作代表普罗大众流行梦想的"现成隐喻"。他的晚期雕塑创作开
始带有古典趣味，却依旧应用拼贴 - 组装之策。

图 29 《牛顿》，爱德华多·保洛奇作品

第7章 大门开了

光之幻象

商业活计到了 1800 年已少得令人沮丧，而布莱克夫妇相对于从前更为贫穷所困。于是，一个意外的机会出现了。威廉·海利（William Hayley），一位富裕的诗人与艺术家资助人邀请他们到南方的海滨定居，邻近其在苏塞克斯郡（Sussex County）的乡间住宅，海氏给了他们一间可以看见麦田和大海的带茅草屋顶的村舍。他好心的计划是在友邻中间推广布氏的作品。这幢由砖块与燧石搭建的村舍屋顶至今依然盖有茅草，几乎不随岁月而改变。（见图 30）

搬家到费尔珀姆村（Village of Felpham）是一项大工程：连带拆开的印刷机和全套刻好的铜版，总共要用上 16 个沉重的箱子。布莱克的妹妹凯瑟琳——他的母亲、妹妹和妻子同名——帮他们搬了家。

在近期发现的一封写给激进的伙伴乔治·坎伯兰的信里，布莱克放进了一些诗句，透露了自己当时的心境。他因遭受侮慢与忽视而灰心，宣称对在其中度过了前半生 43 年的大都市感到厌恶，却为乡村的美丽与平静而深感激动。

> 亲爱的慷慨的坎伯兰，高贵地关切朋友的福祉：请看我
> 你的友谊放大了我，撕裂伦敦黑暗地牢的镣铐；
> 我撕碎了黑网逃走了。请喜悦地看我在费尔珀姆的村舍

图30　位于费尔珀姆的布莱克村舍

> 海上的光芒，法兰西上空的亮光，但我留在身后伦敦的
> 罗网与纱幕抗拒每一道光，从天空悬到大地
> 滴着人的血。看啊！我已离开！我把它从四肢扯落，
> 我振翅欲飞！苍白，鬼一样苍白，这城市恐惧地站着。[1]

130　　就在出发之前，布莱克写了一封信给海利，海氏正待在伊尔瑟姆（Eartham）的家中，距离费尔珀姆数英里，"伊尔瑟姆将是我的第一神庙和祭坛。只要一听到说起它，凯瑟琳就像是一束火焰，拥有了珍贵珠宝的多种色彩……我的手指也因对未来劳作的期待而放射出火星"。这不仅仅是比喻，因为布莱克对"动物磁力说

（Animal Magnetism）"① 很感兴趣，该学说由自然科学家弗朗茨·安东·麦斯麦（Franz Anton Mesmer）理论化，"催眠术（Mesmerism）"即"麦斯麦术"就得名于他。这套理论的要点是，通过磁化某种与电有关的无形体液来治愈病患。海利有一台"电力机器"，他以此来接受有治疗作用的"淋浴"。几年后，布莱克告诉他，凯瑟琳的风湿病在这种"电力魔法"的助益下有所好转。2

起初，一切都兴高采烈。布莱克在抵达后不久给托马斯·巴茨（Thomas Butts）写信道："一个滚筒和两把耙子放在我的窗前。到达后的第一天早晨，我首次出门时在大门口碰到一只犁，扶犁的男孩对扶犁人说：'爸爸，大门开了。'我已经开始工作，并且

---

① 弗朗茨·安东·麦斯麦在 1770 年代和 1780 年代的著作中描述了一种不可见的、普遍的"流体"或"自然力量（Lebensmagnetismus）"，它存在于所有生物（包括人类、动物和植物）中，如果这种"流体"能够保持平衡，就能维持人体的健康。麦斯麦把这种看不见的力量比作磁力，甚至用磁铁校准个人内部的力量与自然的力量，因而发现这样做常会使患者呈现现代所谓的"催眠状态"，进而指出只有运用磁疗法（即通磁术）才能使人体的磁流恢复正常。基于此，"磁疗师（magnetizer）"一般会通过导体或自己的手将自身强健的磁流传抵患者的病痛部位，以纠正其体内磁流的非正常状态，达到消除病情、恢复健康的疗效。到了 1850 年代，这种治疗方式的受欢迎程度开始下降，苏格兰外科医师詹姆斯·布雷德（James Braid）去掉了其中有关"动物磁力说"的提法，并将其重新命名为"hypnotism"（催眠术）以沿用至今。目前，磁疗法除了在某些地方作为"替代疗法（alternative medicine）"的一种形式外，已不再被现代"常规疗法（conventional medicine）"所使用。总之，该学说通过揭示一条通向现代所谓的无意识思维的迷人途径，获得了一定程度的可信度，更为心理治疗运动和心理学作为一门学术学科的最终崛起铺平了道路。

我能以比从前更大的快乐进行工作。"巴茨既是一名公务员,也是布氏的忠实资助人和亲密好友,他充满同情地回信道:"你将犁耙尽收眼底,还有,你已被预言式地告知,大门开了。那么,你怎能犹豫是否要快乐地走进去呢?"[3]

　　一个星期后,布莱克以狂喜的诗句描述了一次非凡的经历。

> 我向我的朋友巴茨描写
>
> 我的第一个光之幻象。
>
> 在黄沙上坐着,
>
> 从天空的高远溪流
>
> 太阳正放射着
>
> 他的灿烂光芒;
>
> 在海上在陆地上
>
> 我的目光扩展
>
> 进入空气的领域
>
> 离开一切操心,
>
> 进入火的领域
>
> 远离欲望,
>
> 清晨的光线
>
> 装饰天空的群山。
>
> 在明亮的粒子中
>
> 光的珠宝闪亮
>
> 鲜明而清晰——
>
> 我惊奇而害怕
>
> 凝视每颗粒子
>
> 震惊而惊奇,

131

因为每个粒子都是人

具备人形；我飞奔

因为他们召唤我

远远的在海边……

我的眼睛越来越

像没有海岸的大海

持续扩大，

天空在命令，

直到光的珠宝

大放光明的天上人

显得如同一人

他开始沾沾自喜

我的四肢包裹

在他明亮黄金的光线里……

声音轻柔地逐渐消失，

我像个孩子待着不动，

我所知道的一切

在我眼前明亮闪光。

心理学家可能会将其称为"意识变化状态"，而按宗教的说法，这是一种神秘体验——不是试图逃避而是改变感官体验。"外向型神秘主义者，"一位哲学家写道，"运用他的身体感觉来感知外界物质对象的多样性——大海、天空、房屋、树木——神秘地改变了，以至于'太一（the One）'或'合一（the Unity）'在透过它们发光。"[4]对布莱克来说，整个大自然都以这样的方式变得具有人的特征，例如《阳光灿烂的假日》中的内容。尽管他把自己的感觉描绘得很紧张，实际是平静而"远离欲望（Remote from desire）"。他又成了一个孩子，重新被天真世界所接纳。

132 　　值得注意的是，就布氏而言，太阳总是具有特殊的情绪内涵。他想象出一位质疑者在发问："什么？太阳升起的时候你不是看见一个火的圆盘有点像一枚金几尼？""噢不不，"他会回答，"我看见无数天使的大军，呼喊着圣哉！圣哉！圣哉！主神全能者。"布莱克不仅把太阳看作天使，他还听见天使在歌唱。后来，太阳以辉煌灿烂的美出现在一幅题为《许珀里翁》（*Hyperion*）的水彩画中，灵感则来自托马斯·格雷诗歌里一处相当随意的典故。许珀里翁是太阳神的希腊语名，格雷想象他的"闪闪发光的箭"驱散一系列痛苦，如辛劳、疾病、悲伤等。[5] 在布莱克壮丽的图像中，许珀里翁是一名乘坐天国战车的弓箭手，他的阳光则是击溃下方幽灵的箭矢。（见彩插 19）

我听命于天堂来的信使

　　没过多久，一时的兴奋就开始消退。海利虽善意慷慨，但也喜欢指手画脚，并且乐于控制门客。亚历山大·吉尔克里斯特说他是"透过一片友善的迷雾"在看世界，而且有时可能会非常愚蠢："他是持之以恒、英勇无畏的骑手，有一个古怪的习惯：在马背上撑一把伞来为眼睛遮阴；伞突然张开，通常随之而来的自然是骑手的头立即挨上一击。"[6] 这很容易让人想起《爱丽丝镜中奇遇记》（*Through the Looking Glass*）中的内容。

　　海利期望自己的慷慨能够得到回报，即所谓日常的恭维，但布莱克的笔记本中却包含了一些尖刻的诙谐短诗。

致 H——

你的友谊常常让我的心疼痛，

为了友谊请务必做我的敌人。

论 H——讨好者

我给这无赖写感谢信直到他和我

快要被道谢和恭维抽干。

人们可能会认为是布莱克造了"pickthank"（讨好者）一词，但莎士比亚曾用过它，而且约翰·班扬（John Bunyan）的《天路历程》（*Pilgrim's Progress*）里有个人物就叫"Pickthank"。① 7

布莱克的忧虑还有更深层的原因。他在《弥尔顿》中苦涩地提到那些人"敢于以对疯癫的诽谤来嘲讽"。他深知自己常常被称为"疯子"，而且很难被怀疑的是，深刻的精神不安确实存在于布氏作品的核心。"布莱克学（Blake Scholarship）"的学者们习惯于防卫性地否认这种暗示，但这样做其实是在歪曲他成就的性质。保罗·扬奎斯特（Paul Youngquist）的专著《疯癫与布莱克的神话》（*Madness and Blake's Myth*）颇有价值，他在书中评论道，没有人否认文森特·梵高（Vincent van Gogh）患有间歇性精神失常，或者他画作中惊人的色彩与震撼的能量很大程度上归因于他精神上的痛苦。8

133

---

① 人民文学出版社 2014 年版《莎士比亚全集》第三册中的朱生豪译本《亨利四世》第二幕第三场将"pick-thank"译作"佞人"；上海译文出版社 1983 年版《天路历程》中的西海译本将"Pickthank"译作"马屁精"。

　　布莱克早在去费尔珀姆之前即已遭受折磨，这种病在当时被称为"忧郁症（melanchholy）"①，现在则应叫作"临床抑郁症（clinical depression）"。当然这也有可能是"躁郁症（manic depression）"，即所谓的"双相情感障碍（bipolar disorder）"。费尔珀姆的"光之幻象（vision of light）"在这种情况下就被视作极度振奋的发作期。搬家前两个月，布莱克写信告诉坎伯兰，"我开始从忧郁的深坑里恢复过来，没有任何真正原因的忧郁，希望上帝让你还有一切好人免于这种病"。⁹

　　不安的不变来源是布氏害怕自己对赚钱工作的忽视是一种应被克服的可耻放纵。他在给坎伯兰的信中继续写道："我记得当我认为自己对艺术的追求是某种罪恶的放荡与对主要机遇的忽视时，我因不能放弃这个追求而羞愧掩面，那是一种法律与宗教禁止的激情，但对我来说它现在看上去也是律法与福音。"换言之，布莱克断定以自己的独特模式去创造艺术实际上是某种宗教使命。献身于一个人的天职与使命是悠久的新教传统，而布莱克正在重新发现自己的天职。

　　随着时间推移，埋头苦干并不适合自己的工作令布莱克深感灰心，尤其令人恼怒的是，海利自认为是大诗人，对布氏的彩画书没有丝毫兴趣。《弥尔顿》始创于布莱克回返伦敦之后，内含一出高度讽喻化的戏剧场景，海利在其中徒劳地试图篡夺布莱克的先知

---

① "melancholy"源自希腊语"melagkholia"，其中"melas"意为"黑"，"khole"意为"胆汁"，因为时人认为此症系"黑胆汁（black bile）"过多所致。其在中文语境中一般被通译为"忧郁症"，但当代的精神病学文献已很少使用这一术语，而第四版《诊断与统计手册：精神障碍》（*Diagnostic and Statistical Manual of Mental Disorders*，DSM-IV，第384页）则将该术语形容为抑郁严重、有显著的精神运动性迟滞或典型内源性抑郁特征的抑郁症。

角色，这是一场海氏本人可能毫无察觉的精神争吵。其中的一行诗
尤为明显："肉体的朋友是精神的敌人。(Corporeal friends are spiritual
enemies.)" [10]

　　1803 年 8 月，一场令人震惊的危机突然发生。当时有士兵在
附近驻扎，以便及时出现于海岸以防法国入侵。其中一名士兵醉
醺醺地闯进了布莱克的花园。他拒绝离开，两人发生了争吵，布
莱克把他推了出去。于是这名士兵宣称布氏发表了针对国王的可
以导致定罪的言论。布莱克多年以来害怕的事终于还是来了：他
因煽动罪被送上法庭审判。海利立刻聘请了第一流的律师。次年
初庭审时，目击者证实他们当时就在旁边，而且并没有听到任何
具煽动性的言语。布莱克随即被无罪释放。他在一封写给巴茨的
信里承认："也许我自己的单纯是一切针对我攻击的源头。"他随
信附上了一首心如刀绞般痛苦的诗。

啾为什么我生就不一样的面孔，

为什么我生来与其他族人不同？

我张望时人人惊起！开口动辄得咎

于是我沉默、消极，失去每个朋友。

于是我鄙视我的画；不尊重我的诗，

轻视我这个人，斥责我的脾气，

笔是我的恐惧，画笔是我的耻辱

我埋葬所有才能，我的名誉死去。

["pencil" 在当时意为"画笔（ paintbrush ）"。] 布莱克对那位仆人
的命运耿耿于怀，他掩埋了自己的银子而不是用来投资："因为凡

134

有的，还要加给他，叫他有余；没有的，连他所有的也要夺过来。把这无用的仆人丢在外面黑暗里；在那里必要哀哭切齿了。"（《马太福音》25：29-30）①11

无论是否存在躁郁交替的精神失常元素，布莱克还经历了现今被称为"精神分裂症（schizophrenia）"的现象。他听到人声，看到幻象，相信外在于自己的力量在指挥他写作，而且有时对朋友还怀有偏执狂式的猜疑。甚至连海利也不例外。

> 当 H——y 发现你不能做什么
> 那就正好是他将要让你做的。
> 若你没累断脖子不是他的罪愆
> 但是小口毒药不是小口食盐，
> 当他不能欺负我老婆
> 就雇个歹徒把我命夺。

135　尽管海利被怀疑偏爱男人而非女人，但若说他占过凯瑟琳的便宜，也还是有可能的。不过，他付钱给喝醉的士兵让其控告布莱克则让人难以置信。有意思的是，末尾诗行的"就雇个歹徒把我命夺（Hired a villain to bereave my life）"是布莱克一字不差从自己十几岁写就的一首哥特式民谣里挪用过来的。12

布莱克觉得自己与诗人威廉·考珀尤有共同之处。考珀正好在布莱克搬去费尔珀姆之前去世，海利则受雇撰写他的传记。

①　"按才受托的比喻"中交给仆人的银子在英文《钦定版圣经》中是以"talent"为单位，其在"简体和合本"中的对译为"一千银子"。本书作者认为布氏在这首痛苦的诗里用了双关语，"talent"既指才能，也指《圣经》中的银子。

考珀在 30 岁出头时因精神病而入院治疗，自那以后便皈信了循道宗。然后他撰写了赞美诗，包括《光明从黑暗中闪现》(*Light Shining Out of Darkness*) 及其中出名的诗句："上帝以神秘的方式移动 / 完成他的奇迹。(God moves in a mysterious way / His wonders to perform.)"但对考珀来说，那绝非令人宽慰的信仰，因为他从梦中得知自己被判受永恒地狱之苦。他折磨人的诗作《海上漂泊者》(*The Castaway*) 选取了一个身体健壮的水手作为隐喻，这名水手在一阵猛烈的狂风中从船上跌落，船则无法返回去营救他。在弗吉尼亚·伍尔芙 (Virginia Woolf) 的《到灯塔去》(*To the Lighthouse*) 中，拉姆齐先生 (Mr. Ramsay) 嗓音低沉地吟诵了《海上漂泊者》中的诗行："我们消亡了，每个人孑然一身。(We Perished，each alone.)"

更加折磨人的是考珀的《精神错乱期间所写诗行》(*Lines Written during a Period of Insanity*)，它描写了一个《圣经》中被大地吞噬的罪人。

> 他，愤怒正义的复仇之杖
> 飞快掷出嚎叫着一头冲向中心；
> 我，受够了审判，在肉体的墓中
> 　　被埋葬在地面之上。

布莱克不相信天谴，但他的确与考珀的痛苦产生共情。海利看到了相似之处。在给考珀的表妹赫斯基斯夫人 (Lady Hesketh) 的信中，他写道自己与布莱克结交是"出于一个动机，那就是我们亲爱的天使考珀会赞同，因为这个可怜的人有着令人钦佩的理解力的敏锐以及非同寻常的心灵力量，常常在我看来处于精神错乱的边缘"。着重号由海利所加。他补充说布莱克是幸运的，拥有"一位无价的帮手，也许是世间能够完美适合做他妻子的唯一女性"。[13]
不幸的是，当布莱克为计划中的传记完成一幅考珀的肖像时，赫
斯基斯夫人被它吓坏了。她认为这幅画过于直白地表明她的表兄
疯了。

136   数年后，布莱克得到了一本约翰·施普尔茨海姆（Johann
Spurzheim）的著作《心灵的失常表现或精神病观察》（*Observations
on the Deranged Manifestations of the Mind, or Insanity*），他也许
是为了搞清楚自己真的疯了的可能性。施普尔茨海姆说"宗教是
精神病的沃土"，而循道宗则提供了"无数病例"。对此，布莱克
在页边写下了反驳："考珀向我显现：'噢我疯了，一直都是。我
将永不休息。你能否让我真正疯掉？我将永不休息直到我真的疯
了。噢我被藏在上帝的怀抱里！你保持着健康而又像我们中的任
何人一样疯癫——超过我们所有人——疯癫是逃避无信仰的避难
所——逃避培根、牛顿还有洛克。'"这与反文化精神病学家 R.
D. 莱恩（R. D. Laing）的宣言惊人的相似，他宣称精神分裂症可
以成为避难所以逃避社会的集体疯癫，从而"不屈从于伪社会现
实的成功尝试"。[14]正如布莱克所述，考珀的错误是接受了天谴
的残酷神学。如果他能向真正的宗教敞开想象力，他就可能已被
收入了上帝的胸怀。即便如此，他的同时代人仍将继续把他看作
疯子。

    费尔珀姆时期的混乱让布莱克坚信，服从海利并把自己限制
在"生意的可怜苦工"中将会阻止他完成庄严的使命。他给巴茨
的信里写道："我日日夜夜听命于天堂来的信使……但是，如果我
们害怕按照我们天使的命令去做，对着我们面前的任务发抖，如
果我们拒绝采取精神行动，因为自然的恐惧或自然的欲望！谁能
描述这种状态的阴郁的折磨！"[15]

布莱克正是带着这样的信念于 1803 年 9 月返回伦敦，恢复写作一首他始于六年前的规模宏大的象征诗歌。这部诗起初题为《帷拉》(Vala)，后改称《四活物：古人阿尔比恩之死与审判中的爱与嫉妒的折磨》(The Four Zoas: The Torments of Love and Jealousy in the Death and Judgment of Albion the Ancient Man)。手稿长达 140 页，其中的一部分被仔细抄写出来，其余的涂改痕迹很重，而且从未出版。但是这部作品中的元素将会融入两首长篇"预言"，即《弥尔顿》与《耶路撒冷》，它们是布莱克自 1795 年以来的首批凸面蚀刻作品。

艺术改宗

如果说费尔珀姆的岁月是启发那些诗歌中伟大神话的温床，那么献身于这种神话的决定性冲动降临到布莱克身上则是在 1804 年他的另一次改变信仰的经历中。这次改变既是艺术也是精神上的。他满怀喜悦地给海利写信道：

137

　　我已经彻底把那幽灵般的恶魔降低到它应有的位置，在我生命中刚刚过去的二十年里，它的恼怒曾经是毁坏我劳作的祸根。……我曾是奴隶，与野兽和魔鬼一起关在一座磨坊里；如今，这些野兽和魔鬼跟我一起变成了光明与自由的孩子，我的双脚和我妻子的双脚都摆脱了镣铐。噢可爱的费尔珀姆，不朽友谊的父母，我三年时间免于困扰休养生息，还有我现在享有的力量，这些我都永远要归功于你！突然，参观特鲁克泽斯美术馆图画后的一天，我再一次受到年轻时享受过的光的启迪，这光已经整整二十年对我关闭，如同关上了门和百叶窗。

事情是这样的，布莱克一直以来只能通过以版画方式制作的印本来了解古老的名家，现在他终于有机会亲睹真正的大师画作了。这里共有900件藏品，一位领神圣罗马帝国（Holy Roman Empire）膳务总管衔的奥地利伯爵①希望把它们卖给英国。根据目录，这些作品中包括：1幅米开朗琪罗的《最后的审判》（*Last Judgment*），1件归于米氏所属的"佛罗伦萨画派（Florence School）"②的圣母玛利亚三联画，1幅朱利奥·罗马诺（Giulio Romano）的《行淫时被捉的女人》（*A Woman Take*

①　此处原书写作"Count Truchsess"，按音译应为"特鲁克泽斯伯爵"，但"Truchsess / Truchseß"实际上并非人名、封地或爵位，而是某些贵族家系领神圣罗马帝国膳务总管衔的称呼，只不过该称呼久而久之被并入了家族称谓，如"瓦尔德堡的领膳务总管衔的弗里德里希·路德维希三世伯爵（Graf Friedrich Ludwig III Truchseß zu Waldburg）"。

②　系13世纪末意大利文艺复兴时期逐渐形成的美术流派，先驱者是奇马布埃（Cimabue），真正的奠基人则是乔托·迪·邦多纳（Giotto di Bondone）。尔后，该画派继续发展，并于15世纪初在画家马萨乔（Masaccio）首次以合乎科学原理的写实手法表现人物和景物后达到繁荣的高峰。15世纪后期，桑德罗·波提切利（Sandro Botticelli）在写实的基础上充分发挥了佛罗伦萨画派善用线条的传统，极为出色地表现了秀丽婉约的女性美。而16世纪文艺复兴盛期的三位伟大代表中，达·芬奇和米开朗琪罗属佛罗伦萨画派，拉斐尔也主要在佛罗伦萨完成学业。但该画派自15世纪中叶以后已呈衰退之势，以罗马为中心的罗马画派遂取而代之。至16世纪末，因佛城在政治上失去独立、经济衰落和画家盲目崇拜前人，风格主义（也译"样式主义"或"矫饰主义"）倾向波及全意，进而标志着佛罗伦萨人文主义盛期美术的结束。

in Adultery），还有几幅克洛德·洛兰（Claude Lorrain）和尼古拉·普桑（Nicolas Poussin）的作品。众所周知，布莱克仰慕他们。另外，还有大量的尼德兰与佛兰德绘画，包括7幅安东尼·范·戴克（Antony van Dyck）、8幅伦勃朗·范·赖恩（Rembrandt van Rijn）以及5幅彼得·保罗·鲁本斯（Peter Paul Rubens）的作品。[16]

对专家来说真相很快就暴露了，它们中的大多数都是赝品，实际上毫无价值，但技巧高超的摹本可以很好地传达原作的神韵。布莱克突然领悟到他曾经让自己偏离了自己的艺术愿景。他通常对待日期很认真，当他提到"整整"二十年的错误时，他一定是想起了1784年父亲的去世，那时一小笔遗产让他得以开一间版画商店并充满乐观地开启了艺术生涯。他从那时起就努力自觉模仿最为仰慕的威尼斯和尼德兰画家，首先是蒂齐亚诺·韦切利奥［Tiziano Vecellio，也称"提香（Titian）"］和伦勃朗，但在特鲁克泽斯美术馆（Truchsessian Gallery），他突然意识到自己的想象力已经多么具有毁灭性地被他们的想象力入侵了。威尼斯绘画，正如已经指出的，以彼此融合的色彩为主要特征，完全不像布氏那独特的鲜明线条和扎实色彩。尼德兰绘画则是细致入微的现实主义，其方式在布莱克看来似乎恰好处于"灵视洞察（visionary insight）"的对立面。他应该会赞同米开朗琪罗的论断："在佛兰德，他们作画着眼于外在的精确性。他们画材料和石造物，田野里的青草，树木的阴影，河流与桥梁，并称它们为'风景画'，其中这边有许多人物，那边也有许多人物。所有这一切，尽管会取悦某些人，却做得毫无理性或艺术。"米开朗琪罗还评论说，伟大的绘画应描绘一个单独的人物形象，而布莱克也是这么认为的。[17]

138

　　这次特鲁克泽斯美术馆启示的转折是如此关键，以至于布莱克的两首预言长诗，尽管在那之后许多年都没有完成，却均在扉页上标明了"1804"的年份。

第 8 章　理解布莱克的神话

我必须创造一个体系

西格蒙德·弗洛伊德（Sigmund Freud）曾说："像我一样召唤 出那些栖息于人类乳房之畔驯服恶魔最大的邪恶，并且企图和它们搏斗的人，没有一个可以期待毫发未伤地度过这种苦斗。"[①] 布莱克神话的每个版本都终结于更新万物的世界末日，但在他的真实经历中，这是与那些折磨他的魔怪的斗争。对自我认识的无止境追寻依然自有其价值。弗洛伊德还说："把你的眼睛向内转，看向你的内心深处，首先学会认识你自己！然后你将理解你为何注定会病倒；也许你将避免将来再次生病。"布莱克的文字则更加乐观，他写道：

> 啾寻找、观看：把你的眼睛向内转：啾你打开
>
> 人的爱与和谐的内在世界：敞开你永远可爱的大门。[1]

另一位精神病学家安东尼·斯托尔（Anthony Storr）认为有创造力的人常常表现为"在对立面之间异乎寻常的分裂"，而他们拥有"对此分裂的异乎寻常的意识"。艺术创造可能会是调和这种内心分裂的努力，这肯定就是让布莱克孜孜不倦地创造庞大、

---

① 引自刘慧卿译的社会科学文献出版社 2015 年版《朵拉：歇斯底里案例分析的片段》第 3 章 "第二个梦"。此句引文中的 "恶魔" 并非 "devil / fiend"，而是 "demon"（本书译作 "魔怪"）。

复杂神话的动力，尽管他做这些时完全默默无闻。在布氏有生之年，《弥尔顿》和《耶路撒冷》分别只印行了四个和五个印本。威廉·海利在与布莱克结识前很久即已呼吁一种全新的史诗，将会体现"和谐与不协调的极端"，需要为其创造"新神话"以便于表达"幻觉力量的丰富源泉"。[2] 虽然布莱克恰恰就在他的眼皮底下做着这件事，但海利可能从未看过一眼他的诗，太过于墨守成规而无法发现。

随着布莱克继续创作《四活物》，然后为《弥尔顿》和《耶路撒冷》整理手稿，他的独特神话变得更为丰富、微妙和奇特。"我必须创造一个体系，（I must create a system,）"布莱克在《耶路撒冷》中写道，"否则就被别人的奴役。（or be enslaved by another man's.）""体系"并不意味着理智的抽象，因为"我不会推理和比较：我的工作是创造（I will not reason and compare：my business is to create）"。相反，它意味着关于自我以及整个宇宙的动态神话，虽采用既有的哲学与神话学说，却又独属于布莱克自己。他还谈论"与体系斗争从而把个人从那些体系中解脱出来（striving with systems to deliver individuals from those systems）"。"与之斗争"这个表达可以从两个意义上理解：在他个人的体系之内运作，但也运用它与别人的体系搏斗。[3]

早期的"兰贝斯之书"，包括《天堂与地狱的婚姻》、《阿尔比恩女儿们的幻象》、《美洲》和《欧洲》，都受到革命式变革的希望鼓舞。后来，十年之后，布氏作品的重点落在了内在的突破与互相原谅上。

> 我颤抖着日夜独坐，朋友们对我震惊不已，
> 还是原谅了我的神游，我为伟大任务劳作不息！

> 打开永恒的重重世界，打开人永生的眼睛
>
> 向内朝向思想的诸世界：朝向**永恒**，
>
> 在上帝的胸怀里永远扩展，人类的想象。
>
> 噢**救主**，向我倾泻你温顺与爱的精神：
>
> 摧毁我内在的自我，你成为我的全部生命吧！[4]

这位**救主**就是《天真之歌》里的耶稣，完全是人类，但也比任何个体的人更加伟大。

布莱克的神话历经多次变更，三首长诗分别从不同的角度对其进行了探索。《四活物》发展出一套关于自我的象征体系，由四种心理成分构成，即四个**活物**坍解成碎段然后力争恢复完整。《弥尔顿》讲述了清教诗人的求索历程，他弃绝错误，重新与自身的女性元素结合，并战胜自我。而《耶路撒冷》则是关于万有之人的复原，这万有之人**阿尔比恩**同时是英国人民和全体人类。

141

布莱克从费尔珀姆寄给朋友托马斯·巴茨的诗行表达了基本理念。

> 现在我看见一个四重幻象
>
> 一个四重幻象交给了我。
>
> 在我至高的快乐中它是四重
>
> 在柔软的**柏拉**之夜是三重
>
> 永远是二重。愿上帝让我们
>
> 远离单一幻象与牛顿的睡眠。

单一幻象属于经验主义的实证世界观，布莱克有时称其为"乌尔

若（Ulro）"，除非能以数学形式表达与测量，否则它拒绝承认任何事物为真实。二重幻象属于**世代**，生与死的循环永远为不能永生所困扰。在某些方面，**柏拉**（《圣经》中的名称，意为"结缡之地"）① 与基督教观念中的天堂相类似。

> 有一个地方在那里对立面同等的真实；
> 这个地方叫作**柏拉**。它是一片怡人可爱的阴影
> 没有争吵能来这里。……
> **柏拉**永远围绕永恒被创造出来，向**伊甸**的
> 居民显现，从四面八方围绕着他们。
> 但是**柏拉**在每个区域之内向其居民显现
> 犹如心爱的婴儿在妈妈怀里被爱与怜悯
> 与甜美同情心的手臂环抱。但是对于
> **伊甸**之子，**柏拉**月光下的栖居之地
> 是来自**大永恒**的温柔而怡人的休息。[5]

这很像是布莱克的**天真**，它与传统的天堂在几个重要的方面存在差异：它对性爱之乐关切有加，它是一个临时的休息之地，而非最终的目的地。

正如在《阳光灿烂的假日》中显然可见的那样，人们可以从**柏拉**上升或下落。下方是**世代**，生与死的领域，性爱关系在其中可能会变成占有甚至是施虐，即所谓的**经验世界**。上方是**伊甸**，它并非传递理解或圣徒长眠的一派祥和，而是像传道士

---

① 《以赛亚书》62：4写道："你必不再称为'撇弃的'；你的地也不再称为'荒凉的'。你却要称为'我所喜悦的'；你的地也必称为'有夫之妇'。因为耶和华喜悦你，你的地也必归他。"

通常所描述的，所谓对立面的活跃斗争，反映了人性的善变。　142
伊甸经历了某种战争，不过那是兼有创造性与建设性的精神
之战。

任何值得想象的天堂，如果没有能量充沛的活力就不可能存
在，这是深刻的洞见。像许多同时代人一样，包括他应该从未听
说过的格奥尔格·威廉·弗里德里希·黑格尔（Georg Wilhelm
Friedrich Hegel），布莱克相信就生命而言冲突与对立是根源性
的。随之而来的推论是，尽管他的理想**伊甸**渴望联合，但这样的
状态永远不可能是静止的。**伊甸**的居民，**永恒者**的兄弟，完全可
能混乱与犯错，他们中的一员或更多可能会堕落回存在的更低等
级。正是这样的堕落在《四活物》的开头发生于"古人阿尔比恩
（Albion the Ancient Man）"身上，被描述为梦魇般的酣眠。

尝试理解长诗

布莱克长诗的许多部分很难读懂，有时不可索解。甚至专
家也会被布氏的晦涩困扰；从前的批评家们追随赫尔曼·诺斯罗
普·弗莱的见解，只要谁觉得布莱克晦涩难懂，就认为他是想象
力受了损伤，但这样的时代早已过去。一则对《四活物》的评论
曾认为试图理解这部诗就像是拿起一个没有指孔的保龄球。[6]

《耶路撒冷》第四章，即其终篇以如下四行诗节开头。

　　我给你一条金线的线头，
　　　只是把它缠绕成线团：
　　它将带领你前往天堂之门，
　　　建在耶路撒冷的墙垣。

这个邀请绝非轻而易举。一位最杰出的专家评论说，尽管《耶路撒冷》读起来可谓惊心动魄，但"是否真有人能追随那条金线，我不得而知"。另一位则表示："作为先知，布莱克似乎预设了一位像他一样准备充分的读者。这样的读者似乎还从未出现。"[7]

143　　柯尔律治熟知布莱克的新柏拉图主义来源，但《天真与经验之歌》甚至激起了他这样评论："你可能会对我称呼另一位诗人为神秘主义者莞尔一笑；但我千真万确是陷在平庸常识的泥潭里，相比布莱克先生，那位启示录的或毋宁是蒙示录的诗人与画家。""apocalyptic"意为"揭开面纱"，如同《圣经·启示录》中的世界末日。于是，"anacalyptic"可以表示"蒙上面纱"，这确实就是布莱克所行之事：创制新的象征，以令人眼花缭乱的方式排列它们。柯尔律治还更加敏锐地指出布氏"运用象征时的专制"。[8]

　　布莱克的长篇预言在习惯上被研究者们称为"史诗"，但那并不成立。史诗是基于严格年代顺序的叙事。即便叙述从中间开始，如《伊利亚特》（Iliad）与《失乐园》，其基本的顺序也从来没有疑义。最近，有种说法风行一时，即把布莱克的方法称为"电影式叙事"，但电影中的场景连续性通常是由精心的剪辑所建立。而布莱克对常规的连续性并不感兴趣，同一事件的多个版本在他的诗歌中一再重复出现。由于他会在不同的印本中改变印版顺序，所以它们甚至不会按同样的序列重现。

　　比电影更好的类比是音乐。一位评论者称这些诗歌属于"交响乐式"，有着"破碎的连续性、休止后开始的展开部、重复、调式变化，以及节奏对比"。另一位认为它们类似清唱剧，有独唱与合唱。第三位则颇具说服力地谈论"演奏布莱克"。[9]

　　对布莱克最重要的典范是《圣经》中最令人困惑的末卷《启

示录》。令人称奇的是，8 世纪的神学家约克的阿尔昆（Alcuin of York）关于《启示录》的话可被逐字逐句地运用到布莱克的《耶路撒冷》中。

> 这是叙事的顺序。有时，它始于上帝的到来，并一气贯注直到时间的终点。有时，它始于上帝的到来，在结束之前又回到开头，在不同的形象中重复此前避而不谈的内容及已经说过的话，以这种方式，它匆忙直抵上帝的二次降临……有时，为便于叙事，它暂时放弃其主题并引入毫不相干的事物……有时，以这种风格，一个形象被改变，其幅度之大以至它似乎与其他事物相混淆，因此它所指代的事物与刚开始再现的东西已相去甚远。[10]

出声朗读布莱克的诗歌颇有助益。《耶路撒冷》的开篇是题为《致公众》（*To the Public*）的演说辞，布莱克在其中称自己为“真正的演说家（a true orator）”，对他来说就连素体诗都太拘束；他在《四活物》中宣称：“活的声音在其最深的欢乐中永远是有生命的。（The living voice is ever living in its inmost joy.）”他对罗伯特·洛斯主教（Bishop Robert Lowth）新近提出的理论大感兴趣，该理论认为希伯来诗歌以节奏与排比为基，而他越来越长的诗行拒绝任何通常意义上的格律整齐。它们有时被称为“十四音节（fourteeners）”，这个旧式术语指的是某些早期诗人钟爱的诗歌体式，一行有七个重音而非五音步的五个重音，如亚瑟·戈尔丁（Arthur Golding）1567 年的古罗马诗人奥维德（Ovid）的译本。

> 如今我已完结作品，既非纣夫之暴怒，
>
> 非剑，非火，亦非挟其全力的消磨时代……①

但布莱克的重音是不可预测的，尽管总有节奏。

> 年迈母亲的歌，以愤怒震撼天堂
>
> 耳闻悠长回荡的强力英雄诗篇之行进
>
> 列阵迎接智力之战的时日。②11

多数读者可能会在中间一行听出七个重音，但第一行是六个，最后一行是五个。

戴维·富勒做过一次颇有价值的试验，重组布莱克诗行的印刷排版，仿佛它们是现代主义诗歌，接近于人们以适当表达方式出声朗读时的效果。以下是《四活物》中的一个段落，按照布莱克的写法，很可能显得臃肿笨拙。

> 他的鼻孔呼吸火焰，他的头发像野兽的
>
> 森林，林中雄狮怒视，猛虎恶狼咆哮，
>
> 苍鹰把幼鸟隐藏在悬崖绝壁。
>
> 他的胸膛像繁星密布的天空延展，所有星星

---

① 此诗英语译文为："Now have I brought a work to end which neither Jove's fierce wrath, / Nor sword, nor fire, nor fretting age with all the force it hath … ."

② 此诗英语原文为："The sóng of the áged móther which shóok the héavens with wrath / Héaring the márch of lóng resóunding stróng heróic vérse / Márshalled in órder for the dáy of intelléctual báttle."

四周歌唱。那里丰收的庄稼起伏，葡萄欢畅，清泉

流进快乐之河；那里自发的花朵

畅饮、欢笑、歌唱，蚱蜢、蚂蚁、青蝇；

金色的飞蛾筑起房屋，铺开丝质的床。①

同样的文字，以口语之声赋予它们的模式呈现，看上去会有多么不同！

他的鼻孔呼吸火焰。

他的头发像野兽的森林，

　　林中雄狮怒视，　　　　　　　　　　　　145

　　猛虎恶狼咆哮，

　　苍鹰把幼鸟隐藏在悬崖绝壁。

他的胸膛像繁星密布的天空延展，所有星星四周歌唱。

　　那里丰收的庄稼起伏，葡萄欢畅，

　　　清泉流进快乐之河；

　　那里自发的花朵畅饮、欢笑、歌唱，

　　　蚱蜢、蚂蚁、青蝇；

---

①　此诗的布莱克版为：

"His nostrils breathe a fiery flame, his locks are like the forests
Of wild beasts, there the lion glares, the tyger and wolf howl there,
And there the eagle hides her young in cliffs and precipices.
His bosom is like starry heaven expanded, all the stars
Sing round. There waves the harvest and the vintage rejoices, the springs
Flow into rivers of delight; there the spontaneous flowers
Drink, laugh and sing, the grasshopper, the emmet and the fly;
The golden moth builds there a house and spreads her silken bed."

金色的飞蛾筑起房屋，铺开丝质的床。 [1]12

撒旦磨坊与欲望之羽箭

尽管布莱克不再期待即将发生的政治与社会革命，但他的预言也从未有过任何彼岸世界的意味，总是专注于此世的想象性复兴。深刻的道德义愤表达连同偶尔出现的极美抒情段落贯穿于《弥尔顿》与《耶路撒冷》。这些抒情诗中有一首通常也被称为《耶路撒冷》，尽管布莱克从不这么称呼它，却可能是他最受喜爱的诗，因为它鼓舞了持有各种各样社会与政治观点的人们。容易混淆的是，这首诗实际上并非来自那首题为《耶路撒冷》的长诗，而是出自《弥尔顿》。

> 而那些脚确实曾在古代
> 走过英格兰青翠的群山：
> 而神圣的上帝的羔羊曾经
> 在英格兰怡人的牧场能看见！

---

[1]　此诗的富勒试验版为：
"His nostrils breathe a fiery flame.
His locks are like the forests of wild beasts,
　there the lion glares,
　the tyger and wolf howl there,
　and there the eagle hides her young in cliffs and precipices.
His bosom is like starry heaven expanded; all the stars sing round.
　There waves the harvest and the vintage rejoices,
　　the springs flow into rivers of delight;
there the spontaneous flowers drink, laugh and sing,
　　the grasshopper the emmet and the fly;
　the golden moth builds there a house and spreads her silken bed."

那神圣面容是否曾经

在我们的云山之上闪现?

耶路撒冷是否建在这里,

在昏暗的撒旦磨坊中间?

拿来我的灼亮黄金之弓:

拿来我的欲望之羽箭:

拿来我的矛:噢云展开!

拿来我的战车燃着烈焰!

我不会停止心灵的战斗,

我的剑也不会在手中安睡

直到我们建成耶路撒冷

在英格兰怡人的青翠大地。

146

紧接着这首诗,布莱克引用了《民数记》11:29 中摩西的话:"惟愿耶和华的百姓都受感说话!"[13]

　　"而那些脚(And did those feet)"让人想起一个传说,亚利马太的约瑟(Joseph of Arimathea)把圣杯——最后的晚餐上用的圣餐杯——带到了英格兰的格拉斯顿伯里(Glastonbury),于是耶稣前来祝福保存圣杯的教堂。"脚"受到强调,以证实耶稣在这片土地上亲身出现,同时也是有关以赛亚(Isaiah)的典故:"那报佳音,传平安,报好信,……这人的脚登山何等佳美!"(《以赛亚书》52:7)[14]

　　这是一个真实性存疑的传说,但"火焰车(chariot of fire)"(前述诗文及后述引文中分别译作"战车燃着烈焰"和"火车火马")确是《圣经》里的——并不是说布莱克认为《圣经》的一字一句都是真的。在以利亚（Elijah）把先知披风传给以利沙（Elisha）时，《列王纪下》2：11写道："忽有火车火马将二人隔开，以利亚就乘旋风升天去了。"布莱克采用这个意象，再现了他个人经历过并希望分享的"灵视突破（visionary breakthrough）"。此外，布莱克在提及他如今已散佚的画作《最后的审判》时说："如果观看者能在自己的想象中进入这些意象，乘坐沉思的火焰车去接近它们；如果他能进入挪亚的彩虹或挪亚的心胸，正如他一定知道的那样，或者与这些奇迹的意象之一结交为友，而它们总是在恳求他离开必死的凡尘；于是，他将从自己的坟墓中起身，于是，他将在空中遇见主，于是，他将会幸福。""进入（enter in）"暗示主动参与而非被动观看；我们受邀逃离凡间生存的虽生犹死状态。[15]

"欲望之羽箭（arrows of desire）"暗示布莱克的奥克的性欲能量，"心灵的战斗（mental fight）"让人想起17世纪的革命者，他们致力于在人间重建上帝的王国。奥利弗·克伦威尔（Oliver Cromwell）[①]的士兵们歌唱着走向战场：

> 上帝开始给我们荣耀，
>
> 圣徒在进军；
>
> 刀剑锋利，箭矢迅捷
>
> 去摧毁巴比伦。

147

但对布莱克来说，战斗是精神而非军事的。如他在自己最后预言的作品中所说，那件作品才真的名为《耶路撒冷》。

---

① 克伦威尔于1649年处斩英王查理一世（Charles I），后于1653～1658年间自封英格兰共和国（Commonwealth of England, 1649～1660）护国主，建立军事独裁统治，成了事实上的"无冕之王"。

我们的战争是生命之战，爱之创伤，

以智力的投枪，思想的长翼箭矢。[16]

关于"昏暗的撒旦磨坊（dark Satanic mills）"的含义已有许多争论，缘于工业体系在当时尚处于婴儿期，也缘于"磨坊"在布莱克的诗歌里可以指任何重复的过程。但认为是工厂是不会错的。《耶路撒冷》中一个强有力的段落明确对比了近代工业生产与传统劳动。

于是留给尤理潘的孩子们犁和耙，织机，

锤和凿，还有规则与圆规。从伦敦逃走

他们在切维厄特丘陵上铸剑，战车与战斧，

号角适宜致命的战场，还有夏之长笛在安嫩河谷，

还有一切生命的艺术他们在阿尔比恩变成死亡的艺术。

沙漏遭到蔑视，因为它简单的工艺

就像扶犁人的手艺；把水升上

蓄水池的水车，打破了燃起了大火，

因为它的工艺就像牧羊人的手艺；

代替它们，复杂的轮子发明出来，无轮之轮，

在它们的运转中困扰青年，在阿尔比恩日日夜夜

把永恒之无数与劳作相捆绑，他们将会打磨

并擦亮铜和铁，时刻不停繁重的任务！

"无轮之轮（wheel without wheel）"指驱动机器的齿轮，铜和铁走进军备用于英国的对外战争。一位法国来访者曾在数年前描述过一家英国加农炮铸造厂："在这些好战的机器中，这些可怕的致命器具，庞大的吊车，每一种绞盘，用于移动重物的杠杆和轳辘，都安装在适当的位置。它们的吱吱响声，滑轮的刺耳噪音，持续

148 不断的锤击声，保持所有这一套机器运行的人永不枯竭的精力，展现出既有趣又新奇的景象。"布莱克认为这些新事物是"撒旦式"而非"有趣的"。[17]

《弥尔顿》中的抒情诗《耶路撒冷》结合了两个通常认为处于对立面的理想。一个是过去黄金时代的"阿卡迪亚神话（Arcadian myth）"①，另一个是未来乌托邦的"激进主义期待"。"布莱克的诗，"A. D. 纳托尔（A. D. Nuttall）说，"以梦幻般的强度结合二者，基督双脚踏过的青翠英格兰，以及暴政与压迫从这片幸福的土地消灭后，我们应该一起建造的圣城。"[18] 在最后一个诗节中从"我"到"我们"的变化是在呼吁共同努力："我不会停止（I will not cease）……直到我们建成（Till we have built）……"

缘于此，《耶路撒冷》始终对改革者有着极强的吸引力。1916年，在查尔斯·休伯特·黑斯廷斯·帕里爵士（Sir Charles Hubert Hastings Parry）为它谱曲后，这首诗得名《耶路撒冷》，成为"妇女选举权运动（Women's Suffrage Movement）"②的赞歌，后来被

---

① 意指过去存在的一个黄金时代。阿卡迪亚山区位于希腊南部的伯罗奔尼撒半岛（Peloponnese Peninsula），在诗歌中代表田园式的天堂，在希腊神话中则是牧神潘（Pan）的家乡。

② "妇女选举权"也称"女性参政权"。各国女性在 18 世纪以前几近于没有政治权利。而"妇女选举权运动"则最早由玛丽·沃斯通克拉夫特（Mary Wollstonecraft）于 1792 年在她的《女权辩护》（A Vindication of the Rights of Woman）一书中提出。从 19 世纪初开始，随着两性教育平等的推广，更多女性懂得投入推动妇女选举权运动，以便让她们有机会参政。19 世纪中叶，美国发起了妇女选举权运动，首次会议于 1848 年在纽约州的塞内卡福斯尔（Seneca Falls）举行。随着半个多世纪的发展与壮大，该运动终于在 1913~1920 年于西方形成规模，进而在第一次世界大战后推广到全世界。

英国妇女协会（Women's Institute）定为会歌；1981 年的影片《烈火战车》(*Chariots of Fire*)，不仅片名源自这首诗，更以帕里爵士谱曲后的版本作为片尾曲。当然，并非每个英国人都认为那是对布莱克抒情诗的恰当使用。当时，玛格丽特·撒切尔（Margaret Thatcher）发动了福克兰群岛战争［Falklands War，阿根廷称"马尔维纳斯群岛战争（Malvinas War）"］①，在有些人听来这首诗表达了英国的妄自尊大。而布莱克可能不太会在乎一位保守党首相在 2010 年代运用了这首诗。当 2011 年威廉王子（Prince William）和凯特·米德尔顿（Kate Middleton）结婚时，戴维·卡梅伦（David Cameron）宣称："在威斯敏斯特教堂唱《耶路撒冷》，乐队在你身后伴奏，这有特殊的意味。你感到屋顶就要掀开，没有比这里更好的地方和更好的国家了。简直太奇妙了。"19

杰里米·"耶兹"·巴特沃斯（Jeremy "Jez" Butterworth）2009 年的戏剧《耶路撒冷》可能会更合布莱克的心意。关于"英格兰怡人的青翠大地（England's green and pleasant land）"后来到底怎样了，是个充满冷嘲热讽但又兴高采烈的景象。放荡不羁的反英雄在飞快地说出"常识问答大挑战（Trivial Pursuit）"的一个个正确答案后，因抽到了难题而挑战失败。

谁写了流行的赞美诗《耶路撒冷》的歌词?

---

① 系 1982 年 4~6 月间英阿两国为争夺"福克兰群岛／马尔维纳斯群岛"的主权而爆发的一场局部战争。最终，阿根廷因这场战争的失败而爆发了大规模的反政府运动，致使莱奥波尔多·加尔铁里（Leopoldo Castelli）的军政府倒台。而在英国，随战争而来的强烈爱国主义情绪加强了以撒切尔夫人为首的政府的权威，进而帮助保守党赢得了 1983 年的英国大选。

暂停。

啊，囵。我知道这题。囵。它是……[20]

令人惊讶的是，在《弥尔顿》现存的四个印本中，布莱克将这首诗从其中的两个里删除了。没有人知道为什么。

伦敦与布莱克的神话

149　　1813~1843年间的"桂冠诗人（Poet Laureate）"[①]罗伯特·骚塞在观看了《耶路撒冷》的全部100幅印版后认为这部诗"完全疯了"。为证实这一判断，他举出"牛津街就在耶路撒冷"。布莱克确实说了那句话。不仅仅是牛津街，整个伦敦都可被视作**耶路撒冷**的精神形式。

---

①　据希腊神话所述，当阿波罗（Apollo）快要追上达芙妮（Daphne）时，她变成了一棵月桂树。阿波罗随即把月桂作为自己的标志，并决定把月桂枝条或桂冠作为给予诗人及优胜者的荣誉奖赏。英国的桂冠诗人[始于1668年的约翰·德莱顿（John Dryden）]与此一脉相承，沿袭了国王和领主们供养宫廷诗人为其歌功颂德的古老传统。因而从传统上讲，桂冠诗人的职责是写诗以歌功颂德、悼念志哀，以及为各种重大庆典恭写贺辞。这种每年致颂辞的规定一直持续到骚塞的任内方才取消。实际上，桂冠诗人与其应有的成就间存有矛盾。如果桂冠诗人对任命的宫廷一味顺从，不能完全摆脱奴颜媚骨，那么他在诗歌创作上就难以取得伟大成就。同样，这一职位非要连续不断的观念也必须消除。如果桂冠诗人不再是一个一有空缺即须马上填补的职位，那么就可以等待选择确有天才的诗人就任，从而避免出现名不符实的现象。自1999年的安德鲁·莫辛（Andrew Motion）开始，桂冠诗人由终身制改为十年任期制，同时，其年薪也不再是象征性的100英镑外加一桶雪莉酒，而是变为约5000英镑外加一桶雪莉酒。

> **上帝的羔羊**为他自己创造了一个新娘与妻子
>
> 让我们他的孩子永远能住在**耶路撒冷**
>
> 现在从天堂下降，一座城又是一个女人，
>
> 万民之母，获拯救，在她的精神宫殿里诞生，
>
> 由精神的诞生从死亡重获新生。[21]

但是，如果伦敦在精神中应该成为理想的**耶路撒冷**，而在现实中却是**巴比伦**，那就太过悲剧了。《耶路撒冷》中一首较长的抒情诗生动地提出了这个对比，充满了那座城市的风土人情，布莱克几乎在其中度过终生。

> 从伊斯灵顿到马里波恩的田野，
>
> 到圣约翰林与樱草花山，
>
> 一路建造黄金的立柱，
>
> **耶路撒冷**的支柱**矗**立在那边。
>
> 她的孩子们在田野上奔跑，
>
> 他们中可以看见**上帝的羔羊**，
>
> 在小块的青青草地中间，
>
> 还有美丽的**耶路撒冷**他的新娘。
>
> 潘克拉斯和肯蒂什镇静卧
>
> 在她高耸的金色支柱之间；
>
> 在她的金色拱顶之间
>
> 拱顶在繁星的天上闪现。

犹太人竖琴茶馆和绿人，
男孩们快乐沐浴的池塘，
维兰农庄旁边奶牛的田野，
在耶路撒冷愉快目光中闪亮。

150　她在我们的青草地上走，
上帝的羔羊走在她身旁；
每个英国孩子都能被看见
父母都是耶稣和他的新娘。

宽恕越界行为与罪孽
以免巴比伦和残忍的噩，
以道德和自命正义的法律，
将会在撒旦的会堂里施虐！

那些金色建筑工在做什么
旁边悲悼的帕丁顿一直哭泣，
站立在那广大的废墟上
在那里撒旦赢得首个胜利，

阿尔比恩在致命之树下睡觉，
而竺伊德的金色匕首
在人血中暴动，
在人命的供奉里头？

他们大声哀叹在伦敦石上，

他们大声哀叹在泰伯恩溪边；

阿尔比恩发出了含恨的叹息，

所有大西洋沿岸群山震颤。

"残忍的噩（cruel Og）"①是《旧约》里的巨人，与**耶路撒冷**的对立类型**巴比伦**勾结。其他的名称都是真实之地，布莱克从小就熟悉，那时候还有开阔的田野，步行可轻松到达。"他青年时代那些景色之美，"吉尔克里斯特写道，"是布莱克的终生记忆，以终生的田园意象存储在他的心灵里。"绿人派餐馆（Green Man Pie House）和犹太人竖琴茶馆（Jew's Harp Teahouse）坐落于从帕丁顿（Paddington）到伊斯灵顿（Islington）间的路上，帕丁顿和伊斯灵顿在当时是彼此隔开的村庄，尽管很快就要被吞没于摄政公园（Regent's Park），而迟至查尔斯·狄更斯（Charles Dickens）的时代，维兰农庄（Willan's Farm）还建有池塘。（见本书文前地图）"金色建筑工（golden builders）"忙于这座城市持续不断的扩张，也有可能是指正在建造的摄政公园露台中的蜂蜜色石灰岩。帕丁顿，饱受贫穷之苦的爱尔兰劳工居住的村庄，被描写为"一直哭泣（ever-weeping）"，是因为建筑工挖出了清教徒领袖的尸骨，他们在砍头后被葬在那里。[22]

151

"伦敦石（London Stone）"是丈量距离的中心里程碑。布莱

① 系"巴珊王噩（Og, King of Bashan）"，其以身形巨大魁梧而闻名。《旧约》中多记其事，如："摩西将亚摩利王西宏的国和巴珊王噩的国，连那地和周围的城邑，都给了迦得子孙和吕便子孙，并约瑟的儿子玛拿西半个支派。"（《民数记》32：33）"利乏音人所剩下的只有巴珊王噩。他的床是铁的，长九肘，宽四肘，都是以人肘为度。现今岂不是在亚扪人的拉巴吗？"（《申命记》3：11）

克把它和官僚专制联系在一起，因为它靠近新门监狱，离圣保罗主教座堂也不远。至于"致命之树（fatal tree）"，即位于海德公园（Hyde Park）东北角落的泰伯恩绞刑架（Tyburn Gallows，俗称"泰伯恩之树"）①，则离布莱克从费尔珀姆返回后的住处不远，在他小的时候，绞死罪犯示众还是惊人的场面。一部研究 18 世纪犯罪与惩罚的现代重要著作《阿尔比恩的致命之树》（*Albion's Fatal Tree*）即得名于布莱克。23

《弥尔顿》中的一段收集了一处位于兰贝斯的布氏夫妇早先在 1790 年代住过的聚居区的许多细节。其中很多看上去像是古典名称的内容实则来自伦敦，从而引发了反讽的效果。

> 起始于耶路撒冷之内廷，兰贝斯被摧毁并赐给
>
> 可憎的普里阿摩斯诸神，给阿波罗：而在疯人院
>
> 赐给赫拉克勒斯，他在**得撒**的织机上为面包而劳作，
>
> 他把愉悦对立于职责：他在创造**奥林匹克冠冕**
>
> 好把学问变成负担与**圣灵**之工作搏斗。

---

① 泰伯恩自 15 世纪起便是处决伦敦罪犯的主要场所，更一度成为死刑的代名词，其在 18 世纪时被称为"上帝的法庭（God's Tribunal）"。泰伯恩绞刑架竖立于 1571 年，由三条腿支撑，原址在今大理石拱门以西 200 米处。它可以同时绞死数名罪犯，因而被用于大规模处决。1649 年 6 月 23 日，24 名囚犯（23 男，1 女）就同时在这里被绞死。行刑结束后，尸体一般被就近掩埋，或稍后被医生拿走解剖。围观人群有时会与外科医师抢夺尸体，以免被肢解的尸体无法在审判日复活。泰伯恩的最后一次处刑是 1783 年 11 月 3 日，受刑者是强盗约翰·奥斯汀（John Austin）。绞刑处刑地在接下来的 85 年里被换到了新门监狱外。后来，政府为避免因公开处刑导致公共秩序混乱，最终于 1868 年决定在监狱内行刑。

　　给托尔与残忍的奥丁，他们最先竖起极地洞穴，

　　兰贝斯哀悼，呼唤耶路撒冷；她哭泣并四下张望

　　寻找主的降临，以便覆盖万国。[24]

　　布莱克夫妇在兰贝斯的住址是赫拉克勒斯联排 13 号（No.13 Hercules Buildings，见图 31），他们在 1790 年有望增加收入时即已搬了进去，这是他们俩曾拥有的最为宽敞的住处。这是一幢砖结构排屋，三层楼每层有两个房间，潮湿的地下室有一间厨房。巨大的滚筒式印刷机被放置在一楼的前屋，工作室位于后面，光线充足，可以绘画、镌版。房子内有一间厕所，自带一个花园，还栽有葡萄藤和无花果。在 1918 年这幢排屋最终被拆毁时，无花果树和葡萄藤依旧枝繁叶茂。[25]

　　如果说这幢排屋是令人愉快的，大部分的邻近街区却并非如此。不远处就是诗中提到的"疯人院（asylum）"。那是一间收留孤女的济贫院，以便培训出"一批勤快而清醒的佣人，供公众使用，因各自的贡献而能高贵地获得接受她们服务的权利"。布莱克始终直言不讳自己对这种虚伪慈善机构的看法。

153

孩子们被卖给了

　　刚需的生意，依旧日夜劳作，直到所有

　　生命熄灭，她们从黑暗的绝望得到幽灵的外形。

"得撒（Tizah）"——我们还会再遇到她——是布莱克给不祥的自然女神的名字，她把凡人束缚于受限制的五感生命内。奥丁（Odin）和他的儿子托尔（Thor）是古斯堪的纳维亚战神，而"可憎的普里阿摩斯诸神（the detestable gods of Priam）"掌控特洛

BLAKE
23 HERCULES ROAD
F·A

图 31 赫拉克勒斯路 23 号

伊战争（Trojan War）。当然，古典神话中的阿波罗（Apollo）并非特别好战，但布莱克提到了他，是因为那幢排屋的转角处有一座破败的游乐园名为"阿波罗花园（Apollo Gardens）"。"**耶路撒冷之内廷**（Jerusalem's inner court）"指兰贝斯宫的庭院，兰贝斯宫是国教会的总部，而国教会似乎对人类的悲惨无动于衷。[26]

伦敦应当立志成为**耶路撒冷**，但它很显然是充斥着大规模苦难与剥削场景的**巴比伦**。

> **巴比伦**建在荒地里，以人类的悲哀为地基……
> 但是**阿尔比恩**被丢给窑户，他的孩子给建筑工
> 去建造**巴比伦**因为他们已经抛弃了**耶路撒冷**。
> **巴比伦**的墙是人的灵魂；她的大门是万国的
> 呻吟；她的高塔是曾经幸福的家庭的苦难。
> 她的街道由毁灭铺设而成，她的房屋用死亡建造，
> 她的宫殿用地狱和坟墓；她的会堂用绝望的
> 折磨建成，绝望越来越坚硬，以残忍技艺倒角抛光。

"呻吟（groans）"让人想起抒情诗《伦敦》中痛苦的呐喊，"窑户（potter）"（陶工）出自《撒加利亚书》11：13，基督徒将其看作犹大（Judas）出卖耶稣的预表："我便将这三十块钱，在耶和华的殿中丢给窑户了。"至于"撒旦的会堂（Satan's synagogue）"，布莱克用它来命名尊崇人间残酷力量的假宗教。"人必将有某种宗教；如果他没有耶稣的宗教，他就会有撒旦的宗教，而且会建立撒旦的会堂。（Man must and will have some religion；if he has not the religion of Jesus，he will have the religion of Satan，and will erect the Synagogue of Satan.）"它之所以被称为会堂，是因为它体现了

《旧约》的复仇法则而非《新约》的宽恕精神。"**尤理滥**在紧急的犹太公议会召集撒旦的会堂／审判**上帝的**羔羊为谋杀犯与强盗，判 他 死 刑。(Urizen called together the Synagogue of Satan in dire Sanhedrim / To judge the Lamb of God to death as a murderer and robber.)" [27]

154

几乎没有人在歌唱"直到我们建成**耶路撒冷**／在英格兰怡人的青翠大地 (Till we have built Jerusalem / In England's green and pleasant land)"时意识到从中涌流出来的悲观是多么深沉；也几乎没有人认识到这首充满希望的抒情诗是镶嵌在一首庞大的预言诗中，以令人痛苦的力度在探索自我与世界的碎片化。

第9章 活物和我们自己

四活物

当布莱克第一次创造出长胡子的族长式的**尤理潛**和他的对立者发如火焰的**奥克**时，他可能只是想用他们代表两种根深蒂固的冲动：权威的控制与青年的反叛。然而不久之后，他似乎决定需要一整套角色来戏剧化地呈现心理经验的动力。他把这些角色称为"活物（Zoas）"，这是一个源自《启示录》的术语。[1]"Zoon"在希腊语中意为"生物"，而圣约翰（St John）在拔摩岛（Patmos，也译"帕特莫斯岛"）看到了四个生物在空中负载着上帝的异象。19世纪初，布莱克在费尔珀姆随威廉·海利学过希腊语，在那里他把"Zoon"的复数形式"Zoa"英语化为"Zoas"。从未出版过的诗歌《四活物》（*The Four Zoas*）是一个试验场，他从中逐渐了解了它们。随着布莱克发展自己的个人神话，它变得极富挑战性的复杂，并且愈发奇异。

毫无疑问的是，为防止读者依赖先前的联想，布莱克为他的**活物**创造了新的名字（而且听起来颇有异域情调）。大体而言，"尤理潛（Urizen）"继续在神话中扮演重要角色，代表理性与道德律。"奥克（Orc）"在后期诗歌里的重要性逐渐下降，并被他在**永恒**中的对等者"卢瓦（Luvah）"亦即情感所取代。还有另外两个**活物**以前没有出现过。"俄薮纳（Urthona）"是创造性想象力，在《美洲》中被顺带提到过，不过当时他还不是一个**活物**。最后一个是"萨玛斯（Tharmas）"，几乎总是被动和影子式的。**萨玛斯**

在有一处曾被称为"父母之力（parent power）"，他似乎代表着本能的完整性以保持整个结构完好无损。[2] 这四个生物，或者力量，存在于每个人中。他们是自我的基本元素。

布莱克创造**活物**的理由似乎很清楚，这是他深刻原创性的证明。现在，心理学是严格划分等级的，把心理的不同方面分配给分散的元素，并把其中的一种放置在顶部以牢牢控制全局。在基督教思想家采纳的古典模式中，理性在上掌控，而激情被置于下方的从属地位，意志则是确保它们各安其位的执行者。或者如柏拉图在《斐德若篇》（*Phaedrus*）里所述，"灵魂的马车夫"代表理性，驾驭两匹互不配合的马，一匹是积极的道德情感，另一匹是其他的非理性欲望。

在这些传统模式中，理想状态都是专制的稳定。很大程度上对弗洛伊德的模式也可以这么说，尽管他增加了作为内化道德准则的"超我（superego）"概念，在他的体系里，柏拉图的不守规矩的马变成了受压抑的"本我（id）"的混乱无序的能量。"我们的心灵，"弗洛伊德写道，"不是和平自足的统一体。它更应该与一个现代国家相类比，其中一伙乌合之众，渴望享乐与破坏，不得不由审慎的上层阶级用武力压制住。"可以想象布莱克关于这个类比会说什么——阶级斗争，特权上层人物规训乌合之众。更主要的是，他永远不会接受弗洛伊德的宣言：压抑，即便痛苦，也是必要的。对弗洛伊德来说，抵制本能的满足是心理健康的征兆；对布莱克来说，它是疾病的定义。[3]

丝毫不令人惊讶的是，比弗洛伊德更接近布氏概念的是卡尔·古斯塔夫·荣格（Carl Gustav Jung），因为荣格感兴趣的许多原始资料，布莱克也同样引为依据。在荣格提出的四个基本心理功能中，"思维（category of thinking）"可以说对应于**尤理谮**，"直觉（intuition）"对应**俄薮纳**，"情感（emotion）"对应**卢瓦**，"感觉（sense perception）"对应**萨玛斯**。四者动态互动，很像希腊与印度诸神的所作所为，顶端没有控制元素。

在布莱克看来，**活物**不是抽象概念。我们注意到他有把每种事物都化为人的倾向，他对心理经验也是如此。每个**活物**都是一个活跃的人物，他思考、渴望、受苦；每个**活物**也都与别的**活物**结盟、竞争、战斗。借用各种各样的神话与卡巴拉学说[①]的来源，布莱克设定了一个普遍人性，即他所谓的**阿尔比恩**。当阿尔比恩在**永恒**中睡去，或者不如说是坠入一个梦魇，他的组成成分，亦即**活物**就四分五裂并且争夺最高权力。只有当他们学会互相合作，自我的完整性才能得到恢复。

无人知道布莱克怎么读**活物**的名字。他们中的两个，"Tharmas"（萨玛斯）与"Urthona"（俄薮纳）似乎足够显而易见。[后者会让人想起"大地之主（earth owner）"，也许其已被托名"莪相（Ossian）"（也译"奥伊辛"或"奥西恩"）所作的仿盖尔语诗歌中的一个人物所预示，这些诗歌是由詹姆斯·麦克弗森（James Macpherson）在1760年代创作。]"Luvah"（卢瓦）的发音也许像"lover"（情人），这会很适合他的角色。真正的难题是"Urizen"（尤理潛）。有一点大体上形成了共识，这个名字源于希腊语单词，意为"地平线（horizon）"，但也有可能是在暗示英语的"你的理性（your reason）"。所以，它到底是"你－眼－踪（Your-EYE-zon）"，还是"你－理－森（Your REA-son）"？也许都不是，因为诗句的节奏在许多地方似乎要求重音落在首个音节，即"哟－理潛（YOUR-izen）"。布莱克可能并不太在意读音。

157

---

① "卡巴拉（Kabbalah）"是与犹太教哲学观点有关的思想，用来解释永恒的造物主与有限的宇宙之间的关系。

以西结的异象

《启示录》里约翰的异象来源于以西结在"巴比伦之囚（Babylonian Captivity）"[①] 期间经历的相似异象。布莱克在一幅引人注目的画作中为那段文字绘了插画，以表明他的**活物**之间的关系是多么复杂，同时又是多么富于变化。《以西结书》中的文字充满了古怪的意象，需要大段引用。

> 当三十年四月初五日，以西结在迦巴鲁河边被掳的人中，天就开了，得见神的异象……我观看，见狂风从北方刮来，随着有一朵包括闪烁火的大云，周围有光辉；从其中的火内发出好像光耀的精金；又从其中显出四个活物的形象来。他们的形状是这样：有人的形象，各有四个脸面，四个翅膀……至于脸的形象：前面各有人的脸，右面各有狮子的脸，左面各有牛的脸，后面各有鹰

①　系公元前 597~ 前 538 年新巴比伦帝国（Neo-Babylonian Empire，也称"迦勒底帝国"）国王尼布甲尼撒二世（Nebuchadnezzar Ⅱ）两次征服犹大王国（Kingdom of Judah），大批民众、工匠、祭司和王室成员被掳往巴比伦的事件。由此，第一圣殿时期宣告结束，犹太历史进入巴比伦之囚即受难时代。这是犹太史上的第一次大流散，生活在巴勒斯坦以外的犹太人数量开始超过本土。尔后，巴比伦之囚及其后裔被称为"犹太人（Jews）"，犹太人又逐渐成了整个犹太民族的通称。公元前 539 年，波斯第一帝国（First Persian Empire，也称"阿契美尼德帝国"）国王居鲁士二世（Cyrus Ⅱ）灭新巴比伦帝国后释放了巴比伦之囚，犹太人方才回归故里，重建圣殿，再修城墙，开启第二圣殿时期。总之，犹太人在做囚虏时渴望耶和华派一救世主来复兴国家——犹太教即从此萌芽，其对基督教也产生了很大的影响。

的脸。各展开上边的两个翅膀相接，各以下边的两个翅
膀遮体……轮的形状和颜色好像水苍玉。四轮都是一个
样式，形状和做法好像轮中套轮。轮行走的时候，向四
方都能直行，并不掉转。至于轮辋，高而可畏；四个轮
辋周围满有眼睛。[4]

158

这个非凡的异象，既神秘又令人鼓舞，被一首有名的黑人灵歌引
用："以西结看到了轮子 / 高悬在半空当中。（Ezekiel saw the wheel /
Way up in the middle of the air.）"基督教阐释者依据它来象征"四福
音书"的作者：长翅膀的人或天使是马太（Matthew），长翅膀的
狮子是马可［Mark，如威尼斯圣马可广场（Piazza San Marco）立
柱上的青铜飞狮像］，长翅膀的公牛是路加（Luke），鹰则是约翰
（John）。顺便说一句，"轮辋（rings）"很难说是什么意思，大多数
现代译本里都是轮子的"边沿（rims）"。

以西结的意象难以被视觉化，布莱克则毫不犹豫地赋予其
视觉体现。它有如此众多的分散部分，以至于布莱克是自阿尔
布雷希特·丢勒（Albrecht Dürer）以来第一位描绘异象本身而
不仅是关于其预言书写的重要艺术家。拉斐尔的油画《以西结
的异象》（The Vision of Ezekiel）确实再现了四活物，连同长
翅膀的天使和上方高踞宝座的上帝，但拉氏忽略了轮子、轮辋
和眼睛。[5]

布莱克的画《以西结的异象》（Ezekiel's Vision，见图 32）作
于 1805 年，其并非完全忠实于《圣经》原文，没有狮子、公牛或
鹰，只有人脸得到呈现。每一张脸必定都是四重，尽管中心人像
的第四张脸看不到，两边的人像各只有两张脸，第四个人据推测
则完全掩藏在了后面。所以，这些就是布莱克的**活物**，全部四个

图 32 《以西结的异象》

都是人类。以卧姿处于画面底部的小小人像则是以西结自己，G.
E. 小本特利将它称为"惊呆了的做梦者"。[6]

画面中间的人像在直勾勾地盯着我们，如以西结所述，有两对翅膀，而在向上展开的一对翅膀之间的则是坐在宝座上的上帝。上帝举起右手以祝福，但他的表情似乎严肃而不安。"以西结的异象"在传统上被解释为希伯来语的"Merkabah"（意为"马车"）即万能上帝的战车。在《失乐园》中，以西结的战车是基督乘坐以击溃反叛天使的座驾；而在今时今日，"梅卡瓦（Merkavah）"则是以色列军队中威力最强的主战坦克。

"轮中套轮"的运行方式对布莱克极具吸引力。他认为这种合 160 作的能量完全与工业机器的碾压和外在的齿轮截然不同。

> ……轮在轮外，以专制的齿轮
> 由强制力彼此推动：不像**伊甸**里的那些，
> 轮中套轮，和谐而和平地自由转动。[7]

所以对布氏来说，"以西结的异象"的精神之心不是在神秘战车上君临一切的神祇，而在自我之内的动态力量。至于转动的轮内之眼，则被他想象成为神明的连续不断的直觉，即他所谓的"上帝的七眼（Seven Eyes of God）"；笔者将在后文继续论述。

在**永恒**中**活物**和谐地互动。

> 四个强者在每个人里面；完美的联合
> 不可能存在，除非是来自**伊甸**的普遍兄弟关系，
> 万有的人。给他永远的光荣，阿门。

布莱克从《约翰福音》中引用了两段文字，就在《四活物》手稿里紧接这几行的空白处，它们都提到了耶稣："使他们都合而为一。正如你父在我里面，我在你里面，使他们也在我们里面……

道成了肉身，住在我们中间。"[8] 整合自我的神圣原则并非高高在上的家长，而是以人形显现的上帝。

流溢

随着发展自己的**活物**象征体系，布莱克明显感到需要考虑心理中的女性元素，他为每个**活物**提供了一个女性"流溢（emanation）"。这个术语来自新柏拉图主义，指从神圣存在中流溢出来的以创造世界的力量。《四活物》始作于搬去费尔珀姆前的三年，最初的标题是《帷拉》，而布莱克此时则把"帷拉（Vala）"变成了**卢瓦**的女性对等者。"艾哈尼亚（Ahania）"是**尤理谙**的流溢，"埃尼萨蒙（Enitharmon）"是**俄薮纳**的流溢，而"埃尼恩（Enion）"是**萨玛斯**的流溢。**帷拉**与**埃尼萨蒙**常常行事具有威胁性甚至残忍；**艾哈尼亚**与**埃尼恩**虽更温和，却也较不鲜明。

161　　追踪不仅仅是四个而是八个角色的互动会使局面变得复杂，因而保持焦点极其困难。布莱克有时也难以做到，尤其是由于他相信自己是在传达"交给"他的信息，而不是在"制造"信息以适合他自身。他也知道我们最深刻的心理体验仍是神秘且多面的，进而在《弥尔顿》里承认："人不可能知道 / 在他的器官中经过的是什么，直到**空间与时间**的周期 / 揭示**永恒**的秘密。（Man cannot know / What passes in his members till periods of space and time / Reveal the secrets of Eternity.）"[9]

对许多读者来说，《四活物》中最强有力显露出来的不是充满细节的叙事，如果它真的可被称为叙事，而是布莱克借以唤起心理崩溃之威胁的诗的力量。当每一个男性**活物**遭受失去其女性元素的痛苦时，那种崩溃的压力与剧痛被体现得如此鲜明，令人的情感备受伤害。例如，下述引文是一个壮丽的段落，其中，当他们的流溢**艾哈尼亚**与**埃尼恩**分别被迫分离时，先是**尤理谮**，然后是**萨玛斯**撕心裂肺地哭喊起来。

> **艾哈尼亚**远远地落进非实体，
> 她继续落下。碰撞声响亮继续响亮而粗哑；
> 从坠落处喷出蓝色硫黄之火的火焰，从火焰中
> 一阵悲苦呻吟以无声沉默打击一切困惑，
> 吞没可怕的喧嚣在剧痛中在剧痛上，
> 像一道裂缝从无垠到无垠横越穿过困惑，
> 响亮强大一阵广大的死亡之呻吟，比一切
> 飘荡的元素更响亮，失聪而撕裂更惨于
> 在受诅咒的绝望中俯冲的**尤理谮**与他的所有天使。
> 但是从悲苦呻吟中一个人像烟的影子出现，
> 人的骨头一起在烟里咯咯作响并踩踏
> 下方的深渊并在狂暴的绝望中咬牙切齿，啜泣着喘息
> 嘶哑短促不停的爆发式啜泣，深深绝望踩踏挣扎
> 挣扎着发出人的声音挣扎着取得人的特征，挣扎着
> 取得人的肢体。终于从**尤理谮**的烟中浮现，
> 因为他头朝下笔直坠落而撞得粉碎，
> **萨玛斯**高举双手站在受惊的大海上；
> 死者提高他的声音站在回声阵阵的海岸，
> 高喊，"我肢体中的狂怒，我骨头和骨髓中的毁灭！ 162
> 我的头骨碎裂成了细丝，我的眼睛成了大海的胶冻
> 漂浮在海潮之上漫游冒泡又冒泡，
> 吐露我的哀叹并孳生小怪物

　　　　它们嘲笑蹲坐在潮水的小卵石上

　　　　在所有河流里，在鱼都已经抛弃的

　　　　干燥贝壳上。噢傻瓜傻瓜失去了我最甜美的祝福！

　　　　你在哪里埃尼恩？啊太近太狡黠，太远了

　　　　而又太近了。"

安德鲁·林肯（Andrew Lincoln）曾说，"这一段里，节奏与扭曲的句法生动重演了为了生命与表达的绝望斗争。诗句自身冲破了界限并重新成形"。[10]

　　那就是尤理谮与萨玛斯如何经历自我的解体，但它并非单一事件，这个故事也不能有正确版本，像弥尔顿坚持认为的那样，他在《失乐园》里讲堕落的故事时是有一个正确版本的。它是发生在阿尔比恩梦魇中的持续折磨。正如弗洛伊德所说，在梦中，思想和形象"就会像碎冰那样翻转、破碎以至挤在一起"①。每个活物和每个流溢都经历了心理灾变的不同形式，而《四活物》中有不少于 14 种互有出入的叙述。[11]

　　捕捉这混乱的苦难，开始重建的劳作，将会是想象之活物的任务。在永恒中他的名字是俄薮纳，但布莱克显然决定在原始阿尔比恩的集体性分裂之后，他被改变到了如此程度，以至于在"堕落"状态中他需要一个新名字。那个名字是"洛斯（Los）"，他在《弥尔顿》与《耶路撒冷》中是布氏神话的英雄。洛斯也是创造性灵感的来源；"他是预言的精神，永远显现的以利亚（Elias）"——"Elias"是"Elijah"的别名②——他在一阵旋风中被接进了天堂。[12]布莱克

---

①　　引自孙名之译的商务印书馆 2017 年版《释梦》（也译《梦的解析》）第 6 章"梦的工作"。

②　　前者见《马太福音》《马可福音》与《路加福音》，后者见《列王纪上》和《列王纪下》。

将在《弥尔顿：两卷本诗歌》(*Milton: A Poem in Two Books*) 中解决这个关系，这部长诗最初是在费尔珀姆构思的，然后又写了好几年。它被称为《弥尔顿》是因为布莱克想象与自己伟大的英国先驱结合，从**永恒**中召唤约翰·弥尔顿的灵魂，以援助他完成由**洛斯**启发的预言使命。

第 10 章　先知使命

带回弥尔顿

当在创造"兰贝斯之书",尤其是《天堂与地狱的婚姻》、《阿尔比恩女儿们的幻象》以及《美洲》时,布莱克是一个对社会有话要说的人。他在费尔珀姆开始变得确信自己会不止于此:他受到感召要成为一名先知,进入从以赛亚、以西结到拔摩岛的约翰的行列。"牢记我的话!(Mark well my words!)"他在《弥尔顿》中宣称,"它们是你的永恒拯救。(they are of your eternal salvation.)"如先驱们所做的,布莱克在《耶路撒冷》中证明了先知的责任重大。

> 我颤抖着日夜独坐,朋友们对我震惊不已,
> 还是原谅了我的神游,我为伟大任务劳作不息!
> 打开永恒的重重世界,打开人永生的眼睛
> 向内朝向思想的诸世界:朝向永恒,
> 在上帝的胸怀里永远扩展,人类的想象。
> **噢救主,向我倾泻你温顺与爱的精神:**
> **摧毁我内在的自我,你成为我的全部生命吧!**
> 请你引导我的手,它在时代之岩上极度地颤抖。[1]

按照布莱克的理解,先知的职责是为个人对真理的感知给出
表达。《圣经》中的先知毫无过错是绝不可能的。在《圣经》编集完成后,预言也并未停止。布氏认为弥尔顿是最近期的一位先知,

随着致力于详尽阐述自己的个人神话，他开始变得迷恋自己的伟大先驱。

作为想象力的伟大成就，《失乐园》对布莱克特别具有吸引力。"如其所是地描绘事物，"塞缪尔·约翰逊说，"要求精细入微的注意力，并运用记忆而非幻想。"他所定义的恰恰是布莱克鄙弃的那种艺术。但约翰逊接着说："弥尔顿的快乐是游戏于可能性的宽广领域；现实对他的心灵来说是太过狭窄的场景。他派出自己的官能到发现上面，进入只有想象力才能旅行的世界，并且乐于塑造新的存在模式，为更高的存在者提供情操与行动，去追踪地狱的议会，或为天堂的唱诗班伴奏。"布莱克应会同意所有这些，除了坚持认为想象的世界是真正的现实而非从现实的逃离。[2]

布莱克在《天堂与地狱的婚姻》中已经批评过弥尔顿的神学，但依然推崇他为"真诗人"。布氏在费尔珀姆开始更深入地思考弥尔顿。威廉·海利拥有许多弥氏的作品和关于他的书籍，还写了一部传记：海利在其中猜想如果弥尔顿能够重返人间去纠正对他生平与作品的错误阐释，将会发生什么。那个暗示很可能启发了布莱克，让他有了在自己的诗歌里把弥尔顿带回人间的想法。但在布莱克看来，不仅仅是他的阐释者，正是弥尔顿自己需要纠正。[3]

《弥尔顿》开头是一个长篇"游吟诗人之歌（Bard's song）"，表现厚加伪装的布莱克与海利的精神斗争。那场斗争在布莱克的意识中展开，但海利很有可能从未察觉。不过他从来不是真正的目标，因为布莱克心怀感激地承认他的意图是多么良善。海利确实在《弥尔顿》中扮演了一个角色，就此点而言，即通过他来体现传统的世俗期望，而布莱克则与之长期斗争，并且希望在费尔珀姆从中解脱出来。当他认识到如果自己听从了海利的建议，将会戴上艺术的枷锁，那就一如从前，幻灭已至。

正如这部诗的标题所提示的，它的真正目标是弥尔顿，海利则自封为弥尔顿的文学声望看护人，想要将其占为己有。布莱克对弥尔顿的态度极为复杂。作为非凡神话叙事的创造者，弥尔顿是灵感的来源；作为压制性信仰体系的守护者，他却是阻碍。

> 先说！什么感动了**弥尔顿**，他在永恒中漫步
>
> 一百年，沉思上帝错综复杂的迷宫。
>
> 尽管在天堂也不幸福，他顺从，他没有低语，他沉默
>
> 看着他的六重流溢分散穿越深渊
>
> 在折磨中！进入深渊，拯救她而毁灭自己：
>
> 什么原因终于感动**弥尔顿**去做这前无古人的事情？
>
> **游吟诗人的预言之歌！**

"**游吟诗人**（Bard）"是理想化的布莱克；"**六重流溢**（sixfold emanation）"是**弥尔顿**的三个妻子和三个女儿，即集体女性对等者——据称，弥尔顿对她们终生专横。他的灵魂在死后不幸被幽禁在《失乐园》所描写的凄凉天堂里，这天堂由暴君上帝掌管，上帝在那部诗里专横地宣布："我意志所决定的就是命运。（What I will is fate.）"①4

布莱克对弥尔顿的攻击性批评为哈罗德·布鲁姆"影响的焦虑（anxiety of influence）"提供了例证。在该理论中，"强者诗人

---

① 引自朱维之译的上海译文出版社 1984 年版《失乐园》第七卷。本句脚注为："我意志所决定的就是命运，指万物的命运，由神的意志决定。和希腊人的命运不同，希腊的命运（必然），连神也不能抗拒。"

（strong poet）"①通过与令人生畏的前辈诗人搏斗以实现自己的愿景。布莱克自己将会说他是与弥尔顿结合而非取代或拒绝他，而且通过清除错误，他是在拯救弥尔顿的幻象所启发的东西。⁵

《弥尔顿》壮丽的扉页展现了一个肌肉发达的裸体人像背对着我们，在毅然前行进入新生的火焰。他用右手分开了自己的名字"ＭＩＬ-ＴＯＮ"，推进到我们的世界并进入布莱克的诗篇。（见图 33）印版底部引用了弥尔顿在《失乐园》中的训令："向世人昭示天道的公正。"②⁶弥尔顿相信，通过指出人类要为自身的苦难负责，他能够为上帝正名。布莱克则想要"证明"十分不同于 17 世纪加尔文宗的神性概念。③

---

①　哈罗德·布鲁姆在《影响的焦虑》中写道："诗的影响——当它涉及两位强者诗人、两位真正的诗人时——总是以对前一位诗人的误读而进行的。这种误读是一种创造性的校正，实际上必然是一种曲解。一部成果斐然的'诗的影响'的历史——亦即文艺复兴以来的西方诗歌的主要传统——乃是一部焦虑和自我拯救的漫画般的历史，是歪曲对方的历史，是反常的随心所欲修正的历史。而没有这一段历史，现代诗歌本身是不可能存在的。"（引自徐文博译的中国人民大学出版社 2019 年版《影响的焦虑》第 1 章 "'克里纳门'或诗的误读"。）

②　引自朱维之译的上海译文出版社 1984 年版《失乐园》第一卷。

③　加尔文宗确认《圣经》的权威，主张政权同化于教权之内，教会应实行长老制而非主教制。"加尔文主义"是其神学学说，以约翰·加尔文（John Calvin）所著的《基督教要义》（Institutio Christianae Religionis）为神学基础。其主要内容为：《圣经》是信仰的唯一准则；始祖亚当堕落犯罪后，人类的本性彻底败坏，故人类无法靠自己自救；谁将得到救赎，谁将最终沉沦，早已为上帝所"预定"。其还认为：终将得救者皆为上帝所预先"选召者"；人们的称义只能通过信仰上帝与基督来完成；由于原罪，人不论行为好坏，本身都无法得到改善，故"称义"全由上帝之恩宠由外面赐予，与本人的内在灵性之功能无关；人一旦得到上帝的恩宠即永不失落；基督体血并非真在于圣餐之中，但此圣事也不仅仅是象征，而是通过外表的形式使领受者获得上帝恩宠的证据。

图33 《弥尔顿》扉页，印本C

写作《失乐园》的弥尔顿作为个人是独断专横的，是时候把他从自以为是的"自我（ego）"中解放出来，或者用布莱克的说法，从"自我（selfhood）"的"伪体（false body）"中解放。

> 这是一个伪体，我的不朽灵魂之上的　　　　　　　　167
>
> 硬壳；一个自我，它必须被揭开并永久消灭
>
> 以洁净我灵魂的表面，通过自我省察，
>
> 沐浴在生命之水中：涤荡非人之物。
>
> 我进入自我毁灭以及灵感之辉煌
>
> 以抛开理性证明，出于对**救主**的信仰，
>
> 以抛开记忆的破衣烂衫，借助灵感。[7]

弥尔顿的不朽灵魂会继续活下去，但他自我的褴褛衣衫，即历史的弥尔顿，连同他的局限与偏见必须被"消灭"。在表现这些诗行的插画中，一如扉页，他又以裸体示人，却是以正身面对观看者。（见彩插 20）**弥尔顿**的脸似基督，太阳正从身后升起，同时光芒四射的光轮环绕着他的头。

　　由于是布莱克在费尔珀姆把弥尔顿召唤回世间，这部诗里的决定性事件就是他们的直接相遇。然而，对此事的描写却是非常怪异的意象。

> 于是我初次看到他在天顶如一颗流星
>
> 垂直降落，轻快如燕子或雨燕，
>
> 并在我的左脚落在脚踝跗骨上，从那里进去了；
>
> 但是从我的左脚一片黑云扩散布满欧洲上空。

弥尔顿其人不复存在；是他的精神从天堂飞驰而下，形如一颗流星而不是人。这颗星击中了布莱克的脚，也许这缘于布氏认为脚是我们接触有形世界的点。《弥尔顿》中那首为人熟知的抒情诗《耶路撒冷》也提到了耶稣的脚："而那些脚确实曾在古代 / 走过英

格兰青翠的群山！（And did those feet in ancient time / Walk upon England's mountains green！）"⁸

　　尽管并非总是前后一致，布莱克大体上认为 "left / sinister" ①一边带有负面含义。他以令人惊讶的明确性把这个接触点指认为脚踝跗骨。那是脚的前部与踝关节相连的部分，但布莱克肯定是因为它也是一个《圣经》中的名称方才选用了它：大数的扫罗（Saul of Tarsus）在去大马士革（Damascus）的路上仆倒在地，变成了圣保罗。②"黑云（black cloud）" 可能是**弥尔顿**以前信仰中的谬误元素，现在被驱散了。抑或是由于黑云是从**布莱克**自身扩散出去的，也许他也共有这些错误，因而必须加以暴露和排除。⁹

168　　　　**弥尔顿**的降临是以两个而非一个形象加以描绘的，并且每个形象均占有一个完整的版面。第一个形象被安排在这部诗上下两卷的分隔处。（见图 34）画中的**布莱克**被题注为 "WILLIAM"，身体向后跟跄，同时，那颗流星拖尾的光芒正要击中他的脚踝。**布莱克**在这幅画的印本 A 中赤身裸体，但在另外两个印本中，如同本书所翻印的，他身穿可以透视躯体的贴身半透明短内裤。一些评论者确信他的阴茎是勃起的，倘若果真如此，布氏也是以非常机敏灵活的手法加以表现的。¹⁰

　　另一个形象则完全出人意料。它出现于几幅印版之后，并不像可能会预期的那样与第一个形象相对，但明显是它的镜像。（见图 35）它的题注 "ROBERT" 会让布莱克的同时代读者感到困

---

①　　英语中的 "sinister"（不祥的）源自拉丁语 "sinister"，意为 "左"，也指 "盾形纹章的左侧"。

②　　见《使徒行传》9：1-19。"Tarsus" 又译 "塔尔苏斯"，系今土耳其南部梅尔辛省（Mersin Province）的一座古城，圣保罗的出生地。

惑，因为这个名字没有在《弥尔顿》的任何地方出现。这是布莱克所挚爱的十几岁就故去的幼弟，布氏一直认为他相当于是自己在**永恒**中的"第二自我（alter ego）"①。插画中的那颗流星可能代表罗伯特化成的星星，如新柏拉图主义哲学所想象的，那是一种精神投射，可以从死后的生活重访人间。[11]

在搬到费尔珀姆前的几个月，因海利十几岁的儿子死于一场漫长而痛苦的重病，布莱克给他寄了一封感人的慰问信。

> 我对你巨大的损失深表同情，在这悲欢交集的山谷，所有人感受到的悲痛又一次重演……我知道，我们逝去的朋友更真实地与我们同在，更甚于他们对我们的肉眼凡胎显现之时。13 年前，我失去了一个弟弟，我每时每刻都在精神中与他交谈，在我想象领域中的记忆里看见他。我听到他的建议，甚至现在都是按他的口授写作——请原谅我向你表达我的热忱，我愿意与所有人分享，因为对我来说那是不朽欢乐的源泉，即便是在此岸世界。因此，我与天使为伴。希望你也愈发如此，愈发愿意相信每个人间的损失都是不朽的收获。时间的废墟会在**永恒**中建起广厦。[12]

所有基督徒都会相信他们所爱的人获得永生。布莱克的独特之处是他坚信罗伯特没有上升到某个遥远的天空，而是持续与他"每时每刻"交流。所以，随着词语从笔中流淌，致海利的信从回忆，即从"13 年前"转变到"甚至现在"。

---

① 在中文表述中，"第二自我"虽已成习语，但按拉丁语，其应直译为"另一个我"。

图34　《弥尔顿》，印本C，印版31

169　　　　布莱克宣称自己直接与罗伯特交流，很难知道应在多大程度上相信这种真实性。散见于他作品中的言论表明，他们之间的

图35 《弥尔顿》印本 C, 印版 36

接触必定是与罗伯特本质灵魂的交流, 这灵魂存在于**永恒**中, 却不再完全等同于死于 1787 年的弟弟。布莱克始终批判正统说教, 这种说教鼓励人们忍受今生的苦难, 承诺他们个体的自我将会保持不变地在天堂存活。与此相似，如成对的"WILLIAM"和"ROBERT"插画所示，**布莱克**与弥尔顿的结合是精神性和象征性的。自它发生后，我们没有看到弥尔顿与**布莱克**如一个小说角色般行走世间。无论如何，这部诗的核心，相比他们俩的结合，更是**布莱克**与洛斯的结合。

洛斯坠落，洛斯创造

洛斯首现于"兰贝斯之书"的两部短篇，即《尤理滞之书》（*The Book of Urizen*）与《洛斯之书》（*The Book of Los*）中。《弥尔顿》中的**洛斯**不是作为反叛者，而是作为令人生畏的造物者**尤理滞**的竞争对手出现。**尤理滞**试图以《圣经》中的耶和华的方式创造："神说：'要有光。'就有了光。"相反，**洛斯**以激烈的体力劳动创造，一个铁匠在铁砧上锤打难以驯服的铁。这位造物者是艺术家和手艺人，而布氏则在后期的作品《耶路撒冷》中将自己想象为**洛斯**的化身，一个铁匠，以泰晤士河作为水槽来冷却熔化的金属。

> 圆弧从天空到大地以沉重一击落下
> 死在铁砧上，那里红热的楔子痛苦地呻吟，
> 他把它熄灭在铁匠铺的黑色水槽里；伦敦的河
> 喂养这可怕的铁匠铺，沿着山谷哆嗦、颤抖。[13]

这段里的"他"指"林特拉（Rintrah）"，**洛斯**的儿子之一，在《天堂与地狱的婚姻》里与"先知之怒（prophetic wrath）"相联系。

布莱克在构思这位铁匠造物者的过程中很可能想到了奥林匹斯山的工匠赫菲斯托斯［Hephaestus，即罗马神话中的伏尔甘

（Vulcan）]，他打造了阿喀琉斯（Achilles）的大盾。但最重要的当然是布莱克自己作为艺术家与手艺人的经历。像雪莱这样的作者可以认为创造完全是心灵的："因为，在创作时，人们的心境宛如一团行将熄灭的炭火，有些不可见的势力，像变化无常的风，煽起它一瞬间的光焰。"[①] 但布莱克的诗直到锋利的工具把它们雕成铜版，或酸液把金属轮廓蚀为浮雕，才算全部完成。正如他在《天堂与地狱的婚姻》中所说："溶解掉明显的表面，展示隐藏的无限。（melting apparent surfaces away, and displaying the infinite which was hid. ）"[14]

　　然而，即便布莱克是与金属打交道的工匠，版画家的整洁工作室还是与闷热且烟雾弥漫的铁匠铺很不一样，就像他和同时代人总是见到的那样——即使在城里，马也需要钉蹄铁。一定是铁匠铺的联想，即火焰与肌肉发达的能量在吸引着布莱克。也许他想到了全部题为《铁匠铺》（*A Blacksmith's Shop*）的知名系列油画，作者是德比的约瑟夫·赖特（Joseph Wright of Derby）。这组画中最惊人的一幅，一座发光的锻铁炉从昏暗的背景中显现，画面中心一根白热的铁条被置于铁匠的铁锤下。布莱克可能也记得本·琼森（Ben Jonson）在送给莎士比亚的献诗中所运用的铁匠铺意象，它同样捕捉了锻造间的热度与劳作，还有作用于艺术家自身的创造效果。

而他

投身于写作有生命的诗行，必须流汗……

---

①　引自缪灵珠译的人民文学出版社 1984 年版《十九世纪英国诗人论诗》中的《为诗辩护》。

　　　　在缪斯的铁砧之上：翻转同一物，

　　　　（他自己也一起）他想要成型的东西。

　　在詹姆斯·乔伊斯的《一个青年艺术家的画像》（*A Portrait of the Artist as a Young Man*）中，斯蒂芬·迪达勒斯（Stephen Dedalus）运用了同样的类比，带有非常布莱克式的道德强调意味："我准备第 100 万次去接触经验的现实，并在我的心灵的作坊中铸造出我的民族的还没有被创造出来的良心。"[①][15]

　　如同布氏创造的其他人物，没人知道"Los"（洛斯）该怎么读。这个名字暗示了"损失（loss）"，可能读音也是如此，尽管让它与"close"押韵似乎要更容易些。

　　正如其他**活物**所为，当阿尔比恩沉入梦魇，**洛斯**经历了一次坠落；那是当所有四个**活物**连同他们的流溢分裂成为互相竞争的实体。**洛斯**在**永恒**中代表没有堕落的想象力，他名为**俄薮纳**，而新名字的出现则是灾难的征兆。

173　　**洛斯**从什么中坠落，布莱克并没有说明，因为他从未尝试描写**永恒**的神秘生命，或**永恒者**可能会是什么样子。他们的存在方式与我们的截然不同，所以我们只能猜测；布莱克在《耶路撒冷》结尾将未堕落的**活物**描绘成："四活物，神圣人性的马车，不可思议。（the four living creatures, chariots of humanity divine, incomprehensible.）"[16] 就这一点来说，**阿尔比恩**自身也并不容易理解。尽管所有四个**活物**曾整合在他里面，现在却已苦涩地分离，而他们争吵不休的相互作用则充满了诗篇。

---

①　引自黄雨石译的人民文学出版社 2011 年版《一个青年艺术家的画像》。

最后的"兰贝斯之书"之一《洛斯之书》出版于 1795 年，布莱克在跌跌撞撞、动摇不定的诗句中描述了**洛斯**的坠落。

> 坠落！坠落！**洛斯**落下又落下，
> 下沉头朝下沉重下而又下
> 时间叠时间，夜晚叠夜晚，白昼叠白昼；
> 真理有边界，谬误没有。坠落，坠落，
> 岁月叠岁月，年代叠年代
> 他还在落下穿越虚空，又有虚空
> 为坠落而发现，夜以继日没有尽头，
> 因为尽管日或夜尚不存在，它们的空间
> 被他无休无止的旋转丈量
> 在可怕的无底真空。[17]

令人眩晕的坠落有永续下去的危险，因为谬误没有边界。**洛斯**跌落穿越虚空，经历了"年代叠年代（ages on ages）"，甚至早在如我们所知的时间存在之前，即诗歌中所谓的"日或夜尚不存在（day or night was not）"。但当他旋转时，正是他开始自己定义日与夜，即"被他无休无止的旋转丈量（measured by his incessant whirls）"。

在布莱克的神话里，**洛斯**一贯被与时间的丈量联系在一起。当坠落时，他不由自主地丈量时间，却不知怎么能制止自己的坠落；此后，他以铁匠铁锤的有节奏敲击更具建设性地度量时间。布氏并非任何传统意义上的叙事诗人，因此我们并未被告知从坠落到重建的变化是如何发生的。也许它无法被叙述；它是一种心理的转折，感觉虽到，却没有完全理解。

洛斯已在《洛斯之书》出版前一年的《尤理谮之书》中出现，是一个度量时间的铁匠。

> 永恒的先知猛拉黑暗的风箱
> 无休无止地翻转铁钳，铁锤
> 不停敲打；铸造锁链新而又新，
> 以铁环计数时辰、日子和年份。

永恒者，无论他们是什么，住在**永恒的现在**，但在我们堕落的世界里，我们极为需要时间所赋予的结构。因此，布莱克在《弥尔顿》中写道：

> 时间是永恒之仁慈；没有时间之敏捷，
> 万物中最敏捷者，一切都是永恒的折磨。[18]

惊恐于无形无状，**尤理谮**试图创造一个石化的稳定世界。**洛斯**正确地将其打碎，但那个举动却促发了他的坠落。《洛斯之书》这样描述道：

> 先知之怒，挣扎着要宣泄
> 用力推开，狂怒踩踏为尘土
> 伴随爆发的啜泣碎裂；高高
> 举起黑色大理石摔成碎片。
> 在所有方面用力推开，如坠落的
> 岩石，无数碎片飞离
> 跌落四分五裂；而可怕的真空

在他下方，并四面包围。

打碎了**尤理谮**僵硬且毫无生机的宇宙，**洛斯**扛起自己的强大铁锤去重建**尤理谮**自身。这在讽喻意义上可以说是想象力在拯救自我致残的理性。

> 　　**洛斯**敲打铁砧，直到绚丽光辉
>
> 　　他打造了一个巨大的火球……
>
> 　　九个年代完成了它们的圆行轨道
>
> 　　当**洛斯**加热发光的物质，把它
>
> 　　抛下深渊，深渊逃走
>
> 　　在弥漫的浓烟中；太阳
>
> 　　站着自己平衡，**洛斯**快乐地微笑。
>
> 　　他抓住**尤理谮**宽广的脊柱
>
> 　　束缚在发光的幻觉上。[19]

"快乐地微笑（smiled with joy）"让人想起了恰好在前一年出版的　175《老虎》中的"看了看这杰作他可曾微笑？（Did he smile his work to see？）"因而**洛斯**在某种意义上就像**尤理谮**，扮演了新柏拉图主义或"诺斯底主义（Gnosticism）"①的创造了物质世界的"巨

---

① 也称"灵智主义"，是一种企图中和"物质"和"精神"的世界观。"Gnosis"一词在希腊语中意为"知识"，尤指透过个人经验所获得的知识或意识。因此，这种知识或意识也被称作"灵智"或"真知"。诺斯底主义者相信，这种超凡的经验可使他们脱离无知与现世。诺斯底主义可分为受"琐罗亚斯德教（Zoroastrianism）"影响而倾向善恶二元论的波斯学派，以及受"柏拉图主义（Platonism）"影响而倾向一元论的叙利亚 / 埃及学派。

匠造物主（demiurge）"①。在这部非同寻常的短篇作品里——《洛斯之书》仅有 5 幅印版——下述词语全部出现："hands"、"feet"、"immortal"、"furnaces"、"anvil"、"hammer"、"framed"、"deeps"以及"seizing"。这与《老虎》所用的词汇完全相同。[20]

正如布莱克作品所常见的，每一个"事件"都有多个版本，比如《尤理谮之书》的记述中就没有微笑的洛斯。

> 宽广的脊骨痛苦地扭曲
> 在风之上；投射出疼痛的
> 肋骨，像弯曲的山洞
> 和坚固的骨头，冻结
> 在他的所有欢乐神经之上。

洛斯因费力劳作而精疲力竭，又对自己制造出的丑恶生物感到惊恐。

> 在恐惧中洛斯从他的任务退缩：
> 他的大锤从手中掉落。

---

① 音译"德穆革"，最早出现在古希腊哲学家柏拉图的《蒂迈欧篇》（Timaeus）中。在柏拉图、新毕达哥拉斯、中古柏拉图主义、新柏拉图主义哲学中，他是一个类似工匠的存在，负责创造并维持物质世界；而在早期基督教的诺斯底教义中，他是次等神祇，创造了有缺陷的物质世界，里面住着与圣善的至尊上帝相对抗的邪恶势力，他们会阻碍灵魂寻求从物质国度攀升。巨匠造物主创造的差劣可以比作艺术品如绘画、雕塑等技术上的差劣，二者都是一种摹仿。

描绘这些诗行的图像展示了**洛斯**所经历的"阴郁哀痛",并由版面正上方的文字加以描述,一根饰有凹槽纹的巨大圆柱在图中怪异地从**洛斯**身上伸出来。(见彩插 21)它看上去很奇怪,既形如阴茎,也像座建筑;厄尔德曼认为那是一座斜塔,有如比萨斜塔(Leaning Tower of Pisa)一样快要倒塌。我们并没有从画中看到诗文里提到的"宽广的脊骨(A vast spine)"和"肋骨(Ribs)",但**尤理谮**确实惊人地像一具骷髅,令人不安地显露着颈椎。重建工作仍在进行,如戴维·宾德曼(David Bindman)所说,**洛斯**已有"足够的感知力在锻造间的火焰中感受到折磨"。[21] 他的脚踝被锁在了地上。

想象创造力的方式多种多样,并不只有铁匠的劳作。接下来在《尤理谮之书》里,**洛斯**不知怎么从头部挤压出一个有机"生命血液(life blood)"的球体。

> 生命血液之球颤抖
> 扩大分叉出根系,
> 纤维状,在风之上扭动;
> 血液、乳汁和眼泪的纤维,
> 在阵阵剧痛中,永恒叠永恒。

176

那个时代的解剖学家认为器官由纤维组成,而且他们辨别出三种不同类型的承载体液的脉管。它们是血液、乳汁和眼泪,正好是**洛斯**的血球里浮现的三种。在对应这几行诗的插画里,他使劲用双手按住头,发梢则同时像血雨一样滴落在球体上。(见彩插 22)[22]

有关这一主题的诗还有一首,即与《洛斯之书》同年出版的《洛斯之歌》(The Song of Los),它描绘了疲惫的**洛斯**正在休息,一轮血红的太阳就位于他身前。(见彩插 23)**洛斯**在这幅画里看起来忧郁甚至是脆弱，尽管很奇怪地有点婴儿肥。刚刚创造出来的太阳散发着深红色的光芒，同时一个更大的光与能量之源从远离太阳的地方溢出。**洛斯**是个造物者，但不是那位造物主。"创世"是能量的持续表达，而非《创世记》所描写的原始事件。

布莱克对这一时期书里的厚涂图像没作任何蚀刻，只是把它们直接铺在印版上，待印刷后再根据需要稍作修饰。罗伯特·N. 埃西克（Robert N. Essick）描绘了本书翻印的印本 E 中所能看到的东西。

> 这幅画经过多层套色、涂色，也许还用污渍遮盖构成。画中的主要元素皆以厚重、半透明的颜料印刷而成，从而形成了巨大的枝状图案。这些均能从未被后续图层触及的区域中看到，例如背景以及人像左膝的正下方。人像和锤子是接着用颜料厚涂而成，但太阳却经过了更多的套色或污渍遮盖。锤子下方有些许短毛发粘附在纸上，它们很可能是用来涂抹颜料的短毛刷的残留物……后续的彩色图层在纸上闪着微光，形成了"发光的幻觉（glowing illusion）"，一如《洛斯之书》中所描述。[23]

可惜的是，这些微妙的效果在翻印作品中全都消失了。

巡夜人洛斯，太阳中的洛斯

177　　在最初想象**洛斯**的角色时，布莱克曾专注于神话起源。随后在《弥尔顿》及其续篇《耶路撒冷》中，**洛斯**进入了我们的世

图 36　《耶路撒冷》卷首画，印本 E

界。这一场景可以在《耶路撒冷》的卷首画中看到。（见图 36）他打扮得像个巡夜人；太阳此刻是个"火球"而非血液，被用作他的提灯。奇异的黑色光线从拱门内射出，风把洛斯的头发和衣服吹向一边。他的帽子是布莱克所习惯戴的宽檐帽，衣服也许是印刷工的长罩衫，在《耶路撒冷》的单色印本中是蓝色。然而，有件东西很难说来自英伦，那就是凉鞋，对布氏来说，它象征着先知的使命感。而我们则再次听到了左脚，在《弥尔顿》里它是弥氏的灵魂化为流星进入布莱克的部位。在这里，他用自己的声音说道：

> 这植物世界全部出现在我的左脚
>
> 如明亮的凉鞋以宝石与黄金形成不朽；
>
> 我躬身绑好它以穿越永恒行走。

"听上去蛮实，"斯蒂芬·迪达勒斯闭目行走在一处都柏林海滩时沉思道，"一定是巨匠造物主那把木槌的响声。莫非我正沿着沙丘走向永恒不成？"①24

洛斯的左手抬起，手势很难懂。他是不是在表达理解，还是只在保持平衡？他向右方凝视；他是看到了什么我们看不到的东西吗？画中拱门的上方原先镌刻了几行诗句，虽已被印刷版删去，却能从印样中复原，其中一行描写了这个瞬间："为阿尔比恩的缘故他受启发进入死亡之门。（He entered the door of death for Albion's sake inspired.）"25

有两段《圣经》文字可帮助澄清巡夜人的意义。一段在《以赛亚书》21：11–12："'守望的啊，夜里如何？'守望的说：'早晨将

---

① 　引自萧乾、文洁若译的译林出版社 2010 年版《尤利西斯》。人民文学出版社 2005 年版《尤利西斯》中的金隄译本为："听来是实的：是造物者捶打出来的。我这样在沙丘的海滩上走，是否将会走入永恒？"其英语原文为："Sounds solid, made by the mallet of Los Demiurgos. Am I walking into eternity along Sandymount Strand？"

到，黑夜也来。你们若要问就可以问，可以回头再来。'" 由于进入
死亡之门，**洛斯**是在扮演类似基督的角色，《约翰福音》10：9 也与
此相关："我就是门；凡从我进来的，必然得救。"[26]

正如**弥尔顿**在费尔珀姆与布莱克结合，**洛斯**也是如此，布
莱克在一封写给托马斯·巴茨的诗体书信中提及——值得一提的
是，如果布莱克没有巴茨作为富有同情心的通信人，他的一些最
令人难忘的陈述与诗篇将不会存在——自己从费尔珀姆出发去接
从伦敦过来探望的妹妹，发现道路被家庭的魔怪气势汹汹地挡
住了。

179

> 我父亲在风上盘旋
> 我弟弟罗伯特在他正后方
> 我哥哥邪恶之徒约翰
> 在一朵乌云里发出呻吟，
> 尽管已死他们出现在我路上
> 不顾我可怕的愤怒。
> 他们乞求他们恳求他们落泪
> 充满希望充满害怕，
> 上千名天使在风上
> 从后方倾泻沮丧
> 以驱散他们，而在我路前
> 皱眉的蓟哀求我留下。
> 对别人显得只是零碎的东西
> 让我充满微笑或眼泪，
> 我的眼睛确实看见二重幻象
> 二重幻象一直与我同在。

以我心灵之眼看那是灰色老人，

以我外在之眼看蓟横在路上。

"如果你往回走，"蓟说

"你就被出卖给无尽的悲哀，

因为瑟奥托蒙真的在这里降下

这里真的是埃尼萨蒙的凉棚

而可怕的洛斯因此已经发誓

如果你真的向后返回

贫穷嫉妒老年和恐惧

将把你妻子带上棺材架。"27

[这里的"瑟奥托蒙（Theotormon）"是洛斯的其中一个儿子。]

　　这是一个幻象而非幻觉。但如果对其他人来说蓟只是蓟，那就布莱克而言，赫然出现的蓟则俨然是严厉的责备，谴责他不能支持沮丧消沉、疾病缠身的妻子。凯瑟琳在费尔珀姆的大部分时间都处于病中，而布莱克明显感觉妻子在责怪自己不能赚更多的钱——但提高收入的方式将会使他放弃原创性工作，进而全神贯注于海利弄到的版画与插画等委托制作中。通过提到洛斯，蓟用布莱克自己的神话人物来反对他，以激起自我怀疑的危机。他通过这场考验并把蓟踢到一边。突然之间，神灵显现迸发到他身上。

于是洛斯以全部威力显现；

在太阳里他显现在狂暴的火焰里

下降到我面前；在我的二重视野

外在的是太阳，内在的是洛斯在其神威中……

带着我的心灵之弓与思想之箭，

我的弓弦随热忱的呼吸而凶猛，

我的箭矢在金色的箭镞中发光。

我的兄弟和父亲阔步在前，

重重天空落下人类的血。

现在我看见一个四重幻象

一个四重幻象交给了我。

在我至高的快乐中它是四重

在柔软的柏拉之夜是三重

永远是二重。愿上帝让我们

远离单一幻象与牛顿的睡眠。

引人注目的是，家庭成员都是男性。诗中没有提到布莱克的妈妈，或者就这一点而言，也没有提到即将到来的妹妹。为什么天空滴落"人类的血（human gore）"？布莱克有否用他的"思想之箭（arrows of thought）"伤害挡路的家庭角色？

无论如何，那个命令一定不能拒绝，布莱克将会在《弥尔顿》序言的"序诗"中再次提到弓箭："拿来我的灼亮黄金之弓，/ 拿来我的欲望之羽箭。（Bring me my bow of burning gold， / Bring me my arrows of desire.）"在《弥尔顿》的概述里，致巴茨书信中的这段情节，即亲人与血都不再被提及。

在惊恐中依稀听到洛斯，那时候我绑好凉鞋，

要走上前穿过永恒，洛斯朝我下降，

洛斯站在我身后，可怕的烈焰太阳，近距离

在我背后。我在恐惧中转身，看到了，

洛斯站在那强烈发光的火中；他也俯身

181

　　绑好我的凉鞋，在乌丹-阿丹①。我颤抖着站立

　　惊恐万状，站在兰贝斯之谷：

　　但是他亲吻我并祝我健康，

　　我和他成为同一人，在我的力量中上升。

　　现在后退已经太晚了；洛斯已经进入我的灵魂：

　　他的恐怖现在占有了我的全部！我在狂怒与力量中上升。[28]

　　这个瞬间由一幅整版全图描绘，画中的**布莱克**肌肉发达，十分醒目，像往常一样，满头金发，在系凉鞋的鞋带时突然停住了，并"在恐惧中（in terror）"转身，**洛斯**正从太阳中出来走上前。[见彩插24；有评论者指出**洛斯**的名字在暗示"太阳（sol）"，系拉丁语名称倒过来拼写。]为什么**布莱克**的头位于与**洛斯**胯部等高的平面？W. J. T. 米歇尔很久以前就怀疑这是"同性恋暗示"，然而一位较近的评论者反对米氏的观点，他认为头与下身重合可能只是一种表示立体深度的粗略做法。克里斯托夫·Z. 霍布森在他审慎的著作《布莱克与同性恋》（*Blake and Homosexuality*）中提出布氏宽容一切性实践，但他个人并非同性恋，进而指出在这幅画里"**布莱克**转身面对身后的某个人的姿势不太可能是为真实的性行为或亲吻所采取的姿势"。[29]但即便没有暗示真正的性邂逅，

---

① "Udan-Adan"出现在布莱克的长诗《四活物》与《耶路撒冷》中，是无形且未定的状态。它在《四活物》第7章首次出现时，指未出生者的处所。它还是一个湖，位于各各奴扎——由洛斯，形的创造者建造——东面，有形身体的森林"恩图松本尼松（Entuthon Benython）"里面（《冷》表述为"它在尘世之壳之内"），不是由湖水而是由空间形成，不安，黑色，死一般……这个湖由尤理谱律法受害者的眼泪、叹息与死亡汗水形成，以灌溉神秘树的根。

它看上去也很有这种可能，因为头的位置肯定并非偶然。和《天堂与地狱的婚姻》里一样，能量与性欲（即力比多）有关，**洛斯**正在把性能力传递给布莱克。

尽管斗争是痛苦的，布氏还是接受了他的先知使命——但这只是开始。他充当起鼓舞人心的**洛斯**化身，必须力争带来进入**永恒**的突破。《四活物》《弥尔顿》和《耶路撒冷》，三大预言皆以世界末日告终，它由曾是人人都熟悉的来自《启示录》的意象描述，例如："我的眼睛看见上帝到来的荣光；／他正在踩踏愤怒的葡萄贮藏之地。（Mine eyes have seen the glory of the coming of the Lord；／ He is trampling out the vintage where the grapes of wrath are stored.）"[①] 根据《启示录》，世界末日会在未来发生，整个宇宙则将终结。而在布莱克的神话中，它是内心的最终审判，发生于"无论何时，只要任何人拒绝错误而拥抱真理（whenever any individual rejects error and embraces truth）"。[30] 因此，它是建设性而非破坏性的，是在时间的世界里把握永恒。

[①]　系朱莉娅·沃德·豪（Julia Ward Howe）于 1861 年创作的赞美诗。这首《共和国战歌》（*Battle Hymn of the Republic*）是美国南北战争期间广为流传的爱国歌曲，原版词曲由南卡罗来纳州的威廉·斯特夫（William Steffe）创作，其曲调亦被称为《迦南之乐土》（*Canaan's Happy Shore*）或《噢！兄弟们，你们会遇见我吗？》（*Oh！Brothers will you meet me？*）。后来，一位名叫"托马斯·比晓普（Thomas Bishop）"的佛蒙特州男子在战争爆发前加入了马萨诸塞州炮兵团，并在 1860 年前后为斯氏的旋律加上了由自己创作的歌词，遂完成了歌曲《约翰·布朗之躯》（*John Brown's Body*，原名《约翰·布朗之歌》）。当朱莉娅·沃德·豪听到这首歌后又在 1861 年 11 月 18 日晚另行创作了新的歌词，并将歌曲最终命名为《共和国战歌》，随后发表在了 1862 年 2 月的《大西洋月刊》（*The Atlantic Monthly*）上。

第11章 向末日突进

掌握幽灵

长如《耶路撒冷》，它虽然很长，但并非一首其中真的有事"发生"的诗。连它最具激情的仰慕者赫尔曼·诺斯罗普·弗莱也承认，这是一部"脱水的史诗"。它应该被称为"史诗"，但这一点远非显而易见。弗莱还说："《耶路撒冷》的每个部分均呈现想象性幻象的一个阶段，同时还连带它所澄清的全体错误。"并非每个人都会同意正在进行的事情是澄清，但错误的无数形式在令人困惑的细节中被展示出来。例如，布莱克期望我们理解人类历史上 27 个"教会"的连续出现，最初的 9 个是"雌雄同体"，接下来的 9 个是"女性化的男人"，最后的 9 个是"男性化的女人"。整个诗篇拥有极为雄辩的段落，但也具有冗长的铺陈，例如用 90 诗行的段落列举英国名称与《圣经》名称的对应（一小段节选已足以说明问题）。①

> 而爱尔兰三十二郡名称如下：
> 在犹大与以萨迦与西布伦之下是劳斯、朗福德
> 伊斯特米斯、韦斯特米斯、都柏林、基尔代尔、国王郡
> 女王郡、威克洛、凯瑟洛、韦克斯福德、基尔肯尼……[1]

---

① 下述诗文中的"女王郡（Queen's County）"和"国王郡（King's County）"即今"莱伊什郡（County Laois）"和"奥法利郡（County Offaly）"。两地均在 1556 年设郡，并以英格兰女王玛丽一世（Mary I）和其王夫暨配国王西班牙的费利佩二世（Philip II of Spain）之封爵命名。

特别的是，有一种威胁弥漫整部《耶路撒冷》，即布莱克所谓的"女性意志（Female Will）"。他在这部诗中对其念念不忘，远甚于《弥尔顿》与《四活物》。《耶路撒冷》的顶点是阿尔比恩与他的流溢耶路撒冷的重新结合，尽管她更像是女儿而非平等的伴侣。但自然女神的同盟统治了这部长诗。帷拉诱使阿尔比恩离开耶路撒冷，而她随后又分别被名叫得撒与喇合的角色①教唆。布氏的女性象征对他来说极为重要，但今时今日的大部分读者都倾向于认为这种象征令人反感；后文将继续单独讨论这个问题。

　　《耶路撒冷》中也存有一个谬误的男性化身，布莱克以强有力的想象性方式寄托了自己身为艺术家的经历。诗篇开头部分的一幅画表现了繁重劳作后的洛斯在他灼热的锻造间里休息。（见彩插 25）盘旋在他头顶的是一个新增加的角色"幽灵（Spectre）"。如这幅印版上的文字所示，它从洛斯的身体分离出来，即"从他背上分离（divided from his back）"，正以对洛斯使命的怀疑威胁着他。

　　　　在痛苦中幽灵分离，在饥饿与干渴的痛苦中，
　　　　去吞噬洛斯的人类完美；但是当他看到洛斯
　　　　还活着，像受惊吓的狼一样喘息、嚎叫
　　　　他站在不朽者的上方，在孤独与黑暗中：
　　　　在渐暗的泰晤士河上，穿越整座岛屿向西，
　　　　一片恐怖的死亡之阴影，在熔炉间，翻卷的

①　"得撒（Tizah）"和"喇合（Rahab）"都是《圣经》中的人物，分别见《民数记》和《约书亚记》等篇。

烟柱之下；而他用别的手段设法

去诱惑洛斯：用眼泪，用科学论证，用恐惧：

每根神经中的恐惧，以抽搐与扩大的痛苦。

不过洛斯无所畏惧。他在这幅画中抬头凝视嚎叫的幽灵，幽灵则用双手紧紧捂住耳朵，不听他可能要说的任何事情，洛斯"毫不畏惧地回应不透明的越来越暗的魔鬼（answered unterrified to the opaque blackening fiend）"。[2]

幽灵的象征是"时代精神（Zeitgeist）"[1]在起作用的显著例证。当时，许多作家都被"活人灵魂（shadowy double）"或"二重身（doppelgänger）"[系 1796 年由笔名为"让·保尔（Jean Paul）"的德意志浪漫主义作家约翰·保罗·弗里德里希·里希特（Johann Paul Friedrich Richter）在三卷本小说《齐本凯斯》

---

① 系能成为某个时代的特征或象征的思维方式和心态感受，由德意志作家暨思想家约翰·戈特弗里德·冯·赫尔德（Johann Gottfried von Herder）于 1769 年提出。此概念在赫尔德处是一个带有某种约束性或压迫色彩的沉重存在。赫氏认为在其所处的时代中，即便是已摆脱了宗教束缚的"解放者"也会甘心屈服于"时代精神"而放弃思想的自由。因此，在那些传统的价值观和行为标准离席之处，"时代精神"将占据主导地位并排斥那些不那么墨守成规的思维。它通过自身蕴含的带有规范性的"预设（Annahme）、对行为方式的期望（Verhaltenserwartung）、道德观念（Moralvorstellung）、禁忌（Tabus）和教条（Glaubensartikel）"调节着个体的行为，同时又通过其影响下的个体行为不断强化着自身。这一概念在 1789 年法国革命后开始流行，并在 1830 年革命到 1848 年革命期间达到潮流的顶峰。约翰·沃尔夫冈·冯·歌德（Johann Wolfgang von Goethe）和威廉·狄尔泰（Wilhelm Dilthey）等人均曾针对"时代精神"进行过阐释和发挥。

（*Siebenkäs*）中所创的新词］的观念所吸引；最著名的是体现弗兰肯斯坦博士（Dr Frankenstein）无意识攻击性的怪物，他相继勒死了自己的弟弟、最好的朋友以及未婚妻。有时，布莱克会想象当一个**活物**与他的流溢分离时，幽灵就会出现。除此以外，幽灵还代表内在的分隔，从一开始就在不知不觉中出现了："人天生是幽灵或**撒旦**并完全是一个祸害，不断地需要一个新的自我，而且必须不断被变化成他的直接对立面。"[3] 截至此刻，布莱克说起**撒旦**时指的不再是《天堂与地狱的婚姻》中的火之能量；相反，他心目中的**撒旦**是一种负面与抗拒的"状态"，个人可能会落入其中，却也可能从中逃离。当举止温和的威廉·海利设法控制布莱克时，他就被描述为暂时处于**撒旦**状态。

184

　　如布莱克对"疯"诗人考珀的同情所证明，他确实害怕绝望。**幽灵**在分离状态中极度痛苦地大喊：

> 噢我可能会不复存在！绝望，我就是绝望，
> 创造出来就是作为恐惧与剧痛的典范；我的
> 祈祷也是徒劳。我吁求同情：同情嘲笑；
> 仁慈与怜悯把墓碑扔到我头上，并用
> 铅和铁把它永远封印在我上方。[4]

尽管**幽灵**充满威胁，却毫无可能被彻底排除，因为它是自我之中必不可少的元素。当阿尔比恩进入梦魇且构成他的**活物**逃脱后，此前名为**俄薮纳**的**活物**分裂为三个元素，即洛斯、埃尼萨蒙与**幽灵**。一切必须重新整合。**埃尼萨蒙**扮演了布莱克所谓的艺术创造中的"女性"角色，为洛斯的硬朗线条增添色彩。至于**幽灵**，则代表布氏"灵视构想（visionary conceptions）"的实际执行，直到

词语和图像被蚀刻进铜版才得以体现。

在分离状态中，**幽灵**想要恐吓**洛斯**，甚至要毁灭他。

> **洛斯**正说话，可怕的**幽灵**颤抖着落到他面前，
> 用发光的眼睛寻找时机跳到他的猎物身上。

但事实证明**洛斯**更强大，他强迫**幽灵**在想象性创作的工作中进行合作。"你拿这个锤子，（Take thou this hammer，）"他命令道，"耐心地推拉雷鸣般的风箱／你拿这双钳子：跟我交替敲打，顺从的劳作。（and in patience heave the thundering bellows，／ Take thou these tongs：strike thou alternate with me，labour obedient.）"画中的锤子明显是阴茎状的，毫无疑问在暗示性能量。只是长蝙蝠翅膀的"魔鬼"怎么拿锤子，这一点很不清楚；或许布莱克并没期望我们把它视觉化。

> 因此，**洛斯**站在伦敦建造**各各奴扎**，
> 强迫他的**幽灵**干重活。在恐惧中战栗，
> **幽灵**哭泣，但**洛斯**不为眼泪或威胁残余所动。
> "我必须创造一个体系，否则就被别人的奴役；
> 我不会推理和比较：我的工作是创造。"
> 于是**洛斯**，在狂怒与力量中，在义愤与炽烈的愤怒中。
> **幽灵**颤抖着嚎叫，它的嚎叫惊吓了夜晚。
> 他绕着铁砧跺脚，敲打出一阵阵不屈的绝望。[5]

"各各奴扎（Golgonooza）"是布莱克的艺术创造之城，后文将很快对此作出详细讨论。

　　一旦驯服与同化，**幽灵**就差不多从视野中消失了。对布莱克来说，重要的显然是其在创造中的角色，而不是其作为诗歌中的一个角色在继续活动。或者换句话说，在分离状态，**幽灵**极为生动真实，正如我们稍后将在一首强有力的笔记本诗歌中所见，那首诗是这样开始的："我的**幽灵**日夜围绕身边 / 像野兽把守道路前面。(My Spectre around me night and day / Like a wild beast guards my way.)"[6] **幽灵**被重新整合进创造性自我，已不再有自己的明显存在感。

　　幽灵的消失是布莱克预言的特征。在非常宽泛的意义上，每一首预言诗都有情节，但并非以普通的因果关系的方式呈现。它们更像万花筒式的梦幻，而非连贯的叙事。每一首预言诗都是折射、重复与变形的令人目眩的混合物。尽管**阿尔比恩**在大部分时间里都从视野中消失，实际上他自始至终一直在场，因为发生的每件事都是他连绵梦魇的变换意象。在《四活物》的初稿中，标题为《帷拉》，副题为《四活物：古人阿尔比恩之死与审判中的爱与嫉妒的折磨，九夜之梦》(*The Four Zoas: The Torments of Love and Jealousy in the Death and Judgment of Albion the Ancient Man, a Dream of Nine Nights*)。但在这部诗里，我们无从得知**阿尔比恩**；是他的各个不和谐的组成部分在极为显然可见地活泼着。

末日

　　在《弥尔顿》与《耶路撒冷》中，达到顶点的世界末日，即**阿尔比恩**梦醒时分进入**永恒**的突破，只是简短的描述；但在《四活物》中，它被描述得极为详尽全面。这三部作品的具体年代顺序不是完全清楚，但它们的先后顺序还是明确的。布莱克于 1797

186

年开始创作《四活物》，并在不同时期修改那部从未进行雕版的手稿。其中的一些材料于 1804 年被在《弥尔顿》中重新使用，《弥尔顿》首印于 1811 年。截至那时，布莱克已经开始着手《耶路撒冷》，甚至可能早在 1808 年就开始了，此后多年他继续扩展这部诗。它在最终形式中填满了 100 幅印版，被相当任意地分为篇幅相等的四章，最终于 1820 年出版。尽管最后两部预言诗都以世界末日结束，且末日几乎无限推迟，但当它最终到来时，却令人惊讶地给人以虎头蛇尾之感。

在《四活物》中，是洛斯通过撕开尤理瑾僵化的天堂造成了世界末日。

> 他的右手分叉出去在纤维的柔韧力量中
> 抓住太阳，他的左手像黑暗的根系遮盖了月亮，
> 并把它们拉下来，从无垠到无垠横越撕开天空。
> 然后永恒之火落下伴随响亮而尖锐的
> 响亮号角的声音，雷鸣般一路而行从天空到天空，
> 一个威猛的声音发话："死者醒来，从四方的风
> 来到审判，醒来并在醒后回味！"[7]

这个突破是人性解放的巨大无比的扩展，人性的解放已在《美洲：一个预言》中受到期待。然而，此时的残酷性要远比那首乐观的早期作品中更令人震惊。

> 神秘之树在翻卷的火焰里上升；
> 血液从天空的泄洪闸门以巨大的体积放出
> 倾泻在凶猛的漩涡里。闸门崩开，泄下

黑色洪流在大地之上，血液不停倾泻；

国王在他们的宫殿里溺亡，牧羊人羊群帐篷

在黑色的洪流中滚下群山，城市村庄

高耸尖顶和城堡淹没在黑色洪水中；一群叠一群，

人与野兽死去的躯壳漂浮，在浮沫的血之波涛上

被驱赶漂来漂去，在黑色的无尽天空下，直到所有

神秘的暴君被砍去，一个都不留在人间……

从凝结的血，从空虚的兽穴

颤抖的百万之众动身进入心灵之火的火焰，

把他们的肢体沐浴在永恒的明亮幻象之中。

187

其中有一段明显提到了出自《启示录》的愤怒的葡萄。①

在葡萄压榨机里人类葡萄不唱歌也不跳舞，

他们在成群结队的折磨中嚎叫扭动，在猛烈的火焰中燃尽。[8]

就历史上真实发生的世界末日而言，这可能是指法国革命以及随后的反革命战争的杀戮与流血。就世界末日发生于内心世界而言，它是心理的痛苦，伴随任何深刻且影响深远的变化，必然导致自我的剧烈的秩序重整。

显然，到布莱克镌刻《弥尔顿》与《耶路撒冷》时，他不再认为世界末日式的人类解放能够完全实现。在《弥尔顿》中它根本从未发生，只是被描述为即将发生。**洛斯**的两个儿子在结尾很

---

①　见《启示录》14：19："那天使就把镰刀扔在地上，收取了地上的葡萄，丢在神忿怒的大酒榨中。"

短暂地预见了这一事件。

> **林特拉与帕拉梅布伦观看下方的人类丰收。**
> 他们的葡萄压榨机和谷仓敞开；火炉已就绪，
> 马车已备好。可怕的狮子和老虎嬉戏打闹，
> 地上的所有动物都以它们的全部力量准备好
> 要前往各国的大丰收和葡萄收获。

世界末日在《耶路撒冷》中确实发生了，但它更像是从阻碍中解脱而非实现突破。如罗伯特·N. 埃西克所评论："《耶路撒冷》在它的意象与行动中是高度重复的。我们被最大的声音与狂怒抛来抛去，但是看似哪儿也没去，直到最后几幅印版，突然，这部诗以世界末日般的大爆炸戛然而止。"[9]

　　传统的布莱克学惯于赞美末日，认为它在布氏的作品中已完全实现，而不承认它是人类真实经历生活的幻想替代。一位熟悉布莱克作品的精神分析学家的评论颇值得深思。罗纳德·布里顿（Ronald Britton）认为，对心理碎裂与空虚的恐惧是边缘型人格的典型特征，他表示布氏的世界末日突破可被视作补偿幻想："布莱克无所顾忌地提出作为通向拯救之路的东西，在精神分析中被称为'婴儿期夸大狂（infantile megalomania）'。在这种状态中，他宣称，我们就是我们所想象的，我们的想象力就是我们所分享的那一部分神性。"[10]

　　一代又一代的批评家确实在响应赫尔曼·诺斯罗普·弗莱夸大其词的宣言，"想象力创造现实，而由于欲望是想象力的一部分，我们所欲的世界要比我们所被动接受的世界更真实"。那么，是在何种可能的意义上更为真实呢？布里顿颇有说服力的结论是，

布莱克诗歌中最强有力的东西是对**经验**的再现，"一个地方，比《天真之歌》里更悲伤、更残酷，不如**柏拉**那么幸福美满，却有最大的好处，那就是像听起来一样真实"。[11] 这很可能就是在《弥尔顿》与《耶路撒冷》中，当世界末日终于到来，却几近于草率匆忙的原因。对布莱克来说，它是一个深深渴望的目标，但他的真正主题却是到达那里的艰苦斗争。

顽固的结构

为实现突破所作的斗争，就是**各各奴扎，洛斯**的艺术之城与登场之地。这可能不是布莱克创造的最为古怪的名字，但它确实十分古怪。各种各样的想象性联想被提了出来。其中最为明显的是基督在"各各他（Golgotha）"，即"髑髅地"被钉死在十字架上，所以这个名字可能是在暗示自我牺牲。无论如何，**各各奴扎**并不完美，是一座过于短暂的想象之城，**洛斯**建起它以对抗毁灭的力量。

> 在这里泰晤士河岸上**洛斯**建造**各各奴扎**，
> 在人心的大门之外，**柏拉**之下
> **阿尔比恩**祭坛的岩石之间。在恐惧中
> 他建造它，在盛怒与狂怒中。它是精神的四重
> 伦敦：持续地建造持续地衰败荒凉！

《耶路撒冷》中的一幅插画展示了一对长翅膀的天使双手捧头，透过一个圆环彼此面对，圆环上刻有铭文："持续建造。持续衰败因为爱与嫉妒。（Continually Building. Continually Decaying because of Love and Jealousy.）"[12] 同样的话也可以用于布莱克的神话——它永

远在重建。

189　　在**永恒**中，建筑与艺术品并非必要。**永恒者**——虚无缥缈、非肉眼可见、始终如一——以一种我们只能猜测的想象性模式在进行交流。

> 他们以充满戏剧性的幻象形式一起交谈，
>
> 在雷鸣般的威严中从他们的舌头明亮地回响。

然而，交流对我们来说是困难之事。布莱克在提到"鲍拉胡拉（Bowlahoola）"和"阿拉曼达（Allamanda）"（一般认为它们分别指胃和神经系统）时宣称：

> 我以英文名字称呼它们：英语，粗糙的地下室。
>
> **洛斯**建造语言的顽固结构，行动对抗
>
> **阿尔比恩**的忧郁，否则他必定已成了喑哑的绝望。[13]

英语是布莱克的"粗糙的地下室（the rough basement）"，正如意大利语是但丁的，因为思想不得不通过词语来交流。但词语是通用的，并退化成为陈词滥调，所以布莱克持续斗争，就像铁匠铺里的**洛斯**，强迫语言的顽固结构变成新的形状——包括造出从来没人听过的"英文名字（English names）"。

《耶路撒冷》的最后一幅印版展现了一幅令人浮想联翩的图像，但我们在观看它前需要先留意这部诗里的一幅早先出现的图像，即一个巨型的史前三巨石结构，名为"三石牌坊（Trilithons）"（见彩插 26）。它因幸存于埃姆斯伯里（Amesbury）的"巨石阵（Stonehenge）"实例而为人所熟知，人们在布莱克的

时代相信古代巨石圈由竺伊德所建。这幅图像给人的第一印象是引人注目。"硬朗的图画，"一位艺术历史学家说道，"线条厚重而优雅，印刷轻盈，上色自由且精致，石头因而让人感觉奇大无比，分量极为沉重，但仍有迷人、空灵、清凉的空间在四周环绕。"[14] 它的色彩实在是细腻：绿色的田野与山丘，天空是深浅两种色调的蓝，柔和的黄色太阳则在版画中央发光。

这依然不是一幅积极乐观的图像。在高耸于上方的巨大长方形石块的映衬下，小小的人像显得十分矮小，这些巨石恰恰是生命形式的对立面。布莱克在自己的致辞，即《耶路撒冷》的《致犹太人》(To the Jews) 里宣称："你们的祖先追溯他们的来源是从亚伯拉罕、希别、闪和挪亚，他们都是竺伊德，如遍布全地的竺伊德神庙（族长的支柱与橡树林）直到今天所见证。[Your ancestors derived their origin from Abraham, Heber, Shem, and Noah, who were Druids, as the Druid temples (which are the patriarchal pillars and oak groves) over the whole earth witness to this day.]" 在黑暗的橡树林里膜拜阴沉凶险的自然女神，竺伊德们想要以人类祭品来取悦她，他们鼓动了战争的邪恶文化。

190

> 斯堪的纳维亚的柳条人，在里面残酷地燃尽的
>
> 俘虏哀嚎升上天空在群星之间火焰中；
>
> 战争的喊声响亮在莱茵河、多瑙河与**阿尔比恩儿子们**同在。
>
> 离开**柏拉**的山丘与山谷死者的灵魂冲出
>
> 伴随铙钹、喇叭、号角，和安装大镰刀的不列颠战车。

"柳条人 (wicker man)"并非布莱克所编造。像尤利乌斯·恺撒 (Julius Caesar) 这样的权威者曾在《高卢战记》(*Commentarii de*

Bello Gallico）中记载，高卢人会将活人装入柳条编的人像，然后架在火上烧死，以取悦他们的神。[15] 时事与古代传说在这里混于一处："阿尔比恩儿子们（Albion's sons）"在莱茵河与多瑙河上战斗。

　　布莱克尽管错误地将巨石阵归于竺伊德，却正确地猜想到它与追踪太阳轨迹以及度量时间有关。对布莱克来说，这意味着它灾难性地牵涉进自然宗教中。

> 他们在索尔兹伯里平原建造令人瞠目的建筑，以围绕
>
> 伦敦石的岩石之链：推理之链，未经斧凿的证明之链
>
> 在迷宫般的拱道里（强大的**尤理潜**建筑师）通过它
>
> 天空将会旋转而永恒被束缚在它们的链中。
>
> 无与伦比的劳作！残酷命运的奇妙岩石世界，
>
> 岩石堆在岩石上直达群星，从北极伸展到南极。
>
> 这建筑是自然宗教而它的祭坛是自然道德，
>
> 永恒死亡的建筑，其比例是永恒绝望。[16]

　　以此为语境，我们可以转向《耶路撒冷》的最后一幅印版。（见图 37）站在中间的是正在休息的洛斯，斜倚着他的铁钳和锤子，摆出古典的"观景殿的阿波罗（Apollo Belvedere）"①之姿，外生殖器清晰可见。他看起来疲惫不堪，而他确实也应该累了。建造艺术之城是艰苦的劳动，用铁钳夹紧红热的金属，同时大铁

---

①　系一尊制作于古罗马时期的白色大理石雕塑，高 2.24 米，现藏于梵蒂冈博物馆（Vatican Museums）。该雕塑以古希腊雕塑家莱奥卡雷斯（Leochares）完成于公元前 350~前 325 年的铜雕为蓝本复制而成，复制时对残缺的右臂和左手进行了修补。最早的铜雕于 15 世纪文艺复兴时期出土，18 世纪中叶的新古典主义者则认为其是最伟大的古代雕塑，乃完美的典范。

图 37　《耶路撒冷》，印本 E，印版 100

锤——比任何真实的铁匠之锤都要大得多——把它敲打成型。

右边，**洛斯**的幽暗流溢**埃尼萨蒙**与一轮月牙相连，从月亮里染

192 血的纤维淋漓而下。她左手拿着一条纺纱杆（也可能是一把纺梭），用它来编织凡人的躯体。那是**世代**的工作，同时既是必需又是圈套。左边，一位助手跳进空中，肩上扛着像泥瓦匠用的灰浆斗的太阳。评论者普遍同意这一定是**幽灵**，但实际上他们只是猜测。如果他们是对的，那么幽灵已然得到信任去搬运太阳；太阳曾是**洛斯**的提灯，**洛斯**打扮成巡夜人，提着灯，"进入死亡之门"。那个场景被展现在《耶路撒冷》的卷首画中，与这幅最后的印版形成整部作品的一头一尾。在诗歌的中部，**幽灵**充满威胁，而且像只蝙蝠；此刻——如果这个指认是正确的——幽灵完全是人类。**洛斯**分离的自我终于重新结合，并且全然互相合作。[17] 但这是如何发生的却从未得到展示或解释。关于冲突与苦难，布莱克是犀利的雄辩，但不愿或不能给出突破进入完整性的令人信服的描述。

另外，背景中的蜿蜒结构又是什么？它看起来可能像是另一个奇怪的布莱克式发明，但实际上如我们已经注意到的，这是他直接从古物研究者威廉·斯塔克利（William Stukley）的《阿伯里：一座英国的竺伊德神庙》（*Abury: A Temple of the British Druids*）中借用的。（见图 38）这个镇的现代名称是"埃夫伯里（Avebury）"，斯塔克利看到它们时，石块经过几个世纪的劫掠已被用于周边的建筑，还保存在那里的史前遗迹已是废墟。因此，他画的图只是想象性重构，基于一个错误的信念，即认为中央圆环最初两侧各有一道蛇形侧翼，据信这反映了埃及宗教的影响。斯塔克利还想象了基督教的相似之处："圆环意味着一切存在物的最高源泉，即'圣父'；蛇形指从圣父而来的神圣流溢，即所谓的'圣子'；两边的侧翼则来自他们的另一个流溢，即所称的'圣

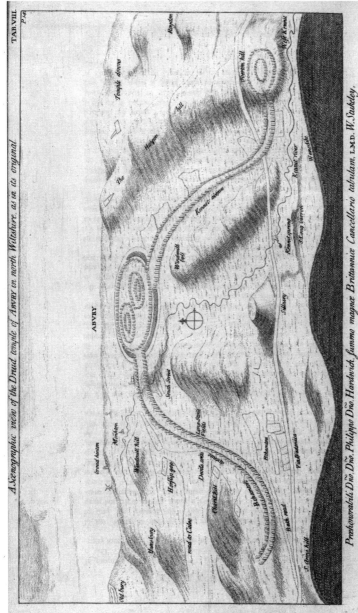

图 38　由威廉·斯塔克利重构的埃夫伯里想象图

灵’。"布莱克对蛇庙的目的有他自己的想法，早在《欧洲：一个预言》里，他就把埃夫伯里作为压制的象征，一边扩展到充满整个英国，一边"沿白色岛屿伸展开它阴影重重的长度（stretches out its shady length along the island white）"。["阿尔比恩（Albion）"之名已然暗示了白色。] ①18

因此，在这幅位于《耶路撒冷》绝顶的印版中，我们找到的是模棱两可的象征意义，而且几乎可以肯定是有意为之。从一个视角看，**洛斯**重新创造了陈旧的图像并解除其毒性。在 W. J. T. 米歇尔的阐释中，"蛇庙就是各各奴扎，艺术进展之城，'新各各他'，既是牺牲的新地点（自我毁灭），取代了救赎的旧信条，也是新'髑髅地'，永恒的新意识，在时间之中，而非远离时间"。19 但从另一个视角看，神庙的对称结构更强烈地暗示了**尤理谮**而非**洛斯**，**洛斯**的表情在这幅画中似乎是阴沉的，而不是因胜利而欢欣鼓舞。象征也是令人困惑地被混于一处。铁钳和锤子是在铁匠铺里被用于敲打金属成型，但蛇庙必定是由巨大的石块切削而成。**洛斯**是在何时怎么做到的——或者他有没有做？也许神庙根本不代表**各各奴扎**，而是相反，表示自然世界抗拒变形直到最后。

《耶路撒冷》这部诗已然以同样的方式做了它能做的一切，而接下来发生的要取决于我们，这是否最后一块印版所要传递的信息？"这部诗本身，"皮特·奥托（Peter Otto）说道，"正是把我们带到这一步的载体，现在必须要抛弃。"20《耶路撒冷》将成为布莱克写过的最后一部预言书。

---

① "Albion" 系古英语，源于拉丁语或凯尔特语，与拉丁语单词 "albus"（白色）有关，指英吉利海峡英国一侧的"多佛白崖（White Cliffs of Dover）"。

第 12 章　爱与嫉妒的折磨

威廉与凯瑟琳

凯瑟琳·布莱克在制作彩画书的过程中是积极主动的搭档，
不仅协助丈夫完成印刷工序，有时还为最终作品搽涂水彩颜料。
在《四活物》中，**洛斯的流溢埃尼萨蒙**就扮演类似的角色："首先
他在天堂闪亮的墙上画一条线 / 而**埃尼萨蒙**用羞怯爱情的光芒为
其着色。（First he drew a line upon the walls of shining heaven / And
Enitharmon tinctured it with beams of blushing love. ）"凯瑟琳对威
廉的忠贞毋庸置疑。当威廉·海利在费尔珀姆开始认识这对夫妇
时，他用自己的冗长风格描述道："她也许是凡人所曾拥有的最好
妻子，至少是最令人赞叹地诠释了所谓'得力伴侣（helpmate）'
的意味深长的名称。"海利继续道："他们已经结婚超过 17 年，依
然钟爱彼此，仿佛他们的蜜月仍旧光彩熠熠……这个好女人真不
愧是她的好男人的另一半，以至于他们似乎是由同一个灵魂赋予
了生气。"[1]

托马斯·巴茨讲过一个故事，1790 年代，就在布莱克夫妇
搬到兰贝斯后不久，他前去拜访，发现他们赤身裸体在花园里
读《失乐园》。"进来！"布莱克喊道，"只不过是亚当与夏娃，你
懂的。"G. E. 小本特利摒弃这则轶事，认为它不足为凭，但艾
琳·沃德（Aileen Ward）则不那么肯定。她指出，巴茨孙子的驳
斥是在很久之后才出现的，可能反映了维多利亚时代对裸露的不
安，而非对实情的了解。当然，布氏在自己的图画与诗歌中颂扬　196

裸体——"强烈！裸体！人类之火猛烈发光（Intense！naked！a human fire fierce glowing）"——如果巴茨的反应是震惊，那么布莱克的话可能是故意和他开玩笑。[2]

尽管如此，这桩婚姻也曾出现过闹得很僵的局面，它反复在布氏的笔记本诗歌中冒出来，并贯穿于他的伟大神话。早年，亚历山大·吉尔克里斯特听说他们曾有过引人注目的交锋。

> 一天，罗伯特与布莱克夫人发生了争吵。她在争论激烈时，对罗伯特用了一些词语，他的哥哥（尽管同时也是丈夫）认为无法接受。截至那时为止，布莱克虽还是沉默的在场者，但再也无法忍受，而是以被激怒后特有的鲁莽冲动站起来对夫人说："跪下，直接乞求罗伯特原谅，否则你再也看不到我的脸！"这是一个很重的威胁，布莱克说出来的语气明白无误地表明他是当真的。她，可怜的东西！认为这很艰难，如她后来所说，当自己没有错时却要乞求小叔子原谅！但作为温顺、忠诚的妻子，尽管天性绝不驯服或精神愚钝，她确实跪下并顺从地轻讲道："罗伯特，我乞求你原谅，我错了。""年轻的女人，你说谎！"罗伯特生硬地反驳道："是我错了！"[3]

我们已无从得知这场争论的原因，或者是什么话这么伤人。

一些布莱克的笔记本诗歌表达了两情相悦的理想。

> 男人对女人有什么需要？
> 得到满足的欲望的线条。
> 女人对男人有什么需要？

得到满足的欲望的线条。

如果前两行由亚历山大·蒲柏所写——并不是说他真的会写——后两行就会以某种机智的反转去破坏，进而表明女人和男人想要不同的东西。出人意料的是，布莱克在自己的反诙谐短诗中坦率承认了男人和女人都想要同一个东西：在彼此身上看到明白无误的满足迹象。但笔记本的同一页上还写有一首刻薄的替代作。

> 对一个妻子我所想要的
> 我在妓女那总是找得到，
> 得到满足的欲望的线条。

197

妓女看上去得到了满足，缘于她们是收钱做事。[4]

  大多数关于爱与性的笔记本诗歌都有关冲突而非满足。古人往往把桃金娘与维纳斯联系起来，布莱克却在《致我的桃金娘》（*To My Myrtle*）中呈现了一幅阴郁的画面。

> 绑在可爱的桃金娘树下，
> 花朵如雨一般到处飘洒，
> 噢我是多么疲惫和病弱
> 在我的桃金娘树下躺卧。
> 为何我和你绑在一处，
> 噢我可爱的桃金娘树？

笔记本中还有更加言简意赅的表述。

在爱中老去从七直到七乘以七，

我常常向往地狱离开天堂休息。

至于凯瑟琳，有人在这对夫妇年老时与他们相识，记得凯瑟琳曾说，"我很少有布莱克先生陪伴，他一直在天堂（I have very little of Mr. Blake's company, he is always in Paradise.）"。[5]这句话通常被当作凯瑟琳深深崇拜丈夫的证据，而小本特利更是将它题写在自己的《天堂陌影：威廉·布莱克传》（*The Stranger from Paradise: A Biography of William Blake*）扉页书名的正下方。但凯瑟琳这句话的原意当然是讽刺！

自由性爱抑或挫折与玷污？

大多数以浪漫主义者为人所知的诗人对待性均小心谨慎。华兹华斯几乎不承认它；柯尔律治和济慈雄辩滔滔地谈论爱情中的不幸，但并不直接提到性；雪莱的典故是理想化与朦胧的。拜伦名副其实是一个不可抗拒的引诱者，但即便如此，就性而言，他的诗歌也是相对而言不那么直白的。唯有布莱克反复深入地谈论这一主题。当然，只要是以商业出版与广大读者为目标，像华兹华斯等人所做的，他们就没法这么直白地谈论性爱，即便他们也想过。

198　　　　缘于最早期作品中的几段宣言，尤其是《天堂与地狱的婚姻》，人们普遍认为布莱克是在热情洋溢地颂扬自由性爱，并认为压制是能被轻易克服的。根据**魔王的声音**，"那些压抑欲望的人之所以这么做是因为他们的欲望衰弱得足以被压抑"。相反，把存在看作无限的方式就是"随感官享乐的改善而来"。但布莱克很快就将以远为悲观的看法去看待性爱关系，性在他的神话中将会变成预兆凶险的陷阱。

《阿尔比恩女儿们的幻象》属于"兰贝斯之书"的早期作品，有着更为连贯的叙事，并在这一点上超过了多数的布莱克诗歌。其中，名叫"乌松（Oothoon）"的年轻女子觉醒了性欲，但几乎立即就被一个粗野的男人强暴了。她中意的伴侣认为**乌松**已被玷污，愤而与她断绝了关系。**乌松**宣告自由性爱的理想，并试图让伴侣回心转意，却没有成功。

到了这部非凡作品的结尾，通往满足的障碍似乎既不可避免也无法解决。《阿尔比恩女儿们的幻象》与玛丽·沃斯通克拉夫特（Mary Wollstonecraft）在《女权辩护》（*A Vindication of the Rights of Woman*，恰于布氏诗歌的前一年出版）中的先驱式女性主义分析有相似之处。在《阿尔比恩女儿们的幻象》重复的叠句里，**阿尔比恩女儿们**为所有英国的女性发声，共同承受乌松的挫折与痛苦："**阿尔比恩女儿们**听到了她的悲哀，并回应她的叹息。（The Daughters of Albion hear her woes, and echo back her sighs.）" [6]

这首诗的第三幅印版异常美丽（见彩插 27），题为《论点》（*The Argument*），与一首题为《永恒》（*Eternity*）的笔记本抒情诗有着明显的相似之处。

> 有人把快乐和自己绑定
>
> 毁了有翅膀的生命，
>
> 有人亲吻快乐飞翔时
>
> 活在永恒的日出里。[7]

插画中壮丽的日出确实在乌松身后熊熊燃烧，而她确实亲吻了

"快乐（joy）"，在它飞翔的时候。

　　然而，第三幅印版上的诗句却与《永恒》形成了对照，似乎与插画看起来令人感到困惑的不和谐。

199　　　　　我爱过瑟奥托蒙

　　　　　　我不觉得羞耻；

　　　　　　我在处女恐惧中颤抖

　　　　　　并躲藏在琉萨的山谷！

　　　　　　我摘下琉萨的花

　　　　　　而我从山谷上升；

　　　　　　但是可怕的雷撕裂

　　　　　　我的处女披风成两半。

瑟奥托蒙——这个名字在此前的布莱克作品里没有出现过——是**乌松**的追求者，这时拒绝了乌松。评论者们同意，山谷是指女性的外阴。[8] 但为什么乌松一摘下花朵，紧接着就发生了夺去贞操（摘花）或强奸？即便性欲的最初体验是天真的欢愉，那为时也极其短暂。

　　第四幅印版开头的诗行帮助阐明发生了什么，但同时也让事情更加复杂。

　　　　　　遭受奴役，**阿尔比恩女儿们**哭泣：颤声哀叹

　　　　　　在她们的群山；在她们的山谷，叹息声声向美洲。

　　　　　　为美洲的柔软灵魂，乌松在悲伤中漫游

　　　　　　沿着琉萨的河谷一路寻觅花朵来安慰她；

因此她对**琉萨**的山谷明亮的金盏花说：

"你是不是花！你是不是宁芙①！我看你一时是花，

一时是宁芙！我不敢把你从露水床上摘下！"

金色的宁芙回答："请你摘下我的花，温柔的**乌松**，

另一朵花会绽放，因为甜美欢乐的灵魂

永远不会逝去。"她停下来关上了她的金色圣地。

于是**乌松**摘了花，说："我从你的床上摘下你，

甜美的花，把你放在这儿在我双乳间放光，

因此我转身面向我整个灵魂所寻觅之处。"

《论点》中的插画表现**乌松**把花朵——宁芙放在她的双乳之间。"金盏花（Marygold）"被描绘成发出光芒——也许其拼写方式（通常拼写为"marigold"）在暗示女人的名字——因为据伊拉斯谟斯·达尔文（Erasmus Darwin）所说，金盏花确实能放射出闪烁的光线。[9]

接下来，强奸得以被更清楚地讲述。强奸者是"布洛米恩（Bromion）"，这个名字源自希腊语单词，意为"怒吼者"或"雷鸣者"；他将自己描述为奴隶主。紧接着"撕裂（rend）"**乌松**之后，他就对她的情人**瑟奥托蒙**说话，羞辱地劝告他在**乌松**生育自己的孩子前跟她结婚。 200

布洛米恩用他的雷撕裂了她。在他狂风暴雨的床上

躺着昏厥的少女，很快她的哀恸吓住了他的嘶哑雷鸣。

---

① "nymph"系古典神话中居于山林水泽的美丽仙女，是自然幻化的精灵，一般以美丽的少女形象示人，喜欢歌舞，虽不会衰老或生病，却会死去。很多宁芙是自由的，但有些会侍奉天神，如阿耳忒弥斯、狄俄尼索斯、阿波罗、赫尔墨斯和潘等。

> 　　布洛米恩说："看看这个**布洛米恩**床上的荡妇，
>
> 　　让嫉妒的海豚围绕这可爱的少女嬉游；
>
> 　　柔软的美洲平原是我的，你的北方与南方是我的。
>
> 　　黝黑的太阳之子盖上了我的戒指图章。
>
> 　　他们是顺从的，他们不抗拒，他们服从鞭子；
>
> 　　他们的女儿们崇拜恐惧并顺从暴力。
>
> 　　现在你要娶**布洛米恩**的荡妇，并保护
>
> 　　**布洛米恩**盛怒之子，乌松将在九月之期生下他。"

布莱克将这个故事情节设置在美洲，是因为他在暗示那里的非洲奴隶与英国妇女间的类比。沃斯通克拉夫特直言不讳地将英国妇女与奴隶相比。不过，她还说，"所以当我把妇女叫作奴隶的时候，我是在政治和公民的意义上这样叫她们"[①]。布莱克应该会同意这一点，不过，他在《阿尔比恩女儿们的幻象》中也批判了心理与性的压制。[10]

　　"Oothoon"（乌松）改编自"奥伊索娜（Oithóna）"，即詹姆斯·麦克弗森其中一部裁相散文诗的女主角，她也同样遭受奸污，虽由情人为她报仇，但随后她还是自尽了，因为她相信自己已被无可挽回地玷污了。不像奥伊索娜，**乌松**否认自己被玷污了，更不承认她是**布洛米恩**所轻蔑称呼的"荡妇（harlot）"，但**瑟奥托蒙**还是一样拒绝了她。他的名字"Theotormon"在暗示"神－受折磨的（God-tormented）"[②]。

---

① 　引自王蓁译的商务印书馆 2017 年版《女权辩护》第 12 章"论国家教育"。

② 　"God-tormented"可作两种解释：①被神（或上帝）所折磨；②被折磨的神（或上帝）。

　　乌松直接向**瑟奥托蒙**的压制性上帝，即**尤理潜**（这是他在布莱克的诗歌中首次出现）恳求地喊道：

　　　　噢**尤理潜**！人的创造者！天堂的误认的魔怪：
　　　　你的欢乐是眼泪！你的劳作是徒劳，照你的样子造人。
　　　　一种欢乐怎么可能吸收另一种？不同的欢乐难道不是
　　　　神圣、永恒、无限！每一种欢乐都是爱！

乌松雄辩地向**瑟奥托蒙**抗议：

　　　　当我反映你的纯洁形象时，我怎么能被玷污？　　　　　　201
　　　　最甜的果子虫子以它为食，悲哀的猎物是灵魂，
　　　　新洗净的羔羊有墟里炊烟的色调而明亮的天鹅
　　　　在我们不朽的河边红土旁。

她挑衅地宣告性爱自由："我高喊，爱！爱！爱！幸福幸福的爱！自由如山风！（I cry，Love！Love！Love！happy happy love！free as the mountain wind！）"[11] "最甜的果子虫子以它为食（Sweetest the fruit that the worm feeds on）"听上去像是对《病玫瑰》象征意义的直言不讳的驳斥。

　　但"自由的（free）"爱究竟指什么，为什么乌松要把**瑟奥托蒙**的形象描绘成"纯洁（pure）"？为了力争让他回心转意，**乌松**提出了奇异的建议。

　　　　乌松将要张开丝织罗网与金刚石陷阱，
　　　　为你捉来温柔白银或狂放黄金的女孩；

> 我将在河岸躺在你身边看她们淫荡的游戏
> 在与瑟奥托蒙可爱的交媾中极乐复极乐。
> 红如玫瑰色的清晨，好色如初生的光线，
> 乌松会看着他心爱的快乐，从不与嫉妒的云
> 来到慷慨的爱的天空；也不会带来自私的枯萎病。

批评家们对这段陈述的含义莫衷一是。也许乌松仅仅是抱着这样的期望，只要瑟奥托蒙开心，她就开心，尽管那似乎让人联想起《土块和石子》中克己的土块。或许，她期望从窥淫癖似的观看"可爱的交媾（lovely copulation）"中得到自己的满足。甚至在柏拉中，如我们在《耶路撒冷》中所见：

> 每个女性都乐于把她的女仆给她丈夫；
> 女性寻找大海与土地为了满足给
> 男性守护精灵。

乌松提议去网罗金色与银色的女孩，如海伦·布鲁德（Helen Bruder）所见，是一种伊斯兰式的后宫幻想。布莱克想要解放女人的理由，即好让她们能给男人带来快乐。[12]

乌松的另一段话，连同插画，似乎令人不安地具有受虐狂倾向。（见彩插 28）

202

> 乌松没有哭泣：她不能哭泣！她的眼泪被锁住；
> 但是她能不停地嚎叫，扭动她柔软的雪白四肢
> 并召唤瑟奥托蒙的群鹰来猎取她的肉体。

> "我以神圣的声音呼喊！轰响的空气的诸王，
>
> 撕扯开这被玷污的胸脯好让我能
>
> 在我纯洁透明的胸膛反映瑟奥托蒙的形象。"
>
> 群鹰听从她的召唤飞落并撕扯它们流血的猎物；
>
> 瑟奥托蒙严肃地微笑；她的灵魂反映那微笑，
>
> 如清泉被野兽的脚步搅浑又变得纯净并微笑。
>
> 阿尔比恩女儿们听到了她的悲哀并回应她的叹息。[13]

与她之前所说的互相矛盾，乌松现在形容她的胸脯为"被玷污的（defiled）"，并邀请瑟奥托蒙的群鹰去"撕扯（rend）"它，这在很大程度上如同第四幅印版中"布洛米恩用他的雷撕裂了她（Bromion rent her with his thunders）"。在这幅插画里，乌松撩人地展示自己，好像诱人的勒达（Leda）①。

布莱克一定是在想密友亨利·富泽利（Henry Fuseli）的《梦魇》（*The Nightmare*），这幅画描绘了一个与布氏的乌松姿势非常相似的女人。（见彩插 29）富泽利出生于苏黎世（Zurich），本名"约翰·海因里希·菲斯利（Johann Heinrich Füssli）"，在家乡时受的本来是成为牧师的教育，后来却去英国当了画家，当布氏与他结识时，富泽利已经做了好些年画家。他们俩意气相投，富氏受德意

---

①　系希腊神话中,斯巴达王廷达瑞俄斯（Tyndareus）的王后，被化为天鹅的宙斯强奸而生海伦（Helen，性爱的象征）、克吕泰涅斯特拉（Clytemnestra，阿伽门农之妻）和狄俄斯库里兄弟（Dioscuri，战争的象征）。叶芝名诗《丽达与天鹅》[*Leda and the Swan*，见傅浩译的上海译文出版社 2018 年版《叶芝诗集》中的"碉楼（1928）"；不同于古希腊语读音，"丽达"是按英语读音的音译] 记其事。

志"狂飙突进运动（Sturm und Drang）"① 的启发，创造出强烈情绪的意象。《梦魇》于 1782 年在王家艺术研究院年度画展上展出，翻印后的印刷品卖出了成千上万份，并不断被模仿与戏仿。[14]

在这个夜间场景中，一个地精似的梦淫妖（Incubus，也译"寻梦精"或"梦魔"）重重地压在一个女人身上，而一匹眼睛鼓出的马则从他们后面探头穿过厚重的帘幕。在塞缪尔·约翰逊 1755 年的《英语辞典》中，"梦魇（nightmare）"的定义是："'night'加'mara'，一种精灵，在异教神话中被描述成会折磨或窒息熟睡者。是一种夜间病态的压迫，类似于重物对胸口的压力。"实际上，母马也被称为"mare"，与梦魇中的"mare"只是文字上的巧合，但世俗传说确实将梦魇与邪恶的马联系起来。

无人能肯定富泽利的画到底是什么意思，但它强烈的性暗示也明显可见，而伊拉斯谟斯·达尔文则把熟睡者描绘为处于性高潮之中。

她满脸羞红头朝后仰掉下枕边，

---

① 系德意志新兴资产阶级城市青年在 1765~1785 年发动的一场文学解放运动，也是德意志启蒙运动的第一次高潮。这一时期是文艺形式从古典主义向浪漫主义的过渡阶段，也可以说是浪漫主义的幼年期。其得名于剧作家弗里德里希·马克西米利安·冯·克林格（Friedrich Maximillian von Klinger）的戏剧《狂飙突进》，但这场运动的核心人物却是歌德和席勒。发起运动的市民阶层青年作家深受启蒙运动，特别是卢梭哲学思想的影响，进而推崇天才和创造性的力量，并将其作为自己美学观点的核心。他们歌颂"天才"，主张"自由"和"个性解放"，提出了"返回自然"的口号。此外，这些青年作家并不认同启蒙运动时期的社会关系，驳斥了过分强调理性的观点。该运动后被成熟的浪漫主义运动所取代。

> 她雪白的四肢无力地垂下床沿，
>
> 同时叹息连连，呼吸就要停滞，
>
> 时时中断的心跳游泳在死亡里。

203

在一部格言集里，富泽利尤为说明理想的女人应该是"姿势介于纯粹无助的童真与被封圣者的狂喜之间"。[15] 他也许想到了吉安·洛伦佐·贝尼尼（Gian Lorenzo Bernini）的壁龛雕塑《圣女德肋撒的狂喜》（*Saint Teresa in Ecstasy*，也称《圣女大德兰的神魂超拔》），他在罗马学习时应该见过。

在《阿尔比恩女儿们的幻象》的大多数印本中，这首诗根本不是以《论点》开头，甚至都不以展示**乌松**在海上自由奔跑的扉页开篇，而是代之以令人震惊的卷首画（见彩插 30），任何人在读这首诗前见到这幅插画都会大感不解。它没有图解任何实际上发生的事，而是在暗示这首诗整体的象征意义。在大海中央露出海面的岩石让人想起失落的亚特兰蒂斯（Atlantis），它沉没于水的混沌中，布莱克经常将其作为坠落的征兆。三个人物形象的身份随读者的继续阅读而逐渐变得清晰：**布洛米恩**，"咆哮者"，确实是在左边咆哮；**瑟奥托蒙**在右边掩面于臂弯；中间则是沮丧的**乌松**，背靠着背与脚踝上戴着沉重镣铐的**布洛米恩**绑在一起。她与强奸者令人憎恶的联系始终是沉重的负担。三人的心理都已极度扭曲。

由于都不是小说人物而是象征形象，因而将他们看作人类意识中互相冲突的元素是说得通的。并不存在外部力量把他们束缚在一起；他们是自己带上镣铐并彼此纠缠的，恰如《伦敦》中"心灵的镣铐"。还有一种可能是把整幅图看成一个人头，鲜艳的太阳则是凝视的独眼。这一点在诗歌中被表示得很明确。

> 取代早晨，升起一轮明亮的影子，像一只眼
>
> 在东方的云里；取代夜晚，一座病态存尸所。

那么形成穹顶的洞穴即是头骨的顶部，正如同一时期的《欧洲》里所述：

> 曾经向天空敞开并升起在人类颈部，
>
> 如今长满毛发并且用石头屋顶盖住。[16]

布洛米恩可能代表自我的一种元素，占有欲强烈且充满兽性地渴望性爱。**瑟奥托蒙**可能是恐惧和道德教化的压制渴望性爱的元素。**乌松**则无望地陷入"施虐—受虐"的动力中。她挑衅地宣告自由性爱，但是徒劳，**阿尔比恩女儿们**回应了她的叹息。

嫉妒之链

《四活物》的副题是《古人阿尔比恩之死与审判中的爱与嫉妒的折磨》。嫉妒在布莱克的两性关系中扮演了重要角色。不知道凯瑟琳是否对其他男人表现出兴趣，但她肯定意识到丈夫对别的女人的兴趣。吉尔克里斯特从认识他们的人那里听说，"很久以前，那时他们都还年轻，有过冲突不断的日子；关系闹僵时绝非缘于鸡毛蒜皮的小事。但随着原因消失（在她这一方来说是嫉妒，并非完全是无风起浪），争吵也停歇了"。布莱克是否真的有婚外恋我们已不得而知，但已知的是，他暗示过，就像《旧约》中的族长，他应该同时拥有不止一个妻子。亨利·克拉布·鲁宾逊（Henry Crabb Robinson）对此有过一段记载，为谨慎起见，他

用德语写道："布莱克从《圣经》那里得知，应该发起一个女性的集体。(that from the Bible he has learned that eine Gemeinschaft der Frauen statt finden sollte)"——妻子应该共有。[17]

埃尼萨蒙可能只是在表达布莱克自己的观点，她呼喊道：

> 女人的快乐是她最爱之人的死
>
> 他为了她的爱而死
>
> 在强烈嫉妒的折磨与爱慕的痛苦中。[18]

嫉妒在这里被归咎于女性，但布莱克在其他地方承认，嫉妒在嫉妒的男人心里可以着魔似的滋长。

在布莱克为弥尔顿《失乐园》所作的诸多插画中，《撒旦观看亚当与夏娃亲热》(Satan Watching the Caresses of Adam and Eve，见彩插 31）以超凡的洞察力表现了嫉妒心理。尽管从神学上讲弥尔顿是个清教徒，但他从来不是那种所谓道德上拘谨古板的教徒。《失乐园》已清楚地表明，性在堕落之前既是感官的也是天真的。

> 还有各种颜色的鸢尾、蔷薇、
>
> 茉莉等美丽的花朵，开在树枝间，
>
> 抬着秀丽的头，像精巧细工的镶绣；
>
> 脚下有紫罗兰、番红花和风信子
>
> 嵌绣的地毯，比最贵重的宝石
>
> 铺成的纹章图案更为富丽。
>
> ……
>
> 在如此神圣、幽邃的绿荫的庐舍里，
>
> 　　……只有新嫁娘夏娃

205

> 最初用花朵、花环、香草来装饰
>
> 新婚的床。天上的歌队唱婚歌
>
> ①19

布莱克的画捕捉到了细腻的花卉之美。弥尔顿虽没有提到百合花，但布氏画上了——亚当甚至还摘了一朵——因为百合花的花语象征着纯洁。婚床是铺满淡粉色玫瑰的硕大卧榻，两束悬有更多玫瑰的棕榈叶为两个人物构成了画框。夏娃摘了一朵玫瑰，亚当则头戴一顶玫瑰花冠。

　　在《失乐园》中，撒旦"因艳羡而转过头去，/ 却又心生恶念，侧目而视"，苦涩地承认自己的孤单。

> 　　可恶的景象，恼人的景象啊！
>
> 这一对手挽手地出现在幸福的
>
> 伊甸园里，享受福上的至福，
>
> 无比美满；我却被抛进阴间，
>
> 既没有欢乐，又没有爱情，只有
>
> 强烈的愿望，这比其他各种痛苦都更
>
> 难熬，不能实现，徒劳苦闷而消亡。②

然而在布莱克的画里，撒旦的表情看起来根本没有恶意。相反，他似乎既悲伤又困惑。而且他也不是真的在看那一对恋人。他阴沉的目光反而是盯着盘绕自己身体的金鳞大蛇，还一边抚摸着火

---

①　引自朱维之译的上海译文出版社 1984 年版《失乐园》第四卷。此处译者按照本书英文版的引文作了相应调整。

②　引自朱维之译的上海译文出版社 1984 年版《失乐园》第四卷。

红的蛇头。丹蒂·加布里埃尔·罗塞蒂被这幅画打动："撒旦握着一条棱镜分光般惊人微妙且色泽绚丽的蛇，似乎在给他出什么坏主意，抽干他的活力。撒旦带有一种懒散，几乎是'多愁善感'的神情，不过依然显得很可怕。"[20] 对这幅画的另一种可能的理解是把这个场景看作自恋与自慰。

　　撒旦并不是唯一凝视蛇的人。夏娃也是如此，因为她并不像预期的那样在柔情蜜意地看着亚当，而是目光越过了他。与此同时，亚当的手轻搂夏娃的头，与撒旦抚摸蛇头的手构成镜像。亚当的脸与撒旦的脸也以同样的方式互成镜像。[21]

　　就布莱克的神话体系而言，弥尔顿的伊甸园实际上是**柏拉**的幻象，**柏拉**是**伊甸**之下的存在状态。**柏拉**是"结缡之地"，在其中对立面都同样真实，但两性可能会由此投身落入**世代**。布莱克画中的撒旦是亚当的二重身，体现着为爱情所固有的本能的嫉妒。在《失乐园》中的这个瞬间，亚当与夏娃并没有谁可以去嫉妒，因为他们是仅存现有的两个人类。但撒旦已从视觉形象上体现了等着他们的东西。亚当与夏娃都泛有一种空洞的表情，仿佛处于昏迷之中。

　　嫉妒，在这个概念中，完全是对自我的迷恋。法国作家、伦理学家弗朗索瓦·德·拉罗什富科（François de La Rochefoucauld）的简洁箴言说："在嫉妒中自爱比爱更多。（In jealousy there is more self-love than love.）"如布莱克所想象，嫉妒是从内心中长出的锁链，《尤理潜之书》中的一幅非凡插画对其作了描绘。（见彩插 32）**奥克**在这首诗里是**洛斯**与其流溢**埃尼萨蒙**的儿子；与《美洲》中一样，他依然是性欲的象征，却已不再自由。甫一出生，他的父亲就被令人窒息的嫉妒所压倒。

206

洛斯再也看不到永恒。

他把婴儿抓在手里；

他把孩子浸在悲伤之泉，

把他递给**埃尼萨蒙**。

他们给他取名**奥克**，他吃

埃尼萨蒙的奶长大。

洛斯叫醒她；噢悲伤与痛苦！

收紧的环围绕他的胸膛

生长。在啜泣中

他把环崩开成两半，

但是另一个环又

压在他的胸膛。在啜泣中

他又崩开它。另一个

环又随之而来。

环在白天形成：

到了晚上崩成两半，

这些掉落在岩石上

变成一根铁链

207　　铁环互相勾连。

他们把**奥克**带到山顶。

噢埃尼萨蒙哭得多伤心！

他们把他幼小的四肢

用嫉妒之链锁在石头上

在**尤理谱**死一般的阴影之下。[22]

画中的三个人皆赤身裸体。孩子抬头看着母亲（他的嘴是否伸向

乳房?），她的脸却扭向一旁。**洛斯**阴沉地凝视母子俩，不过他的
肩膀也扭向旁边；他并没有和他们拥抱。一条带血迹的嫉妒之链
从胸口垂向并遮住**洛斯**的左脚。他的左臂似乎也缺失了，取而
代之的是一把无用的锤子，似假肢般向下垂着。

《四活物》中也描述了相同的象征性事件：**奥克**在长到青春期
后被**洛斯**锁了起来，同时，**洛斯**也极为痛苦地自我束缚。

> 但是当十四个夏天和冬天转过他们
>
> 庄严居所上空，**洛斯**看着红润的男孩
>
> 环抱他明亮的母亲，在他幼小的眼睛里
>
> 看到了恶意的火，分明看出**奥克**想要他死。
>
> 悲伤升上了他明亮的前额；收紧的环围绕
>
> 他的胸膛生长，像流血的绳索。暗自啜泣
>
> 他崩开了环，但第二天早晨另一个环又来了……
>
> **埃尼萨蒙**看到了日日夜夜的流血锁链
>
> 依靠着**洛斯**的胸膛，以及他带着怎样的刺痛
>
> 每天早晨和黑暗的幽灵一起去劳动，
>
> 称其为嫉妒之链。

"刺（griding）"是弥尔顿《失乐园》中的词语，意为"穿刺
（piercing）"："利剑过处，创伤深长，疼痛不止。（So sore / The
griding sword with discontinuous wound / Passed through him.）"①23
　　弗洛伊德的"俄狄浦斯情结（Oedipus complex）"映入眼帘。

然而不像布莱克，弗氏认为所谓恋母情结的嫉妒属于小男孩，他不可能把自己的母亲从父亲那里夺走，不过他还是为想要打破乱伦禁忌的念头而惩罚自己。在布莱克的版本里，嫉妒始于父亲而非儿子，即当他开始意识到男孩不仅到了青春期，而且表露出对母亲的性意识时。如果说画中的埃尼萨蒙没有主动鼓励，却也至少是默许了带有暗示意味的拥抱，即便饱受折磨的丈夫正在无助地看着她。

禁忌圣地

布莱克经常明白无误地表达洞见——禁止某事就是让它更加令人渴望——而且预见了弗里德里希·尼采（Friedrich Nietzsche）的箴言："基督教给爱欲灌毒药；——爱欲没有被毒死，却因而蜕变成恶习。"① 不加限制的性被禁止是否因为它是坏的，还是仅仅因为它被禁止了所以才是坏的？在两个现存的《欧洲》印本中，一位嘲讽的仙女在开场白中说，"五扇窗户照亮关在洞穴中的人（five windows light the caverned man）"，意指五种感官；以触觉他可以"在他想要的时候昏迷过去（pass out what time he please）"，与世界以及世界的满足自由地连接——"但是他不会；／因为偷来的欢乐是甜蜜的，偷偷吃的面包是愉悦的（but he will not；／

① 引自赵千帆译的商务印书馆 2015 年版《善恶的彼岸》第 4 章"箴言和间奏曲"。其中"爱欲"即"厄洛斯（Eros）"，系希腊神话中爱神阿佛洛狄忒（Aphrodite）之子，相当于罗马神话中的丘比特（Cupid）。柏拉图著作《会饮篇》（Symposium）描述雅典城中的知名人士聚会讨论厄洛斯，可见时人已对厄洛斯具有许多不同的理解。

For stolen joys are sweet, and bread eaten in secret pleasant)"。该典故出自《箴言》9：17："偷来的水是甜的，暗吃的饼是好的。"[24]

在布莱克笔记本中，紧接《爱神的花园》后的一首诗是他写过的最为令人不安的诗歌之一。其在创作之初很可能是作为一首《经验之歌》而被构思的。

> 我看到纯金小教堂
> 没有人胆敢进来，
> 外边很多人站着哭泣
> 哭泣哀悼礼拜。
>
> 我看到一条蛇升起
> 在大门的白色立柱间，
> 他用力用力用力，
> 扯下了金色铰链，
>
> 沿着甜美的过道
> 铺满珍珠红宝石耀眼
> 拖过他黏糊糊的全身
> 直到白色祭坛上面
>
> 吐出他的毒液
> 在祝圣饼酒之上。
> 于是我转向猪圈

209

在猪群中间平躺。①

---

① 本书英文版诗文与厄尔德曼版略有出入，本书英文版为："I saw
a chapel all of gold / That none did dare to enter in, / And
many weeping stood without / Weeping mourning worshipping. //
I saw a serpent rise between / The white pillars of the door, /
And he forced and forced and forced, / Down the golden hinges
tore, // And along the pavement sweet / Set with pearls and
rubies bright / All his slimy length he drew / Till upon the
altar white // Vomiting his poison out / On the bread and on
the wine. / So I turned into a sty / And laid me down among
the swine."厄尔德曼版（E467）不仅无标点，而且在文字上
主要是用符号"&"代替了"and"。黄雨石译的人民文学出版社
1957年版《布莱克诗选》中的《被玷污的圣所》所依据的底本
似与本书英文版有所不同，兹抄录如下，以备读者参考。

> 我看到一所黄金铸成的教堂，
> 这教堂从来没有谁敢走进去，
> 只有许多满眼含泪的人立在门外，
> 他们在那里拜祷、悲伤、哭泣。
>
> 我看到从门外白色的廊柱间，
> 一条巨大的毒蛇蜿蜒爬来，
> 它用力不停地顶撞、顶撞、顶撞，
> 直到它把那金质的大门顶开。
>
> 教堂里晶莹光洁的花砖铺道，
> 原曾用闪亮的金珠宝玉镶嵌；
> 它沿铺道伸长它鳞光闪闪的身躯，
> 最后竟爬上那白色的圣坛，
>
> 向着圣坛上的圣餐、圣酒，
> 吐出了它毒囊里的毒液。
> 我于是钻进了一个猪圈，
> 和圈里的猪躺卧在一起。

小教堂的大门暗示一个象征，预言中经常出现：阴道象征耶路撒冷圣殿（Temple in Jerusalem）禁止观看的"至圣所（Holy of Holies）"①。在布莱克的阐释中，隐藏起来的并非神圣，而是"秘密的淫欲，藏在暗室之时夜间的淫妇／乔装嬉戏于耳语的赞美诗与喃喃的祈祷（secret lust, when hid in chambers dark the nightly harlot / Plays in disguise in whispered hymn and mumbling prayer）"。[25] 回到早期创作的《天堂与地狱的婚姻》，他所传递的信息可能是：消灭秘密能解放性，实现坦率而开放的享乐。然而在后期的诗歌里，那不再显得这么容易。反之，恰恰是隐秘与神秘让性变得诱人——但同时也令人进入圈套且深深沉迷其中。

《四活物》的手稿含有一些色情图画；其他的在布莱克死后均已被擦除，这可能是某个发觉它们过于惊世骇俗者的举动（有几

---

① 系《希伯来圣经》（Hebrew Bible）中的一个术语，即帐幕（分为外院、圣所和至圣所，分别预表人的身体、魂和灵）的最内层位置，上帝的住所。除大祭司外，任何人都不得进入，而且大祭司也只能在每年的赎罪日进入一次，以便将祭牲的血洒在约柜和约柜顶上的施恩座上。根据希伯来人的传统，至圣所是天堂和世间的精神交会点，是"世界之轴（axis mundi）"。它由四根共同撑起覆盖的幔子的柱子界定，在幔子下即是托在地板上的包金的约柜（内含两块十诫石板、亚伦发芽的杖和盛吗哪的金罐）。据传，耶路撒冷圣殿就是所罗门王（King Solomon）为保存约柜而建造的。目前，至圣所的确切位置仍是一个有争议的问题。一种猜测认为它就在耶路撒冷圣殿山的"岩石圆顶（Dome of the Rock）"附近。"犹太教正统派（Orthodox Judaism）"，特别是那些与重建圣殿团体有关的人，要求来到圣殿山的访问者需遵守进入圣地的最低要求，例如穿着亚麻织品和不得背向至圣所的位置而缺少敬意。大部分正统派教徒甚至避免爬上圣殿山，以防自己不慎踏入至圣所。他们认为这是被禁止的，只有等到弥赛亚到来后，将来的大祭司才有资格进入。

幅擦掉的图画能借助红外摄影术被模糊地复原出来）。其中一幅非凡的铅笔速写能胜任《我看到纯金小教堂》（*I saw a chapel all of gold*，即人民文学出版社 1957 年版《布莱克诗选》中的《被玷污的圣所》）的图解。（见图 39）在这幅画里，自然女神的两腿间确实有一座哥特式礼拜堂；这个形象在布氏的画里通常被指认为自然女神，因为她的额头戴着一顶刺冠。布莱克可能知道奥菲特教（Ophites，意为"拜蛇教"），该教派是诺斯底教的一个特别离经叛道的分支，公然运用阴茎突击的象征主义手法。深感震惊的萨拉米斯主教圣埃皮法尼乌斯（Saint Epiphanius，Bishop of Salamis）描述了他们的仪式：面包放在祭坛上，一条蛇放在面包上，信徒亲吻蛇嘴之后，食用面包。对奥菲特教徒来说，蛇象征着伊甸园中被禁止的知识，更确切地说就是性启蒙。[26] 对布莱克来说，它意味着堕落。射精令人恐慌地以浑身黏液的蛇野蛮撞开大门的形象出现，最终"吐出他的毒液 / 在祝圣饼酒之上（Vomiting his poison out / On the bread and on the wine）"——重音落在"吐"上尤为令人震惊。信徒分享的圣餐里的祝圣饼酒被野蛮的性欲玷污，而性欲反过来又被诱人且暗藏的圣地激发。所以说话人憎恨自己，在猪圈里躺下，有如《路加福音》15：11-32 中耶稣比喻里的回头浪子。

211　　　　性欲望诱使我们盯着特定的身体部位，对大多数人来说，这似乎一定只是一个简单的事实，而且大家对此都欣然同意。然而，布莱克似乎觉得它令人不安。即便在安宁的柏拉，我们也发现了不详的圣地，虽"美丽"但也因此令人难以自拔。

人性不知道性，为何柏拉里有性别？
在柏拉女性放下她美丽的帐幕，

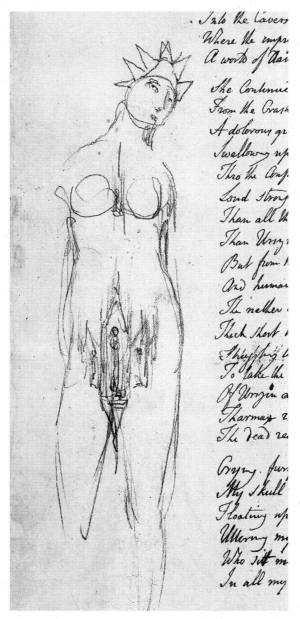

图39 《帷拉》手稿，第86页（细部）

> 男性进入她壮丽的天使居所之间，
> 并与她合而为一，混合浓缩于自恋
> 诅咒与二重死与生的岩石般的法则。[27]

　　通过男性与女性对比，布莱克想象**永恒者**享有神秘的结合，就像弥尔顿的天使，是整体的结合而非性器的交合。

> 拥抱就是混同：从头一直到脚，
> 不是自负的牧师由秘密地点进入。

从来没有人能说清楚布莱克理想化的"混同（cominglings）"指的应该是什么。[28]无论如何，这显然不是我们当下所拥有的这种身体。

　　布莱克不是无冲突性爱的先知，他描绘的图景更接近于弗洛伊德所表达的悲剧性爱："就性本能的实质而言，有些因素可能不利于它的充分实现。"①[29]

---

① 引自车文博主编的九州出版社 2014 年版《弗洛伊德文集》第五册《爱情心理学》中的《论性爱领域最普遍的衰退趋势》（1912）。

第13章 女性意志

我肉身之母

尽管布莱克批评父权制，但在重要的方面他一点也不反对它。作为男人，他憎恨权威控制，并怀疑祖先，即便他们是善意的。但他想当然地认为男性高于女性。在《弥尔顿》中，当然**弥尔顿**的灵魂与他的六重流溢和解了，六重流溢即他的三个妻子与三个女儿，据信弥氏在生活中对她们如同暴君。但这种团圆只是在理论上得到确认，而没有被具体展示。

如布莱克对秘密圣地的执迷意象所暗示，他倾向于认为女性的性欲是一种隐伏的威胁。性爱关系牵涉权力早已是为人熟知的事实。正如古老的隐喻"以身相许"[①]所暗示，它可以感觉像是某种奴役状态。布莱克肯定是这样认为的。他在后期诗歌中逐渐扩大了自己对女性的控告范围，直到几乎替所有事情，甚至是战争受过。最根本的指控是女性把我们束缚到终有一死的生存方式上，因为是女人令我们出生。

传统宗教教导认为性的唯一好处是导致繁殖。但按布莱克的说法，那恰恰是坏事。将自然想象为母性很常见："噢自然，噢我的母亲，"卢梭宣称，"我只是处于你的庇护之下。"连怀疑论者休谟都说起"自然她自己（nature herself）"。[1]布莱克对真实的

213

---

① "thrall"意为"受某人控制"，词源为古英语的"þræl"，有"仆役"之意。

母亲充满同情，如《天真之歌》所明示，但"自然母亲（Mother Nature）"的感伤理想对他来说却毫无用处。

如布莱克在图画《阳光灿烂的假日》中所称的**世代**的状态，人类生命从生到死的轮回，从所谓的意义层面可谓非常模棱两可。他反复强调，我们的目标应该是内在的末日，实现通向**永恒**的突破，而我们应该向往**永恒者**的无性别"混同"，无论它会是什么。他对**世代**的怀疑在一本题为《为儿童所作：天堂之门》（*For Children: The Gates of Paradise*，简称《为儿童所作》）的袖珍寓意画册中已表露得十分明显。这本画册与《阿尔比恩女儿们的幻象》以及《经验之歌》均在 1793 年付印。传统的寓意画册会用简短的文字配上讽喻性的图画，以传达传统的说教寓意。布莱克却有意以不同的方式来教导，鼓励怀疑一般化理解的生活经验。[2]

《为儿童所作》的第一幅小图的标题是"什么是人！（What is Man！）"它展示了一条毛虫在啃食树叶，下方的另一片叶子上则躺着一个长有婴儿脸庞的幼虫或蝶蛹。（见图 40）由此从生到死的轮回已然开始；我们已经看到布莱克有时把人称作"六十个冬天的蠕虫"。[3] 这是真的，蝴蝶在传统上被认为是永生的象征，终有一天将会破蛹而出，翱翔空中。但与此同时，分娩又已把另一个弱小的凡人带到世间。

第二幅小图（见图 41）反讽地解释了婴儿从哪里来，有点像经常讲给孩子们听的荒唐故事。一位母亲正从地里拔出一个小孩，另一个已被收获的孩子则被轻裹在衣裙里。多年以后，当布莱克修整这些小画时，这本寓意画册有了新的标题《为两性所作：天堂之门》（*For the Sexes: The Gates of Paradise*，简称《为两性所作》），他添加了一些解释性的诗行，题为《大门钥匙》（*The Keys of the Gates*）。对这幅画，他评论道：

图 40　《为儿童所作：天堂之门》，印本 D，印版 1

> 我的永恒的男人在休憩，
>
> 女性从他的黑暗中升起，
>
> 她在一棵树下发现了我
>
> 一株风茄，用纱巾包裹。[4]

在阿尔比恩的沉睡般的"休憩（repose）"中，两性彼此分离——"女性从他的黑暗中升起（The female from his darkness rose）"。至于"风茄（mandrake）"，即曼德拉草（俗称"曼陀罗草"），由于它分叉的根很像人腿，因而通常会使人联想到生殖，就像《创世记》中雅各（Jacob）与利亚（Leah）的故事，抑或约翰·但恩

214

（John Donne）的诗行，"使曼德拉草根怀胎"①。⁵

那么，布莱克希望孩子们在这本奇怪的小书里掌握些什么呢？或许这本画册根本就不是为他们创作的，而是通过颠覆正常寓意画自鸣得意的启示，从而挑战成人的传统观念。修改后的标题《为两性所作》让这种意图更加明显：承认从生到死的轮回不可避免，意味着受自然世界所奴役。

最后一幅小图的标题是"我对蠕虫说过：你是我的母亲和我的姐妹（I have said to the worm：Thou art my mother and my sister）"。（见图 42）凡人的身体沉入地面，一条蚯蚓破土而出，围绕着一个坐在地上的戴着大兜帽的人物形象，很像死亡的传统意象。根据《大门钥匙》，她代表以全部化身出现的女性。

216
我发现死亡之门洞开
蠕虫在地上交织。
从子宫你是我的母亲，
妻子、姐妹、女儿，到坟茔，
把性的争斗留给梦寐
对生活之网哭泣流泪。⁶

在布莱克的后期预言中，凡人身体的母性创造者被命名为**得撒**，它是《旧约》中十个失落的古以色列部落的都城，因此与**耶路撒冷**相对。在某一时期，布莱克为《经验之歌》增添了一首诗，题为《给得撒》（*To Tirzah*）。

---

① 引自傅浩译的中国对外翻译出版公司 1997 年版《艳情诗与神学诗》中的《歌》。

图 41　《为儿童所作：天堂之门》，印本 D，印版 3

图 42　《为儿童所作：天堂之门》，印本 D，印版 18

无论是什么诞生于肉身，
就必然被尘世消磨殆尽，
为了要摆脱传宗接代的羁绊，
那么我与你有什么相干？

两性从羞耻与骄傲中跃起，
在早晨传播；在夜晚死去，
但慈悲把死亡变成睡眠，
两性激动且哭泣。

你这与我血肉相连的母亲，
用残酷铸造我的心。
用虚假的自欺的泪珠，
把我的鼻孔、眼睛和耳朵束缚。

用没知觉的泥巴使我噤声，
把我出卖给必死的生命：
耶稣的死使我脱离了苦难，
那么我与你有什么相干？ ①

---

① 引自杨苡译的译林出版社 2012 年版《天真与经验之歌》中的
《给得撒》。杨苡译本根据布莱克插画中右下角人物衣服上的文
字在诗尾加译了一行："复活的是灵性的身体。(It is Raised as
a Spiritual Body.)"另外，杨苡译本"blowed"不作"开花"解，
而是译为"传播"，或可视为双关语。由于所据版本不同，《给
得撒》并未收录进人民文学出版社 1957 年版《布莱克诗选》
中的宋雪亭译本。

"blowed"意为"开花(bloomed)",如华兹华斯的"绽放的最低微花朵(the meanest flower that blows)"。《给得撒》的第四诗行重复了耶稣对自己母亲说的话,就在他把水变成酒之前:"母亲,我与你有什么相干?"(《约翰福音》2:4)[7]鉴于布莱克改编了这个问题,它就不是对玛利亚,而是对**得撒**"我肉身之母(mother of my mortal part)"① 在提问。

"两性从羞耻与骄傲中跃起(The sexes sprung from shame and pride)"指的是**堕落**的正统故事。在《创世记》3:17-19中,当亚当与夏娃犯下原罪后为自己的裸体感到羞耻时,他们被上帝诅咒,"你必终身劳苦才能从地里得吃的……你必汗流满面才得糊口"。但布莱克的**伊甸**里并没有明确的性别,性在**世代**世界中的存在是最初分解的后果,而非原罪。至于劳作,它本身就有价值,并非应与避免的惩罚。

"耶稣之死",如布莱克所理解,完全不同于救赎的正统教条,即"上帝之子"作为我们的替罪羊牺牲自己以安抚愤怒的"父"。在布莱克的神话中,它象征着自我牺牲,每个人都应参与其中。

> 耶稣说,"你会不会爱一个从未为你
> 而死的人,或为一个不为你而死的去死?
> 如果上帝没有为人而死,没有为人
> 永远献出自己,人不可能存在,因为人是爱
> 正如上帝是爱。每次对别人的善都是模仿
> 神圣形象的小死亡,没有兄弟,人也不能存在。"[8]

---

① "我肉身之母"在杨苡译本中被译作"与我血肉相连的母亲"。

在布莱克看来，爱是兄弟之情，而非母性。布莱克把**得撒**作为肉身的母亲来抨击，不啻对自然本身，或者毋宁说对自然她自己的抨击，因为按照布氏的观点，堕落形式中的自然，责任在于女性。首先，她以诱惑男性进入她秘密的帐幕来引诱男性加入生殖，然后，她以生产的方式延续堕落存在的循环。**洛斯**在《耶路撒冷》中宣称：

> 我听到分娩的尖叫响亮高亢，**阿尔比恩之云里**
>
> 死亡的呻吟，令人恐惧地传遍整个大地。
>
> 人会变成什么？谁知道！但女人会变成什么？
>
> 拥有凌驾男人之上的权力，从摇篮到易朽的坟墓。

海伦·布鲁德推敲布莱克对性别的看法，总结说他"时而是对父权制深挖细究的批评家，但时而也是咄咄逼人的厌女者"。布鲁德列举了一个反复在布氏诗歌中出现的完整的原型选集：处女、少女、母亲、妓女、宁芙，女王。[9]

艾丽西亚·奥斯特里克（Alicia Ostriker）更进一步地区分了四个不同的布莱克。第一个是自由性爱与无拘无束欲望的先知，但只在最早期的作品中；第二个把女性视为从来不会获得独立存在的"流溢"；第三个相信女性性欲是诱人的陷阱；而第四个则认为真实的女人，尤指凯瑟琳·布莱克，应从属于男人并向他们奉献全部生命。布莱克在一些早期笔记中写道："让男人尽他们的本分，女人将会是如此的奇迹；女性的生活借男性的光而活。看一看依赖于男人的女人，你就懂了这个男人。（Let the men do their duty and the women will be such wonders; the female life lives from the light of the male. See a man's female dependents, you know the

man.）"正是在这个意义上，他称凯瑟琳为自己的"快乐的影子
（shadow of delight）"。[10] 凯瑟琳从没有成为母亲，而布莱克可能认
为那无所谓。

流溢与女性意志

尽管流溢在布莱克的后期诗歌中扮演着关键的角色，但他
从未说明为什么流溢必须是女性。评论者曾辩解说她们仅仅在隐
喻意义上是女性，代表每一个**活物**借以与世界互动的媒介。赫尔
曼·诺斯罗普·弗莱很喜欢"整体"这个词，他把流溢定义为：
"一个（男）人（a man）钟爱并创造的一切事物的整体形式。"
但为什么是"一个（男）人"？特里斯坦·康诺利（Tristanne
Connolly）干脆地评论道："从女性视角看，女性不是他者。"[11]

与荣格的"阿尼玛（anima）"概念，即"男性人格的女性意
向"的类比有时也被提及，但它在这一点上行不通，因为布莱克
并没有把女人表现为具互补性的"阿尼姆斯（animus）"，即"女
性人格的男性意向"。尽管荣格想要给阿尼玛和阿尼姆斯同等的
完整价值，布莱克却专注于女性原则凌驾男性之上的所谓支配权。
他的流溢概念让男人成为女人的创造者，正如《创世记》中夏娃
是由亚当的肋骨构造而成。他愤愤不平地抱怨女人从摇篮到坟墓
所拥有的凌驾男人之上的权力是个关于现实生活中的非理性矛盾，
因而拒绝承认女性的自然权力。

也许布莱克诗歌中最讨人喜欢的流溢意象是《弥尔顿》中
"娥洛泷（Ololon）"的降临，**娥洛泷**是**弥尔顿**的流溢。布莱克
可能知道塞缪尔·约翰逊的犀利裁决："那些最为高调地强烈要
求自由的人却不会最为慷慨地允许自由，人们对此已经见识过

了。就我们所知的弥尔顿在家庭生活中的角色而言，他是严苛且专断的。他的家庭由女人组成；而在他的书里出现了某种类似于对女性的土耳其式蔑视之物，女性是从属而低下的生物。他自己的女儿也难逃此列，他以吝啬、匮乏的教育让她们受压制，并以此来折磨她们。他认为女人生来只是为了服从，而男人只是为了反叛。"[12]

如布莱克所想象，**娥洛泷**从天空降临到他的费尔珀姆村舍，通过暗示，如同**弥尔顿**与**布莱克**的结合，她将与凯瑟琳相结合。"Ololon"（娥洛泷）的名字灵感可能源于一个希腊语单词，表示快乐的呼喊。这个瞬间由一幅迷人的插画展现出来，布莱克在画中从村舍的花园抬头向上看，长翅膀的**娥洛泷**同时滑落降下，仿佛被吊在一根钢丝上。（见彩插 33）由于他相信永恒完全呈现于时间的每一瞬间，所以这部诗中发生的事件应被理解为同时发生，而非前后相继。苏珊·福克斯（Susan Fox）解释道："弥尔顿的降临在**娥洛泷**之前到来，但她的降临完全是最初的。**弥尔顿**下降去寻找她，当他到达时**娥洛泷**正在等他——尽管是他的下降导致了她的降临。"因此，这个关键事件"发生于一瞬间，而布莱克用了50 页去描写"。[13]

然而，在布莱克的整个神话中，我们通常看到的不是和解，而是**活物**与流溢间的破裂与争斗。在《四活物》发展出幽灵的象征后，在同一场大灾变中，他想象幽灵从完整的自我中脱离，与此同时，每一个流溢则从她的**活物**中分裂开。一首令人困扰的笔记本诗歌描绘了如今已然分裂的意识的痛苦。读者在这部诗中并不总能分清说话的人是谁，但总体之意还是清楚的。

我的幽灵日夜围绕身边

像野兽把守道路前面；
我的流溢在我内心深处
为我的罪孽不停痛哭。

一座深渊无边无底，
我们在那里游荡哭泣；
乘着饥饿与渴望的风
我的幽灵在你身后跟踪。

他在雪里嗅到你的脚步
无论你走到何处
不顾冬天的冰雹和雨水；
你什么时候再次回归？

220

已经分离开，影子—幽灵如弗兰肯斯坦的怪物般追踪说话人，而流溢却依然留在"内心（within）"，带着对性欲望的罪恶感而哭泣，而性欲望此刻已被视为罪孽深重。再一次，女性的嫉妒因毁坏了幸福而受到指责。

你不是心怀骄傲与嘲讽
用暴风雨填满我的早晨
伴随着嫉妒与不安
用眼泪填满我愉快的夜晚？

你的刀夺去了我所钟情
七个甜美爱人的生命。

> 我含泪建了她们的大理石墓
> 心怀冰冷与令人发抖的恐惧。

无论"甜美爱人（sweet loves）"是实有其事的婚外恋，还是仅是对她们的渴望，流溢都已然把她们全部谋杀了。唯一的解决之道似乎是彻底放弃性爱。

> 除非我从女性之爱转身
> 并连根拔起地狱之林
> 我永远不会配得上
> 步入永恒……

> 让我们同意放弃爱情
> 并连根拔起地狱之林。
> 然后我们将会回来看
> 幸福永恒的世间。

> 从整个永恒贯穿而过
> 我原谅你，你原谅我，
> 如亲爱的救世主所说，
> 这是圣餐的饼和酒。

221　这里又是圣餐的饼和酒，它们在《我看到纯金小教堂》中曾被蛇如此可怕地玷污过。至于说通常意义上的性，则是"地狱之林（infernal grove）"，必须被连根拔起并抛在身后。[14]

　　正如前述，《四活物》最初的暂定标题是《帷拉》，**帷拉**则是情感与性欲的**卢瓦**的流溢。她是如**得撒**一般的自然女神，名字也许可被读作"veil"（维尔），意为"面纱"，通常与她联系在一起。在不同时候，她的面纱分别代表压制性的道德律、耶路撒冷圣殿的帐幕、凡人的肉身，甚至是平凡的经验主义世界，即我们误以为的真实世界。如果我们能突破那层面纱，我们将会继续看到同一个世界，但是经过了变形，更直接也更鲜活。

就整体而言，**帷拉**与**得撒**代表一种力量，即布莱克所坚称的"女性意志"，他赋予她们一位盟友，另一个版本的**自然母亲，喇合**与五种感官相联系。（在《约书亚记》中，妓女喇合把约书亚的探子藏匿起来以躲避敌人；布氏选这个名字一定是因为她与卖淫的关联，而非缘于她对以色列人的有利行为。）

纵观布莱克神话的排列变化，流溢趋于分化为两个鲜明的阵营。**萨玛斯**与**尤理谱**的对等者**埃尼恩**与**艾哈尼亚**是消极与悲伤的，但本质上又是积极主动的。正是**埃尼恩**，布莱克赋予了前文引用过的伤心歌曲："经验的代价是什么？人们会不会用一首歌买下它，/ 或在大街上用一支舞买下智慧？（What is the price of experience？do men buy it for a song, / Or wisdom for a dance in the street？）"[15] 但多数时候，她和**艾哈尼亚**是朦胧的，有如影子一般。与之截然相反的是**俄薇纳**的**埃尼萨蒙**与**卢瓦**的**帷拉**，她们是想象力与性爱的女性一面。

埃尼萨蒙，像济慈的"无情的妖女（Belle Dame sans Merci）"，诱惑但又拒绝并折磨，而**帷拉**则掌控着暴君般的自然循环。

> 她喊道："人只不过是蠕虫，而你噢男人：你自己
> 是女人，男人；繁育种子的人；儿子与丈夫；看吧，
> 人的神性是女人的影子，夏日炎热中的水汽。

去披挂上教宗的尊严，你这幽灵，男性娼妓！亚瑟

分裂成欧洲的诸王，在久远年代，噢由女人生育、

由女人养大、受女人教育并被女人嘲笑！"

222　　通过参与繁殖，男性在特别消极的意义上变成了女性，却依然憎恨"受女人教育并被女人嘲笑（woman-educated and woman-scorned）"。亚瑟（Arthur）① 显然是作为被女人扳倒的国王的例子而被提及。[16]

是男人而非女人应对战争负责，这一点本该无可争议，但依**埃尼萨蒙**，实际上是女人应受到指责。在这个语境中，我们再次遇到了秘密帐幕，连同玛雅女祭司所主持的血腥献祭意象。

于是武士们呼喊，在胜利的炎热日子，在歌声里：

---

① 指亚瑟王，全名"亚瑟·潘德拉贡（Arthur Pendragon）"，系英格兰传说中的国王，他不仅是凯尔特英雄谱中最受欢迎的圆桌骑士团（Knights of the Round Table，也译"圆桌武士"）的首领，还是一位近乎神话般的传奇人物。关于亚瑟王的传奇故事，最初如何诞生、源自何处、实际活跃的舞台卡美洛（Camelot）的地理位置等都十分难以查考并存有许多争议。亚瑟王出现在早期混乱的不列颠历史书里，版本也有诸多争议，一些人提倡亚瑟王有可能不是某一特定的历史人物，而是以诸多传说塑造出来的人物。至于布莱克在长诗《耶路撒冷》中提到亚瑟王毁于女人之手，应与其王后桂妮薇尔（Guinevere）有关。桂妮薇尔先是与骑士兰斯洛特（Lancelot）有奸情；随后亚瑟王的外甥莫德雷德（Mordred）篡夺卡美洛王国，并企图霸占桂妮薇尔王后，导致双方发生战争，亚瑟王则受到致命的重伤。在听取唯一幸存的圆桌骑士贝德维尔（Bedivere）将"王者之剑（Excalibur）"（也译"湖中剑"）投还"湖中仙女（Lady of the Lake）"的回报后，亚瑟王便与世长辞了。

"看啊，**阿尔比恩**的美丽女儿裸体坐在石头上，

她的喘息的祭品在她身边，她的心沉醉于鲜血

尽管她的头脑没有沉醉于酒：她从**阿尔比恩**前进

在美的骄傲中：在神圣的残忍中，在她的帐幕

和她的方舟与秘密地点的明亮中……

我必须再次冲向战争，因为这处女皱眉并拒绝。

有时我诅咒有时我祝福你令人神魂颠倒的美。

男人曾经专注于智力的快乐与能量，

如今我的灵魂被悲伤、恐惧、爱、欲望折磨

如今我憎恨，如今我爱，而智力不再：

没时间做任何事情，除了爱与欲望的折磨。"

戴维·富勒评论说："**帷拉**的禁令像漏斗一样起作用，心灵被拖着从漏斗漏下去。智力的自由游戏缩减为对爱的迷恋，而爱拒绝了它；被拒绝的爱缩减为性欲望；受挫的欲望创造了内在的混乱，这种感觉被聚焦于暴力，并且向外引流到暴力。"[17] 当然，这里的迷恋并非仅仅属于武士，也属于布莱克。

《四活物》的手稿上画有一些古怪的速写，其中一幅追溯了**帷拉**从蠕虫到蛇再到龙的过程。（见图 43）在与之相配的诗行中，对等于**帷拉**的**活物卢瓦**说道：

如果我真的是**帷拉**的王，而你们人之子嗷

卢瓦之手的手艺；在永远的时代，

当我从冰冷昏暗的幽冥之中召唤出蚯蚓，

我养育她，我用我的雨露喂养她，她长成

带鳞甲的蛇，尽管她恨我，我还是喂养她。

224

> 日复一日她以**卢瓦**视野内的群山为食；
>
> 我带她穿过旷野，干旱而焦渴的土地，
>
> 我在黑色沙漠里命令泉水为她涌起
>
> 直到她变成一条长翅膀的龙，明亮而有毒。"

图43 《帷拉》手稿，第26页

这幅画就像"罗夏墨迹测验（Rorschach inkblot test）"[①]，每个阐释者都对它拥有自己的想法。精神分析批评家布伦达·韦伯斯特（Brenda Webster）提供了全面的分析："第一幅速写是长着蝴蝶翅膀的飞行女人……暗示饥渴的性器官：蜷曲的发型看起来有如阴毛，布莱克赋予她硕大的（擦除了的）外阴。在下一幅图里，蝴蝶的翅膀变成了蝙蝠的翅膀，女人骑着阴茎和阴囊（完整且带有阴毛）。在她下方是一个女人，有阴茎般危险的鸟嘴、长鳞片的尾巴，以及笔触清晰的外阴……最后一幅图是一条巨龙，长着女人的头、蛇颈和蝙蝠翅膀。她有三个乳房，最后一个模糊不清地位于下腹部，她还有一条长着鳞片的长尾巴。"[18]

　　不论人们如何解读这些图像，它们不言而喻是执迷的，没有人有义务按表面意思接受布莱克的体系。不过，布莱克的神话也蕴含了对分裂的自我的深刻洞察，很多人或多或少也经历过自我分裂，而布莱克所经历的则达到了骇人的程度。即便恐惧与执迷确实损害了他的想象性作品的完整性，但如果没有这些，他绝不可能创作出自己的作品。

贝阿特丽丝与耶路撒冷

　　尽管布莱克不愿承认找到能理解这些预言诗的读者的希望很

---

①　系由瑞士弗洛伊德精神分析学派精神科医师、精神分析学家赫尔曼·罗夏（Hermann Rorschach）发展出的投射法人格测验。该测验由 10 张有墨渍的卡片组成，其中 5 张是白底黑墨水，2 张是白底及黑色与红色墨水，3 张是白底及彩色墨水。受试者会被要求回答他们最初认为卡片看起来像什么以及后来觉得像什么。心理学家再根据他们的回答及统计数据判断受试者的人格还有状态。因此，其也被称为"墨渍图测验"。

渺茫，但在最后的岁月里，他的确启动了一项雄心勃勃的计划，似乎有可能得到认可，而布莱克的女性象征恰在其中重新出现。这就是为但丁的《神曲》（*Divina Commedia*）创作的系列插画。它们刚好超过 100 幅，许多仅仅是速写，但有一些令人惊艳地完成了。其中有 7 幅还被镌刻了雕版，而布莱克本希望为它们全部制作雕版的。

225　　布莱克对这项计划变得十分热衷，以至于他开始学习意大利语。他对罗马天主教有些同情，而且不像大多数激进的新教徒，他们把近代的罗马视作如古罗马一般的"巴比伦妓女"。据吉尔克里斯特所说，布莱克应该会断言，"很大程度上以一种相反的模式，天主教会 ① 是唯一教导宽恕罪孽的"。加尔文宗的传统强调罪过与天谴，这是真的，不过天主教的忏悔却让宽恕变得仿佛不仅可能，而且平常。吉尔克里斯特认为，对布莱克来说，"宽恕是基督教的基石"。尽管他憎恨天主教，缘于它的压制神学与制度权力，他却赞赏天主教的精神性。"他钟爱圣女德肋撒 ② 的作品，"塞缪尔·帕尔默说，"而且经常引用它们，并且连同其他讨论内在生活的作者。" 19

---

① 此处"天主教会"原文为"Romish Church"，含贬义。其在 17 世纪的英语中较为常见，是宗教改革时国教徒对罗马天主教的蔑称。同样含有贬义的还有"Popish Church"。

② 即西班牙天主教修女暨神秘主义者圣亚维拉的德兰（Saint Teresa of Ávila，也译"耶稣的德兰"或"大德兰"）。她与共同创始人圣十字若望（Saint John of the Cross）在 16 世纪对加尔默罗会（也称"圣衣会"或"迦密会"）进行改革后建立了"赤足加尔默罗会（Order of Discalced Carmelites）"。其作品包括《七宝楼台》（*El Castillo Interior*，也译《灵心城堡》）和《全德之路》（*Camino de Perfección*）等。

最为壮观的但丁插画之一是《贝阿特丽丝从凯旋车上向但丁说话》（*Beatrice Addressing Dante from the Car*，见彩插 34 ）。尽管意象可能显得怪诞，却是直接来自《炼狱篇》（*Purgatorio*）。这个片段需要完整阅读，因为它展现了布莱克是多么紧贴原文，尽管与此同时又全面挑战了原文。布莱克尤为憎恶天主教对圣母玛利亚的尊崇。当然，这种态度普遍存在于许多新教徒中，但布莱克自己对采取这种态度有两点理由。其一是他抗拒这种观念，即性是不纯洁的，因而耶稣一定不能以通常的方式孕育。其二是他对母性自身的不信任。他认为尊崇圣母玛利亚就是崇拜自然，而且他将圣母玛利亚与自然女神**得撒**和**帷拉**联系在一起。布莱克在对但丁插画的注解中宣称："但丁《神曲》中的每件事物都表明，为了专断的目的，他创造了这个作为万物根基的世界，以及**自然女神**，而非圣灵。"[20]

在《炼狱篇》中，24 位长老（代表《旧约》24 卷正典）吟唱赞歌，称颂但丁的向导贝阿特丽丝（Beatrice）。然后：

> 接着，如天光去后有天光追随，
>   四头生物在后面迅疾赶上，
>   头顶都有翠绿的叶冠披垂。

> 四头生物，都有六只翅膀，
>   翅羽上满是眼睛；阿尔戈斯的众目
>   如果不死，会与它们相仿。

> ……

226　　　不过，请看以西结如何描说
　　　　　自己所见：这些生物从寒地
　　　　　驰来，挟着旋风云气和烈火。

　　……

　　　　在上述的四头生物之间，
　　　　　一辆双轮凯旋车向前驰去，
　　　　　车子由一只鹰狮用脖子拉牵。

　　　　鹰狮让左右两翼高高地上举，
　　　　　三带之内挨着中带的两旁；
　　　　　这样，就没有翼切光带的顾虑。

　　　　鹰翼上举间，巍峨得无从仰望。
　　　　　像鸟的部分，黄金为颈翼头颅；
　　　　　其余部分，是雪白和朱红互彰。

　　……

　　　　在右轮旁边，三位女子绕着圈
　　　　　跳舞前进。一位浑身赤红，
　　　　　在火中会难以觉察而叫人迷眩。

　　　　另一位全身艳绿，头顶至脚踵
　　　　　恍如绿宝石造成的肉体和筋骨。

第三位则如初雪降自天空。[1]21

这就是"以西结的异象"，它对布莱克来说意味深长——不过但丁添加了女性形象。

狮鹫[2]在传统上代表基督，因为狮身鹰首可以表示人与神的结合。双轮凯旋车是"凯旋的教会"，三位女士代表"信（Faith）"（白色）、"望（Hope）"（绿色）、"爱（Charity）"（红色）"三超德（Three Theological Virtues）"：信德女士的手指向《圣经》；但丁在另一侧描写望德女士正在跳舞；爱德女士经常被描绘成带着孩子，在布莱克的画中，孩子们正顺着她的身体如线条般排列。至于贝阿特丽丝自己：

降落车上和四周。鲜花的彩云内，

是一位女士，戴着橄榄叶冠，
披着雪白的面纱；翠绿的披风下，
长袍的颜色如烈火熊熊欲燃。

227

朝圣者但丁位于画的最右侧，正谦恭地抬头凝视着贝阿特丽丝。

---

① 引自黄国彬译的外语教学与研究出版社 2009 年版《神曲》中的《炼狱篇》。黄国彬译本的诗节之间无空行，而是用每节的第二和第三诗行左缩进来标识三行体诗节。译者在引用时参考了本书英文版体例，为诗节之间添加了空行。

② "griffin"系神话传说中的狮身鹰首兽，在黄国彬译本中被译为"鹰狮"。

尽管布莱克的画紧贴《神曲》原文，他还是作了两处明显的改变。一处是让贝阿特丽丝头戴金冠而非橄榄叶冠，另一处是将车轮表现为动态的漩涡状物体。冠冕在布莱克的画中几乎总是带有负面含义，而贝阿特丽丝在这幅画里则好似"天后（Queen of Heaven）"，身披半透明的长袍，看上去与**帷拉**的面纱相似。正如布莱克否定尤理谮式男性家长的存在，他也根本不需要一位天堂的女家长。

至于旋转的车轮，但丁虽在《炼狱篇》中没有提及，我们却曾在布莱克的画作《以西结的异象》中见过。它还暗示了另一个布莱克式象征"漩涡"，但它过于神秘，此处无法描绘；还有"上帝的七眼"，亦即对神的渐进式直觉，后文会对此再进行讨论。[22]

随着布莱克接连不断、孜孜不倦地创造自己的神话，他对女性的不信任或者畏惧有着压倒其他所有事物的危险。也许正是出于对这种倾向的意识，他促使自己想象出一个正面的女性形象，以抗衡**帷拉**、**得撒**和**喇合**。这种抗衡力就是**耶路撒冷**，而她的名字则充当了布氏最后也是最长的预言书的标题：《耶路撒冷，巨人阿尔比恩的流溢》（*Jerusalem the Emanation of the Giant*）。**耶路撒冷**——以某种从未解释过的方式——也是耶稣的新娘。

> 因此男人和女人会过上永恒的生活
> 因为**上帝的羔羊**为他自己创造了一个新娘与妻子
> 让我们他的孩子永远能住在**耶路撒冷**
> 现在从天堂下降，一座城又是一个女人，
> 万民之母，获拯救，在她的精神宫殿里诞生，

由精神的诞生从死亡重获新生。

她在《耶路撒冷》最后的诗行里变成了普遍的流溢，在她体内甚至无生命的物质也化成了人。

> 所有人形得到指认，甚至木、金、土、石，所有
> 人形得到指认，活着，前进并疲惫返回
> 进入行星的年、月、日与时的生命；休憩
> 然后觉醒进入他的胸膛，在他不朽的生命中。
> 我听到了他们的流溢的名字：她们名为**耶路撒冷**。[23]

228

"我听到了（I heared）"把这个幻象设置在过去，但一系列动词却表现了进行之中的活动——"活着（living）"、"前进（going forth）"、"返回（returning）"、"休憩（reposing）"以及"觉醒（awakening）"。

《耶路撒冷》中的两幅插画对女性的恢复名誉作出了诠释。一幅是因灿烂的色彩而令人瞩目的扉页。（见彩插35）布莱克希望印本 E 能卖个好价钱，便竭尽所能地将其制得华美富丽，一些字母更是用了真的金箔。**耶路撒冷**作为几个人物形象之一出现在画面底部，罗伯特·N. 埃西克恰当地将她描述为犹如盘旋"在人类与鳞翅目昆虫之间"。[24]

插画中的**耶路撒冷**睡着了，正如阿尔比恩在这部诗的大部分篇幅里将在沉睡中度过。她长有三对翅膀。上面的一对绘有太阳和地球；中间的一对绘着渐盈与渐亏的月亮，暗示凡人的轮回；下面的一对则似乎表现了天与地的结合：有星辰闪现在分叉的根状结构中。最下面这对合拢的翅膀让人联想起寓意画册《为儿童所作》中

的婴儿茧房。所有这些联想都唤起了女性的母亲角色；至于说性，**耶路撒冷**慵懒垂下的头和手臂则让人想起了亨利·富泽利的《梦魇》。画中其他的女性形象也许是**耶路撒冷**的女儿，显然她们正在哀悼她死一般的沉睡。目前，尚无人能令人满意地解释盘旋在上方的古怪生物；厄尔德曼称其为仙女，但并没有说明原因。[25]

　　出人意料的是，在这部庞大的诗篇里，86 幅印版之后，扉页上的形象得到了明确的描述。

> 我看到你的身形，噢可爱温柔的**耶路撒冷**，身有六翼
> 在沉睡者幽暗的胸膛，可爱的三重
> 在头和心和肾，爱与美的三重宇宙。
> 你的前额明亮；神圣向主以珍珠之门
> 反射永恒；在你羽绒的蔚蓝翅膀之下
> 形成精致的拢起条纹并穿戴羽毛装饰的金、蓝、紫
> 从你雪白的肩上投下影子，在神圣中的纯洁！
> 然后以明亮红宝石的轻柔朱红装饰羽毛，如火
> 展开进入蔚蓝的翅膀，翅膀像树冠
> 俯垂在你不朽的头上，永恒栖居在里面。[26]

229　所以，不朽的蝴蝶最终将获得胜利。然而，扉页里的**耶路撒冷**正在生中之死的**世代**里酣睡。唤醒她和**阿尔比恩**将会是这部预言长诗的任务。

　　在整部诗靠近中间的一块印版中，**耶路撒冷**站在画面中心，抵制**帷拉**想要引诱她进入**巴比伦教堂**的企图，这座教堂绘有圆顶和十字架，很像圣保罗主教座堂。（见图 44）相较于古典风格的教堂，布莱克更偏爱哥特式，而画面右边的建筑看上去更像是威

图 44 《耶路撒冷》，印本 E，印版 32

斯敏斯特教堂。**耶路撒冷**似乎与**帷拉**四目相对；厄尔德曼描述**耶路撒冷**"几乎被迷住了"。她的三个女儿对此感到惊恐，催促她离开，其中一个已经飞入空中，手指上方。布莱克的雌雄同体理想在这幅插画中同样也显而易见。如果布氏画中的女人是裸体的，那她们就几乎像男人一样肌肉发达；如康诺利所说，"她们来自健美学校"。[27] 布莱克已在同时代的艺术中见过太多慵懒、虚弱的女人了。

目前，似乎无人注意到此处藏有一个显然大有关系的视觉影射。**耶路撒冷**的姿势和她松垂的头发看上去好似桑德罗·波提切利（Sandro Botticelli）① 的名画《维纳斯的诞生》（*Birth of Venus*）中从海中升起的维纳斯。画面底部的波浪看上去更像是海浪，厄尔德曼认为这是泰晤士河。而在波提切利的蛋彩画中，维纳斯温柔迷人，等待着空中的一对男女，即西风之神仄费罗斯（Zephyrus）与微风之神奥拉（Aura）准备把她吹送到岸上。季节女神（Horae，也译"荷赖"）则在画面的右侧等着用缀满花朵的长袍去遮盖维纳斯的裸体。但在古典神话中，维纳斯不仅是爱神，

---

① 系佛罗伦萨画派的代表，原名"亚历桑德罗·迪·马里亚诺·菲利佩皮（Alessandro di Mariano Filipepi）"，"波提切利"是绰号，意为"小桶"。据乔尔乔·瓦萨里记载，波提切利最初曾是一名金匠的学徒，后受训于菲利波·利皮（Filippo Lippi）。利皮的甜美和优雅显然对他造成了强烈的影响，但波提切利更为成熟，尤其表现在素描功力上，这使他将精致与流畅的活力结合到了极致。艺术历史学家伯纳德·贝伦森（Bernard Berenson）形容他是"欧洲有史以来在线条构图方面最伟大的艺术家"。总之，波提切利的艺术以秀逸的风格、明丽绚烂的色彩和流畅轻灵的线条在文艺复兴诸家中独树一帜。但随后的较长一段时期内，西方人并未对他作出恰当的评价，直到19世纪浪漫主义和英国"拉斐尔前派运动（Pre-Raphaelite Brotherhood Movement）"中，他才备受赞扬，被推崇为意大利文艺复兴前期的大师。波提切利对"新艺术（Art Nouveau）"和对爱德华·伯恩-琼斯（Edward Burne-Jones）及其追随者所画的病态纤细的少女产生了重大的影响。

还是自然世界的繁殖力①。而布莱克当然对自然世界的繁殖力抱有深深的怀疑。所以，季节女神手扬的碎花斗篷在他的画里被**帷拉**的面纱所取代，**帷拉**则不祥地站在"不祥"的左侧。

反对"自然的超自然主义"

以苏塞克斯乡村与大海为灵感，布莱克用自然界的意象充满了《弥尔顿》（《耶路撒冷》中出现的自然意象要少得多）。由于自然是浪漫主义诗歌的重要主题，布莱克这么做即是在扮演浪漫主义诗人，而且这似乎是显而易见之事。但他的自然概念与他经常批评的华兹华斯很不一样，与他从未提及的柯尔律治和济慈也非常不同。布莱克诟病华氏之处在于"自然的超自然主义（Natural Supernaturalism）"，诚如 M. H. 艾布拉姆斯（M. H. Abrams）所定义：在自然中寻找传统上由宗教所提供的终极价值的企图。华兹华斯在《廷腾寺》（*Tintern Abbey*）中宣称，"自然决不会亏负爱她的心灵"，②仿佛"她"是一位母性的神灵。在《漫游》（*Excursion*）中华兹华斯则宣称心灵"适合"外部世界，而以同样的方式，"外部世界适合心灵"。布莱克在自己那份复本的页边空白处反驳道："你不应把我拉低到相信这种适配与适合；我更了

231

---

① 维纳斯是罗马神话里的爱神和美神，同时又是执掌生育与航海的女神，对应于希腊神话里的阿佛洛狄忒。据传世界之初，统管大地的盖亚女神与统管天空的乌拉诺斯结合生下了一批巨人。后来夫妻反目，盖亚盛怒之下命小儿子克洛诺斯用镰刀割下父亲的阳具丢入大海。阳具和海洋融合后生出泡沫，维纳斯就这样诞生了。

② 引自杨德豫译的人民文学出版社 2001 年版《华兹华斯、柯尔律治诗选》中的《廷腾寺》。

解，恳请阁下，高抬贵手。"他认为不值得爱华兹华斯所描绘的自然，而且"她"肯定会辜负我们。布氏确实赞赏华兹华斯的一首诗是柏拉图式灵光一现的《颂歌：永生的消息，来自童年早期的回忆》，孩子们从永恒进入此世时，身后拖曳着幻异的光影。"有意思的是，"亨利·克拉布·鲁宾逊说，"在华兹华斯的《颂歌》中，布莱克最为欣赏的部分却最为晦涩，也是我最不喜欢和最看不懂的部分。"[28]

柯尔律治偶尔看起来比华兹华斯要更接近布莱克。咒语般的《忽必烈汗》（*Kubla Khan*）是首"灵视诗（visionary poem）"，如果所谓吸食鸦片后产生的梦境为真，那它就真的是幻象。不过柯尔律治通常的风格是沉思的素体诗，对物质细节极为关注，这种方式与"布莱克式"判然有别。在《午夜寒霜》（*Forest Midnight*）中，柯氏看着还是婴儿的儿子在炉边睡觉，然后写道：

> 那么，对于你，所有的季节都美妙：
> 要么是盛夏，大地一片绿茸茸；
> 要么是早春，积雪的丛林灌莽里，
> 知更鸟歌唱在青苔斑驳的苹果树
> 光秃的枝头，旁边的茅屋顶上，
> 晴雪初融，蒸发着水汽；檐溜
> 要么滴沥着，在风势暂息的时候
> 声声入耳，要么，凭借着寒霜的
> 神秘功能而凝成无声的冰柱，
> 静静闪耀着，迎着静静的月光。①

---

① 引自杨德豫译的人民文学出版社 2001 年版《华兹华斯、柯尔律治诗选》中的《午夜寒霜》。

"秘密神职（secret ministry）"①的表达可能会让人想起布莱克，但我们从未在布氏的诗歌里找到柯尔律治的那种悠闲、可爱的细节。并不是说布莱克对自然的观察不够敏锐，而是在他的作品中，观察总是立即被扩展为象征意义。 232

> 有荨麻用柔软的绒毛蜇刺，还有
> 义愤的蓟草，其苦涩在乳汁里酝酿。²⁹

柯尔律治或华兹华斯绝对不会说蓟草是"义愤的（indignant）"。

需要强调的是，布莱克所抨击的"自然"从来不是田野、河流以及生物的真实世界。他热爱它们，从《经验之歌》开始直到最后，他始终颂扬这些事物。例如，他在《弥尔顿》中写道：

> 黎明破晓之前欢乐首先在缀满花朵的心胸打开，
> 甚至开心得流泪，升起的太阳晒干泪水；先是野百里香
> 与旋果蚊子草，毛茸茸又柔软在芦苇间起伏，
> 空气之上涌出的光线引领甜美的舞蹈。它们唤醒了
> 在橡树上沉睡的金银花；山楂，可爱的五月，
> 张开了她许多可爱的眼睛。倾听着，玫瑰还在酣睡，
> 没有人敢叫醒她；很快，她猛然掀开绯红帘幕遮蔽的床
> 在美的庄严中走上前来。每一朵花：

① 杨德豫译本将"secret ministry"译作"神秘功能"，其中"ministry"源于拉丁文"minus"，由"低下"和"卑微"义引申为"服务"义，可表示牧师的职务、职责和任期或基督徒的神职与宗教服务（尤指福音传道）。

> 石竹、茉莉、桂竹香、康乃馨、
> 长寿花，温柔的百合打开了她的重重天空！每一棵树
> 每一朵花每一株草，很快用不计其数的舞蹈填满空气，
> 一切都恰到好处甜蜜可爱，人们因爱而生病了！
> 像这样就是**柏拉致娥洛泷哀歌**的一个幻象。[30]

这是发自内心的欣赏，不过，最后一行才是关键。如同《阳光灿烂的假日》所述，**柏拉**是避难所却不是最终的家园。从**永恒**的视角看，对自然的称颂是一曲"哀歌"。

可以这么说，当布莱克看似是在批评自然时，他真正的目标往往是人类对自然的错误理解。这当然就是布莱克在《嘲讽吧嘲讽吧伏尔泰卢梭》中的做法。但他也坚持认为我们通常所理解的自然是极为匮乏的，除非由神圣的想象力赋予生命。刚刚引用的《弥尔顿》段落把花香比作欢快的舞蹈，而在前一幅印版中，相关的段落以相同的方式在描绘声音。

233
> 你听见夜莺开始唱起春之歌；
> 云雀坐在泥土的床上，恰逢清晨
> 显现；无言倾听；然后从波浪起伏的玉米地跃起！
> 他放声引领领唱白昼的唱诗班！呜啭，呜啭，呜啭，呜啭，
> 乘着光之羽翼上升进入大方广，
> 反衬可爱蔚蓝闪亮天国般的外壳反复回响。
> 他小小的喉咙因灵感而忙碌；喉咙与胸膛与翅膀上的
> 每根羽毛都因神圣的洋溢而震动。
> 整个大自然无言倾听而令人敬畏的太阳
> 安静站在山上俯视这小鸟

眼中饱含柔软谦卑以及惊奇爱与敬畏。

我们不知道布莱克是否读过伟大的《夜莺颂》(*Ode to a Nightingale*)，其创作时间要比《弥尔顿》中的这个段落晚上几年。济慈的夜莺代表大自然整体的不朽，与诗人"孤单的自我"形成对比。布莱克的夜莺与云雀则代表经过了精神转变的自然，他们歌唱时充满灵感，连太阳都会静静地站着倾听。[31]

在这个迷人的段落里，布莱克肯定想起了莎士比亚。

> 于是我的精神，
>
> 便像云雀破晓从阴霾的大地
>
> 振翅上升，高唱着圣歌在天门。①

对布莱克来说，通常"浪漫"意义上的自然却是郁郁寡欢的土地，而这就是他与主流浪漫主义的分歧。华兹华斯敦促人们相信：

> ……而就是在这个世界，我们
>
> 大家的世界——这片我们最终
>
> 或找到幸福或一无所得的地方。②[32]

如凯瑟琳·布莱克所评说，她的丈夫宁可活在永恒中。

由浪漫主义的现代继承者华莱士·史蒂文斯（Wallace

---

① 引自梁宗岱译的华东师范大学出版社 2016 年版《莎士比亚十四行诗》中的《二九　当我受尽命运和人们的白眼》。

② 引自丁宏为译的北京大学出版社 2017 年版《序曲或一位诗人心灵的成长》第十一卷《法国（续完）》。

Stevens）① 写的一些诗行，以同样的方式形成了与布莱克的对比。

> 不完美即是我们的天堂。
> 注意，在这种痛苦中，快快乐乐吧，
> 既然不完美在我们心中如此灼热，
> 赖在有瑕疵的词语和硬邦邦的声音中。②33

234　布莱克知晓有关语言的顽固结构的一切，但他从来不能与不完美或同**自然母亲**讲和。因此，不足为怪的是，尽管他憎恶制度化的宗教，却又以同时代人罕有的方式深具宗教情怀。只有日常生活

---

① 　系美国现代主义诗人。史蒂文斯很早便显现出诗人的才华和潜质，却是典型的大器晚成型诗人。在 1904~1916 年旅居纽约期间，他和当时活跃于纽约"格林威治村（Greenwich Village）"的现代派诗人和艺术家们多有交往，并逐渐对现代派诗歌的创作形成独特的个人理解。同威廉·卡洛斯·威廉斯（William Carlos Williams）一样，他强调诗歌的美国本土特色、着眼于生活中的细节，不过，与威廉斯强调"不要观念，只在事物中（No ideas but in things）"的美学原则截然不同，他追求观念和想象的自由，所有的客体只有在人的观念驱驰下才具有生命和意义。他的这套创作思想与 T. S. 艾略特的诗学观颇为相似，有学者据此认为他也是象征主义者。不过，艾略特强调外部世界是其情感和理念的"客观对应物"，而史蒂文斯的外部世界则仅仅作为内心观念的"触媒"而存在。因此，如果没有在整体上领悟史氏的哲学体系和思想逻辑，他的个性化象征话语要比艾略特的更加难以捉摸。而自 20 世纪七八十年代以来，在哈罗德·布鲁姆、海伦·文德勒（Helen Vendler）等学者的不断推介和阐释下，其诗歌艺术已开始被越来越多的人所理解和接受。

② 　引自王佐良译的人民文学出版社 2018 年版《注视一只黑鸟的十三种方式：史蒂文斯诗选》中的《我们的气候之诗》。

之内的完整、鲜活的神性化身才能让日常生活得以忍受。不过，那神圣的精神必须同时完全是人性的。努力理解并清楚传达这一悖论式的理想，已然成为布莱克的毕生追求。

第 14 章 与上帝摔跤

一切宗教归一

宗教对布莱克极为重要，其追寻和质疑的方式，即便对完全不具宗教信仰的读者和观看者来说也发人深省。他的首批凸面蚀刻试验品之一是一本题为《一切宗教归一》（*All Religions Are One*）的小册子，其中断言各种宗教不论在细节上差别有多大，都具有共同的根源。"所有民族的宗教都源于每个民族对'诗的天赋（poetic genius）'的不同理解，各地都把'诗的天赋'称为'先知的精神'。……正如所有人都类似（尽管无限的不同），一切宗教也如此；正如一切相似之物均具有同一来源。真正的人是源头，他就是'诗的天赋'。"①1

这听起来一清二楚，但说真的，什么是"真正的人"呢？就布莱克而言，回答这个问题是毕生的挑战。他始终否认存在一位天堂里的万能家长，他有时会坚持说神圣只是全人类共享的精神维度。因此，他在《天堂与地狱的婚姻》里写道："一切神祇都居于人类的心胸。（all deities reside in the human breast.）"笔记本诗歌《永远的福音》就曾这样明确地写道：

你是一个人，上帝并不存在，

---

① 与本书英文版所引不同，"诗的天赋"在布莱克原文中被以首字母大写的形式表述为"Poetic Genius"，可能表示"诗歌守护神"或"诗歌守护精灵"。（EI-2）

你须学会把你的人性崇拜。

但随着布莱克长期而艰苦地潜心创作《四活物》，以及随后的预 236
言诗《弥尔顿》和《耶路撒冷》，耶稣的形象扮演了愈发关键的
角色。像他这样担心自我崩溃，需要来自自我之外的力量的帮助；
离开"**救主甚至是耶稣（the Saviour even Jesus）**"的干预，向混乱
无形的堕落将会永无止境。如果说耶稣只是人性中最好的方面，
那么究竟有什么理由称他为"救主"呢？[2]

在布莱克看来，宗教的作用是提出关于存在的终极问题，而
问题要比答案更为重要。他确实曾宣称，"《旧约》和《新约》是
艺术的大法典"，但这并不意味着《圣经》拥有对真理的垄断。不
如说《圣经》是一套特殊的象征符号，嵌入西方的想象力，像此
前启发米开朗琪罗和拉斐尔一样，也启发了布莱克。但如厄尔德
曼所说，布莱克与正统阐释截然相反，总是在逆时针地辨读《圣
经》。他在《永远的福音》中说道：

> 两者都日日夜夜地读《圣经》，
> 但我看是白的，你看是青。[3]

布莱克明确拒绝《新约》中的很多东西，包括"圣灵感孕
（Virgin Birth）"的教义以及使徒保罗即圣保罗对罪孽的强调。他
更不喜欢《旧约》，除了那些能看见异象的先知。在他的全部作
品中，石板上的十诫始终都是负面象征，是圣职制度连同其压制
性的**律法**："就像毛虫挑选最漂亮的叶子产卵，同样牧师对最美好
的欢乐下诅咒。（As the caterpillar chooses the fairest leaves to lay her
eggs on, so the priest lays his curse on the fairest joys.）"布莱克尤为

反感《圣经》中的军事史。他在读到一位国教会主教的宣言"灭绝如此邪恶的民族"如迦南人，一定是上帝的意志时反驳道："对我这样一个相信《圣经》并宣称自己是基督徒的人来说，在受上帝之命的伪装下，为以色列人谋杀成千上万人的罪恶辩护，完全是反常与亵渎神明。"[4]

亘古常在者

237   布莱克对《圣经》中上帝形象作的重新想象的最为辉煌的作品之一是一幅版画，名为《亘古常在者》（*The Ancient of Days*，见彩插 36），"亘古常在者"是《但以理书》中上帝的名称："我观看，见有宝座设立，上头坐着亘古常在者。他的衣服洁白如雪，头发如纯净的羊毛。宝座乃火焰，其轮乃烈火。"（《但以理书》7：9）布莱克为这个形象画了好几个版本，本书所翻印的是诗歌《欧洲》的卷首画，而在生命的最后几天里，布氏还在绘制另一个版本。一位布莱克的早期传记作家写道："他在为这幅版画上色时总是投入更多的时间，享受更大的快乐。"[5]

这个形象源自《箴言》，"智慧"宣称："他立高天，我在那里；他在渊面的周围，划出圆圈。"（《箴言》8：27）弥尔顿则扩展了这个说法。

他手拿金制的双脚圆规，
是神的永恒仓库所备，
作为规划宇宙万物时用的。
他以一脚为中心，另一脚
则在幽暗茫茫的大渊上旋转一周，

他说:"扩大到这儿,这是你

的界限,世界啊,这是你的范围。"①6

　　然而,布莱克的思想中从来没有无中生有的最初创世故事。相反,《创世记》中描绘的创世一定是代表修复损伤的迟来努力,因为当**永恒**的完整生命崩解为碎片时,损伤即已发生。所以,《创世记》中的创世早已是堕落。布莱克在《尤理谮之书》中写道:

他制作直线和铅锤

分割下方的深渊。

他制作分割直尺;

他制作天平来称量;

他制作沉重的砝码;

他制作黄铜四分仪;

他制作金色的圆规

并开始探索深渊,

而且他种植了一座果园。7

238

　　与弥尔顿结构精巧复杂的语言相反,布莱克的语言颠簸不平、气息急促,暗示顽强的重复而非轻松的掌握。"果园（garden of fruits）"暗指伊甸园,根据正统信仰但非根据布莱克,那些果子中的一颗不知为什么是禁果,吃了它会带来致命的后果。

　　关于《亘古常在者》中的形象,最引人注目的是他扭曲的姿势。这位上帝蹲伏在太阳的球体内,也许刚刚用圆规丈量过太

---

①　　引自朱维之译的上海译文出版社 1984 年版《失乐园》第七卷。

阳——蹲伏是因为太阳不够大，这让他别无选择。他的左膝顶超了肩膀，这个姿势在生理结构上几乎不可能，而他用"不祥"的左臂握住圆规，手臂不自然地贴在头侧。布莱克的笔记本里有一首诙谐短诗与此有关，题为《致上帝》(To God)。

> 如果你制作了一个圆圈，想走进去，
>
> 你自己进去看看你怎么会做到。[8]

在《失乐园》中，圆规从混沌中创造形式；在布莱克的画中，它们则代表想要约束无限的徒劳企图。

　　那么，如果说我们在《亘古常在者》中看到了壮丽辉煌，我们是否搞错了？完全没有。布莱克蔑视像伏尔泰这样的不可知论者，伏尔泰在《老实人》(Candide，旧译《戆第特》)中挖苦地议论弥尔顿道："那俗物却教弥赛亚到天堂的柜子里，去拿一个圆规来画出世界的轮廓！"[①][9] 布莱克的"亘古常在者"有一种引人入胜的恢弘，这是伏尔泰永远也无法理解的。恢弘，却并非《创世记》中万能的造物主，因为更加恢弘的是从他刚刚勾勒出的太阳"后面"倾泻而出的能量的光辉。随风飘拂的须发同样也在暗示强大的能量，其所流过的无限宇宙要远比"亘古常在者"刚刚创造完成的那个大得多。他参与了这种创造性的能量，但他并非原因。

　　在将想法转译为视觉图像的过程中，布莱克经常设法发挥自己所用媒介的技术潜力，而罗伯特·N.埃西克则评论说，在这幅伟大的画作中，有一种对双重性的显著体现。"凸起的线条勾画出人物的

---

① 引自傅雷译的上海译文出版社 2017 年版《老实人》第 25 章"佛尼市贵族波谷居朗泰访问记"。

躯体和手臂，但伸向下方虚空的圆规则被处理成白线——或者更准确地说，是白色块——进而映衬在黑色凸起的背景上。仿佛布莱克是在结合摄影的正片与负片图像，以形成统一的视觉效果。"云朵中运用的交叉影线法可能在暗示正在收紧的**尤理谱**的控制之网。[10]

纽约洛克菲勒中心（Rockefeller Center）的参观者可能不会意识到李·劳里（Lee Lawrie）创作于 1933 年的"装饰派艺术（Art Deco）"[①] 图像《智慧》（*Wisdom*，见图 45）——位于曾经的通用电气大楼（GE Building）[②] 主入口正上方——是《亘古常在者》的致敬作，当然，布莱克原作的晦涩之处都被去除了。在它下方题有一则《圣

----

① 　也称"装饰风艺术"或"装饰艺术风格"，演变自 19 世纪末的"新艺术"。"新艺术"是当时欧美中产阶级追求的一种艺术风格，其最典型的主题是对基于植物形的不对称柔软曲线的应用；花卉、叶片和卷须等母题，以及有着大波浪发型的女性形象均是其常见的元素。而"装饰派艺术"则得名于 1925 年在巴黎举办的"国际装饰艺术与现代工业博览会（Exposition Internationale des Arts Décoratifs et Industriels Modernes）"，受立体主义、野兽主义、构成主义与未来主义影响，其特色是圆滑的几何形或程式化造型（如扇形辐射状太阳光、齿轮或流线型线条和对称简洁的几何构图等）以及明快有时甚至是俗艳的色彩（如亮丽的红色、充满魅力的粉红色、电器类的蓝色、警报器的黄色与带有金属质感的金色、银白色和古铜色等）。后来，随着考古发现，远东、中东、希腊、罗马、埃及与玛雅等古老文化的物品或图腾，也都成了"装饰派艺术"的素材来源，如古埃及墓葬的陪葬品、非洲木雕以及古希腊罗马建筑的古典柱式等。

② 　该建筑现名为"康卡斯特大厦（Comcast Building）"，俗称"洛克菲勒广场 30 号"，既是一座具装饰派艺术风格的摩天大楼，也是曼哈顿洛克菲勒中心建筑群的中央组成部分。其在 1988 年以前的名称是"RCA 大楼（RCA Building）"，在 1988~2015 年间更名为"通用电气大楼"，现为美国全国广播公司（NBC）电视网总部及纽约演播室所在地。

图45 《智慧》，李·劳里作

经》引文，与前述出自《箴言》的内容很不一样："你一生一世必得安稳——有丰盛的救恩，并智慧和知识。"（《以赛亚书》33：6）[11]

阴沉的家长

当布莱克于1794年出版《尤理潛之书》时，他的**活物**神话尚只是部分地形成，但他已确信天上的家长只是人类的发明而非任何人的父亲。这一点反映在两首讽刺诗对**尤理潛**的称呼中。

> 于是老**诺伯大爹**高空停留
> 放屁、打嗝、咳嗽
> 说我爱闲逛、斜行、画画
> 一点一滴犹如战争与屠杀。

布莱克在这部相对较早的作品中可能尚未想到将**尤理潛**写成四个**活物**之一，但他显然代表了抽象理性与道德压制的结合，恰如他将一以贯之的那样。这部作品的扉页描绘了**尤理潛**一边蹲坐，一边同时在两本书或书板上题写和铭刻，他的右手握着羽毛笔，左手则拿着蚀刻针或画笔。（见图46）他看上去正从放在地上的一本书里缮写，用脚划取文字，但眼睛是闭着的；也许他正在打瞌睡。由于那本书正在向地下扎根，它也许就是自然之书。**律法**的书板竖在他身后，看起来有如墓碑。**尤理潛**的世界令人压抑的沉重。按照莫里斯·伊夫斯（Morris Eaves）的阐释，"**律法**的力量把大树拉拽成向地面弯曲的拱形，这些拱门让人想到死亡，就像这幅图里的其他所有东西……**尤理潛**，沉入画面的最底部，像一块石头，被描绘成在自己创造的宇宙中直不起身的人"。[12]

在本书翻印的印本G中，布莱克遮覆了书名中的一个词，而其他印本则显示为《尤理潛第一书》（*The First Book of Urizen*）。这可能是在影射人们通常把《创世记》称为"《摩西五经》第一经"，而他可能是有意识地在用"第一"来暗示即将会有《尤理潛第二书》，但其实他从未想过要继续撰写。而是在将印本G中的这个词删除后又延长了一根树枝以填补空白。

242

图46 《尤理谙之书》扉页，印本G

　　《创世记》中写道，在完成每一天的造物后，"神看着是好的"，而在完成造物的所有工作后，"神看着一切所造的都甚好"。这一点在**尤理谙**那里却正好相反。他害怕能量和混乱，因而徒劳地辛辛苦苦想要建立僵化的稳定。

> 我曾经寻找没有痛苦的欢乐，
>
> 没有波动的稳固。

然而，他所能做到的一切，是"坚固障碍物的广大世界（a wide world of solid obstruction）"，付出的代价则是没有欢乐的痛苦。[13]

《尤理谙之书》的一幅整版全图展现了忧郁的**尤理谙**沉浸在物质性的海洋里。（见彩插 37）他可能是在漂流，因为胡须在水平方向上漂浮，抑或是在踩水，甚至是在向下沉没。吉尔克里斯特认为是后者，他描述**尤理谙**为"一位看起来有如两栖动物的年迈巨人，表情悲哀，放任自己像青蛙一样缓缓地沉入水中"。然后，再一次，他甚至可能奋力挣扎着想要浮上来。在收藏于摩根图书馆与博物馆（The Morgan Library & Museum）的印本 B 中，这幅画的背面有一句题记。尽管并非出自布莱克之手，但很有可能是在复写后被裁掉的图说文字。

> 我努力向上进入
>
> 　　未来

如果**尤理谙**能回到**永恒**，他将会活在**永恒的现在**，就不再需要期待未来了。[14]

正是在《尤理谙之书》的这个节点上，**尤理谙**承担起了《圣经》中的上帝角色。

243

此处我独自在金属制成的书中

写下了智慧的秘密……

看啊！我展开了我的黑暗，并在

这岩石上，用强壮的手放下这本

永恒黄铜之书，在我的孤独中写成：

和平、爱、联合的律法；

怜悯、慈悲、宽恕的律法。

让每个人选一个栖息地，

他古老的无垠宅邸；

唯一诫命，唯一欢乐，唯一欲望，

唯一诅咒，唯一分量，唯一尺度

唯一国王，唯一上帝，唯一律法。

尤理滍的宣言让人想起使徒保罗的《以弗所书》4：4-6："身体只有一个，圣灵只有一个，正如你们蒙召同有一个指望。一主，一信，一洗，一神，就是众人的父，超乎众人之上，贯乎众人之中，也住在众人之内。"布莱克确实相信一个神圣原则统一全人类成为"一种精神"，但他应该会认为爱与同情的"律法"是矛盾的修辞，而他从未接受凌驾一切之上的神性的权威。布莱克是在《新约》收录的另一部使徒书中找到了正解："基督既为我们受了咒诅，就赎出我们脱离律法的咒诅。"（《加拉太书》3：13）"律法的诅咒"就是写在石板上的由摩西从西奈山带下来的僵化消极的诫条。**尤理滍**的"永恒黄铜之书（book of eternal brass）"显然是在反讽影射艾萨克·瓦茨（Issac Watts）的一首赞美诗。

他的手写下了圣言

用不朽的笔；

如在永恒的黄铜上

大能的诺言闪亮。[15]

另一幅整版全图展现了**尤理漕**戴着镣铐，因家长式控制的希望落空而绝望地哭泣。（见图 47）

他的灵魂病了！他诅咒

儿女，因为他看见

无论肉体还是精神都不能维持

他的铁律，哪怕一瞬间，

因为他看见生命依赖死亡活着。

245

"虔诚而循规蹈矩的眼泪，"吉恩·哈格斯特鲁姆（Jean Hagstrum）评论说，"从他紧闭的眼睑流下，滴入他绳索般凝固的胡须。"[16]

始终需要强调的是，布莱克的抨击不只针对作为抽象神学的教义，也针对作为纵容不公平机制的教义。一首苦涩的《经验之歌》这样开头，"那就无须有什么怜悯 / 若是我们并没有使人穷困（Pity would be no more / If we did not make somebody poor）"；而在《四活物》中，当**尤理漕**从他的黄铜之书中朗读自己的方略，他重复了这一思想。

以柔软温和的手段迫使穷人靠面包皮为生，

他们皱眉时就笑，他们笑时就皱眉，当有人

因辛劳与节制而面色苍白，就告诉他看起来健康幸福，

当他的孩子病了就让他们死，总有足够的

图 47 《尤理谮之书》，印本 G，印版 11

出生，甚至还太多了，将在我们的大地泛滥成灾。

确切无疑的是，布莱克想到了托马斯·罗伯特·马尔萨斯（Thomas Robert Malthus）发表于1798年的《人口论》（*Essay on the Principle of Population*，也译《人口原理》），同时还有一个特殊事件，即1800年关于《面包草案》（Bread Bill）的议会辩论，其中讨论了是否要针对抬高物价的市场垄断者采取措施。时任首相小威廉·皮特（William Pitt the Younger）宣称，以这种方式干预市场将会"干扰贸易自由"，相反，他敦促采取措施"减少消费"。更广义地说，这是英国社会的虚伪，这个社会相信，如陈词滥调所言，它对待"那些不如我们幸运的人"是慷慨大方的。[17]

耶和华与埃洛希姆

在对如何用象征方式表达神圣性的思索中，布莱克有效运用了同时代学者刚刚开始注意到的东西：《圣经》是多种文本的混合，在许多个世纪中它们逐渐被缝合在一起。在德意志取得的突破性学术成果由苏格兰罗马天主教圣职亚历山大·格迪斯（Alexander Geddes）介绍到英国，他认为分析《圣经》的方式应与其他古代文献如《荷马史诗》完全一样。这样一来，很明显《创世记》中就有了两个完全不一样的创世故事。在第1章，"神说：'要有光。'"；在第2章和第3章，一个远远更具人性的神创造了亚当与夏娃，把他们放置在伊甸园，并在傍晚的凉意中与他们一起散步。在第一个故事中，上帝被称为"埃洛希姆（Elohim）"（这个词是复数）；在第二个故事里，上帝则被称为"耶和华（Yahweh / Jehovah）"。这两个不同的版本后来被命名为"E本"和"J本"。[18]

246

亨利·克拉布·鲁宾逊对布莱克的一次谈话深感困惑，他记下了其中的内容："布莱克说：'不论是谁，只要相信**自然**，就不信上帝，因为**自然**是魔王的作品。'我指的是《创世记》的开头——'起初，神创造天地'——但我由此所获甚少，因为有人得意洋洋地告诉我这个上帝不是耶和华，而是埃洛希姆。"[19] 这位造物者就是巨匠造物主，早期的诺斯底异教徒将其诅咒为真正上帝的敌人。但布莱克的体系不同于各种诺斯底教义，因为对他来说，耶和华与埃洛希姆都是作为神圣性的不断演进的化身而在扮演想象性的角色。

布莱克正是在这样的语境中发展出了自己的"上帝的七眼"象征体系，以呼应"以西结的异象"中神秘的"眼睛"，还有《撒迦利亚书》4：10中的一段文字，"这七眼乃是耶和华的眼睛，遍察全地"。它们不仅是神的不同名称，更是清除其迷信的敬畏与恐惧过程中前后相继的阶段。**耶和华**与**埃洛希姆**是七眼中的两个，而最终之眼是那个唯一愿意牺牲自己的**耶稣**。[20]

埃洛希姆（或被尊称为"the Elohim"）是布莱克的套色版画杰作《埃洛希姆创造亚当》（*Elohim Creating Adam*，见彩插38）的主题。他展开硕大的翅膀盘旋，正在用黏土塑造**亚当**，右手把**亚当**的头按下去，左手伸出去拿更多的黏土，此时一条凡间的蚯蚓盘绕在刚被创造出来的躯体上。这位造物者的表情凝神专注而又压抑忧愁，哈格斯特鲁姆称他为"阴魂缠身而又阴魂不散的老人"。[21] 在《创世记》中，上帝照着自己的形象造人。在这幅画里，**亚当**的脸确实像**埃洛希姆**，但对布莱克来说，这个类比是反其道而行之。是人照着自己的形象创造了一位惊恐的神，而后又感觉这个神如梦淫妖一般压在了自己的身上。

克里斯托夫·赫普纳（Christopher Heppner）正确地评论**埃洛希姆**的翅膀为"以完全不能发挥作用的方式附着在他身上"。但布莱克并非凭空捏造；**埃洛希姆**的翅膀模仿自位于雅典风之塔（Tower of the Winds）上的表现北风之神波瑞阿斯（Boreas）的浮雕，当时，其已由布莱克的老师詹姆斯·巴西尔镌刻仿制成版画。（见图 48）于是，《圣经》观念与古怪而陌生的异教观念被融合在一起。[22]

赫普纳还观察到这种造物行为与米开朗琪罗绘制在西斯廷礼拜堂（Sistine Chapel）屋顶上的壁画很不一样，布莱克当然对其相当熟悉。E. H. 贡布里希（E. H. Gombrich）对米开朗琪罗作品的雄辩描述恰好突显了它与布莱克作品的巨大差异："圣父……身裹宽大、威严的斗篷，斗篷被风吹开像是船帆，也表示出他飞过空中时的自在和迅速。当他伸出手时，甚至连亚当的手指还没有触到，我们就几乎看到那第一个男子好像是从沉睡之中苏醒过来，凝视着他的创造者的慈父般的面孔。"[1] 贡布里希注意到"造物手势的轻松和力量"。在布莱克的版本中，它更像是绝望的挣扎。[23]

如"亘古常在者"一样，布莱克的**埃洛希姆**有着真正的庄严。他对秩序的渴求不能等闲视之，而形式始终要比无形更好。这位巨匠造物主创造的世界毋庸置疑要胜过混沌，而《弥尔顿》中的**埃洛希姆**则与**洛斯**在积极的语境中联合起来。

> 这就是**洛斯**的世界，六千年的劳作。
> 因此**自然**就是**埃洛希姆**之科学的异象。

"科学（science）"依然有塞缪尔·约翰逊定义的通行意义："任何知识的艺术或种类。"[24] 那是处于完整想象力深度中的知识，与其

---

①　引自范景中译的生活·读书·新知三联书店 1999 年版《艺术的故事》第 15 章"和谐的获得——托斯卡纳和罗马，16 世纪初期"。

形成对比的是简化的经验主义推理。但这样的知识依然是临时且有限的。**洛斯**创造的**各各奴扎**是对抗混沌的权宜防御，而**埃洛希姆**创造的**自然**，尽管同样远远好于混沌，却依然是**世代**的令人沉陷其中的世界。

图 48　《雅典古物》第一卷中的版画《北风之神》

此岸的上帝

248　　　　1789 年，布莱克短暂参加了埃马努埃尔·斯韦登堡的新耶路撒冷教会（The New Jerusalem Church），这是他唯一曾加入过的教会组织。其间，他在一系列决定上签名，谴责整整四分之一的《圣经》是不受神启示的。此后很久，布莱克在《耶路撒冷》中列出的受神启示的圣书书单依然只包括他于 1789 年认可的那些。很容易理解为什么《约伯记》不在其列。它以描写一位极其令人羡慕的人开篇："乌斯地有一个人名叫约伯；那人完全、正直，敬畏神，远离恶事。"接下来我们发现上帝在和撒旦对话，撒旦暗示说如果约伯（Job）将要失去他所拥有的一切，"他必当面弃掉你"。上帝接受了挑战，回答说："凡他所有的都在你手中。"约伯的家人和牲畜随即皆被毁灭，他自己则饱受毒疮折磨，而他也确实发出了诅咒，让所谓的安慰者震惊。于是上帝从旋风中斥责他，指出创世时他并不在场，并警告他无权抱怨。不知怎么，约伯被这个阻止提问的答复说服了，他在尘土和炉灰中懊悔，并得到了相应的奖赏："耶和华后来赐福给约伯比先前更多。"他得到了新的家庭，以及14000只羊和6000匹骆驼……[25]

　　撒旦在《希伯来圣经》（Hebrew Bible）①中只扮演了一个次要角色，是基督教神学把他变成了所谓上帝的强大对手。他在《约伯记》中以得到授权的指控者身份行事，有如法庭上的公诉人。布莱克很熟悉这个概念，将其融入一套描绘《约伯记》的水彩画中，它们大约创作于1805年，系为托马斯·巴茨所画。二十年后，画家约翰·林奈尔（John Linnell）委托布莱克把它们转制成版画。后来，这些版画不仅按时出版，而且装帧华丽。这套画册

---

①　也称《希伯来经卷》，是《圣经》学者指代《塔纳赫》（Tanakh）的术语。其既是犹太人的正典，也是《旧约》的教义来源。除阿拉姆语外，其大部分由希伯来语写成，而且不同的信仰对《希伯来圣经》的理解也并不相同：在犹太教信仰中，其指的是24卷正典，即《塔纳赫》，包括《妥拉》（5卷）、《先知书》（8卷）和《圣录》（11卷）；在新教信仰中，其指的是《旧约》39卷正典（等同于《塔纳赫》24卷，但编排不同）；在天主教信仰中，其指的是《旧约》46卷正典（含"续经"）；在东正教信仰中，其指的是《旧约》50卷正典（含"次经"）。另，此处的《希伯来圣经》并不指首版于1906年的希伯来文版"Biblia Hebraica"，且希伯来文《圣经》（Rabbinic Bible / Mikraot Gedolot）是《希伯来圣经》（Hebrew Bible / Tanakh）的版本之一。

被印刷了 300 多个印本，是布莱克作品中最不罕为人见的。

林奈尔在广告中写道："这些印版完全是由布莱克先生只用雕刻刀镌刻而成（没有借助硝酸）。"也就是说，布莱克不再运用借助强酸的蚀刻技法，而是把最初的画稿转到铜版后，就用刻线刀雕刻线条。精细描摹的线条让人想起布莱克极为仰慕的一位前辈，即阿尔布雷希特·丢勒，而一位艺术历史学家则称它们为"在英国制作的最佳者"。[26]

印版 11 是一幅格外有力的图像，题为《约伯的邪恶之梦》（*Job's Evil Dreams*，见图 49）。画中的约伯躺在一张看起来极不舒服的床上，正惊恐地看着下方地狱火中的三个恶魔。其中的两个牢牢抓住他的双腿（他右腿上的手必定属于床另一侧但在画上看不见的两个恶魔），而第三个恶魔正准备用一条沉重的锁链捆绑他。画的上部，愤怒的上帝压下来，就像埃洛希姆压在亚当身上，用左（不祥的）手指向火焰，右手则指向一对石版。它们代表十诫，在更早的水彩画版本中，能辨认出来的希伯来字母写道："不可杀人；不可奸淫。"[27] 神圣激怒的枝状闪电照亮了天空。

251　　　同时代人对布莱克作品的理解是多么缺乏，从艾伦·坎宁安（Allan Cunningham）愚钝的评论中可见一斑："《圣经》吓阻了他的想象力，他太过虔诚，不敢越雷池一步，只是按字面意思去具现庄严场景。"[28] 尤在这幅画中，坎宁安显然未能留意两条明显的线索。首先，可以看到诱惑之蛇盘绕在埃洛希姆身上；在布莱克看来，任何准许折磨一个好人的神，他自己必定就像撒旦一样。其次，埃洛希姆长着偶蹄，而不是脚。他自己就是那位指控者。

靠近底部的文字向四周弯曲，结尾部分则垂直向上，以两种方式偏离了《圣经》原文。布莱克的文本是："噢唯愿我的言语印在书上用铁笔和铅刻在岩石上存到永远我知道我的救赎主活着末后

图 49　《约伯的邪恶之梦》

他必站在尘土上而在你毁坏我的皮肤之后这个躯体在我的肉体之内我还会看到上帝我会为我自己看到他而我的眼睛将会看见而不是陌生人尽管我制作的图像磨灭了。（Oh that my words were printed in a Book that they were graven with an iron pen & lead in the rock for ever

For I know that my Redeemer liveth and that he shall stand in the latter days upon the Earth and after my skin destroy thou This body yet in my flesh shall I see God whom I shall see for Myself and mine eyes shall behold & not Another tho consumed be my wrought Image.)"① 在英文《钦定版圣经》（KJV）中，《约伯记》19：26 写道："我这皮肉灭绝之后，我必在肉体之外得见神。"²⁹ 布莱克保留了《圣经》原文里的"皮肤（skin）"而丢弃了"蠕虫（worms）"。就像他在寓意画册《为儿童所作》中画的，精神的躯体是凡间的蠕虫所无法侵害的。"我知道我的救赎主活着"则在传统上被阐释为基督预言。

　　另一个变化更有意义。《约伯记》19：27 写道："亲眼要看他，并不像外人。我的心肠在我里面消灭了！""心肠（reins）"本义是"肾"，比喻义为"情绪"。布莱克舍弃了这个说法，代之以"尽管我制作的图像磨灭了"。噩梦中施加惩罚的上帝其实是按约伯的形象制作的，这就是他们长着相同的脸的原因。这个非现实的上帝是约伯之罪的投射。³⁰

　　《启示录》15：4 这样言说上帝："因为独有你是圣的。（Thou

---

① 　这段文字系布莱克对《约伯记》19：23-27 的改编，英文《钦定版圣经》写为："Oh that my words were now written ! oh that they were printed in a book ! That they were graven with an iron pen and lead in the rock for ever ! For I know that my redeemer liveth, and that he shall stand at the latter day upon the earth: And though after my skin worms destroy this body, yet in my flesh shall I see God: Whom I shall see for myself, and mine eyes shall behold, and not another; though my reins be consumed within me.""简体和合本"译为："惟愿我的言语现在写上，都记录在书上；用铁笔镌刻，用铅灌在磐石上，直存到永远。我知道我的救赎主活着，末了必站立在地上。我这皮肉灭绝之后，我必在肉体之外得见神。我自己要见他，亲眼要看他，并不像外人。我的心肠在我里面消灭了！"

only art holy.）"而布莱克却说："任何活的东西都是神圣的。
（Every thing that lives is holy.）"他的作品里有四处出现这种说法。
鲁道夫·奥托（Rudolf Otto）在自己的经典著作《神圣者的观念》
（*The Idea of the Holy*）中将上帝描绘为"完全的他者"，"令人畏
惧的神秘（mysterium tremendum）"，"它完全超出了日常的、可理
解的和熟悉的领域，并因此完全落在'审慎'的界限之外与之相
对立，使心灵充满了迷茫的惊奇与惊愕"。① 在布莱克看来，这恰
恰是错误的，这个构想反映的不是对真正上帝的崇拜，而是《以
弗所书》中提及的伪巨匠造物主。布莱克在《四活物》的开头引
用了那封希腊文书信。《以弗所书》6：12 写道："因我们并不是与
属血气的争战，乃是与那些执政的、掌权的、管辖这幽暗世界的，
以及天空属灵气的恶魔争战。"31

　　寓意画册系列《为儿童所作》传递了一条简单明了的信息，
即从生到死的轮回，一代接着一代，可能看上去像是无穷无尽的
环。但它并非无穷无尽，因为当凡人的躯体死亡时，灵魂就被解
放，进入永恒。布莱克再版这些寓意画册时，冠以新的标题《为
两性所作》，并增加了一首莫名其妙的结语诗，从而使那条信息变
得错综复杂。这首诗被题为《致指控者，亦即此岸的上帝》（*To
the Accuse Who is the God of This World*，简称《致指控者》），指
控传统宗教与区区自然世界共谋，还串通想要把我们囚禁在自然
世界的撒旦力量中。

　　　真的我的撒旦你只是蠢驴，

　　　不懂得区分人和他的装扮。

---

① 引自丁建波译的中国社会科学出版社 2009 年版《神圣者的观
　　念》第 5 章"对'神秘'的分析"。

> 每一个娼妓都曾经是处女，
> 你也不能把凯特变成南。

> 尽管你受人崇拜，以神圣名义
> 耶稣与耶和华，你依旧
> 是早晨之子，在残夜衰落时，
> 迷失的旅人之梦在山沟。

"早晨之子（son of morn）"即堕落大天使路西法（Lucifer），他的名字意为"带来光明者"，如《以赛亚书》14：12 中所说："明亮之星，早晨之子啊，你何竟从天坠落？"[32] "迷失的旅人（the lost traveler）"指的是民间传说，在这些故事里仙女的幻术让人进入无助的沉睡。如布莱克所想象，这就是阿尔比恩的梦魇，苦于颠倒梦想，当他醒来时噩梦将会消失。

布氏所谓的"指控者"并非《约伯记》中的公诉人形象，而是人类焦虑与罪过的投射。正统宗教视他为真实存在，并称他为"撒旦"，一位残酷的敌手，上帝神秘地允许他继续折磨我们。但正如《约伯的邪恶之梦》中的上帝实际上是恶魔般的，所以这位复仇的撒旦与教会崇拜的伪神——审判人的耶和华，还有耶稣，他以死庇护我们免受我们的罪孽应得的惩罚——等同。这位虚幻的指控者可能相信我们是他的奴隶，但那仅仅意味着我们相信这一点；一旦我们看清他的真面目，他便将从人间消失。

与此同时，指控者所拥有的唯一力量是凌驾于我们的凡人躯体之上，而在后期诗歌中，布莱克常常把躯体称为将要抛在身后的临时覆盖物。"不懂得区分人和他的装扮（and dost not know the garment from the man）"意味着肉体的身躯被误认为是人的全部。

但布莱克早在《天堂与地狱的婚姻》中就曾断言："人没有区别于灵魂的身体，因为那所谓的身体是灵魂的一部分，为五感所辨认，而感官是这个时代灵魂的主要入口。（Man has no body distinct from his soul，for that called body is a portion of soal discerned by the five senses，the chief inlets of soal in this age.）"在后期的诗歌里，身体甚至连灵魂的一部分都不是，而只不过是在**帷拉**、**喇合**与**得撒**的织机上纺成的缠人的斗篷。那件临终时的外衣将会被抛弃，正如**弥尔顿**清除他的自我时脱掉了外衣。（见彩插 20）[33]

在指控者的理解力中还存有另一个盲点。就像《阿尔比恩女儿们的幻象》中的**乌松**，她否认自己在被强奸后受到了玷污，那么在这首诗里**天真**在自我的核心里同样未受到玷污："每一个娼妓都曾经是处女。（Every harlot was a virgin once.）"残酷的经历激起抒情诗《伦敦》中的妓女恶狠狠的诅咒，而她们完全有权利咒骂。她们没有变得罪恶与恶毒，而她们的真正个性将保持不变——"你也不能把凯特变成南。（nor canst thou ever change Kate into Nan.）"可能与此相关的是，布莱克对凯瑟琳的昵称就是"凯特"。

《致指控者》的首行"真的我的撒旦你只是蠢驴（Truly my Satan thou art but a dunce）"是对爱德华·扬（Edward Young）长诗《夜思》中一个传统说法的反讽式改编："你的主人，撒旦，我敢称其为蠢驴。（Thy master，Satan，I dare call a dunce.）"扬的意思是，在反叛全能者（即上帝）之后，堕天使撒旦是个笨蛋，还想象自己拥有除全能者因神秘的原因而准许外的任何力量。布莱克的意思是，黑暗王子没有任何真实存在。在谈话中，他非凡地将撒旦的帝国称为"虚无帝国"。[34]

在《致指控者》的插画里，迷失的旅人睡得如此酣畅，以至蜘蛛都有时间在他的手杖上结网。（见图 50）当做梦时，长蝙蝠翅膀的撒旦从他身体里浮现——完全不是真实存在，只是梦幻。

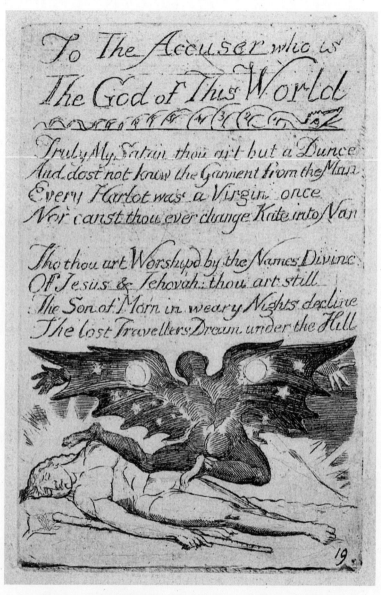

图 50 《为两性所作: 天堂之门》, 印本 D, 印版 21

令人骇异的是，撒旦的脚同时又是旅人的阴茎。这个梦显然是梦　255
遗，表达的是生殖器性行为，这在**永恒**里将不再被需要。撒旦的
翅膀上有太阳、月亮和星星，但真实的日出正从山后喷薄而出，
迫使属于这个世界的幽灵般的神飞走。[35]

耶稣

在创作完《经验之歌》后，耶稣几乎从布莱克的诗歌里消失
了近十年，但终于又在修改《四活物》期间重现。耶稣之所以消
失，也许是因为布莱克认为自己被有组织的宗教利用了；而耶稣
之所以回归，也许是因为布莱克意识到他需要比我们自身更大的
力量，以便能从我们饱受困扰的境地中拯救我们。正如他在给巴
茨的信中写道："我再一次在光天化日中现身。我依然并且应该拥
抱基督教直到永远，并且仰慕他，他就是上帝的直接形象。"[36]

似乎很清楚，布莱克认为历史上的耶稣是伟大的预言家，但
并非上帝在人间的唯一化身。或许耶稣被赋予了特别的神圣灵感，
但如果是这样，他和我们其他人只是程度上的差异而非不同的种
类。颇为震惊的鲁宾逊说："我问他如何看待关于耶稣基督神性的
问题，他回答：'他是唯一的上帝；'但接下来又补充说，'我也如
此，你也如此。'"令人印象深刻的是，鲁宾逊补充说："他刚刚还
在谈论耶稣基督的谬误（那引发了我的问题）。"[37]

根据正统神学，上帝不肯宽恕我们的罪孽，直到清白的基
督主动代我们而受死刑。"那是可怕的教条，"布莱克告诉鲁宾
逊，"如果别人偿还你的债务，对此我无法谅解。"因此，布氏
认为推崇耶稣殉难完全是亵渎神明，因为他不认为那是神圣的
牺牲，而是对历史人物耶稣的合法谋杀。在附录于《为两性所

作》的《大门钥匙》里，他挑战信徒，让他们为使用十字架而
证明。

> 哎基督徒基督徒！告诉我为何
> 你们把它在祭坛上高高树立着！[38]

·256　　《耶路撒冷》里出现了一幅耶稣殉难的整版全图，象征着临时
受到自然世界的束缚。（见彩插39）耶稣不是悬在十字架上，而
是一棵树，看上去像是大橡树，这令人想起遭人轻蔑的竺伊德对
自然的崇拜。不过，树上还结了苹果。显然这不是能从植物学上
辨识的树，而是所有人类牺牲的神秘形式的混合。按照布莱克的
说法，耶稣真正所做的是牺牲他的自我——不是为了取悦存心报
复的上帝，而是要清除掉我们所有人内心仅仅是"自然"的东西。
阿尔比恩（他的名字可见于这幅印版的几个不同印本）站着仰望
耶稣，从耶稣头上倾泻出光线，远远要比地平线上仅仅是自然的
太阳更加明亮。**阿尔比恩**展开双臂，与**耶稣**的十字架之姿组成镜
像，他的姿态让人想起《阿尔比恩起来了》（见彩插11）。[39] **耶稣**
是唯一的上帝——但阿尔比恩也是，我们所有人都是。

与父和解

　　从《经验之歌》开始，显然布莱克与各种父亲形象产生龃龉，
尽管从来都不清楚个中因由。即便如此，如果完全排除父亲形象，
他的象征体系就会严重残缺。正如**尤理潜**必须与其他**活物**重新整
合，同样耶和华也必须恢复为积极的角色。"我看到了天父的脸，"
费尔珀姆时期临近终点时，布莱克在给巴茨的信中写道，"他把手

放在我头顶，赐福给我的所有作品。"在《耶路撒冷》中，我们听到了"万有之父（the universal Father）"。[40]

《耶路撒冷》的倒数第二幅印版是一个和解的场景，却奇异难解。（见彩插 40）一位长胡子老人——有光线从他头顶涌出——身体前倾去拥抱一个半男半女的人物，这个人头发很长，可能是**耶路撒冷**，也可能是作为一个整体的人性。它的色彩如此深暗，以至于一位艺术历史学家抱怨，"黑红色布莱克式火炉特别昏暗，令人窒息"。此外，莫顿·D. 佩利（Morton D. Paley）说："火焰中暗部深浅不同的变化，创造出真正的末日效果。"佩氏还注意到把蓝天绘作光轮的醒目做法。[41]

这位长胡须的人物是否圣父终于回归？较年轻的人物似乎正在满怀感激地倒向他的臂弯，并同时抬头凝视他的脸。但年长者凝视的目光为何会偏向一边？他是否正在看着我们？他为何会抓住年轻人物的臀部？评论者合情合理地认为他们的拥抱带有性意味，但果真如此吗？一位阐释者把较年轻的人物看作"惊恐万状的双性人"；另一位则没有看到惊恐，而是看到"性满足前的狂喜时刻；**耶路撒冷**和**阿尔比恩**在天国般的火焰里于大地之内上升，而'爱的时辰'伴随'仰慕的神圣狂喜'正在撒播宽恕与生命，在大地之内并穿越全地"。[42] 这种情形非常常见，很难知道布莱克是否真的在画里暗示了与性有关的强烈感觉，或者它们仅是布氏评论者的想象。

安东尼·布伦特（Anthony Blunt）提出了另一种阐释，他注意到画中的拥抱与佛兰德画家马尔滕·德·沃斯（Maerten de Vos）的"浪子与父亲"题材版画存有相似之处。我们知道布莱克认为"浪子的比喻"特别感人。塞缪尔·帕尔默告诉吉尔克里斯特："我还能回忆起来，有一次，布莱克流连于浪子比喻精致的美，开始复述

257

其中的一部分；却停留在这句'相离还远，他父亲看见'就进行不下去了。他声音颤抖，流下泪来。"《路加福音》15：20 继续写道：

> 相离还远，他父亲看见，就动了慈心，跑去抱着他的颈项，连连与他亲嘴。儿子说："父亲！我得罪了天，又得罪了你；从今以后，我不配称为你的儿子。"父亲却吩咐仆人说："把那上好的袍子快拿出来给他穿；把戒指戴在他指头上；把鞋穿在他脚上；把那肥牛犊牵来宰了，我们可以吃喝快乐；因为我这个儿子是死而复活，失而又得的。"[43]

第15章 黄昏旅人

贫穷巷

1803 年，布莱克夫妇从费尔珀姆返回伦敦，在南莫尔顿街 17
号（17 South Molton Street，见图 51）租了一套小公寓，看得到
海德公园，并与名字恰如其分的贫穷巷（Poverty Lane）为邻。这
是他们的伦敦寓所中至今唯一尚存的；截至 2015 年，一家美容
院占据了一楼。布莱克夫妇住过的寓所清单读来令人伤怀。宽街
28 号，布莱克的出生地，"已不复存在；这条街后更名为'布罗德
维克街（Broadwick Street）'，原址上现在是高层公寓大楼"。波
兰街 28 号"已于 19 世纪后期推倒重建"，布莱克在这里曾与詹
姆斯·帕克（James Parker）合伙短期经营过一家版画商店。女王
大街 31 号"不幸已在 19 世纪后期遭到拆除"，布氏在这里跟随
詹姆斯·巴西尔完成了七年学徒期。亨利·帕尔斯（Henry Pars）
位于河岸街的绘画学校"则在摄政时代①被拆"。而喷泉庭院
（Fountain Court），布氏夫妇的最后寓所也"已不复存在，但它曾

---

① 系 1811~1820 年英王乔治三世的长子威尔士亲王（后来的乔治
四世）摄政的时期。当时，乔治三世因精神病情日益严重而被
认为不适于统治，于是威尔士亲王乔治以摄政王的身份代理统
治。此外，1795~1837 年，即包括乔治三世统治的后期和他的
儿子乔治四世（George Ⅳ）和威廉四世（William Ⅳ）统治时期
有时也被视为广义的"摄政时代"。英国的建筑、文学、时尚、
政治和文化在此期间显出了独特的风格。至 1837 年维多利亚
女王（Queen Victoria）加冕后，摄政时代结束。

图 51　南莫尔顿街 17 号

位于河岸街煤洞酒馆（Coal Hole Tavern）的正后方，这家酒馆目前还在，只不过已被重建"。至于第 8 章曾提及的位于兰贝斯的赫拉克勒斯路 23 号，则在 1918 年遭到拆除。[1]

1804 年初，布莱克不得不重返苏塞克斯，出庭对他的煽动案审判，结果是当庭无罪开释。这是他生命中最后一个引起外界关注的事件。至此他似乎已经意识到自己对威廉·海利的怀疑不合情理，于是他从伦敦致函海利表达热忱谢意，并乐观地告诉他：260"我确实已在分裂的生存中打通恐怖与恐惧的地狱（除了我自己没人能知道）。如今我不再分裂，也不再向自己开战，我应该在上帝的力量中继续前行，如可怜的朝圣者所说。"①三年后，一则言简意赅的笔记写道："1807 年，1 月 20 日，星期二，凌晨 2 点到傍晚 7 点——绝望。"[2]

生意枯竭了，布氏唯一的收入来自几名慷慨的资助人，尤其是 1800 年前后结识的托马斯·巴茨。巴茨是极少数能理解布莱克宗教理念的人之一。尽管并非豪富，但作为陆军部文官，巴茨的收入足以达到小康水平。不论布莱克何时囊中羞涩，他都心里有底，因为巴茨那里有《圣经》与《弥尔顿》题材画作的长期订单。

如前所述，布莱克在哥哥詹姆斯的服饰用品店中举办过一次画展，但这次尝试不仅彻底失败，还招致罗伯特·亨特（Robert Hunt）发表于读者众多的《考察者》周报的轻蔑评论。于是，亨特随之出现在《耶路撒冷》中，名叫"汉德（Hand）"（指示方向之手的意象表明他对这件作品公之于众所起的作用），连同布莱克的费尔珀姆指控者，醉酒的士兵斯科菲尔德（Schofield，布莱克

---

① 这里的"朝圣者（Pilgrim）"或指约翰·班扬《天路历程》中的人物，对应后文"解释者之家"的典故。

在诗中将他写作"Skofield"）。

> 你去找斯考菲尔德：问他是不是巴斯，或者，是不是坎
> 　特伯雷；
> 告诉他不要再怀疑：要他把话说清楚。
> 告诉他只要我乐意，随时随地我都可以把他
> 打成碎片；告诉汉德和斯考菲尔德，对我痛恨的人来说
> 他俩就是我的邪恶教长：因为我跟他们一样也可以憎恨！ [3]

当然，亨特和斯科菲尔德永远对这个威胁毫无察觉。

令人印象深刻的是，鉴于《弥尔顿》与《耶路撒冷》难觅知音，布莱克还坚持不懈地耕耘那些格外雄心勃勃且耗时费力的诗歌。包含 50 幅印版的《弥尔顿》于 1811 年制作了三个印本，又于 1818 年制作了一个印本；厚重的《耶路撒冷》由多达 100 幅印版组成，于 1820 和 1821 年制作了五个印本。《耶路撒冷》的所有印本中只有一个是上色的。布莱克在晚年还制作了一些早期彩画书的印本，色彩华丽绚烂，以吸引对文字内容不太在意的收藏家。

261　　布莱克的诗愈发默默无闻，这不仅缘于他思想之复杂，还因为他创作时的极端孤独。而乔治·坎伯兰对如今已散佚的画作《最后的审判》的描述则突显了一种耐人寻味的贴切："昨天黄昏时分，我们拜访了布莱克，看到他和妻子在喝茶，比任何时候都要脏［也就是说，沾满了颜料和墨水］；不过，他还是热情招待了我们，给我们看了大型水彩画《最后的审判》。他在这幅画上辛勤工作，直到它几乎黑得像你的礼帽。" [4]

布莱克因缺少读者而意兴萧索，阑入《耶路撒冷》开篇演说辞《致公众》的几处奇怪豁口就显得尤为触目惊心。（见图 52）

不仅几处文字被用蛮力从金属版上凿去，还有几近三个整行在
"作者希望（the Author hopes）"之后被完全删除。然后过了几个
诗行，我们读到：

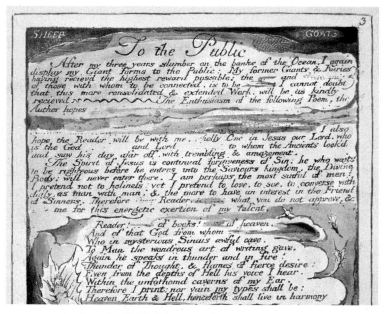

图 52 《耶路撒冷》，印本 E，印版 3（细部）

因此　　　　　　　读者　　　　　　你所不认可的，并
　　　为我天赋的这一充满活力的运用　　我。

对照一份幸存的印样，厄尔德曼复原了缺失的文字："因此亲爱
的读者，请谅解你所不认可的，并请因为我天赋的这一充满活力
的运用而爱我。（Therefore *Dear* Reader，*forgive* what you do not

approve, and *love* me for this energetic exertion of my talent. ）" 布莱克不但移除了对读者满怀希望的请求，而且有意在文本中留下这些豁口，即便他从印版印制新印本时能够轻易用墨水补上新的文字。"布莱克在印版 3 上的抨击，"莫顿·D. 佩利认为，"表达了可怕的狂怒。这些空缺有如永远不能治愈的伤口。"[5] 也许它们要由每一位读者来填补。如果我们想要谅解并热爱布莱克，那将是我们的选择；但他并不寄希望于这一点。

1821 年，布莱克最后一次搬家，住进了一套位于黑窄小巷"喷泉庭院"的二楼公寓；小巷正好从繁忙的河岸街分岔，邻近布莱克在 10 岁时前去上学的美术学校。这幢房屋归凯瑟琳的姐夫所有。尽管缺钱，但这段最后的时光总的来说是幸福的。从一扇窗户可以瞥见不远处的泰晤士河，布莱克说它有时候看起来"像一根金条"。这套公寓虽乏善可陈，不过布氏并不在意："我在这里住的是洞穴，但上帝在别处为我备好了美丽的宅邸。"[6]

262　　　　这最后的岁月给我们留下了几幅绝佳的布莱克图像。1823 年，他时年 66 岁，一位名叫"詹姆斯·德维尔（James Deville）"的骨相学家制作了布莱克的头颅模型以"作为想象力天赋的代表"。成品令人难忘。（见图 53）不过，其肃穆的表情并非常态，而是由布莱克不得不忍受不舒适的制作工序所致。正如他的朋友乔治·里士满（George Richmond）所解释：

> 那不像是亲爱的布莱克的嘴。这副冷峻的模样对他来说是反常的，和蔼、敏感的表情才是常态；但是，由于石膏带出了一些头发，布莱克在取模时承受了极大的痛苦。布莱克夫人并不喜欢这具面模，也许是因为她从

264

日常观察中熟悉了丈夫细腻面部的表情变化。确实很难
用任何肖像来让她开心——她从不喜欢菲利普斯画的肖
像；但布莱克的朋友们喜欢这具面模。[7]

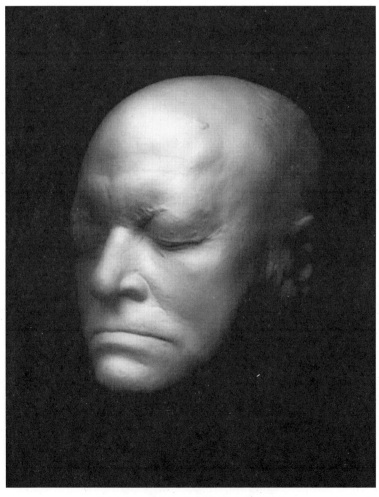

图 53　威廉·布莱克的面部模型

　　更引人入胜的是约翰·林内尔在汉普斯特德荒野（Hampstead Heath）画的速写（见图54），林内尔和家人一起住在那里。布莱克经常步行拜访他们，往返各需五英里，而他正是在那里遇见了柯尔律治。塞缪尔·帕尔默，时年近20岁，有时则会陪他一同前往。帕尔默的儿子记得听他说过："这两位朋友走近农庄时，快活的小队就冲出来迎接他们，领头的是金发女孩，约莫6岁。直到今天她还对寒冷的冬夜记忆犹新，那时候林内尔夫人会用旧披巾帮布莱克包裹严实，然后派仆人——手提明灯，为他照亮道路，穿过石南荒原直到大路——一路送他回家。"林内尔夫妇的女儿长大后嫁给了帕尔默，她会告诉他们的儿子，布莱克如何在她小时候习惯于一边背诵《扫烟囱的孩子》和《老虎》，一边让她坐在自己的膝上。[8]

　　帕尔默和里士满在1824年遇到布莱克时均只有15岁，是一群自谑为"太古派（Ancients）"[也称"肖勒姆古人（Shoreham Ancients）"] ① 的年轻追随者中的成员。他们把喷泉庭院3号称为"解释者之家（House of the Interpreter）"，这个称呼取自《天路历程》中的情节。② 帕尔默记忆中的布莱克，"他是一个不戴面具

---

①　1824年前后，一群年轻的英国艺术家和其他人士因对艺术中古风的吸引和对威廉·布莱克作品的钦佩而聚在一起。他们的核心成员是塞缪尔·帕尔默、乔治·里士满和爱德华·卡尔弗特（Edward Calvert）。除了帕尔默，身为艺术家的核心成员都是王家艺术研究院的学生。他们在布莱克的公寓，即"解释者之家"和帕尔默位于肖勒姆肯特村（Kent Village）的家中聚会。在该团体继续存在的约十年时间里，其对英国艺术界的影响不大，但有几个成员后来成了重要的艺术家，而且自19世纪末以来，人们逐渐增加了对该团体的兴趣。

②　见西海译的上海译文出版社1983年版《天路历程》第36页中。

图 54　《威廉·布莱克》，约翰·林内尔作

的人；他目标单一，他路径笔直，他所求甚少；所以他自由、高贵、幸福……他是我们人生道路中所遇的极少数人之一，从来不会'三心二意'，也从来不会自相矛盾"。布莱克也许始终如一，但并非无忧无虑。另一位太古派成员弗雷德里克·泰瑟姆（Frederick Tatham）曾说布莱克是"许多诱惑与心灵折磨的对象，极度需要安慰"。[9]

布莱克在这些年里饱受痼疾之苦。1825 年，他告诉亨利·克拉布·鲁宾逊，阅读华兹华斯的《漫游》"导致肠道疾病，差点要了自己的命"。这种讽刺挖苦令人莞尔，但生病可不是闹着玩的。布莱克似乎很可能已受多年的炎症性肠道疾病折磨，可能还患有肝硬化和胆管炎。他在书信里经常提及发热、寒颤、流汗，以及剧烈的胃痛和痢疾，上述疾病可能是所有这些症状的缘故。此外，他的艺术极有可能导致了这些疾病——常年吸入铜粉尘以及用于腐蚀铜的硝酸挥发物。最终，布莱克这样描述自己："只有骨头和肌腱，就像织工的织机，全部是线和线筒。"[10]

老友们正在离去：亨利·富泽利于 1825 年，约翰·弗拉克斯曼于 1826 年，兄长詹姆斯·布莱克于 1827 年。当鲁宾逊告诉布莱克弗拉克斯曼的死讯时，"他第一反应是面带微笑地说：'我认为我应该先走。'然后他说，'我只能认为死亡是从一个房间转移到另一个房间。'"1827 年 4 月，布莱克写信给坎伯兰："我已经非常接近死亡的大门了，归来时虚弱不堪，已是老人，衰弱无力，步履蹒跚，但不是在精神和生命上，不是在真正的人的意义上，真正的人是永世长存的想象力。在那个意义上，随着这愚蠢的肉体衰微，我变得愈发强大起来。"从某种意义上讲，布莱克感觉自己已然转移到另一个房间。他在一位朋友的签名册上写道，"**威廉·布莱克**，因好友相伴而倍感愉悦之人"，还加上"1757 年 11

月 28 日生于伦敦，从此已经死过几次"。[11]

　　寓意画册《为儿童所作》中一幅多年前创作的版画预示了布莱克临终时的心境。（见图 55）这幅画的图说是："黄昏时分旅人行色匆匆（The Traveller hasteth in the Evening）"；而寓意画册再版时被更名为《为两性所作》，布莱克添加了如下诗行：

> 但是某次我曾亲眼目睹
> 不朽之人他不可能死去，
> 我穿过黄昏之影快步飞跑
> 以结束我时日的辛劳。[12]

图 55　《为儿童所作：天堂之门》，印本 D，印版 16

画中的旅人头戴一顶布莱克式的宽边帽，满怀信心地大步前行。

　　《为儿童所作》中还有一幅描绘"死亡之门（Deaths Door）"
的画：一位拄杖老者进入一座巨大的石墓。但是，灵魂在永恒中
继续生存始终是布莱克的信仰，虽然灵魂与凡人的自我并不等同。
1805 年，因计划出版罗伯特·布莱尔（Robert Blair）的诗作《墓
穴》（*The Grave*），布莱克以新的方式重新构思了"死亡之门"主
题。（见图 56）老人和坟墓还在，但他们上方是个裸体的青年，
他先是在《天堂与地狱的婚姻》（见彩插 13），然后又在《美洲：
一个预言》（见图 25）中出现。《墓穴》的出版商罗伯特·克罗梅
克（Robert Cromek）添加了评语："敞开的门似乎让一片漆黑清
晰可见；老年，拄着拐杖，被一阵暴风雨催促着进入黑暗。上方
是恢复活力的人，坐在光明与光荣中。"[13] 令人称奇的是，沃尔
特·惠特曼（Walt Whitman）在新泽西州的肯顿（Camden）仿照
这幅图修建了自己的坟墓。惠特曼和安妮·吉尔克里斯特（Anne
Gilchrist）交好，安妮是传记作家亚历山大·吉尔克里斯特的遗
孀，她给惠特曼看了一些布莱克的画。

　　《墓穴》本该是获利丰厚的委托制作，但布莱克大胆的白线
风格让克罗梅克感到商业前景不妙，于是这件工作被转交给了路
易·斯基亚沃内蒂（Louis Schiavonetti），他以更时兴的风格完成
了图样，最终得到数额高达 549 英镑的丰厚报酬。布莱克本来指
望由自己获得这笔酬金的。结果证明，这次的失望标志着他作为
商业版画师的受雇机会几近终结。布莱克在自己的笔记本里给克
罗梅克和斯基亚沃内蒂取了绰号："勒索多（Screwmuch）"和"杀
手蒂（Assassinetti）"。[14]

　　据弗雷德里克·泰瑟姆所说，布莱克在临终前不久还在制作
《亘古常在者》的一个印本，只是在为妻子画素描时才暂且放置一

267

图 56　《死亡之门》

边："凯特，我要为你画一幅肖像，你对我一直是个好妻子。"他　269
于 1827 年 8 月 12 日去世，享年 69 岁，乔治·里士满阖上了他的
双眼，"以将幻象保存在内"。帕尔默当时不在城里，此后不久，
里士满写信告诉他："威廉说他正要前往终生盼望目睹的国度，并
表示自己很幸福，希望通过耶稣基督得到拯救。就在故去前，他

的面容变得动人，双目变得明亮，他冲口而出歌唱那些在天堂看到的事物。说真的，他死得像个圣徒。"如果那真的发生了，也许并非在临终时刻，因为布莱克的病很有可能会让他陷入昏迷。[15]

凯瑟琳又活了四年，由林内尔和泰瑟姆照顾，他们尽可能帮她出售亡夫的作品。根据一位匿名但深知内情的作者发表在杂志上的文章，我们得知：

> 他的遗孀，一位可敬的女人，在他殁后还经常看见他：他惯于每天来陪她坐两三个小时。这些神圣的拜访是她唯一的安慰。他坐在自己的椅子上对妻子说话，正如他如果还活着就会做的那样；他就出售自己版画的最佳方式向她提出建议。她知道丈夫躺在坟墓里，但他的灵魂来看望、安慰和指导她，她感到心满意足。在丈夫故去第 12 个月时，这位一往情深的遗孀不会默许任何事情，除非"她有机会求教布莱克先生"。[16]

凯瑟琳于 1831 年辞世，随后泰瑟姆蛮横无理地将布莱克的物品据为己有，这让林内尔愤愤不平，他很久以来一直是布莱克的主要支持来源。更恶劣的是，泰瑟姆坚信许多纸质稿件在道德上不可容忍，于是焚毁了大量手稿。安妮·吉尔克里斯特在准备出版自己已故夫君撰写的传记时提到了"布莱克手稿的浩劫"。一位同时代的艺术收藏家在这段文字下画了线，并评论道："为什么不说出真相！F. T. 烧掉了成百上千张手稿，是按照爱德华·欧文（Edward Irving）的意愿，爱德华说：'它们是在魔王的煽动下写成的。'我知道这件事是因为我亲见它做成。"欧文是柯尔律治和托马斯·卡莱尔（Thomas Carlyle）的朋友，但也是预言家和信仰治疗师，以及短命的"欧文教派（Irvingite）"暨"神圣使徒大公教会（Holy Catholic Apostolic Church）"①的创立者。最后，泰瑟姆不再那么迷信欧文，对自己的行为感到懊悔。我们必希望《天堂

①　"大公（Catholicity）"是基督教中一个跟信仰与实践有关的概念，指基督的教会是普世、一般、大众和所有人的教会，而非属于某个特定地域、种族、阶级或宗派的教会。该词最早见于约公元 107 年安提阿的圣依纳爵（Saint Ignatius of Antioch）写给士麦拿教会基督徒的用以劝勉当地教徒保持与主教共融的《致士麦拿书》（The Letter to the Smyrnaeans）。信中写道："主教出现之地，人们就在那里，耶稣基督去向何方，何方就是大公教会。（Where the bishop appears, there let the people be, just as where Jesus Christ is, there is the Catholic Church.）"到了公元 2 世纪后半叶，该词开始被用来表示"正统（orthodox）"，以区分教会所认为的异端信仰，即相对于拥有全方面真理的完整的教会，异端是片面的将某一道理夸张成真理的局部的教会。后公元 381 年第一次君士坦丁堡公会议（First Council of Constantinople）上确认并修改的希腊语《尼西亚信经》（Nicene Creed）中有"一个神圣、完全、被差遣的教会（Ἁγίαν, Καθολικὴν καὶ Ἀποστολικὴν Ἐκκλησίαν）"的表述，而"完全的教会"这一神学概念的本意是：基督的教会拥有完全的真理，在神里面没有任何缺点或谬误。自"Καθολικός"进入拉丁语和英语之后，其意义由"完全"转变为"普世"；其中文译名"大公"则取自"大道之行，天下为公"。目前，因历史原因，不止一个基督教派主张自己是"大公教会"，所以全世界的基督宗教并非一个完整组织，而是处于分离状态，故罗马教廷通常用"catholic"（公教）或"catholic Church"（大公教会）而避免用狭义上指"罗马天主教会（Roman Catholic Church）"的"Catholic"来称呼处于分离状态的普世公教。而其中文正式名称"天主教"则属特例，得名于明朝万历年间来华传教的耶稣会士利玛窦等人与礼部尚书徐光启的讨论，取"至高莫若天，至尊莫若主"之意，称其信仰的独一神灵为"天主"。

与地狱的婚姻》里先知告诉布莱克的在这里也适用："我恳求以赛

270 亚对这个世界发善心，留下他失落的作品；他说有同等价值的没

有一件失落。以西结说了和他一样的话。（I asked Isaiah to favour
the world with his lost works；he said none of equal value was lost.
Ezekiel said the same of his. ）" 17

　　布莱克夫妇均被葬于一处不从国教者墓地，即邦希田园墓园
（Bunhill Fields Burial Ground）①，但确切之地并不为人所知。诚如
吉尔克里斯特所说，他们被下葬于费用低廉且会为后来者重复利
用的"普通墓地"。18

布莱克的伟大

　　布莱克上下求索的想象力从不曾停止惊醒并赋予世人以灵
感。小说家乔伊斯·卡里（Joyce Cary）让笔下的人物格利·吉
米逊（Gulley Jimson）说："我从某人书架上取出布莱克的《约伯
记》素描集，朝里窥视了一眼又赶快合上了。像是一个人从地窖

---

① 　系伦敦市中心的一个原墓地，位于伦敦城以北的伊斯灵顿。据
　　估计，大约有123000人在1665~1854年间被安葬在此处。这
　　座墓园尤受不从国教者的青睐，现仍存有2000多座墓碑，除威
　　廉·布莱克外，还包括《天路历程》的作者约翰·班扬（John
　　Bunyan，去世于1688年），《鲁滨逊漂流记》的作者丹尼尔·笛
　　福（Daniel Defoe，去世于1731年）以及英国赞美诗之父艾萨
　　克·瓦茨（Isaac Watts，去世于1748年）等。因而该墓园长期
　　以来都是文化朝圣的场所。在1964~1965年墓地关闭进行景观
　　设计后，因铺设一条南北向的人行道而清除了多余的墓碑。目
　　前，班扬墓位于人行道的南端，笛福墓位于人行道的北端，而
　　布莱克的墓碑则被移到了笛福墓的旁边。2018年，布氏的第二
　　座墓碑被放置在他坟墓的实际位置上。

梯子上掉下去，撞到了脑袋，又过早打开窗户，结果望见的东西显得过于硕大。"① 一个塞缪尔·贝克特（Samuel Beckett）《残局》（*Endgame*，也译《终局》）中的人物说："老问题，老回答，只能这样！"② 布莱克虽不遗余力地批评古老的回答，但他从不停止询问古老的问题。所谓"布莱克身上杰出的东西"，T. S. 艾略特说："这只不过是一种独特的诚实，在一个被吓得不敢诚实的世界上，它变得特别可怕。"③19

从个人角度来说，在与布莱克周旋半个世纪后，笔者依旧对他天才的深度和广度敬畏有加。他推崇童年的朴素，从来不带优越感。他以富有挑战性的严厉暴露虚伪与剥削。他令人感动地戏剧化表现了心灵的汹涌动力。他颂扬与世界的精神连接，却完全不带虚伪的虔诚或多愁善感。而他所取得的一切成就，不止于一种艺术，而是在两种艺术中。

像禅宗大师一样，布莱克敦促我们放下对自我的执着，学会自在。如果我们能完整体验每个瞬间，我们就真的能在一个钟点内把握永恒。每一粒沙里有一个世界，这在精神和科学上都是真理。"如威廉·布莱克所认识的，"一位地质学家写道，"每个沙粒都有故事要讲，关于现在和过去。"20

布莱克虽追求普遍的始终如一，但他也坚持那些更大形式之

---

① 引自彭开明译的百花文艺出版社 2006 年版《画家吉米逊》第 13 章。《画家吉米逊》原名《马嘴》（*The Horse´s Mouth*）。

② 引自赵家鹤译的湖南文艺出版社 2016 年版《贝克特全集》第 17 册《终局》。贝克特在这部作品中深刻地探讨了人类面对死亡的境遇，因而"终局"或"剧终"等译名未能反映作者借国际象棋残局来隐喻人生的原意。

③ 引自李赋宁、王恩衷等译的上海译文出版社 2012 年版《现代教育和古典教育》中的"威廉·布莱克"。

内每一个体的首要地位。

271 　　我们如何辨别橡树和山毛榉，马和狐狸，除了依据
划定界限的轮廓？我们如何辨别脸或面容，除了依据划
定界限的线条及其无限的曲折与运动？建造房屋与种植
花园的，除了明确与限定，还能是什么？

最重要的是，布莱克以他的文字和图像教会我们去看——"经由
眼睛而非凭借眼睛（through the eye and not with it）"。而在我们
平凡的意识边缘啁啾与盘旋的飞鸟不是一般意义上的鸟。对布莱
克来说，不是这样，如果我们向他敞开我们的想象力，那么对我
们来说，也不是这样。

　　你怎么知道每只开辟空中之路的飞鸟
　　不是无量的快乐世界，被你的五感闭塞？ [21]

致　谢

首先，我要感谢文学经理人蒂娜·本内特（Tina Bennett），她为我工作多年，忠实可靠；其次，我要感谢编辑珍妮弗·班克斯（Jennifer Banks），她善于鼓舞人心且直觉敏锐，令人称奇；再次，我要感谢劳拉·琼斯·杜利（Laura Jones Dooley），她干练地引导书稿走完付梓的全部流程；最为重要的是，我要感谢妻子乔伊丝·范·戴克（Joyce Van Dyke），她对陆续写成的草稿富有想象力且严格的批评极大地改进了这本书。

大事年表

1757　11 月 28 日，威廉·布莱克出生于伦敦卡纳比市场的宽街 28 号。

1762　幼弟罗伯特·布莱克出生。

1768　入亨利·帕尔斯位于河岸街的绘画学校学习。

1772　师从女王大街的詹姆斯·巴西尔，开始七年学徒期。

1779　短期入学王家艺术研究院学校，与约翰·弗拉克斯曼和乔治·坎伯兰结交。

1780　开始为书商约瑟夫·约翰逊镌刻商业版画；卷入"戈登暴乱"。

1782　与凯瑟琳·鲍彻（生于 1762 年）结婚。

1783　私人印行《诗体素描》，但不予出售。

1784　短期从事版画商店销售业务，与詹姆斯·帕克合作；获得"滚筒式印刷机"。

1785　创作讽刺作品《月亮上的岛》手稿。

1787　幼弟罗伯特·布莱克逝世；结识亨利·富泽利。

1788　彩画书首批试印。

1789　参加埃马努埃尔·斯韦登堡新耶路撒冷教会首届大会；出版《天真之歌》和《泰尔之歌》；创作《泰瑞尔》，但没有镌刻或出版。

1790　搬入兰贝斯的赫拉克勒斯联排 13 号；开始创作《天堂与地狱的婚姻》（出版日期未知，或许迟至 1792 年）。

1791　以常规方式印刷计划中的诗歌《法国革命》首册，但从未续写或出版；为约翰·斯特德曼的反奴隶制回忆录《对苏里南起义黑人的五年考察记述》镌刻插画。

1793　出版《阿尔比恩女儿们的幻象》、《美洲：一个预言》、《为儿童所作：天堂之门》以及《阿尔比恩起来了》。

1794　出版《欧洲：一个预言》、《尤理潛（第一）书》以及《经验之歌》（通常以合为一卷的《天真与经验之歌》形式售卖）。

1795　出版《洛斯之歌》、《洛斯之书》与《艾哈尼亚之书》；印刷12种大型彩印画，包括《牛顿》与《埃洛希姆创造亚当》；停止刊印彩画书，直至1802年。

1797　爱德华·扬的新版《诉怨：或，关于人生、死亡和永生的夜思》带有布莱克设计和镌刻的插画；绘制托马斯·格雷诗歌《遥望伊顿学园颂》的水彩插画；开始创作《帷拉》手稿，后更名为《四活物》。

1798　开始批注乔舒亚·雷诺兹爵士的《艺术演讲》。

1799　为托马斯·巴茨绘制50幅《圣经》插画，并在王家艺术研究院展出其中的2幅。

1800　搬到苏塞克斯郡费尔珀姆村，为威廉·海利及其友人完成各种艺术工作。

1803　与士兵斯科菲尔德发生冲突，被其指控犯有煽动罪；返回伦敦；寓居南莫尔顿街17号。

1804　因煽动性言论受审，后无罪释放；开始创作《弥尔顿》。

1805　为罗伯特·布莱尔的诗作《墓穴》设计插画，但出版商罗伯特·克罗梅克却把委托转交给路易·斯基亚沃内蒂完成。

1807　创作完成系列绘画《最后的审判》首幅、系列水彩画《失乐园》以及水性蛋彩画《坎特伯雷朝圣》。

1808　于王家艺术研究院展出2幅水彩画；疑似开始创作《耶路撒冷》。

1809　完成弥尔顿《失乐园》插画；在兄长詹姆斯位于宽街28号的

店铺里举办小型画展；罗伯特·亨特对此次展览及其衍生品《叙录》横加恶评，并于《考察者》周报发表。

1810　起草《公开演说》；印行《坎特伯雷朝圣》版画。

1811　出版《弥尔顿》首批三个印本（自 1795 年以来首次有作品出版）。

1815　为乔赛亚·韦奇伍德产品名录制作瓷器图案版画。

1816　为弥尔顿《快乐的人》与《忧思的人》绘制水彩插画。

1818　出版第四个也是最后一个《弥尔顿》印本和《为两性所作：天堂之门》；为巴茨绘制《约伯记》水彩插画；结识约翰·林内尔。

1819　开始为约翰·瓦利绘制"灵视头颅"。

1820　出版《耶路撒冷》前三个印本。

1821　出版《耶路撒冷》后两个印本，包括唯一上色的印本 E；搬入位于河岸街的喷泉庭院 3 号。

1824　绘制《天路历程》水彩插画；结识塞缪尔·帕尔默和其他"太古派"画家。

1825　开始为林内尔制作但丁的《神曲》插画；与亨利·克拉布·鲁宾逊对话。

1826　出版由林内尔定制的插图本《约伯记》；印行环绕着警句式文字的《拉奥孔与儿子们》雕像版画。

1827　8 月 12 日，逝于伦敦，死因有可能是胆囊与肝衰竭；葬于邦希田园墓园的不从国教者墓地。

1831　凯瑟琳·布莱克去世，与威廉·布莱克比邻而葬。

缩略语

Blake Records	G. E. Bentley Jr., *Blake Records*, 2nd ed. (New Haven: Yale University Press, 2004)
Blake Trust	David Bindman, gen. ed., *The Illuminated Books of William Blake*, 6 vols. (Princeton, NJ: The William Blake Trust and Princeton University Press, 1991–95): vol. 1: *Jerusalem: The Emanation of the Giant Albion*; vol. 2: *Songs of Innocence and of Experience*; vol. 3: *The Early Illuminated Books*; vol. 4: *The Continental Prophecies*; vol. 5: *Milton, A Poem*; vol. 6: *The Urizen Books*
E	David V. Erdman, ed., *The Complete Poetry and Prose of William Blake*, with commentary by Harold Bloom, 2nd ed. (Berkeley: University of California Press, 1982)
Gilchrist	Alexander Gilchrist, *The Life of William Blake*, ed. W. Graham Robertson (London: John Lane, The Bodley Head, 1907)
Illuminated Blake	David V. Erdman, *The Illuminated Blake* (New York: Anchor, 1974)
Marriage	*The Marriage of Heaven and Hell*
Urizen	*The Book of Urizen*
Visions	*Visions of the Daughters of Albion*

注 释

引 言

1　Arthur Schopenhauer, *The World as Will and Representation*（1819）, ch. 31.

2　*Jerusalem* 3, E145.

3　G. E. Bentley Jr, *The Stranger from Paradise: A Biography of William Blake*（New Haven: Yale University Press, 2001）, 381; *Blake Records*, 68.

4　Algernon Charles Swinburne, *William Blake: A Critical Essay*, ed. Hugh J. Luke（Lincoln: University of Nebraska Press, 1970）, 276.

5　布莱克给约翰·特拉斯勒牧师 / 博士（Rev. Dr. John Trusler）的信，1799 年 8 月 23 日，E702; *Vision of the Last Judgment*, E560。

6　*Eternity*, E470.

7　Peter Ackroyd, *Blake*（New York: Alfred A. Knopf, 1996）; Bentley, *Stranger from Paradise*. 彼得·阿克罗伊德（Peter Ackroyd）虽擅长于布莱克时代的伦敦生活以及布氏的艺术家生涯，但他的著作《布莱克传》（*Blake: A Biography*）没有十分牢固地建立在"布莱克学（Blake Scholarship）"的基础上，因具有若干错误而受到中肯的批评。小杰拉尔德·伊兹·本特利（Gerald Eades Bentley Jr）是布莱克学的执牛耳者，熟知布氏生平的每个细节，无人能出其右，但阿克罗伊德的传记可能对普通读者更有吸引力。

8　*Marriage* 14, E39; Plotinus'"last words to us" are quoted by William R. Inge, *The Philosophy of Plotinus*, vol.1（London: Longmans, Green, 1918）, 10.

9　W. J. T. Mitchell, "Visible Language: Blake's Wond'rous Art of Writing", in *Romanticism and Contemporary Criticism*, ed. Morris Eaves and Michael Fischer（Ithaca, NY: Cornell University Press, 1986）, 83.

10　Joseph Viscomi, *Blake and the Idea of the Book*（Princeton, NJ: Princeton University Press, 1993）. 约瑟夫·维斯科米（Joseph Viscomi）在《布莱克与书的理念》（*Blake and the Idea of Book*）第375~381页，依据纸张的水印和其他线索展示了所有已知印本的年份顺序。

11　Michael Phillips, *William Blake: The Creation of the Songs from Manuscript to Illuminated Printing*（Princeton, NJ: Princeton University Press, 2000）, 31.

12　Tristanne J. Connolly, *William Blake and the Body*（London: Palgrave Macmillan, 2002）, 19.

13　David Fuller, *William Blake: Selected Poetry and Prose*（London: Pearson Longman, 2008）, 21.

14　*Jerusalem* 13.21, E157; G. E. Bentley Jr, ed., *William Blake's Writings*（Oxford: Clarendon, 1978）.《尤理谮之书》（*The Book of Urizen*）10.16, E75是用"and"而非符号"&"的一个例证。

15　参考文献为修订版: David V. Erdman, ed., *The Complete Poetry and Prose of William Blake*, 带有哈罗德·布鲁姆（Harold Bloom）的评注（Berkeley: University of California Press, 1982）。

16　Alicia Ostriker, ed., *William Blake: The Complete Poems*（London: Penguin, 2004）; W. H. Stevenson, ed., *Blake: The Complete Poems*（London: Pearson Longman, 2007）. 杰弗里·凯恩斯（Geoffrey Keynes）编辑的《布莱克全集》（*Blake: Complete Writings*, Oxford: Oxford University Press, 1966）曾是通行本，但目前已被取代。

第1章　工作中的艺术家

1　关于布莱克一家和他们商店的细节，见: G. E. Bentley Jr, *The Stranger from Paradise: A Biography of William Blake*（New Haven: Yale University Press, 2001）, ch. 1。

2　一首1802年的诗歌（E721）曾提到约翰·布莱克是"邪恶之人（the evil one）"。不能肯定他一定死于国外，但由于没有和家人葬在一起，因而他死在国外的可能性很大。

3　Gilchrist，97；*Blake Records*，663-64.

4　Notebook verses，E510；Morton D. Paley，*Energy and the Imagination：A Study in the Development of Blake's Thought*（Oxford：Clarendon，1970），206.

5　布莱克给约翰·弗拉克斯曼（John Flaxman）的信，1800 年 9 月 12 日，E707。

6　约翰·比尔（John Beer）对与摩拉维亚弟兄会（Moravian Brethren）关联的证据，即暗示而非定论作了总结，见：*William Blake：A Literary Life*（London：Palgrave Macmillan，2005），5-6。

7　*Blake Records*，10-11，699. 艾琳·沃德（Aileen Ward）认为对布莱克童年的故事抱有一定程度的怀疑既合情又合理，见："William Blake and the Hagiographers"，in *Biography and Source Studies*，ed. Frederick R. Karl（New York：AMS，1994），13-14。

8　Bentley，*Stranger from Paradise*，22；如果不作特别说明，本书的传记细节均源于小杰拉尔德·伊兹·本特利（Gerald Eades Bentley Jr，简称"G. E. 小本特利"）的《天堂陌影：威廉·布莱克传》（*The Stranger from Paradise：A Biography of William Blake*）。关于亨利·帕尔斯（Henry Pars）的学校，见：Martin Myrone，*The Blake Book*（London：Tate，2007），15。

9　*Blake Records*，16.

10　Robert N. Essick，*William Blake，Printmaker*（Princeton，NJ：Princeton University Press，1980），20.

11　*Public Address*，E582；布莱克给威廉·海利（William Hayley）的信，1804 年 3 月 12 日，E743。关于布莱克的眼镜，见：Joyce H. Townsend，ed.，*William Blake：The Painter at Work*（London：Tate，2003），24。

12　布莱克给乔治·坎伯兰（George Cumberland）的信，1795 年 12 月 6 日，E699；布莱克给约翰·特拉斯勒牧师的信，1799 年 8 月 23 日，E703。

13　见：D.W. Dörrbecker，"Innovative Reproduction：Painters and Engravers at the Royal Academy of Arts"，in *Historicizing Blake*，ed. Steve Clark and

David Worrall（London：St. Martin's，1994），125-46（引用段落见第 130~131 页）。

14 布莱克给弗拉克斯曼的信，1800 年 9 月 12 日，E707；Mrs. A. E. Bray, *Life of Thomas Stothard*，in *Blake Records*，19-20；Bentley，*Stranger from Paradise*，60。

15 Essick，*Blake，Printmaker*，28.

16 Johann Caspar Lavater，*Essays on Physiognomy，Designed to Promote the Knowledge and the Love of Mankind*，3 vols. in 5（London，1789-98），1：159-60.

17 例如，一件颇具情节剧风格的作品，题为《罗莎蒙德的陨落》(*The Fall of Rosamond*），就是以在上流社会女士中时兴的细腻点刻技法制成，并用柔和的朦胧色彩上色；见：Myrone，*Blake Book*，30-31。

18 Edward Young，"Conjectures on Original Composition"，in *Eighteenth-Century English Literature*，ed. Geoffrey Tillotson et al.（New York：Harcourt Brace，1969），877.

19 *Blake Records*，71.

20 这一联想由米尔顿·克朗斯基（Milton Klonsky）提出，见：*William Blake：The Seer and His Visions*（New York：Harmony Books，1977），96。

21 Allan Cunningham，*Blake Records*，638. 乔 恩·米（Jon Mee）评 论 了水彩和镌刻的差异："'As Portentous as the Written Wall'：Blake's Illustrations to *Night Thoughts*"，in *Prophetic Character：Essays on William Blake in Honor of John E. Grant*，ed. Alexander S. Gourlay（West Cornwall，CT：Locust Hill，2002），178。

22 *Blake Records*，632；Gilchrist，117. *Blake Records*，632. 布莱克的密友亨利·富泽利（Henry Fuseli）称凯瑟琳曾做过女仆：*Blake Records*，71。

23 *Blake Records*，672；Shakespeare，*Othello* 1.3.171-72；Peter Ackroyd，*Blake*（New York：Alfred A. Knopf，1996），306-7.

24 Gilchrist，334-35.

25 Robert N. Essick，"A（Self ?）Portrait of William Blake"，*Blake：An Illustrated Quarterly* 39，no.3（Winter 2005-6），126-39；Bentley，*Stranger*

from Paradise, pl.88 caption.

26 *Blake Records*, 392, 684.

27 Gilchrist, 333. See Anne K. Mellor, "Physiognomy, Phrenology, and Blake's Visionary Heads", in *Blake in His Time*, ed. Robert N. Essick and Donald Pearce (Bloomington: Indiana University Press, 1978), 63–67.

28 See William M. Ivins Jr, *How Prints Look: Photographs with Commentary*, ed. Marjorie B. Cohn, rev. ed. (Boston: Beacon, 1987), 46.

29 *Public Address*, E574; Joseph Viscomi, *Blake and the Idea of the Book* (Princeton, NJ: Princeton University Press, 1993), 32.

30 *Blake Records*, 690.

31 *Marriage* 14, 27, E39, 45.

32 见: Essick, *Blake, Printmaker*, 92; Michael Phillips, "The Printing of Blake's *America a Prophecy*", *Print Quarterly* 21 (2004), 18–38; 以及迈克尔·菲利普斯 (Michael Phillips) 版《天堂与地狱的婚姻》(*The Marriage of Heaven and Hell*, Oxford: Bodleian Library, 2011), 第 28~30 页。

33 E. H. Gombrich, *The Story of Art*, 16th ed. (London: Phaidon, 1995), 165.

34 *America* 3.15, E52.

35 See Viscomi, *Blake and the Idea of the Book*, 93, and Michael Phillips, "No.13 Hercules Buildings, Lambeth", *British Art Journal* 5 (2004), 13–21.

36 关于印刷步骤, 见: Essick, *Blake, Printmaker*, 25。

37 *Blake Records*, 690; Viscomi, *Blake and the Idea of the Book*, 129. 关于布莱克的墨水, 见: Viscomi, *Blake and the Idea of the Book*, 98; 以及当时所使用的水彩颜料, 见: Townsend, *Blake: The Painter at Work*, 42。

38 Phillips, "Printing of Blake's *America a Prophecy*."

39 Charles Babbage, *On the Economy of Machinery and Manufactures* (1832), 48, quoted by Saree Makdisi, *William Blake and the Impossible History of the 1790s* (Chicago: University of Chicago Press, 2003), 146.

40 Ivins, *How Prints Look*, 158.

41 关于总销售, 见: G. E. Bentley Jr, "What Is the Price of Experience? William

Blake and the Economics of Illuminated Printing", *University of Toronto Quarterly* 68（1999），617–41。

42 *Descriptive Catalogue*, E546–47; Morris Eaves, *William Blake's Theory of Art*（Princeton, NJ: Princeton University Press, 1982）, 29.

43 关于浪漫古典主义，见：Anne K. Mellor, *Blake's Human Form Divine*（Berkeley: University of California Press, 1974）, ch. 4, "Romantic Classicism and Blake's Art"。关于约翰·弗拉克斯曼与布莱克，见：Robert Rosenblum, *Transformations in Late Eighteenth Century Art*（Princeton, NJ: Princeton University Press, 1967）, 183, 172。

44 *Descriptive Catalogue*, E550; 关于作为道德准绳的轮廓线，见：Eaves, *William Blake's Theory of Art*, 5。乔治·坎伯兰的话引自：David Bindman, *Blake as an Artist*（Oxford: Phaidon, 1977）, 103。

45 Ralph Wornum, *Lectures on Painting*（1848）, quoted by Morris Eaves, *The Counter-Arts Conspiracy: Art and Industry in the Age of Blake*（Ithaca, NY: Cornell University Press, 1992）, 254; *Descriptive Catalogue*, E548; 布莱克对乔舒亚·雷诺兹爵士（Sir Joshua Reynolds）所作的批注, E655; Gombrich, *Story of Art*, 303。

46 *Descriptive Catalogue*, E538.

47 *Jerusalem* 38.23, E185［"微小的特殊（minute particulars）"还在长诗《耶路撒冷》(*Jerusalem*) 中重复出现过八次］; *Vision of the Last Judgment*, E560。See Jenijoy La Belle, "Blake's Visions and Revisions of Michelangelo", in Essick and Pearce, *Blake in His Time*, 13–22, and Christopher Heppner, *Reading Blake's Designs*（Cambridge: Cambridge University Press, 1995）, ch. 1.

48 Notebook puns, E510; *Public Address*, E580; 布莱克对雷诺兹所作的批注, E636, 641。See Eaves, *Counter-Arts Conspiracy*, 159–68.

49 布莱克对雷诺兹所作的批注, E641。

50 Sir Joshua Reynolds, "Discourse 3", in *Discourses on Art*, ed. Robert R. Wark（New Haven: Yale University Press, 1975）, 44–45.

51 布莱克对雷诺兹所作的批注，E648，656。

52 布莱克对雷诺兹所作的批注，E639。在 "Generality and Particularity" 中，笔者站在乔舒亚·雷诺兹爵士的立场上讨论了这些问题，in *The Cambridge History of Literary Criticism*, vol.4, *The Eighteenth Century*, ed. H. B. Nisbet and Claude Rawson（Cambridge：Cambridge University Press，1997），381-93。

53 *Descriptive Catalogue*, E541；Gilchrist，94；布莱克对雷诺兹所作的批注，E655；弗拉克斯曼给海利的信，*Blake Records*，208。

54 Gilchrist，247；Kingsley Amis，*The Alteration*（New York：Viking，1976），1-2。

55 Examiner，Sept. 17，1809；*Blake Records*，282-83.

56 David Fuller，*Blake's Heroic Argument*（London：Croom Helm，1988），19-20.

第 2 章　如何理解布莱克的象征？

1 *Descriptive Catalogue*, E541；*Vision of the Last Judgment*, E565-66. 在一个布莱克知道的柏拉图著作译本中有如下论述："It is more proper to consider the eyes and ears as things through which, rather than as things by which, we perceive."《泰阿泰德》（*Theaetetus*），184C，引自托马斯·泰勒（Thomas Taylor）1804年译本；见：Kathleen Raine，*Blake and Tradition*，2 vols.（Princeton, NJ：Princeton University Press，1968），2：120。

2 布莱克给特拉斯勒的信，1799 年 8 月 23 日，E702；布莱克在写给乔治·坎伯兰的信中引用了约翰·特拉斯勒的话，Aug. 26，1799，E704。See also G. E. Bentley Jr, *The Stranger from Paradise：A Biography of William Blake*（New Haven：Yale University Press，2001），181-82.

3 William Butler Yeats，"William Blake and His Illustrations to The Divine Comedy"，in *Essays and Introductions*（New York：Macmillan，1968），119.

4 Thomas Gray，*Ode on ... Eton College*，lines 21-30.

5 Samuel Johnson，"The Life of Gray"，in *Lives of the English Poets*，ed. G. B.

Hill（Oxford: Clarendon, 1905）, 434-35; William Wordsworth, *Ode: Intimations of Immortality*, lines 200-203.

6　*Macbeth* 1.8; Cleanth Brooks, *The Well-Wrought Urn*（New York: Harcourt, Brace and World, 1947）, 29.

7　克里斯托夫·赫普纳（Christopher Heppner）提出了可能的替代标题："Reading Blake's Designs: *Pity and Hecate*", *Bulletin of Research in the Humanities* 84（1981）, 339。See also David L. Clark, "How to Do Things with Shakespeare: Illustrative Theory and Practice in Blake's *Pity*", in *Blake 2.0: William Blake in Twentieth-Century Art, Music and Culture*, ed. Steve Clark, Tristanne Connally, and Jason Whittaker（London: Palgrave Macmillan, 2012）, 106-33.

8　Gilchrist, "Supplement", 407.

9　Christopher Heppner, *Reading Blake's Designs*（Cambridge: Cambridge University Press, 1995）, 114. 赫普纳对这张图画的引申评注特别有价值。

10　John Milton, *L'Allegro*, lines 73-74, 91-98; 布莱克对为《快乐的人》（*L'Allegro*）和《忧思的人》（*Il Penseroso*）所作插画的描述，E683。

11　See Heppner, *Reading Blake's Designs*, 268.

12　See John E. Grant, "Blake's Designs for *L'Allegro* and *Il Penseroso*", in *The Visionary Hand: Essays for the Study of William Blake's Art and Aesthetics*, ed. Robert N. Essick（Los Angeles: Hennessey and Ingalls, 1973）, 430.

13　*Four Zoas* 70.12-17, E346;《以赛亚书》53：3 中的"多受痛苦"一般被认为是对基督的期待。

14　David Hume, *The Natural History of Religion*, ed. H. E. Root（Stanford, CA: Stanford University Press, 1957）, 29.

15　*Marriage* 11, E38.

第 3 章　天真

1　《四活物》（*The Four Zoas*）手稿中的题记，E697。

2　Cunningham, *Blake Records*, 637; John Harvey, "Blake's Art", *Cambridge*

Quarterly 7（1977），133.

3　Peter Berger, "The Comic as a Signal of Transcendence", *Redeeming Laughter: The Comic Dimension of Human Experience*（New York: Walter de Gruyter, 1997），213. 关于知善恶树，见：Andrew Lincoln in Blake Trust, 2: 143。

4　Isaac Watts is quoted by John Holloway, *Blake: The Lyric Poetry*（London: Edward Arnold, 1968），48-49, and John Wesley by E. P. Thompson, *The Making of the English Working Class*（New York: Vintage, 1963），375.

5　这些儿童书由扎卡里·利德（Zachary Leader）在布莱克时代的进步教育理论综述中所引用，见：*Reading Blake's Songs*（London: Routledge and Kegan Paul, 1981），149 and fig.7。

6　布莱克对雷诺兹所作的批注，E650。最后一个单词意外被装订工切掉了，不过 "body"（体）应该是最佳猜测［可能不是 "form"（形），因为那就会重复前面出现过的 "formed"（形成）］。

7　*Introduction*, E7; *Marriage*, E36.

8　John Thomas Smith, *Nollekens and His Times*（1828）; Alan Cunningham, *Lives of the Most Eminent British Painters, Sculptors, and Architects*（1830）; both in *Blake Records*, 606, 633.

9　E16.

10　Quoted by Constantine Fitzgibbon, *The Life of Dylan Thomas*（Boston: Little, Brown, 1965），323-24.

11　William Cowper, *The Poplar Field*, in *Poetical Works*, ed. H. S. Milford, 4th ed.（London: Oxford University Press, 1967），362; *The Ecchoing Green*, lines 11-20, E8.

12　See Walter S. Minot, "Blake's 'Infant Joy': An Explanation of Age", *Blake: An Illustrated Quarterly* 25, no.2（Fall 1991），78, and Heather Glen, *Vision and Disenchantment: Blake's Songs and Wordsworth's Lyrical Ballads*（Cambridge: Cambridge University Press, 1983），25-26, 131-32.

13　Erasmus Darwin, *The Botanic Garden*, Part II, *The Loves of the Plants*（1789），2, 26. 关于银莲花是阿多尼斯之花（侧金盏花属），见：Kathleen Raine,

Blake and Tradition, 2 vols. (Princeton, NJ: Princeton University Press, 1968), 1: 108。

14 *Visions* 6.4–5, E49; see Mary Lynn Johnson, "Feminist Approaches to Teaching *Songs*", in *Approaches to Teaching Blake's Songs of Innocence and of Experience*, ed. Robert F. Gleckner and Mark L. Greenberg (New York: MLA, 1989), 61; Helen P. Bruder, "Blake and Gender Studies", in *Palgrave Advances in William Blake Studies*, ed. Nicolas M. Williams (London: Palgrave Macmillan, 2006), 137–38；以及罗伯特·N. 埃西克（Robert N. Essick）评注版《天真与经验之歌》(*Songs of Innocence and of Experience*, San Marino, CA: Huntington Library, 2008)，第 34~35 页。

15 *Illuminated Blake*, 69.

16 *Illuminated Blake*, 52; Dylan Thomas, *The Force That through the Green Fuse Drives the Flower*.

17 *The Blossom*, E10; *Marriage*, E36.

18 图像中人物排列的"顺时针说"，见：David Wagenknecht, *Blake's Night: William Blake and the Idea of Pastoral* (Cambridge, MA: Harvard University Press, 1973), 58–59; *Illuminated Blake*, 52。"光轮—太阳（halo-sun）"，见：Copy Y in the Blake Archive, and in the Kings College, Cambridge, copy reproduced in Blake Trust 2: pl.11。

19 G. E. Bentley Jr, "Blake's Pronunciation", *Studies in Philology* 107(2010), 114–29.

20 E8–9.

21 *Four Zoas* 18.1–3, E310.

22 E17.

23 *Holy Thursday*, E13 [另见《黑小孩》(*The Little Black Boy*), E9]; Revelation 19: 6; Hebrews 13: 2。

24 Stephen C. Behrendt, *Reading William Blake* (London: Macmillan, 1992), 54.

25 E10.

26 See Martin K. Nurmi, "Fact and Symbol in 'The Chimney Sweeper' of

Blake's *Songs of Innocence*", in *Blake: A Collection of Critical Essays*, ed. Northrop Frye (Englewood Cliffs, NJ: Prentice-Hall, 1966), 15–22.

27 See David V. Erdman, *Blake: Prophet against Empire*, 3rd ed. (Princeton, NJ: Princeton University Press, 1977), 132.

28 Glen, *Vision and Disenchantment*, 96–101, 363.

29 Zachary Leader, *Reading Blake's Songs* (London: Routledge and Kegan Paul, 1981), 47.

30 此处，爱德华·拉里西（Edward Larrissy）是在非评判的意义上提及意识形态，见：*William Blake*（Oxford: Basil Blackwell, 1985），19–20, 29。

31 Raine, *Blake and Tradition*, 1: 25–26, quoting Emanuel Swedenborg, *Concerning the Earths in Our Solar System*（1758）.

32 *Auguries of Innocence*, E490.

33 Noted by Alexander Gourlay, "More on Blake's Auguries", *Notes and Queries*（December 2011），523.

第 4 章　经验

1 *Europe* 5.7, E62；见安德鲁·林肯（Andrew Lincoln）对《经验之歌》（*Songs of Experience*）卷首画的评注，Blake Trust, 2: 172。

2 *Marriage* 14, E39.

3 E28. See Angela Esterhammer, *Creating States: Studies in the Performative Language of John Milton and William Blake*（Toronto: University of Toronto Press, 1994），144.

4 E29–30；Romans 7: 7.

5 E26.

6 *Ah ! Sun-Flower*, E25.

7 Harold Bloom, *Blake's Apocalypse: A Study in Poetic Argument*（Garden City, NY: Doubleday, 1963），135；*The Sick Rose*, E23；Stephen Cox, *Love and Logic: The Evolution of Blake's Thought*（Ann Arbor: University of Michigan

Press, 1992), 109.

8 Samuel Richardson, *Clarissa, or the History of a Young Lady*, ed. Angus
 Ross (London: Penguin, 1985), 892 (letter 261).

9 Matthew Prior, *A True Maid*, in *The Literary Works of Matthew Prior*,
 ed. H. Bunker Wright and Monroe K. Spears, 2 vols. (Oxford: Clarendon,
 1959), 1: 455.

10 Susanne Langer, *Feeling and Form: A Theory of Art* (New York: Scribner,
 1953), 260.

11 *Marriage* 14, E39.

12 *The Clod and the Pebble*, E19.

13 *Marriage* 7, E36; *The Everlasting Gospel*, E518. 玛丽·林恩·约翰逊
 (Mary Lynn Johnson) 和约翰·E. 格兰特 (John E. Grant) 在他们编辑的
 《布莱克诗画集》(*Blake's Poetry and Designs*, New York: W. W. Norton,
 2008) 第 31 页中引用了圣保罗 (St Paul) 的《哥林多前书》; 关于自我
 牺牲, 笔者认同戴维·富勒 (David Fuller) 的意见, 见: *Blake's Heroic
 Argument* (London: Croom Helm, 1988), 11。

14 Bloom, *Blake's Apocalypse*, 133.

15 E24−25.

16 Alexander Welsh, *Roots of Lyric: Primitive Poetry and Modern Poetics*
 (Princeton, NJ: Princeton University Press, 1978), 8−9; *Paradise Lost*
 1.25−26. B. H. 费尔柴尔德 (B. H. Fairchild) 关于布莱克扬抑格的评论, 见:
 *Such Holy Song: Music as Idea, Form, and Image in the Poetry of William
 Blake* (Kent, OH: Kent State University Press, 1980), 36−37。

17 *Public Address*, E576. 被划掉的内容由戴维·V. 厄尔德曼 (David V.
 Erdman) 和唐纳德·K. 莫尔 (Donald K. Moore) 恢复, 见: *The Note-
 book of William Blake: A Photographic and Typographic Facsimile* (Oxford:
 Clarendon, 1973), 109。约翰·E. 格兰特在一篇出色的文章中引用了
 1771 年版《不列颠百科全书》(*Encyclopaedia Britannica*), 笔者的评论主要
 归功于此, 见: "This Is Not Blake's 'The Tyger'", *Iowa Review* 19(1989),

112-15。

18 Fuller, *Blake's Heroic Argument*, 82.

19 *Paradise Lost* 2.634-35. 关于光束般的投枪，见：Nelson Hilton, *Literal Imagination: Blake's Vision of Words* (Berkeley: University of California Press, 1983), 175-77。

20 *Marriage* 6, E35.

21 *Illuminated Blake*, 84；笔者还要感谢斯蒂芬·C. 贝伦特（Stephen C. Behrendt），见："'Something in My Eye': Irritants in Blake's Illuminated Texts", in *Blake in the Nineties*, ed. Steve Clark and David Worrall (New York: St. Martin's, 1999), 88。

22 Bloom, *Blake's Apocalypse*, 137；Jean H. Hagstrum, *William Blake: Poet and Painter* (Chicago: University of Chicago Press, 1964), 86. 厄尔德曼和莫尔编著中的老虎图画，见：*Notebook of William Blake*, Notebook p.2。

23 *Night*, lines 33-40, E14.

24 E22-23.

25 E12-13, 27；Mark Twain, *Huckleberry Finn*, ch. 19. 关于扫烟囱的孩子被禁止进入教堂的记录，见：Jonas Hanway, *A Sentimental History of Chimney Sweepers in London and Westminster* (1785), quoted by Martin K. Nurmi, "Fact and Symbol in 'The Chimney Sweeper' of Blake's *Songs of Innocence*", in *Blake: A Collection of Critical Essays*, ed. Northrop Frye (Englewood Cliffs, NJ: Prentice-Hall, 1966), 18。

26 E26-27.

27 詹姆斯·乔伊斯（James Joyce）的"布莱克讲座（lecture on Blake）"（译自意大利语原文），见：*James Joyce: The Critical Writings*, ed. Ellsworth Mason and Richard Ellmann (New York: Viking, 1959), 215。乔伊斯没有意识到布莱克指的是圣詹姆斯宫（Saint James's Palace），而白金汉宫（Buckingham Palace）在当时还不是王室宅邸。

28 Ezekiel 9: 4-6；有一段类似的段落，见：Revelation 13: 16。

29 George Orwell, "Charles Dickens", in *A Collection of Essays* (New York:

Doubleday Anchor Books, 1954), 71; Michael Ferber, "'London' and Its Politics", *ELH* 48 (1981), 310.

30 *Jerusalem* 84.11–12, 15–16, E243.

31 Preface to *The Revolt of Islam* (1818) in *The Complete Poetical Works of Percy Bysshe Shelley*, ed. Thomas Hutchinson (London: Oxford University Press, 1943), 33; P. B. Shelley, *Julian and Maddalo: A Conversation*, 182; *Four Zoas* 71.11, E348; Steve Biko, "White Racism and Black Consciousness", in *I Write What I Like* (Chicago: University of Chicago Press, 1978).

32 *Jerusalem* 69.34–35, 57.8–10, E223, 207; T. S. Eliot, "A Dialogue on Dramatic Poetry", in *Selected Essays* (London: Faber and Faber, 1951), 47.

33 John Holloway, *Blake: The Lyric Poetry* (London: Edward Arnold, 1968), 30; Bloom, *Blake's Apocalypse*, 142. 关于性病和眼泪，见：G. C. Roti and D. L. Kent, "The Last Stanza of Blake's 'London'", *Blake: An Illustrated Quarterly* 11 (1977), 19–21。

34 *Marriage* 8, E36.

35 *Auguries of Innocence*, E492; David Punter, "Blake and the Shapes of London", *Criticism* 23 (1981), 7. 加文·爱德华兹（Gavin Edwards）指出了布莱克控诉的范围，见："Mind-Forg'd Manacles: A Contribution to the Discussion of Blake's 'London'", *Literature and History* 5 (1979), 88。

36 布莱克对雷诺兹所作的批注，E636。

37 *Blake Records*, 396.

38 G. E. Bentley Jr, *The Stranger from Paradise: A Biography of William Blake* (New Haven: Yale University Press, 2001), 286; John Thomas Smith, *Nollekens and His Times* (1828), *Blake Records*, 619.

39 *Blake Records*, 438, 312–13, 337.

40 Charles Burney in the *Monthly Review* (June 1799), 202, quoted by Heather Glen, *Vision and Disenchantment: Blake's Songs and Wordsworth's Lyrical Ballads* (Cambridge: Cambridge University Press, 1983), 2. 关于布莱克时代诗人的排名，见尼古拉斯·M. 威廉姆斯（Nicolas M. Williams）和爱德

华·拉里西的评论：*Palgrave Advances in William Blake Studies*，ed. Williams
（London：Palgrave Macmillan，2006），1，256。

41 *Four Zoas* 35：11–15，E325.

第 5 章 革命

1 Acts 17：6；Revelation 14：6.

2 爱德华·帕尔默·汤普森（Edward Palmer Thompson）撰写了经典著作
《英国工人阶级的形成》（*Making of the English Working Class*，New York：
Vintage，1963）；他的《野兽的见证人：威廉·布莱克与道德律》（*Witness
against the Beast：William Blake and the Moral Law*，Cambridge：Cambridge
University Press，1993）在他过世不久后出版。关于布莱克与激进地下组织间
的关系，乔恩·米作出了有价值的评论，见：*Dangerous Enthusiasm：William
Blake and the Culture of Radicalism in the 1790s*（Oxford：Clarendon，1992）。

3 布莱克对兰达夫主教理查德·沃森（Richard Watson，Bishop of Llandaff）
所作的批注，E617；*Vision of the Last Judgment*，E560，quoting Numbers
11：19. 莫顿·D. 佩利（Morton D. Paley）描述了理查德·布拉泽斯
（Richard Brothers）的离奇经历，见："William Blake，the Prince of the
Hebrews，and the Woman Clothed with the Sun"，in *William Blake：Essays
in Honour of Sir Geoffrey Keynes*，ed. Paley and Michael Phillips（Oxford：
Clarendon，1973），260–93。

4 罗伯特·N. 埃西克对这幅版画的几个版本作出了权威的描述，见：*William
Blake，Printmaker*（Princeton，NJ：Princeton University Press，1980），70–74。

5 Gilchrist，33；*Albion Rose* inscription，E671；*There Is No Natural Religion*
[b]，E2.

6 Milton，*Samson Agonistes*，line 41；*Areopagitica* in *The Complete Prose
Works of John Milton*，ed. Don M. Wolfe et al.，vol.2（New Haven：Yale
University Press，1959），557–58.

7 关于版画家的术语 "invenit" 和 "sculpsit"，见：Essick，*Blake，Printmaker*，

70, and Morris Eaves, *The Counter-Arts Conspiracy: Art and Industry in the Age of Blake* (Ithaca, NY: Cornell University Press, 1992), 110。

8　戴维·V. 厄尔德曼回顾了历史背景，见：*Blake: Prophet against Empire*, 3rd ed. (Princeton, NJ: Princeton University Press, 1977), 7–11；埃德蒙·伯克（Edmund Burke）的话引自一封 1796 年致贵族大人的信。

9　W. J. T. Mitchell, "Style as Epistemology: Blake and the Movement toward Abstraction in Romantic Art", *Studies in Romanticism* 16 (1977), 153；第二句评论，见：*Blake's Composite Art: A Study of the Illuminated Poetry* (Princeton, NJ: Princeton University Press, 1978), 55。Tatham, *Blake Records*, 673.

10　See Essick, *Blake, Printmaker*, 182–83, and Joseph Anthony Wittreich, *Angel of Apocalypse: Blake's Idea of Milton* (Madison: University of Wisconsin Press, 1975), 56–60.

11　See Joseph Viscomi, "The Lessons of Swedenborg; or, The Origin of William Blake's *The Marriage of Heaven and Hell*", in *Lessons of Romanticism: A Critical Companion*, ed. Thomas Pfau and Robert F. Gleckner (Durham, NC: Duke University Press, 1998), 182–84.

12　*Marriage* 3, E34.

13　Gilchrist, 90.

14　迈克尔·菲利普斯版《天堂与地狱的婚姻》（Oxford: Bodleian Library, 2011）第 88 页翻印了这两个形象的放大图像。

15　笔者的评论要归功于"威廉布莱克信托基金（William Blake Trust）", 3: 131。

16　Edmund Burke, *Reflections on the Revolution in France*, ed. Conor Cruise O'Brien (London: Penguin, 1969), 194–95；Thomas Paine, *The Rights of Man*, in *Common Sense and Other Political Writings*, ed. Nelson F. Adkins (New York: Liberal Arts Press, 1953), 77, 80；*Marriage* 7, E35.

17　*Jerusalem* 45: 9–12, E194.

18　*Marriage* 7–10, E35–38. 约翰·维拉洛博斯（John Villalobos）的论文探究

了布氏箴言与传统箴言的区别，见："William Blake's Proverbs of Hell and the Tradition of Wisdom Literature", *Studies in Philology* 87（1990），246-59，and by Mike Goode, "Blakespotting", *PMLA* 121（2006），769-86。

19　See Michael Phillips, "The Printing of Blake's *America a Prophecy*", *Print Quarterly* 21（2004），29.

20　关于有益的阐释，见：*Illuminated Blake*, 139；Blake Trust, 4: 50-52；and Leslie Tannenbaum, *Biblical Tradition in Blake's Early Prophecies: The Great Code of Art*（Princeton, NJ: Princeton University Press, 1982），135。笔者在《布莱克神话的象征与真相》（*Symbol and Truth in Blake's Myth*, Princeton, NJ: Princeton University Press, 1980）第107~111页中考察了普罗米修斯（Prometheus）与钉死在十字架上的基督间的相似性。

21　*Europe* 5.6, E62；*Jerusalem* 30.57, E177；*Tiriel* 8.11, E285.

22　*America* 2.1-7, E52；Song of Solomon 3: 4.

23　*America* 8.13-14, E54；关于《美洲：一个预言》（*America: A Prophecy*）的销售，见：Andrew Lincoln, "From *America* to *The Four Zoas*", in *The Cambridge Companion to William Blake*, ed. Morris Eaves（Cambridge: Cambridge University Press, 2003），210, and David Worrall, "Blake and 1790s Plebeian Radical Culture", in *Blake in the Nineties*, ed. Steve Clark and David Worrall（New York: St. Martin's, 1999），195。

24　*America* 14.10-19；see Erdman, *Blake: Prophet against Empire*, 57n. 萨里·马克迪西（Saree Makdisi）的专著《威廉·布莱克与不可能的1790年代历史》（*William Blake and the Impossible History of the 1790s*, Chicago: University of Chicago Press, 2003）的一个重要主题是布氏所强调的革命目标要远比美洲领袖所设想的更为激进。

25　*Marriage* 10, E37；Christopher Z. Hobson, *Blake and Homosexuality*（New York: Palgrave, 2000），45.

26　*America* 6.1-15；Matthew 24: 41, 27: 66；John 20: 17；Ezekiel 37: 7-10.

27　萨里·马克迪西在《威廉·布莱克与不可能的1790年代历史》第182~183页中提出了动态与静止的观点。画面中小生物的可能所指，见：*Illuminated*

Blake，144，and in Blake Trust，4：58。

28　W. M. Rossetti，appendix to Gilchrist，423；*The French Revolution*
　　10.189，E294；*Song of Los* 6.6，E68；*King Lear* 3.2.4；Mitchell，*Blake's*
　　Composite Art，59.

29　*America* 8.1-6，E54.

30　埃西克提出了这个观点，见：*Blake, Printmaker*，144。

31　Northrop Frye，*Fearful Symmetry: A Study of William Blake*（Princeton，
　　NJ：Princeton University Press，1947），207-35；Milton O. Percival，
　　William Blake's Circle of Destiny（New York：Columbia University Press，
　　1938），31. 赫尔曼·诺斯罗普·弗莱（Herman Northrop Frye）的"奥克
　　循环（Orc cycle）"受到克里斯托夫·Z. 霍布森（Christopher Z. Hobson）
　　的尖锐批评，见：*The Chained Boy: Orc and Blake's Idea of Revolution*
　　（Lewisburg，PA：Bucknell University Press，1999），48ff。

32　笔者最初提出的图像式象征与动态象征的区别，见：*Symbol and Truth in*
　　Blake's Myth，79ff。

33　*Illuminated Blake*，157；Morton D. Paley，*Energy and the Imagination: A Study*
　　of the Development of Blake's Thought（Oxford：Clarendon，1970），79.

34　*Europe* 10.16-23，E63.

35　与赫库兰尼姆（Herculaneum）雕像的关系由米尔顿·克朗斯基提出，
　　见：*William Blake: The Seer and His Visions*（New York：Harmony Books，
　　1977），51。

36　*America* 7.3-5，E53，and 6.15，E53.

37　James Hall，*Michelangelo and the Reinvention of the Human Body*（New
　　York：Farrar，Straus and Giroux，2005），xvi.

38　Kenneth Clark，*The Nude: A Study in Ideal Form*（New York：Pantheon，
　　1956），29；*Europe* 9.8，E63. W. J. T. 米歇尔（W. J. T. Mitchell）的论文
　　提出了"冲击（blasts）"的视觉双关，见："Style as Epistemology: Blake and
　　the Movement toward Abstraction in Romantic Art"，*Studies in Romanticism*
　　16（1977），154。

39　*America* 2.18-21，E52；"肯特的谷地（vales of Kent）"指的是伦敦的老肯特路（Old Kent Road）而非肯特郡（Kent County）。布莱克在 1807 年重印《美洲》时遮住了这几行诗，所以它们没能显露，但在 1821 年的最终印本里，它们重又出现。威尔士游吟诗人拒绝为征服者弹奏竖琴，这是当时托马斯·格雷（Thomas Gray）的名诗《游吟诗人》（*The Bard*）的主题，布莱克后来为其绘制了插画。

40　王家公告与书商工会的决议引自：Michael Phillips, "Blake and the Terror, 1792-93", *Library*, 6th ser., no.16（December 1994），266, 272; see also Stephen C. Behrendt, "History When Time Stops: Blake's *America*, *Europe*, and *The Song of Los*", *Papers on Language and Literature* 28（1992），379-97。

41　Notebook entry, E694；布莱克对沃森所作的批注，E611。

42　*Public Address*, E580.

43　Jacob Bronowski, *William Blake and the Age of Revolution*（New York：Harper, 1965），3.

44　*Marriage* 3, E34.

第 6 章　原子与灵视洞察

1　E477-78.

2　*Blake Records*, 703.

3　E. A. Burtt, *The Metaphysical Foundations of Modern Physical Science*（London：Routledge, 1950），236-37.

4　布莱克对约翰·卡斯帕·拉瓦特尔（Johann Caspar Lavater）所作的批注，E595。

5　Alexander Pope, *Epitaph Intended for Sir Isaac Newton*, in *Westminster Abbey*；William Wordsworth, *The Prelude*（1850 version），3.61-63.

6　Isaac Newton, *Opticks*（New York：Dover, 1952），400；关于"海滩上的沙子（sands on the shore）"的引文，见：Charles C. Gillispie, *The Edge of Objectivity: An Essay in the History of Scientific Ideas*（Princeton, NJ: Princeton University Press, 1960）, 132。

7 *Auguries of Innocence*, E490; Jacob Boehme, *Mysterium Magnum; or, An Exposition of the First Book of Moses Called Genesis*, 见 1654 年的约翰·斯帕罗（John Sparrow）译本, vol.1（London, 1965）, 4; *Blake Records*, 404, 343; Robert Frost, *After Apple-Picking*, line 9。

8 布莱克对拉瓦特尔所作的批注, E592; Ludwig Wittgenstein, *Tractatus Logico-Philosophicus*, trans. D. F. Pears and B. F. McGuinness（London: Routledge and Kegan Paul, 1961）, 147; *Marriage* 7, E36; *Milton* 24.72– 73, E121。

9 关于米开朗琪罗（Michelangelo）的资料来源, 见: Jenijoy La Belle, "Michelangelo's Sistine Frescoes and Blake's 1795 Color-Printed Drawings", *Blake: An Illustrated Quarterly* 14, no.1（Summer 1980）, 81。

10 *Blake Records*, 500.

11 *Blake Records*（Frederick Tatham）, 48; 关于布莱克的印刷技艺, 见: Martin Myrone, *The Blake Book*（London: Tate, 2007）, 81。

12 Mark Crosby, "'The Sculptor Silent Stands before His Forming Image': Blake and Contemporary Sculpture", in *Blake 2.0: William Blake in Twentieth-Century Art, Music and Culture*, ed. Steve Clark, Tristanne Connally, and Jason Whittaker（London: Palgrave Macmillan, 2012）, 127.

第7章 大门开了

1 布莱克给坎伯兰的信, 1800 年 9 月 1 日, *Blake Records*, 97; 连同一份摹本由罗伯特·N. 埃西克与莫顿·D. 佩利印刷, "'Dear Generous Cumberland': A Newly Discovered Letter and Poem by William Blake", *Blake: An Illustrated Quarterly* 32, no.1（Summer 1998）, 4–13。

2 布莱克给海利的信, 1804 年 12 月 18 日, E759; see Robert W. Rix, "Healing the Spirit: William Blake and Magnetic Religion", *Romanticism on the Net* 25

（February 2002），http：//id.erudit.org /iderudit/006011ar。

3　布莱克给托马斯·巴茨（Thomas Butts）的信，1800 年 9 月 23 日，E711；巴茨给布莱克的信，未标明日期，*Blake Records*，101。

4　布莱克给巴茨的信，1800 年 10 月 2 日，E712-13；W. T. Stace，*Mysticism and Philosophy*（Philadelphia：Lippincott，1960），61。See also Arnold M. Ludwig，"Altered States of Consciousness"，*General Psychiatry* 15（1966），25-34.

5　*Vision of the Last Judgment*，E565-66；Isaiah 6：3；Thomas Gray，*The Progress of Poesy*，2.1.

6　Gilchrist，159，196.

7　E504，506；*Henry IV，Part I* 3.2.25.

8　*Milton* 41.8，E142；Paul Youngquist，*Madness and Blake's Myth*（University Park：Pennsylvania State University Press，1989），19.

9　布莱克给坎伯兰的信，1800 年 7 月 2 日，E706-7。

10　*Milton* 4.26，E98.

11　布莱克给巴茨的信，1803 年 8 月 16 日，E733；Matthew 25：29-30。

12　To H——，E506；*Fair Elenor*，line 68，in *Poetical Sketches*，E412. 笔者在《布莱克神话的象征与真相》（Princeton，NJ：Princeton University Press，1980）第 311~313 页中就精神分裂症的阐释作了论证；罗伯特·N. 埃西克在"《耶路撒冷》和布莱克的最终作品（*Jerusalem* and Blake's Final Works）"里同样提到了"轻度精神分裂症"，见：*The Cambridge Companion to William Blake*，ed. Morris Eaves（Cambridge：Cambridge University Press，2003），257。

13　海利给赫斯基斯夫人（Lady Hesketh）的信，1805 年 8 月 3 日，*Blake Records*，205-6。

14　布莱克对约翰·施普尔茨海（Johann Spurzheim）所作的批注，E663；R. D. Laing，*The Politics of Experience*（New York：Vintage，1976），67。

15　布莱克给巴茨的信，1803 年 1 月 10 日，E724。

16　布莱克给海利的信，1804 年 10 月 23 日，E756；see Morton D. Paley，"The Truchsessian Gallery Revisited"，*Studies in Romanticism* 16（1977），

265-77。

17 米开朗琪罗的话引自: James Hall, *Michelangelo and the Reinvention of the Human Body* (New York: Farrar, Straus and Giroux, 2005), 108。

第 8 章 理解布莱克的神话

1 Sigmund Freud, "Fragment of an Analysis of a Case of Hysteria" and "A Difficulty in the Path of Psychoanalysis", in *The Standard Edition of the Complete Psychological Works of Sigmund Freud*, ed. James Strachey, 24 vols. (London: Hogarth, 1953-74), 7: 109, 17: 143; *Jerusalem* 39.41-42, E187.

2 Anthony Storr, *The Dynamics of Creation* (New York: Atheneum, 1972), 196; William Hayley, *An Essay on Epic Poetry* (1782), 3.114, 5.268-70, quoted by Joseph A. Wittreich, *Angel of Apocalypse: Blake's Idea of Milton* (Madison: University of Wisconsin Press, 1975), 235-36.

3 *Jerusalem* 10.20-21, 11.5, E153-54. 纳尔逊·希尔顿 (Nelson Hilton) 在《布莱克式的禅》(*Blakean Zen*) 中提出了关于 "与之斗争 (striving with)" 的观点, 见: *Studies in Romanticism* 24 (1985), 183。

4 *Jerusalem* 5.16-22, E147.

5 布莱克给巴茨的信, 1802 年 11 月 22 日, E722; *Milton* 30.1-3, 8-14, E129。

6 Brian Wilkie and Mary Lynn Johnson, *Blake's Four Zoas: The Design of a Dream* (Cambridge, MA: Harvard University Press, 1978), 1. 莫里斯·伊夫斯 (Morris Eaves) 认为, "把布莱克令人生畏的难度束缚进完全连贯的假象中, 这需要赫尔曼·诺斯罗普·弗莱的智力重压, 一旦压力放开, 这个假象就不可避免地落入矛盾、片段与死路", 见: "On Blakes We Want and Blakes We Don't", *Huntington Library Quarterly* 58 (1995), 415-17。

7 *Jerusalem* 77, E231; Morris Eaves, quoted by Kari Kraus, "'Once Only Imagined': An Interview with Morris Eaves, Robert N. Essick, and Joseph Viscomi", *Studies in Romanticism* 41 (2002), 161; Andrew Lincoln, "From

America to *The Four Zoas*", in *The Cambridge Companion to William Blake*, ed. Morris Eaves（Cambridge: Cambridge University Press, 2003）, 210.

8　塞缪尔·泰勒·柯尔律治（Samuel Taylor Coleridge）给 H. F. 卡里（H. F. Cary）的信, 1818 年 2 月 6 日, 以及给查尔斯·奥古斯塔斯·塔尔克（Charles Augustus Tulk）的信; both in *Blake Records*, 336。一些评论者认为 "anacalyptic" 只是 "apocalyptic" 的同义词, 但那似乎是错的。笔者提出了个人对这个词的阐释, 见: *Symbol and Truth in Blake's Myth*（Princeton, NJ: Princeton University Press, 1980）, 74; 而尼古拉斯·M. 威廉姆斯最近在他主编的《帕尔格雷夫威廉·布莱克研究进展论文集》（*Palgrave Advances in William Blake Studies*）的前言中也对此表示赞同。

9　Vincent A. De Luca, *Words of Eternity: Blake and the Poetics of the Sublime*（Princeton, NJ: Princeton University Press, 1991）, 61; B. H. Fairchild, *Such Holy Song: Music as Idea, Form, and Image in the Poetry of William Blake*（Kent, OH: Kent State University Press, 1980）, 85−86; Nelson Hilton, "Literal / Tiriel / Material", in *Critical Paths: Blake and the Argument of Method*, ed. Dan Miller, Mark Bracher, and Donald Ault（Durham, NC: Duke University Press, 1987）, 99.

10　Alcuin, *Commentariorum in Apocalypsim*, quoted by Barbara Nolan, *The Gothic Visionary Perspective*（Princeton, NJ: Princeton University Press, 1977）, 7.

11　*Jerusalem* 3, E145−46; *Four Zoas* 34.77, E324; Arthur Golding, *Metamorphoses* 15.984−95; *Four Zoas* 3.1−3, E300.

12　*Four Zoas* 61.24−31, E341−42; David Fuller, *Blake's Heroic Argument*（London: Croom Helm, 1988）, 92.（笔者稍微改变了戴维·富勒的排列方式。）

13　*Milton* 1, E95−96; Numbers 11: 29.

14　Isaiah 52: 7.

15　2 Kings 2: 11; *Vision of the Last Judgment*, E560. 关于主动参与, 见: Stephen C. Behrendt, "'Something in My Eye': Irritants in Blake's Illuminated

Texts", in *Blake in the Nineties*, ed. Steve Clark and David Worrall（New York：St. Martin's, 1999），85。笔者的评论还要归功于南希·M. 戈斯利（Nancy M. Goslee），见："'In Englands Green & Pleasant Land'：The Building of Vision in Blake's Stanzas from 'Milton'", *Studies in Romanticism* 13（1974），105–25。

16 奥利弗·克伦威尔（Oliver Cromwell）的《新模范军之歌》（*Song of the New Model Army*）引自：A. L. Morton, *The Everlasting Gospel: A Study in the Sources of William Blake*（London：Lawrence and Wishart, 1958），59；*Jerusalem* 34.14–15，E180。

17 *Jerusalem* 65.12–24，E216；关于 1784 年访问苏格兰卡伦钢铁公司（Carron Company）的法国来访者，见：Michael Ferber, *The Social Vision of William Blake*（Princeton, NJ：Princeton University Press, 1985），136–37。

18 A. D. Nuttall, *The Alternative Trinity: Gnostic Heresy in Marlowe, Milton, and Blake*（Oxford：Clarendon, 1998），226.

19 See Michael Ferber, "Blake's 'Jerusalem' as a Hymn", *Blake: An Illustrated Quarterly* 34, no.3（Winter 2000–2001），82–94. 迈克尔·K. 费伯（Michael K. Ferber）对查尔斯·休伯特·黑斯廷斯·帕里爵士（Sir Charles Hubert Hastings Parry）的配乐如何展现布莱克语言的力量作出了详尽的分析。戴维·卡梅伦（David Cameron）的话引自：Susan Matthews, "'And Did Those Feet'? Blake and the Role of the Artist in Post-War Britain", in *Blake 2.0: William Blake in Twentieth-Century Art, Music and Culture*, ed. Steve Clark, Tristanne Connally, and Jason Whittaker（London：Palgrave Macmillan, 2012），161。

20 Jez Butterworth, *Jerusalem*（London：Nick Hern Books, 2009），78.

21 *Blake Records*, 310；*Four Zoas* 122.16–20，E391.

22 *Jerusalem* 27.1–36，E171–72；Gilchrist, 7；details from David V. Erdman, *Blake: Prophet against Empire*, 3rd ed.（Princeton, NJ：Princeton University Press, 1977），288–90, 472–75, and Morton D. Paley, *The Continuing City: William Blake's Jerusalem*（Oxford：Clarendon, 1983），

75. Peter Ackroyd, *Blake* (New York: Alfred A. Knopf, 1996), 32–33, 追溯了布莱克可能遵循的典型路线。

23 Details from S. Foster Damon, *A Blake Dictionary: The Ideas and Symbols of William Blake* (reprint ed., Boulder, CO: Shambhala, 1979; orig. publ. Brown University Press, 1965), 246, and Anne Janowitz, *England's Ruins: Poetic Purpose and the National Landscape* (Oxford: Blackwell, 1990), 165. 关于处决罪犯, 见: Douglas Hay et al., eds., *Albion's Fatal Tree: Crime and Society in Eighteenth-Century England* (New York: Pantheon, 1975)。

24 *Milton* 25.48–55, E122.

25 Michael Phillips, "No.13 Hercules Buildings, Lambeth", *British Art Journal* 5 (2004), 13–21.

26 *Four Zoas* 95.26–28, E360–61; details from David V. Erdman, "Lambeth and Bethlehem in Blake's Jerusalem", *Modern Philology* 48 (1951), 184–92.

27 *Jerusalem* 24.25, 29–35, E169; Zechariah 11: 13; *Jerusalem* 52, E201; *Four Zoas* 109.5–6, E378.

第9章　活物和我们自己

1 Revelation 4: 6.

2 *Four Zoas* 4.6, E301.

3 笔者改写了戴安娜·休姆·乔治 (Diana Hume George) 的相关表述, 见: *Blake and Freud* (Ithaca, NY: Cornell University Press, 1980), 79。西格蒙德·弗洛伊德 (Sigmund Freud) 对不守规矩的乌合之众的类比引自: Philip Rieff, "My Contact with Josef Popper-Lynkeus", in *Freud: The Mind of the Moralist* (New York: Anchor, 1961), 63。

4 Ezekiel 1: 1, 4–6, 10–11, 16–18.

5 See David Bindman, "Blake as a Painter", in *The Cambridge Companion to William Blake*, ed. Morris Eaves (Cambridge: Cambridge University Press, 2003), 98; 拉斐尔 (Raphael) 的画现藏于佛罗伦萨皮蒂宫的帕拉提纳

美术馆（Palatine Gallery, Palazzo Pitti）。

6　G. E. Bentley Jr, *The Stranger from Paradise: A Biography of William Blake* (New Haven: Yale University Press, 2001), pl.77 caption.

7　*Jerusalem* 15.18−20, E159.

8　*Four Zoas* 3.4−6, E300−301; John 17: 21, 1: 14.

9　*Milton* 21.8−10, E115.

10　*Four Zoas* 44.5−45.3, E329−30; Andrew Lincoln, *Spiritual History: A Reading of William Blake's Vala, or The Four Zoas* (Oxford: Clarendon, 1995), 93.

11　Sigmund Freud, *The Interpretation of Dreams*, in *The Standard Edition of the Complete Psychological Works of Sigmund Freud*, ed. James Strachey, 24 vols. (London: Hogarth, 1953−74), 4: 312. 关于 14 个版本的堕落，见：Brian Wilkie and Mary Lynn Johnson, *Blake's Four Zoas: The Design of a Dream* (Cambridge, MA: Harvard University Press, 1978), 255−60。

12　*Milton* 24.71, E121.

第 10 章　先知使命

1　*Milton* 2.25, E96（"Mark well my words" Is repeated at 3.5 and 4.20）; *Jerusalem* 5.16−23, E147.

2　Samuel Johnson, *Life of Milton*, in *Lives of the English Poets*, ed. G. B. Hill, 3 vols.（Oxford: Clarendon, 1905）, 1: 177−78.

3　关于启发布莱克的暗示，见：Stephen C. Beh rendt, *Reading William Blake*（London: Macmillan, 1992）, 156。

4　*Milton* 2.16−22, E96; *Paradise Lost* 7.173.

5　哈罗德·布鲁姆在《影响的焦虑》（*The Anxiety of Influence*, New York: Oxford University Press, 1973）中首次提出了自己的理论。关于布莱克对弥尔顿的反应，更为正面的个案研究，见：Joseph Anthony Wittreich Jr, *Angel of Apocalypse: Blake's Idea of Milton*（Madison: University of Wisconsin Press, 1975）。

6   *Paradise Lost* 1.26.

7   *Milton* 40.35-41.4, E142.

8   *Milton* 16.47-50, E110, and 1, E95.

9   关于这种阐释，见：Laura Quinney, *William Blake on Self and Soul*（Cambridge, MA: Harvard University Press, 2009），134。

10 See, e.g., Peter Ackroyd, *Blake*（New York: Alfred A. Knopf, 1996），311, and *Illuminated Blake*, 248.

11 关于星星，见：Nelson Hilton, *Literal Imagination: Blake's Vision of Words*（Berkeley: University of California Press, 1983），203。

12 布莱克给海利的信，1800 年 5 月 6 日，E705。

13 Genesis 1: 3; *Jerusalem* 16.12-15, E160.

14 Percy Bysshe Shelley, *A Defense of Poetry*（1821）; *Marriage* 14, E39.

15 Ben Jonson, *To the Memory of My Beloved, the Author Mr. William Shakespeare*, lines 58-62; James Joyce, *A Portrait of the Artist as a Young Man*, ed. Seamus Deane（London: Penguin, 1992），275-76. 这里描述的约瑟夫·赖特（Joseph Wright）的画作于 1771 年，目前藏于德比博物馆与艺术画廊（Derby Museum and Art Gallery）。

16 *Jerusalem* 98.24, E257.

17 *Book of Los* 4.27-36, E92.

18 *Urizen* 10.15-18, E75; *Milton* 24.72-73, E121.

19 *Book of Los* 4.19-26, E92; 5.33-34, 41-47, E94.

20 关于词汇的相似性，见：Paul Miner, "'The Tyger': Genesis and Evolution in the Poetry of William Blake", *Criticism* 3（1961），67-68。更多内容，见："Los, Mulciber, and the Tyger" in *Symbol and Truth in Blake's Myth*（Princeton, NJ: Princeton University Press, 1980），373-81。

21 *Urizen* 10.35-39, E75, and 13.20-21, E77; *Illuminated Blake*, 193; David Bindman, *Blake as an Artist*（Oxford: Phaidon, 1977），92.

22 *Urizen* 18.1-5, E78. 关于医学理论，见：Hilton, *Literal Imagination*, 83。笔者的评论还要归功于 W. J. T. 米歇尔，见：*Blake's Composite Art:*

A Study of the Illuminated Poetry（Princeton, NJ: Princeton University Press, 1978）, 156。

23 Robert N. Essick, *William Blake, Printmaker*（Princeton, NJ: Princeton University Press, 1980）, 129; *Book of Los* 5.47, E94. 印本 E 现藏于加利福尼亚州帕萨迪纳的亨廷顿图书馆—艺术馆—植物园（The Huntington Library, Art Collections and Botanical Gardens, Pasadena）。

24 *Jerusalem* 45.3, E194; James Joyce, *Ulysses*（New York: Random House, 1961）, 37. 关于印刷工的长罩衫，见: Mitchell, *Blake's Composite Art*, 51。

25 *Jerusalem* 1.9, E144.

26 Isaiah 21.11−12; John 10: 9, as suggested by Wittreich, *Angel of Apocalypse*, 244. 戴维·V. 厄尔德曼也提及约翰·班扬（John Bunyan）的基督徒在穿过窄门后所开始的通往救赎的旅程，见: *Pilgrim's Progress: Illuminated Blake*, 281。

27 布莱克给巴茨的信，1802 年 11 月 22 日，E721（他说这首诗写于 "12 个月之前"）。

28 *Milton* 22.4−14, E116−17. "乌丹 − 阿丹（Udan-Adan）" 是人化世界以外的一个无形混沌之地。

29 W. J. T. Mitchell, "Style and Iconography in the Illustrations of Blake's Milton", *Blake Studies* 6（1973）: 67; Christopher Heppner, *Reading Blake's Designs*（Cambridge: Cambridge University Press, 1995）, 220−21; Christopher Z. Hobson, *Blake and Homosexuality*（New York: Palgrave, 2000）, 135.

30 Julia Ward Howe, *The Battle Hymn of the Republic*; *Vision of the Last Judgment*, E562.

第 11 章　向末日突进

1 Northrop Frye, *Fearful Symmetry: A Study of William Blake*（Princeton, NJ: Princeton University Press, 1947）, 359, 351; *Jerusalem* 75.10−17, E230−31, and 72.17−20, E226.

2　*Jerusalem* 6.2–7.8, E148–49.

3　*Jerusalem* 52, E200; 关于二重身的形象, 见: Edward J. Rose, "Blake and the Double: The Spectre as Doppelgänger", *Colby Library Quarterly* 2 (1977), 127–39。

4　*Jerusalem* 10.51–55, E153–54.

5　*Jerusalem* 8.21–22, 39–40, E151, and 10.17–24, E153.

6　*My Spectre around me night and day*, E475.

7　*Four Zoas* 117.7–13, E386.

8　*Four Zoas* 119.4–13, 21–23, E388, and 136.21–22, E404.

9　*Milton* 42.36–43.1, E144; Robert N. Essick, "Jerusalem and Blake's Final Works", in *The Cambridge Companion to William Blake*, ed. Morris Eaves (Cambridge: Cambridge University Press, 2003), 251.

10　Ronald Britton, "The Preacher, the Poet, and the Psychoanalyst", in *Acquainted with the Night: Psychoanalysis and the Poetic Imagination*, ed. Hamish Canham and Carole Satyamurti (London: Karnac, 2003), 125–26.

11　Frye, *Fearful Symmetry*, 27; Britton, "Preacher", 130. 皮特·奥托 (Peter Otto) 汇编了一部出色的微型文集, 收录了回应赫尔曼·诺斯罗普·弗莱的一长串批评家的语录, 见: *Constructive Vision and Visionary Deconstruction: Los, Eternity, and the Productions of Time in the Later Poetry of William Blake* (Oxford: Clarendon, 1991), 9–11。

12　*Jerusalem* 53.15–19, E203, and 72, E227.

13　*Jerusalem* 98.28–29, E257, and 36.58–60, E183.

14　John Harvey, "Blake's Art", *Cambridge Quarterly* 7 (1977): 138. 约翰·哈维 (John Harvey) 把这个图像称为 "巨石阵 (Stonehenge)", 但它并不是。

15　*Descriptive Catalogue*, E542; *Jerusalem* 27, E171, and 47.7–11, E196. See Peter F. Fisher, "Blake and the Druids", *Journal of English and Germanic Philology* 58 (1959): 569–612.

16　*Jerusalem* 66.2–9, E218; see Nelson Hilton, *Literal Imagination: Blake's Vision of Words.* (Berkeley: University of California Press, 1983), 71–72.

17 笔者的评论要归功于下述资料，见：*Illuminated Blake*，379，and to Morton Paley，Blake Trust，1：297。

18 William Stukeley，*Abury: A Temple of the British Druids, with Some Others, Described*（1743），54；*Europe* 10.23，E63.

19 W. J. T. Mitchell，*Blake's Composite Art: A Study of the Illuminated Poetry*（Princeton，NJ：Princeton University Press，1978），181.

20 Otto，*Constructive Vision and Visionary Deconstruction*，217.

第 12 章 爱与嫉妒的折磨

1 *Four Zoas* 90.36，E370；*Blake Records*，137，140.

2 *Blake Records*，xxvi–xxvii；Aileen Ward，"William Blake and the Hagiographers"，in *Biography and Source Studies*，ed. Frederick R. Karl（New York：AMS，1994），16–17. "Intense！naked！" is quoted from *America* 4.8，E53.

3 Gilchrist，60.

4 Notebook，E473–75.

5 E469，E516；*Blake Records*，290.

6 *Visions* 8.13，E51.

7 E470.

8 *Visions* iii，E45. 新近的女性主义批评家怀疑这首诗是在更加直接地提及阴蒂、多重性高潮以及女同性恋者性行为，见：Anne K. Mellor，"Sex，Violence，and Slavery：Blake and Wollstonecraft"，*Huntington Library Quarterly* 58（1995）：366；Helen P. Bruder，*William Blake and the Daughters of Albion*（London：Macmillan，1997）：75；Helen P. Bruder and Tristanne Connolly，eds.，*Queer Blake*（London：Palgrave Macmillan，2010），Introduction，12。

9 *Visions* 1.1–13，E45–46；see David Worrall，"William Blake and Erasmus Darwin's *Botanic Garden*"，*Bulletin of the New York Public Library* 78（1975），402.

10 *Visions* 1.16–25，E46；Mary Wollstonecraft，*A Vindication of the Rights*

of Woman, ed. Carol. H. Poston（New York：Norton, 1975）, 167.

11　*Visions* 5.3–6, 3.16–19, 7.16, E45–50.

12　*Visions* 7.23–29, E50；*Jerusalem* 69.15–17, E223；Bruder, *William Blake and the Daughters of Albion*, 82.

13　*Visions* 2.11–20, E46.

14　Christopher Frayling, "Fuseli's The Nightmare：Somewhere between the Sublime and the Ridiculous", in *Gothic Nightmares：Fuseli, Blake and the Romantic Imagination*, ed. Martin Myrone（London：Tate, 2006）, 13.

15　伊拉斯谟斯·达尔文（Erasmus Darwin）的诗引自："An Original Story", in *Unnam'd Forms：Blake and Textuality*, ed. Hilton and Thomas A. Vogler（Berkeley：University of California Press, 1986）, 74。Bruder, *William Blake and the Daughters of Albion*, 70, 引用了亨利·富泽利的格言集。

16　*Visions* 2.35–36, E47；*Europe* 10.28–29, E64.

17　Gilchrist, 334；*Blake Records*, 447.

18　*Four Zoas* 34.63–65, E324.

19　*Paradise Lost* 4.698–711.

20　*Paradise Lost* 4.505–11；Rossetti, supplement to Gilchrist, 426.

21　笔者的评论要归功于下述资料, 见：David Wagenknecht, *Blake's Night：William Blake and the Idea of Pastoral*（Cambridge, MA：Harvard University Press, 1973）, 310；Pamela Dunbar, *William Blake's Illustrations to the Poetry of Milton*（Oxford：Clarendon, 1980）, 56–60；and Bette Charlene Werner, *Blake's Vision of the Poetry of Milton*（Lewisburg, PA：Bucknell University Press, 1986）, 71–72. 笔者还复述了自己的一些想法, 见：*Symbol and Truth in Blake's Myth*（Princeton, NJ：Princeton University Press, 1980）, 223–25。

22　*Urizen* 20.2–25, E80；François, duc de La Rochefoucauld, *Maxims*, no.324, trans. Leonard Tancock（London：Penguin, 1959）, 79.

23　*Four Zoas* 60.6–12, 19–22, E340–41；*Paradise Lost* 6.328–30.

24　Friedrich Nietzsche, *Beyond Good and Evil*, in *The Philosophy of Nietzsche*, trans. Helen Zimmern(New York: Modern Library, 1954), aphorism 168, p. 470; *Europe* iii.1, 5−6, E60; Proverbs 9: 17.《欧洲: 一个预言》(*Europe: A Prophecy*) 现存 14 个印本, 但无人知晓为什么其中的 12 个略去了开场白。

25　E467; *Jerusalem* 96.5−6, E361.

26　See Jacques Lacarrière, *Les Gnostiques* (Paris: Gallimard, 1973), 99−100.

27　*Jerusalem* 44.33−37, E193−94.

28　*Jerusalem* 69.43−44, E223. 下述引文是解释 "混同 (cominglings)" 的一次尝试: "如我们所体验的, 那些感觉退出了, 被天赋官能所取代, 它们自己又退出了, 被想象力的四重器官所取代, 亦即被阿尔比恩的躯体所取代。" Thomas Frosch, *The Awakening of Albion: The Renovation of the Body in the Poetry of William Blake* (Ithaca, NY: Cornell University Press, 1974), 29.

29　Sigmund Freud, "The Most Prevalent Form of Degradation in the Erotic Life", in *Sexuality and the Psychology of Love*, ed. Philip Rieff (New York: Collier, 1963), 68.

第 13 章 女性意志

1　Jean-Jacques Rousseau, *Confessions*, book 12, in *Oeuvres complètes*, ed. Marcel Raymond et. al., vol.1 (Paris: Gallimard, Bibliothèque de la Pléiade, 1959), 644; David Hume, *A Treatise of Human Nature*, 1.4.6.

2　See Jean H. Hagstrum, *William Blake: Poet and Painter* (Chicago: University of Chicago Press, 1964), ch. 4, "The Emblem".

3　*For the Sexes*, E268; *Tiriel* 8.11, E285; also *Europe* 5.6, E62; *Jerusalem* 30.57, E177. 关于完整的翻印寓意画册, 见: E259−67。

4　E268.

5　*Jerusalem* 93.8, E253; Genesis 30: 14−16; John Donne, "Go and Catch a Falling Star", line 2.

6　E269.

7　*To Tirzah*, E30; Wordsworth, *Ode: Intimations of Immortality*, line 207; John 2：4. 戴维·V. 厄尔德曼认为《给得撒》(*To Tirzah*) 曾于 1803 年被增入《天真与经验之歌》(E800)，安德鲁·林肯 (Andrew Lincoln) 同意这个观点，见：Blake Trust, 2：18n。约瑟夫·维斯科米则主张它可能早在 1795 年已被添加，见：*Blake and the Idea of the Book*(Princeton, NJ: Princeton University Press, 1993), 238-39。

8　*Jerusalem* 96.23-28, E256.

9　*Jerusalem* 30.23-26, E176; Helen P. Bruder, *William Blake and the Daughters of Albion* (London: Macmillan, 1997), 182, 36, 3. 海伦·布鲁德 (Helen Bruder) 在别处综述了新近的研究，指出布莱克意象的含混允许批评家从中找到对性与性别的每一种可能的态度，即支持或反对，见："Blake and Gender Studies", in *Palgrave Advances in William Blake Studies*, ed. Nicolas M. Williams (London: Palgrave Macmillan, 2006), 132-66。

10　Alicia Ostriker, "Desire Gratified and Ungratified: William Blake and Sexuality", *Blake: An Illustrated Quarterly* 16, no.3 (Winter 1982-83), 156-65; 布莱克对拉瓦特尔所作的批注，E596; *Milton* 36.31, E137。See Susan Fox, "The Female as Metaphor in William Blake's Poetry", in *Essential Articles for the Study of William Blake, 1970-1984*, ed. Nelson Hilton (Hamden, CT: Archon Books, 1986), 15-32, and Leo Damrosch, *Symbol and Truth in Blake's Myth* (Princeton, NJ: Princeton University Press, 1980), 75-90.

11　Northrop Frye, *Fearful Symmetry: A Study of William Blake* (Princeton, NJ: Princeton University Press, 1947), 73; Tristanne J. Connolly, *William Blake and the Body* (London: Palgrave Macmillan, 2002), x.

12　Samuel Johnson, *Life of Milton*, in *Lives of the English Poets*, ed. G. B. Hill, 3 vols. (Oxford: Clarendon, 1905), 1: 157.

13　Susan Fox, *Poetic Form in Blake's Milton* (Princeton, NJ: Princeton University

Press，1976），xii.

14 *My Spectre around me night and day*，E475−77. 这部诗中的句子顺序很不确定；笔者遵循的是厄尔德曼版。

15 *Four Zoas* 35.11−12，E325.

16 *Jerusalem* 64.12−17，E215；笔者遵循了 W. H. 史蒂文森（W. H. Stevenson）对"亚瑟（Arthur）"的解释，见：*Blake: The Complete Poems*（London：Pearson Longman，2007），804."埃尼恩的经验之歌（Enion's song of experience）"见本书第 4 章末尾的引文体内容。

17 *Jerusalem* 68.10−15，63−68，E221−22；David Fuller，*Blake's Heroic Argument*（London：Croom Helm，1988），205.

18 *Four Zoas* 26.5−13，E317；Brenda Webster，*Blake's Prophetic Psychology*（Athens：University of Georgia Press，1983），213−14.

19 Gilchrist，348；*Blake Records*，57.

20 E689. 阿尔伯特·罗（Albert Roe）在自己的著作中肇始了在布莱克的但丁的《神曲》插画中搜罗负面含义的传统，见：*Blake's Illustrations to the Divine Comedy*（Princeton，NJ：Princeton University Press，1953）。

21 Dante，*Purgatorio*，29：91−96，100−102，106−14，121−26 in *The Divine Comedy of Dante Alighieri*，trans. Courtney Langdon（Cambridge，MA：Harvard University Press，1920），345−47.

22 Dante，*Purgatorio*，30：31−33，in Langdon，*Divine Comedy*，353. 纳尔逊·希尔顿对"漩涡（vortex）"的意义作出了富于启发性的阐释，见：*Literal Imagination: Blake's Vision of Words*（Berkeley：University of California Press，1983），ch. 10。

23 *Four Zoas* 122.15−20，E391；*Jerusalem* 99.1−5，E258−59.

24 Robert N. Essick，"Blake and the Production of Meaning"，in *Blake in the Nineties*，ed. Steve Clark and David Worrall（New York：St. Martin's，1999），13. 关于布莱克对黄金和白银的使用，见：Blake Trust，1：15−16。

25 此处笔者遵循的是：*Illuminated Blake*，282−83，and Blake Trust，1：131−32。

26 *Jerusalem* 86.1−10，E244.

27 *Illuminated Blake*, 325; Connolly, *William Blake and the Body*, 43.笔者的评论还要归功于下述资料，见：*Illuminated Blake*, 325, and Blake Trust, 1: 181。

28 *Tintern Abbey*, lines 123–24; 布莱克对威廉·华兹华斯（William Wordsworth）所作的批注，E665–67; *Blake Records*, 430。M. H. 艾布拉姆斯（M. H. Abrams）的研究是：*Natural Supernaturalism: Tradition and Revolution in Romantic Literature*（New York: Norton, 1971）。

29 *Four Zoas* 136.35–36, E404–5.

30 *Milton* 32.50–63, E131.

31 *Milton* 31.28–38, E130–31. 关于作为一种构想的"自然"，见：Kevin Hutchins, *Imagining Nature: Blake's Environmental Poetics*（Montreal: McGill-Queen's University Press, 2002）。

32 Shakespeare, sonnet 29; Wordsworth, *The Prelude* 10.725–27（1805 version）.

33 Wallace Stevens, *The Poems of Our Climate*, in *Collected Poems*（New York: Knopf, 1955）, 194.

第 14 章　与上帝摔跤

1 *All Religions Are One*, E1–2.

2 *Marriage* 11, E38; *Everlasting Gospel*, E520; *Four Zoas* 100.10, E372.

3 *Laocoön*, E274; David V. Erdman, "'Terrible Blake in His Pride': An Essay on *The Everlasting Gospel*", in *From Sensibility to Romanticism*, ed. Frederick W. Hilles and Harold Bloom（New York: Oxford University Press, 1965）, 336; *Everlasting Gospel*, E524.

4 *Marriage*, E37; 布莱克对沃森所作的批注，E614。

5 Daniel 7: 9; J. T. Smith, *Blake Records*, 620.

6 Proverbs 8: 27; *Paradise Lost* 7.224–31.

7 *Urizen* 20.33–41, E80–81.

8 E516.

9 Voltaire, *Candide* ch. 25.

10 Robert N. Essick, *William Blake, Printmaker* (Princeton, NJ: Princeton University Press, 1980), 242.

11 Isaiah 33: 6.

12 "Let the brothels of Paris be opened", E499; Morris Eaves, "The Title-Page of *The Book of Urizen*", in *William Blake: Essays in Honour of Sir Geoffrey Keynes*, ed. Morton D. Paley and Michael Phillips (Oxford: Clarendon, 1973), 225–30. 厄尔德曼提出了关于"自然之书（book of nature）"的联系，见：*Illuminated Blake*, 183。

13 Genesis 1: 10–31; *Urizen* 4.10–11, 23, E71–72.

14 Gilchrist, 130–31; G. E. Bentley, *Blake Books: Annotated Catalogues of William Blake's Writings in Illuminated Printing*, rev. ed. (Oxford: Clarendon, 1977), 176. "永恒的现在（Eternal Now）"见布莱克对约翰·卡斯帕·拉瓦特尔作的批注，E592。

15 *Urizen* 4.24–40, E72; Ephesians 4: 4–6; Galatians 3: 13; Isaac Watts, *The Faithfulness of God in the Promises*, quoted by John Beer, *William Blake: A Literary Life* (London: Palgrave Macmillan, 2005), 9.

16 *Urizen* 23.23–27, E81; Jean H. Hagstrum, *William Blake: Poet and Painter* (Chicago: University of Chicago Press, 1964), 106. 并非所有的印本都能看到泪痕。

17 *The Human Abstract*, E27; *Four Zoas* 80.9–13, 27, E355–56. Urizen's first line is repeated in *Jerusalem* 44.30, E193; see David V. Erdman, *Blake: Prophet against Empire*, 3rd ed. (Princeton, NJ: Princeton University Press, 1977), 368–69. 关于这段话的更大现实所指，见：Nicholas Williams, *Ideology and Utopia in the Poetry of William Blake* (Cambridge: Cambridge University Press, 1998), 20–21。

18 布莱克受益于亚历山大·格迪斯（Alexander Geddes）所介绍的路德宗神学家约翰·戈特弗里德·艾希霍恩（Johann Gottfried Eichhorn）的著作，见：Jerome J. McGann, "The Idea of an Indeterminate Text: Blake's Bible of Hell and Dr. Alexander Geddes", *Studies in Romanticism* 25

（1986），303-24。杰罗姆·J. 麦根（Jerome J. McGann）论文标题中的
"indeterminate"（未定）指的是布莱克可能打乱了《尤理潘之书》的印版
顺序，以模仿分散的元素被重新组合的情形。

19 *Blake Records*, 701.

20 Zechariah 4: 10; *Four Zoas* 115.50, E381. 关于"上帝的七眼（Seven Eyes
of God）"的细节，见：S. Foster Damon, *William Blake: His Philosophy and
Symbols*（Boston: Houghton Mifflin, 1927），388-89；以及独立的记载，
见：*Blake Dictionary: The Ideas and Symbols of William Blake*（reprint ed.,
Boulder, CO: Shambhala, 1979; orig. publ. Brown University Press, 1965)。
赫尔曼·诺斯罗普·弗莱也提供了有所助益的说明，见：*Fearful Symmetry:
A Study of William Blake*（Princeton, NJ: Princeton University Press, 1947），
128-34。

21 Hagstrum, *Blake: Poet and Painter*, 127.

22 Christopher Heppner, *Reading Blake's Designs*（Cambridge: Cambridge
University Press, 1995），49-53. 关于北风之神波瑞阿斯（Boreas）的图像，
见：C. H. Collins Baker, "The Sources of Blake's Pictorial Expression", in *The
Visionary Hand: Essays for the Study of William Blake's Art and Aesthetics*, ed.
Robert N. Essick（Los Angeles: Hennessey and Ingalls, 1973），124-26。

23 E. H. Gombrich, *The Story of Art*, 16th ed.（London: Phaidon, 1995），312.

24 *Milton* 29.64-65, E128; Samuel Johnson, *A Dictionary of the English Language*
（1755）.

25 *Blake Records,* 52n; *Jerusalem* 48.9-11, E196; Job 1: 1, 11-12, 42: 12.

26 *Blake Records*, 439; John Harvey, "Blake's Art", *Cambridge Quarterly*
7（1977），144. 迈克尔·菲利普斯提供了有关镌刻和印刷的严格过程的
全部细节，见："The Printing of Blake's *Illustrations of the Book of Job*",
Print Quarterly 22（2005），138-59。

27 关于希伯来字母，见：Christopher Rowland, *Blake and the Bible*（New
Haven: Yale University Press, 2010），43。

28 *Blake Records*, 652.

29 *Job* 19：23-27.

30 本 · F. 内尔姆斯（Ben F. Nelms）作了详细的研究，见："Text and Design in *Illustrations of the Book of Job*"，in *Blake's Visionary Forms Dramatic* （Princeton，NJ：Princeton University Press，1970），336-58。

31 Revelation 15：4；*Marriage* 27，E45；*Visions* 8.10，E51；*America* 8.13，E54；*Four Zoas* 34.80，E324；Rudolf Otto，*The Idea of the Holy*，trans. John W. Harvey（Oxford：Oxford University Press，1950），28；*Four Zoas* 3，E300，quoting Ephesians 6：12.

32 E269；Isaiah 14：12.

33 *Marriage* 4，E34；see Morton D. Paley，"The Figure of the Garment in *The Four Zoas*，*Milton*，and *Jerusalem*"，in *Blake's Sublime Allegory：Essays on The Four Zoas, Milton, Jerusalem*，ed. Stuart Curran and Joseph Anthony Wittreich Jr（Madison：University of Wisconsin Press，1973），119-39.

34 *For the Sexes*，E269；Edward Young，*Night Thoughts*（1742-45），final line of book 8；*Blake Records*，427.

35 笔者的评论要归功于下述资料，见：Nelson Hilton，*Literal Imagination：Blake's Vision of Words*（Berkeley：University of California Press，1983），166，and to Morton D. Paley，*The Traveller in the Evening：The Last Works of William Blake*（Oxford：Oxford University Press，2003），17-18。

36 布莱克给巴茨的信，1802 年 11 月 22 日，E720。

37 *Blake Records*，421.

38 *Blake Records*，453；*Jerusalem* 35.25-26，E181；*For the Sexes*，E259.

39 *Four Zoas* 106.6，E379；"为诸民族奉献他自己（giving himself for the nations）"见 E671。笔者的评论要归功于下述资料，见：*Illuminated Blake*，355；W. J. T. Mitchell，*Blake's Composite Art：A Study of the Illuminated Poetry*（Princeton，NJ：Princeton University Press，1978），210；John E. Grant，"Jesus and the Powers That Be in Blake's Designs for Young's *Night Thoughts*"，in *Blake and His Bibles*，ed. David V.

Erdman（West Cornwall, CT: Locustv Hill, 1990）, 105-7; and Morton D. Paley, *The Continuing City: William Blake's Jerusalem*（Oxford: Clarendon, 1983）, 113-18。

40　布莱克给巴茨的信, 1803 年 4 月 25 日, E728; *Jerusalem* 97.5-6, E256。

41　John Harvey, "Blake's Art", *Cambridge Quarterly* 7（1977）, 136; Morton Paley, Blake Trust, 1: 296, 15.

42　Tom Hayes, "William Blake's Androgynous Ego-Ideal", *ELH* 71（2004）, 156; Susanne Sklar, *Blake's Jerusalem as Visionary Theatre*（Oxford: Oxford University Press, 2011）, 248, quoting *Jerusalem* 69.24, 79.44, E223, 235.

43　Anthony Blunt, *The Art of William Blake*（New York: Columbia University Press, 1959）, 81; *Blake Records*, 392; Luke 15: 20-24.

第 15 章　黄昏旅人

1　"Blake's London", http://www.tate.org.uk/learn/online-resources/william-blake/william-blakes-london.

2　布莱克给海利的信, 1804 年 12 月 4 日, E758; notebook memoranda, E694。

3　*Jerusalem* 17.59-63, E162.

4　*Blake Records*, 320.

5　*Jerusalem* 3, E145; Paley, Blake Trust, 1: 12. 关于这幅异常的印版, 见: Joseph Viscomi, *Blake and the Idea of the Book*（Princeton, NJ: Princeton University Press, 1993）, 339; Jerome J. McGann, *Towards a Literature of Knowledge*（Chicago: University of Chicago Press, 1989）, 11-12, 37; and Tristanne J. Connolly, *William Blake and the Body*（London: Palgrave Macmillan, 2002）, 11-12。

6　*Blake Records*, 753; 关于聚居区, 见: Angus Whitehead, "'Humble but Respectable': Recovering the Neighbourhood Surrounding William and Catherine Blake's Last Residence, No.3 Fountain Court, Strand, c.1820-27", *University of Toronto Quarterly* 80（2011）, 858-79。

7　*Blake Records*, 387.

8　*Blake Records*, 402.

9　Gilchrist, 319, 322; *Blake Records*, 405, 680.

10　*Blake Records*, 438; 布莱克给约翰·林内尔（John Linnell）的信, 1826 年 8 月 1 日, E780。关于疾病, 见: Aileen Ward, "William Blake and the Hagiographers", in *Biography and Source Studies*, ed. Frederick R. Karl, vol.1（New York: AMS, 1994）, 1-24; and Lane Robson and Joseph Viscomi, "Blake's Death", *Blake: An Illustrated Quarterly* 30, no.1（Summer 1996）, 36-49。

11　*Blake Records*, 453; 布莱克给坎伯兰的信, 1827 年 4 月 12 日, E783; William Upcott's album, E698。

12　E269.

13　*Blake Records*, 269.

14　"And his legs carried it like a long fork", E504.

15　*Blake Records*, 682, 459, 464. 关于布莱克在临终前歌唱的可能性其实并不大, 见: Aileen Ward, "William Blake and the Hagiographers", in *Biography and Source Studies*, ed. Frederick R. Karl, vol.1（New York: AMS, 1994）, 1-24。

16　*Blake Records*, 493.

17　*Blake Records*, 559, 731-32; *Marriage* 13, E39.

18　Gilchrist, 384-85.

19　Joyce Cary, *The Horse's Mouth*（New York: New York Review of Books, 1999）, 81; Samuel Beckett, *Endgame*（New York: Grove, 1958）, 38; T. S. Eliot, "Blake", in *The Sacred Wood*, 6th ed.（London: Methuen, 1948）, 151, 156-58.

20　Michael Welland, *Sand: The Never-Ending Story*（Berkeley: University of California Press, 2009）, xiii.

21　*Descriptive Catalogue*, E550; *Vision of the Last Judgment*, E566; *Marriage* 6-7, E35.

图片版权说明

图

注：此处列明的布莱克彩画书"印版（plate）"编号，即本书所翻印的特定印本中的编号。它们对应于布莱克档案馆的"物品（object）"编号，但常常不同于戴维·V. 厄尔德曼版中的印版顺序。

Frontispiece：Map by Bill Nelson.

1 *Gravure, en taille-douce, en manière noire, etc.*（Paris, 1767）. Houghton Library, Harvard University, f Typ 715.67.435.

2 Etching by Thomas Stothard. Collection of Robert N. Essick. Used with permission.

3 *Democritus.* Illustration from Johann Caspar Lavater, *Essays on Physiognomy, Designed to Promote the Knowledge and the Love of Mankind*（London, 1789）. Houghton Library, Harvard University, HOU F Typ 705.89.513（A）.

4 *Sense Runs Wild.* Illustration for Edward Young, *Night-Thoughts*, page 46. Collection of Robert N. Essick. Copyright © 2014 William Blake Archive. Used with permission.

5 *Catherine Blake*, by William Blake. © Tate, London 2014.

6 *William Blake*, engraving after a painting by Thomas Phillips. Frontispiece to Robert Blair, *The Grave*（London, 1808）. Houghton Library, Harvard University, HEW 1.13.5.

7 *William Blake*, probable self-portrait. Collect

8 *The Man Who Taught Blake Painting.* © Tate, London 2014.

9   *America: A Prophecy*. Fragment of the original copperplate for plate 3. By permission of the National Gallery of Art, Washington.

10   *America: A Prophecy*, copy E, plate 3. Lessing J. Rosenwald Collection, Library of Congress. Copyright © 2014 William Blake Archive. Used with permission.

11   A rolling press. Illustration from Abraham Bosse, *De la manière de graver à l'eau forte et au burin* (Paris, 1758). Houghton Library, Harvard University, HOU GEN Typ 715.58.230.

12   *Father Thames*. Illustration for Thomas Gray's *Ode on a Distant Prospect of Eton College*. Yale Center for British Art.

13   *Songs of Innocence and of Experience*, copy L, plate 1. Yale Center for British Art.

14   *Songs of Innocence and of Experience*, copy L, plate 24. Yale Center for British Art.

15   *Songs of Innocence and of Experience*, copy L, plate 30. Yale Center for British Art.

16   *Songs of Innocence and of Experience*, copy L, plate 29. Yale Center for British Art.

17   *Songs of Innocence and of Experience*, copy L, plate 39. Yale Center for British Art.

18   *Songs of Innocence and of Experience*, copy Z, plate 32. Lessing J. Rosenwald Collection, Library of Congress. Copyright © 2014 William Blake Archive. Used with permission.

19   Manuscript page from Blake's notebook. Copyright © The British Library Board, Add. MS 49, 460, f.56.

20   *Songs of Innocence and of Experience*, copy L, plate 41. Yale Center for British Art.

21   *Songs of Innocence and of Experience*, copy N, plate 21. Reproduced by permission of The Huntington Library, San Marino, California.

22   *Albion Rose* (Glad Day), second state. Lessing J. Rosenwald Collection, Library of Congress.

23   Paris boutique. Photo by Leo Damrosch.

24   *America: A Prophecy*, copy E, plate 4. Lessing J. Rosenwald Collection, Library of Congress. Copyright © 2014 William Blake Archive. Used with permission.

25 *America: A Prophecy*, copy E, plate 8. Lessing J. Rosenwald Collection, Library of Congress. Copyright © 2014 William Blake Archive. Used with permission.

26 *America: A Prophecy*, copy E, plate 12. Lessing J. Rosenwald Collection, Library of Congress. Copyright © 2014 William Blake Archive. Used with permission.

27 *America: A Prophecy*, copy E, plate 10. Lessing J. Rosenwald Collection, Library of Congress. Copyright © 2014 William Blake Archive. Used with permission.

28 *America: A Prophecy*, copy E, plate 13. Lessing J. Rosenwald Collection, Library of Congress. Copyright © 2014 William Blake Archive. Used with permission.

29 *Newton*. Sculpture by Eduardo Paolozzi. Photo by Leo Damrosch.

30 Blake's cottage at Felpham. By kind permission of Jackson Stops and Staff.

31 No.23 Hercules Buildings. Etching by Frederick Adcock. From Arthur S. Adcock, *Famous Houses and Literary Shrines of London* (London: Dent, 1912).

32 *The Whirlwind: Ezekiel's Vision*. Pen and watercolor. Museum of Fine Arts, Boston.

33 *Milton*, copy C, plate 1. New York Public Library.

34 *Milton*, copy C, plate 31. New York Public Library.

35 *Milton*, copy C, plate 36. New York Public Library.

36 *Jerusalem*, copy E, plate 1. Yale Center for British Art.

37 *Jerusalem*, copy E, plate 100. Yale Center for British Art.

38 *Avebury*. Illustration from William Stukeley, *Abury, a Temple of the British Druids* (London, 1743). Houghton Library, Harvard University, F Arc 855.214.

39 Manuscript page from *Vala*, page 86. Copyright © The British Library Board, Add. MS 39764, f.48v.

40 *For Children: The Gates of Paradise*, copy D, plate 1. Lessing J. Rosenwald Collection, Library of Congress. Copyright © 2014 William Blake Archive. Used with permission.

41 *For Children: The Gates of Paradise*, copy D, plate 3. Lessing J. Rosenwald Collection, Library of Congress. Copyright © 2014 William Blake Archive. Used with permission.

42 *For Children: The Gates of Paradise*, copy D, plate 18. Lessing J. Rosenwald Collection, Library of Congress. Copyright © 2014 William Blake Archive. Used with permission.

43 Manuscript page from *Vala*, page 26. Copyright © The British Library Board, Add. MS 39764, f.48v.

44 *Jerusalem*, copy E, plate 32. Yale Center for British Art.

45 *Wisdom*. Sculpture by Lee Lawrie, GE Building, Rockefeller Center, New York. Photo by David Damrosch.

46 *The Book of Urizen*, copy G, plate 1. Lessing J. Rosenwald Collection, Library of Congress. Copyright © 2014 William Blake Archive. Used with permission.

47 *The Book of Urizen*, copy G, plate 11. Lessing J. Rosenwald Collection, Library of Congress. Copyright © 2014 William Blake Archive. Used with permission.

48 *Boreas*. Engraving by James Basire. Illustration from James Stuart and Nicholas Revett, *The Antiquities of Athens*, vol.1 (London, 1762). Houghton Library, Harvard University, HOU GEN Arc705.5*.

49 *The Book of Job*, plate 11, "Job's Evil Dreams". Collection of Robert N. Essick. Copyright © 2014 William Blake Archive. Used with permission.

50 *For the Sexes: The Gates of Paradise*, copy D, plate 21. The Pierpont Morgan Library, New York. PML 63936. Photography by Graham S. Haber, 2014.

51 No.17 South Molton Street. Etching by Frederick Adcock. From Arthur S. Adcock, *Famous Houses and Literary Shrines of London* (London: Dent, 1912).

52 *Jerusalem*, copy E, plate 3. Yale Center for British Art.

53 Life mask of William Blake. Copyright © Joanna Kane, from *The Somnambulists: Photographic Portraits from before Photography* (Stockport, England: Dewi

Lewis，2008）．

54　William Blake，pencil sketch by John Linnell. © The Fitzwilliam Museum, Cambridge.

55　*For Children: The Gates of Paradise*，copy D，plate 16. Lessing J. Rosenwald Collection，Library of Congress. Copyright © 2014 William Blake Archive. Used with permission.

56　*Deaths Door*（1805）．Collection of Robert N. Essick. Copyright © 2014 William Blake Archive. Used with permission.

彩 插

注：此处列明的布莱克彩画书"印版（plate）"编号，即本书所翻印的特定印本中的编号。它们对应于布莱克档案馆的"物品（object）"编号，但常常不同于戴维·V. 厄尔德曼版中的印版顺序。

1　*Pity*. © Tate, London 2014.

2　*A Sunshine Holiday*. Illustration for John Milton's *L'Allegro*. The Pierpont Morgan Library, New York, 1949.4: 4. Purchased with the assistance of the Fellows with the special support of Mrs. Landon K. Thorne and Mr. Paul Mellon.

3　*Songs of Innocence and of Experience*, copy Z, plate 3. Lessing J. Rosenwald Collection, Library of Congress. Copyright © 2014 William Blake Archive. Used with permission.

4　*Songs of Innocence and of Experience*, copy Z, plate 25. Lessing J. Rosenwald Collection, Library of Congress. Copyright © 2014 William Blake Archive. Used with permission.

5　*Songs of Innocence and of Experience*, copy Z, plate 11. Lessing J. Rosenwald Collection, Library of Congress. Copyright © 2014 William Blake Archive. Used with permission.

6　*Songs of Innocence and of Experience*, copy Z, plate 12. Lessing J. Rosenwald Collection, Library of Congress. Copyright © 2014 William Blake Archive. Used with permission.

7　*Songs of Innocence and of Experience*, copy C, plate 2. Lessing J. Rosenwald Collection, Library of Congress. Copyright © 2014 William Blake Archive. Used with permission.

8　*Songs of Innocence and of Experience*, copy Z, plate 39. Lessing J. Rosenwald

Collection, Library of Congress. Copyright © 2014 William Blake Archive. Used with permission.

9　*Songs of Innocence and of Experience*, copy F, plate 42. Yale Center for British Art.

10　*Songs of Innocence and of Experience*, copy Z, plate 42. Lessing J. Rosenwald Collection, Library of Congress. Copyright © 2014 William Blake Archive. Used with permission.

11　*Albion Rose*. Reproduced by permission of The Huntington Library, San Marino, California.

12　*The Marriage of Heaven and Hell*, copy D, plate 1. Lessing J. Rosenwald Collection, Library of Congress. Copyright © 2014 William Blake Archive. Used with permission.

13　*The Marriage of Heaven and Hell*, copy D, plate 21. Lessing J. Rosenwald Collection, Library of Congress. Copyright © 2014 William Blake Archive. Used with permission.

14　*America: A Prophecy*, copy M, plate 3. Yale Center for British Art.

15　*Europe: A Prophecy*, copy E, plate 2. Lessing J. Rosenwald Collection, Library of Congress. Copyright © 2014 William Blake Archive. Used with permission.

16　*America: A Prophecy*, copy M, plate 9. Yale Center for British Art.

17　*Europe: A Prophecy,* copy A, plate 10. Yale Center for British Art.

18　*Newton*. © Tate, London 2014.

19　*Hyperion*, illustration to Thomas Gray, *The Progress of Poesy*. Yale Center for British Art.

20　*Milton*, copy D, plate 16. Lessing J. Rosenwald Collection, Library of Congress. Copyright © 2014 William Blake Archive. Used with permission.

21　*The Book of Urizen*, copy A, plate 14. Yale Center for British Art.

22　*The Book of Urizen*, copy F, plate 17. Houghton Library, Harvard University.

23　*The Song of Los*, copy E, plate 4. Reproduced by permission of The Huntington Library, San Marino, California.

24 *Milton*, copy D, plate 47. Lessing J. Rosenwald Collection, Library of Congress. Copyright © 2014 William Blake Archive. Used with permission.

25 *Jerusalem*, copy E, plate 6. Yale Center for British Art.

26 *Jerusalem*, copy E, plate 70. Yale Center for British Art.

27 *Visions of the Daughters of Albion*, copy G, plate 3. Houghton Library, Harvard University.

28 *Visions of the Daughters of Albion*, copy G, plate 6. Houghton Library, Harvard University.

29 Henry Fuseli, *The Nightmare*, oil on canvas. Detroit Institute of Arts / Bridgeman Art Library.

30 *Visions of the Daughters of Albion,* copy G, plate 2. Houghton Library, Harvard University.

31 *Satan Watching the Caresses of Adam and Eve*. Pen and watercolor. Museum of Fine Arts, Boston.

32 *The Book of Urizen*, copy C, plate 18. Yale Center for British Art.

33 *Milton*, copy C, plate 39. New York Public Library.

34 *Beatrice Addressing Dante from the Car*. © Tate, London 2014.

35 *Jerusalem*, copy E, plate 2. Yale Center for British Art.

36 *The Ancient of Days: Europe: A Prophecy*, copy E, plate 1. Lessing J. Rosenwald Collection, Library of Congress. Copyright © 2014 William Blake Archive. Used with permission.

37 *The Book of Urizen*, copy F, plate 5. Houghton Library, Harvard University.

38 *Elohim Creating Adam*. © Tate, London 2014.

39 *Jerusalem*, copy E, plate 76. Yale Center for British Art.

40 *Jerusalem*, copy E, plate 99. Yale Center for British Art.

索　引

（索引中页码为英文版页码，即本书页边码）

索引中的斜体数字表示正文图片所在页码

Abel (biblical), 105

Abraham (biblical), 189

Abrams, M. H., 231

"Accuser," Blake's meaning of, 252-53

Achilles, great shield of, 169

Ackroyd, Peter, 3, 19

Adam and Eve, 70, 71, 83, 195, 204-6 (color plate
　31); creation of, 218, 246-47 (color plate 38);
　expulsion from Eden of, 73, 105, 217; inno-
　cent sex and, 204-5; original sin and, 70, 217;
　shame and, 217; temptation of Eve and, 112.
　See also Fall

Adonis, 56

African slaves, 200

afterlife, 65-66, 91; Blake's conception of, 67, 141-
　42, 168, 169, 266. See also Eternity; Heaven;
　Hell

agnosticism, 49, 238

Ahania (Urizen's emanation), 160-62, 221

Albion (Blake's universal humanity), 136, 142, 157,
　173, 190, 213, 228, 229; adoration of Jesus and,
　256 (color plate 39); awakening of, 185; collec-
　tive breakup of, 162, 184; Daughters of Albion
　and, 198-204; emanation of (see Jerusalem);
　liberation of, 186. See also Four Zoas, The; Zoas

Albion (poetic name for England), 98, 111, 141, 192

Albion Rose (Blake color print), 98-99, 100, 101,

108, 125, 256 (color plate 11); two impressions
　of, 98

Albion's Angel, 115, 117

Albion's Fatal Tree: Crime and Society in Eighteenth-
　Century England (Hay ed.), 151

Alcuin of York, 143

Allamanda (nervous system), 189

Allegro, L' (Milton), 46-49

All Religions Are One (Blake pamphlet), 235

Alteration, The (Amis), 37

altered consciousness, 131

America, 199

America: A Prophecy, 26-27, 28, 29, 104-15, 107, 111,
　113, 116, 118, 155, 181, 206; addition of four lines
　(1795) to, 117; anticipation of apocalypse and,
　186-87; copy M (color plate 16); naked male
　figure and, 109, 266; "Preludium," 104-5 (color
　plate 14); sequel to (see Europe: A Prophecy);
　social message of, 140, 163

American Revolution, 13, 106, 108, 118

Amis, Kingsley, The Alteration, 37

ampersands, 6

anacalyptic, 143, 292n8

anapests, 55-56

anatomists, 176

Ancient of Days, The (Blake print), 237, 238-39, 247,
　267 (color plate 36)

Ancients (young disciples of Blake), 264
androgyny, 102, 229, 256, 257
anemone, 56, 57
angels, 70, 102, 158, 211; fallen, 83, 252, 253
Anglican Communion. *See* Church of England
anima (Jungian concept), 218
animal magnetism, 130
animism, 48
antinomians, 97, 101, 102
anti-proverbs, 103
Antiquities of Athens (Basire), 247, 248
apocalypse, 169, 174, 181, 185–88; interior, 213
Apollo (deity), 153
Apollo Belvedere (sculpture), 190
apple tree symbolism, 51, 85
apprenticeships, 10, 12, 27, 63–64, 89, 99, 258
Arcadian past, myth of, 148
archetypes, female, 217–18
Areopagitica (Milton), 98
Armitage, Thomas, 7
Arthur (legendary king), 221, 222
artistic creativity, 155, 169, 172, 175–76; biblical in-
    spiration for, 236; division among opposites
    and, 139; Golgonooza as city of, 185, 188, 194,
    247; Los as source of, 162, 176, 184–85
Asbury: A Temple of the Ancient Druids (Stukeley),
    192, *193*
atoms, 122
atonement, doctrine of, 217
Audubon's illustrated books, 26
Auguries of Innocence (Blake), 66, 92–93
Augustine, Saint, 37
Aura (breeze), 229
Avebury ancient temple, 114, 192, *193*, 194

Babbage, Charles, 31
Babylon, 89, 150, 153, 229
Babylonian captivity, 157–59
baptism, 56
Barberini Faun (Roman statue), 108
Bard, The (Gray), 290n39
Basire, James, 10, 16, 64, 89, 117, 258; *Boreas*, 247,
    248
bats, 99, *100*, 101
Beatrice (Dante's guide), 225–28

Beatrice Addressing Dante from the Car (Blake), 225–
    27 (color plate 34)
Beckett, Samuel, *Endgame*, 270
Belle Dame sans Merci, La (Keats), 221
Bentley, G. E., 3, 14, 19, 158, 195; *The Stranger from*
    Paradise, 197; *William Blake's Writings* (ed.), 6
Berger, Peter, 5
Bernini, Gian Lorenzo, *Teresa in Ecstasy*, 203
Beulah (Blake symbol), 48, 141, 188, 201, 206, 211,
    232
Bhagavad Gita, 114
Bible, 73, 88, 101, 163–64, 177, 204, 251; approved
    books of (1789), 248; Blake borrowings of
    images from, 106, 110, 112, 114, 121, 123, 143,
    146, 150, 153; Blake's counterclockwise read-
    ing of, 42, 236; Blake's critique of, 118, 121, 236,
    248; as code of art, 236; creation account and,
    169, 176; E and J texts, 246; nineteenth-century
    scholarship and, 245–46; seventeenth-century
    radicals and, 96–97. *See also* New Testament;
    Old Testament; *specific books*
Biko, Steve, 91
Bindman, David, 175
bipolar disorder, 133, 134
birth. *See* childbirth
birth-death cycle. *See* cycle of life; Generation
Birth of Venus (Botticelli), 229
Blacksmith image, 169, 172, 173–74, 175, 183, 184–
    85, 194 (color plate 25)
Blair, Robert, *The Grave*, 19, 93, 266–67, 268
Blake, Catherine (mother), 7, 9, 180
Blake, Catherine (sister), 8, 128, 179, 180
Blake, Catherine (wife), 9, 27, 104, 195–97, 233;
    Blake sketch of, 19, *20*, 267, 269; Blake's nick-
    name "Kate" for, 253; as Blake's printing help-
    mate, 4, 195; childlessness of, 51, 218; courtship and mar-
    riage of, 18–19; Felpham move by, 128, 129,
    130, 135; Hayley's praise for, 135; illnesses of,
    179–80; London residences of, 151, 261; marital
    relations of, 19, 195–96, 204–6, 218; Ololon's
    descent to united with, 219 (color plate 33);
    portraits of Blake and, 262, 264; prettiness of,
    18; supportiveness of, 19; visitations of Blake's

spirit to, 9, 269; widowhood and death (1832) of, 269

Blake, James (brother), 7, 37, 180, 260, 266

Blake, James (father), 7, 8, 9, 137, 179, 180

Blake, John (brother), 7, 8, 179, 180

Blake, Robert (brother), 7–8, 25, 179, 180, 196; as Blake's alter ego in Eternity, 168–69, 172

Blake, William: androgyny ideal of, 229; antinomians and, 97, 101, 102; apocalyptic breakthrough of, 187–88; apprenticeship to engraver of, 10, 16, 64, 89, 99, 258; artist friends of, 12–13, 13, 20–21, 33, 93, 127, 264, 266, 269; artistic conversion experience (1804) of, 136–38; artistic genius of, 1–2, 270–71; artistic obscurity of, 1, 36–38, 93–95, 142–45, 251; artistic talent and training of, 9–12, 261; background of, 7–9; baptism of, 9; birth of, 7; borderline personality and, 187; burial site of, 270; career disappointments of, 19, 133, 134, 184, 251; desirability of the forbidden and, 208–11; direct communication with dead brother Robert by, 168–69; divided self of, 224; early years of, 7–14; ecstatic experience of, 130–32; Enlightenment thought and, 120–23; epiphany of, 180–81; "Eternal Now" belief of, 124, 219, 232, 233, 266; family demons of, 179, 180; Felpham move of, 128–36, 129, 137, 163; financial problems of, 50, 128, 179–80, 260, 261; first viewing of actual famous paintings by, 137–38; forgiveness of sins and, 225; free love advocacy and, 198–207; gender views of (see gender); ideal forms belief of, 35–36; images and symbols used by (see symbolism); imagination of, 270; individuality of vision of, 32–36; innocence conception of, 66; jealousy and, 18, 204–8; lack of recognition during lifetime of, 37, 40, 93–95, 260; later years of, 261–69, 263, 265; life span of, 118; London residences of, 7, 88, 104, 151, 152, 258, 259, 261; madness ascribed

to, 2, 93–94, 133–36; marriage of, 18–19, 195–211 (see also Blake, Catherine); misogyny of, 212, 217–18, 222, 227; moral censure of works of, 269; moral critique by, 91, 145–48; mysticism and, 3, 124, 130–31, 142–43; Neoplatonism and, 65, 125, 142, 160, 168, 175; Newton and, 122–23; notebook of (see Rossetti Manuscript); patriarchy and, 212, 217, 227, 239; personal mythology of, 4–5 (see also myth, Blake's); personal symbols of, 41, 47, 48 (see also symbolism); personification and, 40–49; physical appearance of, 20–21, 24, 99, 108, 181, 262, 263, 264, 265; physical problems of, 264, 266; politics and, 89, 97–98, 99, 117–19; portraits of, 19–20, 21, 22, 23, 181, 262, 263, 264, 265 (color plate 24); posthumous burning of works of, 209, 269–70; posthumous recognition of, 1; printing press ownership by, 27–32, 126; Prodigal Son parable and, 209, 257; pronunciation and, 59, 87, 157, 172, 221; prophetic calling of, 154, 163–81; psychological stresses of, 2, 134–35, 136, 187; recurring theme of, 102; religious thinking of, 1–3, 9, 48–49, 56, 59–60, 65, 67, 70, 73, 87, 88, 91–93, 98, 101–3, 112, 120, 121, 132, 133, 135, 137, 140, 153, 158, 160, 165, 169, 190, 217, 225, 234, 235–57; revolution and, 83, 101, 107, 117, 118–19, 140, 146–47; romantic classicism and, 39; sarcastic puns of, 34; schizoid tendencies of, 2, 134–35, 136; sedition trial and acquittal of, 133–34, 135, 258, 260; self-doubt crisis of, 180; self-education of, 8–9; sexuality and, 106, 198–211, 212; social conditions and, 85–93, 150–51, 163; Swedenborg and, 65, 181, 248; synesthesia and, 88; There Is No Natural Religion pamphlet by, 98; universal truths and, 34–35; view of nature of (see nature); visions seen by (see visions of Blake); visits of spirit to wife of, 9, 269; young disciples of, 264. See also Blake poetry; Blake visual art

Blake and Homosexuality (Hobson), 181

Blake and the Idea of the Book (Viscomi), 4, 25

Blake Archive website (blakearchive.org), 4, 5

Blake illuminated books. See illuminated books

Blake myth. See myth, Blake's

Blake notebook. See Rossetti Manuscript

Blake poetry, 142–48; Albion symbol and (see Albion); borrowings in, 114; cinematic method of, 143–44; clarity from reading aloud of, 143–45; copper etching production of, 172; dismissal during Blake's lifetime of, 93–94; extensive revisions of, 80–81; female recurring archetypes and, 217–18; genius of, 270; impersonal subjectivity and, 75–76; Lambeth Books and, 104, 140, 163, 170; later pessimism of, 118–19; limited editions of, 93–94; metrical patterns of, 55–56, 80, 88, 144–45; moral protest and, 89, 145–48; move from political to human tensions of, 118–19; notebooks and (see notebook poems); obscurity of, 142–45, 261; pastoral images in, 150; punctuation indifference of, 5–6, 121; Revelation and, 143, 155; revisions of, 80–81, 82; rhyme and, 59, 87, 221; sequence variation in, 143; sexuality as central theme of, 74, 196–97; spelling and punctuation of, 5–6; symbols and (see symbolism); texts of, 5–6; understanding long poems and, 142–45; word pronunciation and, 59, 87, 157, 172, 221
— works: America: A Prophecy, 26–27, 28, 29, 104–12, 113, 114, 115, 116, 117, 118, 140; Auguries of Innocence, 66, 92–93; The Blossom, 57–59, 94 (color plate 5); The Chimney Sweeper (Songs of Experience), 67, 85, 86, 87, 94; The Chimney Sweeper (Songs of Innocence), 63–67, 85, 86, 87, 94, 253, 264 (color plate 6); The Clod and the Pebble, 77–78, 79, 110, 201; The Divine Image, 87; The Echoing Green, 55–56; Eternity (unpublished), 3, 198; Europe: A Prophecy, 67, 114, 115, 117, 118, 140, 192, 206, 237 (color plates 15, 16, 17); The Everlasting Gospel, 97, 235, 236; The Garden of Love, 208; Holy Thursday, 93; The Human Abstract, 87; Infant Joy, 54–57, 60, 70, 71, 94 (color plate 4); Infant Sorrow, 70–71, 72; "I saw a chapel all of gold," 8–9; Jerusalem, 34, 89, 91, 103, 136, 138, 140; Jerusalem (lyric verse and hymn), 1, 145–48, 154, 167; "The Keys of the Gates," 213; The Lamb, 59–60, 61, 62, 64, 67, 81; A Little Girl Lost, 71, 73; The Little Vagabond, 93; London, 67, 87–93, 90, 153, 203, 253; Mock on Mock on Voltaire Rousseau, 16, 232; Night,

84; Nurse's Song, 93; "Oh why was I born with a different face," 134; On Another's Sorrow, 62; The Schoolboy, 93; The Sick Rose, 74–76, 94, 201 (color plate 8); Song of Los, 176 (color plate 23); Songs of Innocence and Experience, 31, 50, 66, 67–95, 105, 142–43 (see also Songs of Experience; Songs of Innocence); A Sunshine Holiday, 46–49, 57, 131, 141, 213, 232 (color plate 2); To My Myrtle, 197; To the Accuser Who Is the God of the World, 252; To Tirzah, 216–17; The Tyger, 1, 4, 5, 67, 78, 90–85, 87, 88, 93, 94, 115, 175, 165 (color plates 9, 10); Visions of the Daughters of Albion, 57, 106, 140, 198–204, 213, 253 (color plates 27, 28, 30). See also Four Zoas, The; Jerusalem; Marriage of Heaven and Hell, The; Milton
Blake visual art, 1, 3–5, 9, 133, 169, 172; archive of, 4–5; Book of Job illustration, 248–53, 250, 270; color plates (list), 310–13; commercial varied styles of, 16; direct application of paint and, 176; Divine Comedy illustration, 224–29; dynamic symbols and, 114–17, 158; engraving of, 1, 10–18, 267; engraving/etching combination and, 24–25; erotic drawings and, 209, 210; Ezekiel's vision and, 157–60, 159; failure of public exhibition of, 37, 40, 260; fire depiction and, 110; graphic images of ideas and, 238–39; illuminated books and, 4–6, 38, 93, 104, 105, 118, 133, 195, 260; illustrations for other poets, 1, 16, 17, 18, 19, 25, 40–45, 42, 93, 224–29, 253; images and symbols of, 3–5, 16, 34–35, 39–50, 114, 115, 146, 147; keen observation of, 124; lettering and, 25, 27, 105; marginalization during Blake's lifetime of, 93; Michelangelo as hero of, 115; nudity portrayals and (see nakedness); obscurity of, 37, 93; oil print process and, 126–27; outline emphasis of, 34; personification and, 40–45, 42; posthumous destruction of, 209, 269; "reading" of, 3; reproductions of, 5, 6; as scandalous, 18; small scale of, 50–51, 51; techniques of, 25, 176, 238–39; unique style of, 32–33; verbal sources of, 41; watercolor use and, 34, 105, 132, 195, 249; works: Albion Rose, 98–+99, 100, 101, 108, 125, 256 (color plate 11); The Ancient of Days, 237, 238–39, 247, 267 (color plate 36); Beatrice Addressing Dante from the Car,

225-228 (color plate 34); "Deaths Door," 266-67, 268; Democritus engraving after Rubens, 14, 15, 16; *Elohim Creating Adam* .246-47 (color plate 38); *Ezekiel's Vision*, 158, 159, 227; Father Thames, 41, 42, 43, 45, 46; *The Grave* illustration, 19, 93, 266-67, 268; *Hyperion*, 132 (color plate 19); *Job's Nightmare*, 249, 250, 251, 252, 270; *Last Judgment*, 146, 261; *Newton* print, 125, 126-27 (color plate 18); *Night Thoughts on Life, Death, and Immortality*, 16, 17, 18, 25, 93, 253; *Pity*, 44, 45, 46; *Satan Watching Adam and Eve*, 204-6 (color plate 31); self-portrait, 19, 21, 22, 23, 24 (color plate 24); *Sense Runs Wild*, 16, 17, 18; sketch of wife, Catherine, 19, 20; *A Sunshine Holiday*, 46-49, 57, 131, 141, 213 (color plate 2); *The Spiritual Form of Nelson Guiding Leviathan*, 37; *The Spiritual Form of Pitt Guiding Behemoth*, 37; "Traveller hasteth in the Evening, The," 266, 267. *See also* emblem book; illuminated books
Bloom, Harold, 5, 74, 78, 92; "anxiety of influence" concept, 165
Blossom, The (Blake), 57-60, 94 (color plate 5)
Blunt, Anthony, 257
Boehme, Jacob, 8, 124
Book of Los (Blake):170, 173-76 (color plates 21, 22). *See also* Los
Book of Urizen (Blake), 118, 170, 173-76, 206-7, 237-40, 244; copies of, 242 (color plates 21, 22, 32); title page, 239, 241, 242. *See also* Urizen
borderline personality, 187-88
Boreas (Basire), 247, 248
botany, 56-57. *See also* flowers
Botticelli, Sandro, *Birth of Venus*, 229
Bowlahoola (stomach), 189
Britain. *See* England
British Library, 127
British Museum, 98
Britton, Ronald, 187-88
Broad Street (London), 7, 89, 258
Bromion (Oothon's rapist) 199-200, 202, 203 (color plate 30)
Bronowski, Jacob, 118
Brooks, Cleanth, 44
brothels, 92

brotherhood, 97, 217
Brothers, Richard, 97
Bruder, Helen, 201, 217
Bunhill Fields Burial Ground, 270
Bunyan, John, *Pilgrim's Progress*, 132, 264
Burke, Edmund, 89, 99, 102
Burney, Charles, 94
butterfly symbol, 47, 99, 213, 229
Butterworth, Jez, *Jerusalem* (play), 148
Butts, Thomas, 195-96, 249, 260; Blake correspondence with, 134, 136, 141, 177, 179, 255, 256; Blake verse to, 130-31
Byron, Lord, 94, 197

Caesar, Julius, 190
Cain (biblical), 105
Calvinism, 165, 225
Cambridge University, 9
Cameron, David, 148
Canaanites, 236
Candide (Voltaire), 238
Canterbury, archbishop of, 104
capitalism, 89, 118
Carlyle, Thomas, 269
Cary, Joyce, 270
Castaway, The (Cowper), 135
Catholic Church, 37, 99, 121, 224-26, 246, 269; veneration of Mary, 225
chapel door symbol, 209
Chariots of Fire (film), 148
chariot symbol, 148, 226, 227
Charity, representation of, 226
charity schools, 62, 87, 151, 153
Charles I, king of England, 83, 96
Charles II, king of England, 97
chastity, 91
Chatham naval arsenal, 13-14
cherubs, 44-45, 58, 70
childbirth, 70-71, 217; allegory of, 58; mortality and, 212, 213; Virgin Mary and, 225, 236
children: Blake's sympathy for, 51, 53, 153, 245; book of emblems for, 213, 214, 215; didactic books for, 52-53; early deaths of, 59; harsh treatment of, 51-52, 62-66, 71, 85, 87, 88, 151, 153, 245; serpent symbol and, 115, 116; *Songs*

children (continued)
of Innocence for, 50–66; speech rhythms of, 56;
traditional symbol of, 51
Chimney Sweeper, The (Songs of Experience) (Blake),
67, 85, *86*, 87, 94
Chimney Sweeper, The (Songs of Innocence) (Blake),
63–66, 67, 85, 253, 264; review of, 93–94 (color
plate 6)
*Chimney Sweeper's Friend and Climbing Boy's Album,
The* (reformist treatise), 93
Christ. *See* Jesus
Christian belief, 83, 141, 146, 153, 192; Blake's
personal mythology and, 1; Blake's view of,
56, 225, 226, 236; Calvinism and, 165, 225;
Church Triumphant and, 226 (*see also* Catholic
Church); classical model for, 156; Dissenters
and, 9, 270; forgiveness of sins and, 225; four
Evangelists and, 158; harsh treatment of chil-
dren and, 51–52; Satan and, 249; virgin birth
and, 225, 236. *See also* New Testament
Church of England, 9, 91, 93, 153, 194, 236
cinema, 143
Clarissa (Richardson), 75, 76
Clark, Kenneth, 117
classical mythology, 56, 105, 153, 156, 169, 229
climbing vine symbol, 51
Clod and the Pebble, The (Blake), 77–78, 79, 110, 201
Coal Hole Tavern (London), 258
Coleridge, Samuel Taylor, 9, 197, 269; Blake and,
56, 94, 142–43, 231, 232, 264; *Frost at Midnight*,
231–32; *Kubla Khan*, 231; *Lyrical Ballads*, 94
coloring, 137–38
color plates, 310–13
Connolly, Tristanne, 5, 218, 229
consciousness, 203, 235
Constable, John, 124
constants, universal, 270
copper-plate etching, 4, 13, *13*, 50, 128, 136, 172;
Blake process of, 10–12, 24–27, 32; Blake skill
at, 12; direct application of paint and, 176;
expense of copper and, 50; inhalation of dust
from, 266; reproductions from, 31; surviving
Blake fragment of, 26–27, *28*, *29*. *See also*
engraving
Corinthians, Epistle to, 77
Correggio, Antonio da, 33

counterculture (1960s), 1, 26, 115, 136
Cowper, William, 135, 136, 184; *The Castaway*, 135;
Light Shining Out of Darkness (hymn), 135; *Lines
Written during a Period of Insanity*, 135; *The
Poplar Field*, 55
creation, 81, 83–85, 123, 169, 243, 246; blacksmith
and, 169, 172–75, 183, 184–85, 194 (color plate
25); Blake concept of, 169, 175, 176, 218, 237–38;
Genesis portrayal of, 81, 176, 218, 237–38, 242,
246–47 (color plate 38); motherhood and, 212–
13, 216; Neoplatonism and, 175
creativity. *See* artistic creativity
crescent moon, 190, *191*, 192
criminal justice system, 92
Cromek, Robert, 267
Cromwell, Oliver, 146–47
Crucifixion, 62, 105, 188, 255, 256 (color plate 39)
Cruel Og, 150
Cumberland, George, 12, 25, 128–29, 133, 261,
266; *Thoughts on Outline*, 33
Cunningham, Alan, 50, 251
cycle of life, 47, 48, 99, 141, 192, 206, 213, 214,
214, *215*, 217, 221, 228–29, 247, 252. *See also*
mortality

damnation, 83, 135, 136, 225
dance of death, 99, 101, 256
Daniel, Book of, 237
Dante Alighieri: *Divine Comedy*, 224–29; *Inferno*,
47; *Purgatorio*, 225–26
"dark Satanic mills," meaning of, 147
Darwin, Erasmus, 199, 202–3; *Loves of the Plants*,
56–57
Daughters of Albion, 198–204. See also *Visions of
the Daughters of Albion*
death, 59, 67, 192, 216, 253; dance of, 99, 101, 156;
meaning for Blake of, 98, 266, 269. *See also*
cycle of life; mortality
"Death's Door" (Blake), 266–67, *268*
Dedalus, Stephen (fictional), 172, 177
deism, 120–21
deities, 49, 156, 169, 190; Blake's view of, 235;
Jerusalem and, 183; monotheism and, 48, 49
(*see also* God); of nature, 153, 183, 189, 209,
221, 225; river gods, 43
demiurge, 175, 246, 247, 251

Democritus, 121, 122; Blake engraving after
　Rubens painting of, 14, *15*, 16
depression, 19, 133, 134, 184, 251
Descriptive Catalogue (Blake), 37
Devil. *See* Satan
Deville, James, 262
diaphanous garments, 39, 48, 53, 168, 227
Dictionary (Johnson), 44
Dissenters, 9, 270
divine: avatars of, 246; everyday incarnation of,
　234; humanity of, 234, 235; intuition of, 227;
　symbolism of, 245-47; unifying principle of,
　243
Divine Comedy (Dante): Blake illustrations, 224-29
Divine Image, The (Blake), 87
divorce, 91
Donne, John, "Get with child a mandrake root,"
　214
"Don't Tread on Me" flag, 114
Doors (rock group), 26
Doors of Perception, The (Huxley), 26
double (doppelgänger), 183-84
dragon, 222, *223*, 224
dreams, 162, 185
Druids, 114, 189-90, 192, *193*, 256
Dürer, Albrecht, 158, 249
Dutch paintings, 35, 137, 138

Eartham (England), 130
earthworm symbol, 76, 99, 105, 214, *215*, 216, 222,
　223, 224, 246, 251 (color plate 37)
Eaves, Morris, 32-33, 242
Echoing Green, The (Blake), 55-56
Eden, 48, 70, 83, 204-6, 246; Blake myth and, 141-
　42, 217; Eternity and, 237; expulsion from, 73,
　105, 217; forbidden fruit and, 70, 112, 208-11,
　238. *See also* Adam and Eve
Egypt, 47, 102-3, 123, 192
eidetic vision, 39
Einstein, Albert, 122
Elijah (prophet), 146, 162
Eliot, T. S., 91, 270
Elisha (prophet), 146
Elohim (name for God), 246-47, 251
Elohim Creating Adam (Blake color print), 246-47
　(color plate 38)

emanations: 160-62, 172, 183, 184, 190, 191, 192,
　195, 218-9 (color plate 100); critical interpre-
　tations of, 218; as female element of psyche,
　160; female will and, 218-24; Milton's sixfold;
　names of, 160; strife and ruptures between
　Zoas and, 183, 219-21; two distinct camps of,
　221-22. *See also* Enion; Enitharmon; Jerusa-
　lem; Vala
emblem book (Blake), 213-16, *214*, *215*, 251, 252;
　reissue under new title, 252, 266. See also
　For Children; *For the Sexes*
emotions, 155, 156
empiricism, 35, 36, 122, 124, 141
Encyclopaedia Britannica, 81
Endgame (Beckett), 270
energy, 101, 181
England: Albion as poetic name for, 98, 111, 141,
　192; art collections and, 14; Blake critique of,
　93, 192; children's plight and, 62-66; estab-
　lished church of (*see* Church of England);
　Jerusalem lyric and, 145-48, 167; political pro-
　test and, 89, 92, 96, 97, 99; political repression
　and, 117, 192; poverty and, 245; Puritan power
　and, 97; revolution and, 13, 96, 97, 106, 107,
　108, 118, 146-47; triumphalism and, 148; wars
　of, 13-14, 37, 117, 118, 134, 147-48. *See also* Felp-
　ham; London
engraving, 10-18; Blake apprenticeship in, 10, 16,
　64, 89, 99, 258; Blake Book of Job illustrations
　and, 249; Blake's career disappointments and,
　1, 267; Blake's commercial style of, 16; Blake's
　lettering process, 25, 27; Blake variances and,
　31-33; cross-hatching technique of, 12, 14, 112;
　process of, 10-12, *11*, 172; three-dimensional
　depth effect, 14. *See also* copper-plate etching;
　printing
Enion (Tharmas's emanation), 160-62, 221
Enitharmon (Urthona's emanation), 160-61, 179,
　184, 190, *191*, 192, 195, 221 (color plates, 32, 100);
　jealousy and, 204, 206-7; women blamed for
　war and, 222
Enlightenment, 48, 120-23
Ephesians, Epistle to the, 243, 251-52
epic, 143
Epiphanius, Saint, 209
Erdman, David, 5, 6, 57-59, 228, 229

Essay on the Principle of Population (Malthus), 245
Essick, Robert, 11, 19, 176, 187, 228, 239
etching process. *See* copper-plate etching
Eternal Now, 124, 174, 242
Eternals, 142, 173, 174, 188–89, 211, 213
Eternity, 5, 140, 147, 172–74, 176, 185–89, 190, 198, 206, 227, 228, 231, 232, 237; apocalypse and, 185–86, 187; Blake's younger brother as alter ego in, 168; Blake's belief in living spirit and, 3, 266; Blake's identification with, 161, 162, 165, 168, 233, 255, 270; cycle of life and, 252; difference from traditional heaven of, 141; Eden and, 48, 141, 237; Eternal Now and, 242; Generation and, 213; interior apocalypse and, 213; living in moment and, 270; Milton and, 162, 165, 168, 177, 180; prophecy and, 163, 181; renunciation of sexuality and, 220, 255; time and, 124–25, 174, 194, 219, 270; Zoas' interaction in, 155, 157, 160, 161, 162, 172, 242
Eternity (Blake unpublished poem), 3, 198
Eton College, 41
Euclid, 125
Europe: A Prophecy, 67, 114, 115, 117, 118, 140, 192; copies (color plates 15, 17, 36); frontispiece: *Ancient of Days*, 237 (color plate 36); on stolen joys, 208; title page (color plate 15)
Evangelists, symbols of, 158. *See also specific gospels*
Eve. *See* Adam and Eve
Everlasting Gospel, The (Blake), 97, 235, 236
evil, 183–84
Examiner (publication), 37, 260
Excursion (Wordsworth), 231, 264
existence, 60, 98, 101, 119, 164, 173, 185, 206, 212, 217; emanation's separate, 218; escape from mortal, 146; Hell and, 201; perception of, 198; ultimate questions about, 2, 236
Exodus, Book of, 123
Experience, 66, 67–95, 118–19; Blake myth and, 141; Blake's poetry representing, 188, 221; innocence as irreconcilable with, 77; memories of gardens and, 73. *See also Songs of Experience*
Ezekiel (prophet), 88, 110, 163; chariot of, 158; vision of, 157–60, *159*, 226, 246
"Ezekiel saw the wheel" (spiritual), 158
Ezekiel's vision (Blake), 158, *159*, 227
Ezra (prophet), 8

Fables in Monosyllables, by Mrs. Teachwell, to Which Are Added Morals, in Dialogues, between Mothers and Children, 53
Fall, 203, 204; Blake myth and, 142, 237–38; Milton's account of, 162; shame and, 70, 217, 220
fallen angels, 83, 252
"fatal tree," 151
fathers, 40, 63, 64, 70, 71, 73, 137; Blake's problem with, 212, 256–57; God as, 112, 217, 243, 247; jealousy and, 206, 207; Prodigal Son parable and, 209, 257. *See also* patriarchy
Father Thames, 41, *42, 43*, 45, 46, 47
feet, 167
Felpham (Sussex, England), 128–36, 155, 162–64, 177, 179, 195, 219; Blake cottage at, *129*; Blake's conception of *Milton* at, 162, 164, 167, 229–30; Blakes' move to, 128–36; Blakes' return to London (1803) from, 136, 258; Blake's sedition charges/acquittal at, 133–34, 135, 258, 260; Catherine Blake's illnesses at, 179–80
female archetypes, 217–18
female genitalia, *17, 18*, 199, 209, *210*, 219, 224
female ideal, 203
female jealousy, 220
female liberation, 198, 201
female rehabilitation, 228
female sexuality, 209, *210*, 211–12; Blake's view of, 212, 217–18; free love and, 198–208, 212; harlot image and, 91, 92, 221, 253; maternal role vs., 228; mutual satisfaction and, 196–97; rape and, 106, 198, 199–200, 203, 253; restrictions on, 91, 92; seduction and, 218; virginity and, 75, 199, 203, 225, 236
female subordination, 165, 208, 212, 218–19
female symbolism, 183, 214, *215*, 217; *Divine Comedy* illustrations, 224–29. *See also* emanations
Female Will, 218–24
feminism, 57, 198
Ferber, Michael, 89
fire, 110; chariot of, 146
First Book of Urizen, The (Blake), 242
Flaxman, John, 12, 33, 266
Flemish paintings, 34, 137, 138
flowers, 205; sex of, 56, 57; symbolism of, 75, 199

folk tradition, 54, 66

forbidden fruit, 70, 112, 208–11, 238

For Children: The Gates of Paradise (Blake emblem book), 213–14, *214*, *215*, 216, 228, 251, 252, 266, *267*; "Death's Door" image, 266

forgiveness, 140, 153, 225

For the Sexes: The Gates of Paradise (Blake reissued emblem book), 213, 214, 252, 253, *254*, *255*; "Keys of the Gate," 213; lines added to, 266

Fountain Court, Number 3 (London), 258, 261, 264

fourteeners (verse style), 144

Four Zoas, The (Blake), 47, 94–95, 155–62, 173, 182, 195, 204, 207, 236; Albion, the Ancient Man and, 142; apocalypse and, 185, 186–87; Blake's changing myth and, 140; Blake's made-up names for, 155; clarity gained from reading aloud of, 143–45; elements in *Milton* and *Jerusalem* from, 136; Epistle to the Ephesians quote and, 252; erotic drawings and, 209, *210*; four psychic components of, 140–41, 155–57 (*see also* Zoas); fourteen competing accounts and, 162; injustice and, 245; as major prophecy, 181; as never published, 136, 155; original title of (see *Vala*); psychic breakup accounts and, 161, 162; recycling into *Milton* of, 136, 186; sequence in writing of, 186; subtitle: *The Torments of Love and Jealousy in the Death and Judgment of Albion the Ancient Man*, 136; Vala's transformations and, 222, *223*, 224

Fox, Susan, 219

France, 13, 14, 103, *104*, 117, 118, 134, 187. *See also* French Revolution

franchise extension movement (1790s), 96

Frankenstein, Dr. (fictional), 183

Franklin, Benjamin, 108

free love, 198–208, 209, 218; meaning of, 201

French Revolution, 89, 96, 102, 107, 112, 118, 121; Blake's disillusion with, 101, 117, 187

frescoes, 33, 37

Freud, Sigmund, 154, 156, 162, 207–8, 211

Frost, Robert, 124

Frost at Midnight (Coleridge), 231–32

fruit of knowledge, 83. *See also* forbidden fruit

Frye, Northrop, 112, 142, 182, 188, 218, 292n6

Fuller, David, 81, 144, 222

funerary effigies, 67

Fuseli, Henry, 93, 266; *The Nightmare*, 202–3, 228 (color plate 29)

Garden of Eden. *See* Eden

Garden of Love (Blake), 208

garden poems, 73–74

Gates of Paradise. See For Children: The Gates of Paradise

Gauls, 190

GE Building (New York), 239

Geddes, Alexander, 246

gender, 102, 212–34; androgyny and, 102, 229, 256, 257; artistic creation and, 184; *Clod and the Pebble* and, 77–78; emanations concept and (*see* emanations); free love and, 198–208; *Jerusalem* and, 183–84; marital roles and, 91, 92, 93; Milton's family tyranny and, 165, 212, 218–19; misogyny and, 208, 212, 217–18, 222, 227; symbolism and, 183, 184, 214, *215*, 217, 224–29. *See also* female *headings*; male *headings*; patriarchy; sexuality

Generation (birth-death cycle), 48, 141, 192, 206, 213, 217, 229, 247

Genesis, 70, 81, 83, 176, 214, 217, 218, 237–38, 242, 246–47 (color plate 38)

genitalia depiction. *See* female genitalia; male genitalia

genius, talent vs., 1

geometry, 125–26

George III, king of Great Britain, 108, 115, 117

Gilchrist, Alexander, 98, 150, 225, 257, 267; Blake biography by, 8; on Blake's marriage, 19, 196, 204, 270; on Blake's appearance, 20, 24; on Blake's career disappointments, 36, 37; on Catherine Blake's visions, 19; on Hayley, 132; on Urizen portrayal, 242

Gilchrist, Anne, 267, 269

Glad Day (later *Albion Rose*) (Blake), 98

Glen, Heather, 64

Gnosticism, 175, 209, 246

God, 49, 88, 248–55; Blake's concept of, 120, 153, 235, 237–39, 243, 245–47 (color plate 36); Blake's vs. Milton's concept of, 165; chariot (Merkabah) of, 158; creation and, 81, 83, 84, 85, 123, 169, 237–38, 242, 246; death of Jesus and,

God (continued)
217; destruction of peoples and, 236; Ezekiel's
vision and, 158, 159; as the Father, 112, 217,
243, 247; Job's trials and, 248–49, 250, 251, 252;
Lamb of, 145, 149, 150, 154, 167, 227; Milton's
concept of, 83, 165; Old Testament names for,
120, 169, 246–47, 252, 256; Paul's description of,
243; Satan's rebellion against, 249, 253; Seven
Eyes of, 160, 227, 246; Urizen appropriation of
the role of, 153–54, 169, 174, 175, 239, 243
Goethe, Johann Wolfgang von, Heidenröslein
(Little Heath Rose), 76
golden compasses, 237, 238
Golding, Arthur, Ovid translation, 144
gold leaf, 228
Golgonooza (city of artistic creation), 185, 188,
192, 194, 247
Golgotha, 188, 192, 194
Gombrich, E. H., 27, 33, 247
gonorrhea, 92
Gordon Riots (1780), 99
Gothic ballad, 135, 136
Gothic forms, 9, 229
Goya, Francisco, 118
grain of sand, 122, 124
grapes of wrath, 187
Grave, The (Blair; Blake illus.), 19, 93, 266–67, 268
Gray, Thomas: The Bard, 290n39; Hyperion, 132;
Ode on a Distant Prospect of Eton College, 41, 42,
43, 45
Great Queen Street (London), 10, 89, 258
Greek gods, 156
Greek vase painting, 33
griffin (Christ symbol), 226
guilt, 70, 73, 75, 225

Hagstrum, Jean, 245
hallucinatory drugs, 26
hammer, 80, 81, 108, 147, 169, 173, 174, 175, 176,
184, 185, 190, 194, 207
hand painting, 4
harem fantasy, 201
harlot, 91, 92, 221, 253
harp smashing, symbol of, 117
Hayley, William, 128, 130, 132–37, 139–40, 155, 180;
Blake's consolation letter to, 168; Blake's re-
lationship with, 184, 258, 260; Blake's spiritual
struggle with, 164; eccentricity of, 132; Milton
biography by, 164; praise for Catherine Blake
by, 195; solemn calling belief of, 136
Heaven, 62, 67, 101, 169; Blake's concept of, 136,
141; Milton and, 165
heavenly host, 132
Heber (biblical), 189
Hebrew Bible. See Old Testament
Hebrew poetry, 144
Hebrews, Epistle to the, 62
Hegel, G. W. F., 142
Heidenröslein (Little Heath Rose) (Goethe), 76
heliotropes, 74
Hell, 26, 77, 118, 153, 164, 197; Blake conception
of, 101; damnation and, 83, 135, 136, 225; har-
rowing of, 66; Job's Nightmare and, 249. See
also Marriage of Heaven and Hell, The; Proverbs
of Hell
Hephaestus, 169
Heppner, Christopher, 247
Herculaneum, 115
Hercules Building (London), 151, 152, 258
Herrick, Robert, "Gather ye rosebuds while ye
may," 75
Hesketh, Lady, 135
hierarchical personality components, 156
Hindu gods, 156
History of Tommy Playlove and Jacky Lovebook:
Wherein Is Shown the Superiority of Virtue over
Vice (children's book), 52
Hobson, Christopher, 108, 181; Blake and Homo-
sexuality, 181
Holloway, John, 92
Holy Grail, 146
Holy Thursday (Blake), 93
Homeric poems, 246
homoeroticism, 181
Hope, representation of, 226
House of the Interpreter (No. 3 Fountain Court),
264
Human Abstract, The (Blake), 87
human existence. See existence
human experience. See Experience
humanity (universal man), 141, 157
human life cycle. See cycle of life

human sacrifice, 256
Hume, David, 48, 212
Hunt, Leigh, 37
Hunt, Robert, 37, 260
Huntington Library (Pasadena), 98
Huxley, Aldous, *The Doors of Perception*, 26
Hyde Park (London), 151
hymns, 51, 54, 75-76, 80, 135, 243
Hyperion (Blake watercolor), 132 (color plate 19)
Hyperion (Gray poem), 132

iambic meter, 80, 88
ideal forms, 35-36
Idea of the Holy, The (Otto), 251
illuminated books, 4-6, 93, 104, 105, 118, 133, 195;
    archive of plate versions of, 4, 5; Blake earn-
    ings from, 32; Blake invention of, 38; Blake
    reshuffling of plate sequence, 6; coloring of,
    4-5, 260; as combination of images and words,
    38; production procedure, 25-26, 27. *See also*
    Lambeth Books; *specific works*
imagery, 58, 67; of natural world, 229, 231-34;
    "reading" of, 50. *See also* symbolism
imagination, 40, 41, 43, 125, 174, 184, 232; great-
    ness of Blake's, 270, 271; intellectual bondage
    of, 125; reality created by, 188; as true reality to
    Blake, 164; Urthona as, 155, 162. *See also* artis-
    tic creativity
immortality, symbol of,, 213, 229
impersonal subjectivity, 75-76
industrialism, 147, 160
infantile megalomania, 188
Infant Joy (Blake), 54-57, 60, 70, 71, 94 (color
    plate 4)
Infant Sorrow (Blake), 70-71, 72
Inferno (Dante), 47
infinity, 124-27
inhibition, 76
injustice, 245
Innocence, 50-66; *America* vision of, 115; Blake
    conception of, 66; Blake mystical experience
    and, 131; Blake mythology and, 141; contrasted
    with Experience, 77, 84-85; nurturing gardens
    and, 73
insanity, 2, 93-94, 133-36, 184
inspiration, 127

institutional religion. *See* religion
international linear style. *See* romantic classicism
intuition, 43, 125, 127, 156, 160
irony, 81
Irving, Edward, 269
Irvingite (Holy Catholic Apostolic) Church, 269
Isaiah (prophet), 8, 146, 163, 177, 252, 269-70
"I saw a chapel all of gold" (Blake), 208-9, 221
Israeli army (modern), 158
Israelites, 103, 121, 123, 189-90, 216, 221; Babylo-
    nian captivity of, 157-58; bondage in Egypt
    of, 147; Exodus from Egypt of, 123; Merkabah
    (chariot of God) and, 158
Italian language, 224-25

Jacob (biblical), 214
jealousy, 18, 136, 188, 204-8, 220
Jefferson, Thomas, 108
Jehovah, 120, 169, 252, 256
Jerusalem (Albion's emanation), 216, 227-29; plate
    illustrations of, 228-29 (color plates 32, 36);
    resemblance to Botticelli's Venus of, 229, *230;*
    reunion with Albion of, 183, 257; three sets of
    wings of, 228
Jerusalem (Blake long poem), 34, 89, 91, 103, 136,
    138, 139-45, 188, 227-28, 229, *230,* 260; address
    "To the Jews," 189-90; address "'To the Pub-
    lic," 143, 261, *262;* ambiguous message of, 194;
    apocalypse and, 185, 187, 188; Blake's prophetic
    calling and, 163, 181; Blake's changing myth
    and, 140-41; childbirth and, 217; copies, 260
    (color plates 25, 26, 33, 39, 40); copy E, plate 3
    (detail), *262* (color plate 33); Crucifixion image
    and, 256 (color plate 39); culmination of, 183;
    enlargement over time of, 186; on female
    gratification, 201; Female Will and, 183; final
    plate of, 190, *191, 192,* 194 (plate 100); forms
    of error and, 182; foundational idea of, 141;
    frontispiece of, 177, *178,* 192; inspired scriptural
    books and, 248; length and complexity of, 182;
    missing words from metal plate of, 261; obscu-
    rity of, 142; printing (1820) of, 186; reconcilia-
    tion scene, 256-57 (color plate 40); Revelation
    compared with, 143; sequence in writing of,
    186; Southey's view of, 149; Spectre character
    and, 183-85, 191; subtitle: *The Emanation of the*

Jerusalem (Blake long poem) (continued)
Giant Albion, 227; symbolism and, 141, 183-88, 192, 194; title page of, 228, 229 (color plate 35); trilithons image and, 189-90 (color plate 26); unfallen Zoas at end of, 173
Jerusalem (Blake short lyric), 1, 145-48; appeal to reformers of, 148; modern adaptations of, 148; as section of *Milton*, 145, 167; text of, 145-46; underlying pessimism of, 154
Jerusalem (Butterworth play), 148
Jerusalem (city and symbol): creation again of, 97, 154; London as, 89, 149-54, 151, 153; temple in, 209, 221
Jesus, 77, 105, 158, 177, 209, 216; Blake's concept of, 120, 140, 153, 217, 236, 243, 246, 251, 255-56, 269; as Christ the redeemer, 226, 243, 252; common representations of, 47; Crucifixion of, 62, 105, 188, 255, 256 (color plate 39); empty tomb of, 110; harrowing of hell and, 66; human form of, 65, 120, 140, 160; as infant with Mary, 56, 59; of Innocence, 65; Jerusalem as bride of, 227; *Jerusalem* lyric and, 148, 167; legendary visit to England of, 148; Prodigal Son parable and, 209; *Songs of Innocence* and, 40, 65, 120; symbols of, 226; virgin birth and, 225, 236
Jimson, Gulley (fictional), 270
Job, Book of, 248-53, 250, 270
Job's Evil Dreams (Blake engraving), 249, 250, 251, 252, 270
John, Gospel of, 110, 158, 160, 177; symbol of, 158
John of Patmos, 155, 157, 163
Johnson, Joseph, 36
Johnson, Samuel, 41, 94, 164, 218, 247; *Dictionary*, 44
Jonson, Ben, 172
Joseph (husband of Mary), 56
Joseph of Arimathea, 146
Joshua, Book of, 221
Joyce, James, 88; *A Portrait of the Artist as a Young Man*, 172, 177
Judas, 153
Jung, Carl, 156, 218

Keats, John, 9, 197, 231; *La Belle Dame sans Merci*, 221; *Ode to a Nightingale*, 233

"Keys of the Gates, The" (Blake), 213
kingdom of God, 146-47
King James Bible, 251
King Lear (Shakespeare), 110
knowledge, 83, 247; tree of, 51, 112. *See also* forbidden fruit
Kubla Khan (Coleridge), 231

Laing, R. D., 136
lamb, symbolism of, 54, 60, 61, 62, 64, 81, 84. *See also* Lamb of God
Lamb, The (Blake), 59-60, 61, 62, 64, 67, 81
Lambeth (London neighborhood), 104, 151-52
Lambeth Books, 104, 163, 170; themes of early vs. later, 140. *See also* *America: A Prophecy*; *Book of Urizen*; *Europe*; *Marriage of Heaven and Hell, The*; *Visions of the Daughters of Albion*
Lambeth Palace, 153, 194
Lamb of God, 145, 149, 150, 154, 167, 227
Langer, Susanne, 75-76
La Rochefoucauld, François de, 206
Last Judgment (Blake watercolor painting), 146, 261
Last Judgment (Michelangelo), 137
Last Supper, 146
Lavater, Johann Caspar, 14
Law, tablets of. *See* Ten Commandments
Lawrie, Lee, "Wisdom," 239, 240
Leader, Zachary, 65
Leah (biblical), 214
Leonardo da Vinci, 33
Leutha's vale, 199
liberation, 108, 110
liberty, 89
Library of Congress, 26, 51, 56
Life, celebration of, 85. *See also* cycle of life
light: Blake vision of, 130-31, 133; Blake vs. Newton view of, 123
Light Shining Out of Darkness (Cowper hymn), 135
lilies, 205
Lincoln, Andrew, 162
Lincoln's Inn, 89
Lines Written during a Period of Insanity (Cowper), 135
Linnell, John, 19, 249, 269; sketch of Blake by, 264, 265
Little Girl Lost, A (Blake), 71, 73

Little Heath Rose (Goethe), 76
Little Vagabond, The (Blake), 93
Locke, John, 36, 136
London (Blake), 87–93, 90, 153, 203, 253; driving
   rhythm of, 88; as masterpiece, 67, 87; place-
   ment in *Songs of Experience of*, 93; powerful
   closing line of, 92; social indictments of, 93
London: Blake's images of, 89, 149–54; Blake's
   move away from, 128–29; Blake's residences
   in, 7, 88, 104, 151, 152, 258, 259, 261; Blake's re-
   turn to (1803), 136, 258; Blake's youth in, 7–9;
   chimney sweeps and, 63–66; Gordon Riots
   and, 99; map of (frontispiece); ongoing ex-
   pansion of, 150–51; political radicals and, 89;
   workhouses of, 62, 151, 153
London Stone (milestone), 151
Lorrain, Claude, 137
Los (Zoa), 171–81, 190, 191, 192, 194 (color plates
   21, 22, 23, 32, 100); apocalypse and, 186, 187;
   artistic creativity and, 162, 175–76, 176, 184–85;
   blacksmith symbol and, 173–74, 183–84, 189
   (color plate 25); Blake as avatar of, 160; Blake
   encounter with, 180–81 (color plate 24); child-
   birth and, 217; creation and, 175, 247; ema-
   nation of, 190, 191, 192, 195, 206; fall of, 162,
   172–73, 174; first appearance of, 169; forma-
   tion of, 184; Golgonooza and, 185, 188, 192,
   194, 247; jealousy and, 207; measurement of
   time and, 173–74; pronunciation of name, 172;
   prophecy and, 162; rebuilding of Urizen by,
   174; reunion of divided selves of, 192; sandals
   of, 177; sons of (*see* Orc; Rintrah); Spectre and,
   184–85; sun and, 174, 175, 177, 178, 180, 181;
   verse description of fall of, 173; as watchman,
   177–81, 178, 192
love: jealousy and, 206; selfless, 77; sexuality and,
   197–208, 209, 218
Loves of the Plants (Darwin), 56–57
Lowth, Robert, 144
Lucifer (fallen angel), 252
Luke the Evangelist, symbol of, 158
lust, 209
Luther, Martin, 37
Luvah (Zoa), 155, 157, 222, 224; emanation of
   (*see* Vala); emotion and, 156
Lyrical Ballads (Coleridge and Wordsworth), 94

Macbeth (Shakespeare), 43–45 (color plate 1)
Macpherson, James, 157
madness. *See* insanity
Madness and Blake's Myth (Youngquist), 133
Magna Carta, 89
male beauty portrayal, 108
male genitalia, 3, 25, 99, 102, 108, 109, 168, 190, 191,
   209, 224, 253, 254 (color plate 13); penis, 168,
   224, 253, 254. *See also* phallic symbol
male superiority assumption, 208, 212. *See also*
   patriarchy
Malkin, Benjamin Heath, 94
Malthus, Thomas Robert, *Essay on the Principle
   of Population*, 245
mandrake symbol, 213–14
manic depression, 133, 134
marigolds (Marygold), 199
Mark the Evangelist, symbol of, 158
marriage: androgyny and, 102; Blake critique of,
   89, 91, 92, 93; Blakes' tensions and, 196, 204–8;
   multiple wives and, 204
Marriage of Heaven and Hell, The (Blake), 26, 70,
   101–3, 104, 108, 112, 124–25, 172, 184, 253; free
   love and, 198, 209; key to Blake's thought and,
   119; Milton and, 83, 164; naked male figure,
   102, 266 (color plate 13); positive sexuality
   and, 115; prophetic wrath and, 169, 269–70;
   Proverbs of Hell and, 16, 26, 54, 77, 92, 102,
   103, 104, 108; social protest and, 140, 163; title
   page (copy Z), 101–2 (color plate 12); visionary
   animism and, 48
Marshall Street (London), 7
Marxism, 118
Mary, mother of Jesus. *See* Virgin Mary
masochism, 201–2
maternal creator. *See* motherhood
mathematical laws, Blake's geometry study and,
   125–26
Mathematical Principles of Natural Philosophy
   (Newton), 122–23
Matthew the Evangelist, Gospel of, 110; symbol
   of, 158
Mayan priestesses, 222
medieval art, 39; illuminated manuscripts, 27
Mediterranean Magna Mater, 47
melancholy (clinical depression), 133

Merkabah (chariot of God), 158
Merkavah (Israeli army tank), 158
mescaline, 16
Mesmer, Franz Anton, 130
mesmerism, 130
metaphors, 91, 122, 218; visual embodiments of,
  41, 44
meter, 55–56, 80, 88; irregularity of Blake's long
  poems and, 144–45
Methodism, 135, 136
Michelangelo, 14, 115, 125, 138, 236, 247; frescoes,
  33, 37; Last Judgment, 137
Middleton, Kate, 148
Milky Way, 47
Milton (Blake), 80, 83, 133, 136, 138, 151, 161, 163–81,
  182; apocalypse and, 185–88; Blake myth and,
  140–41, 176; Blake's prophetic calling and, 154,
  163; copies of, 260 (color plates 20, 24, 33);
  divider between two books of, 168, 170; fifty
  plates of, 186; first printing (1811) of, 186; illus-
  trations for, 166, 168, 170, 171 (color plates 20,
  24); initial conception of, 162; Los as hero of,
  162, 169, 171–76; Los joining with Elohim and,
  247; lyric introducing, 180–81 (color plate 24);
  lyric Jerusalem from, 145–48, 154, 167; as major
  prophecy, 154; natural world imagery
  and, 229, 232–34; Ololon's descent and, 218,
  219 (color plate 33); reason behind naming of,
  162; reconcile with sixfold emanation and, 212;
  sequel to (see Jerusalem); sequence in writing
  of, 186; subtitle: A Poem in Two Books, 162; title
  page, 165, 166
Milton, John, 8, 211; authoritarianism of, 165, 167;
  Blake's borrowings from, 114; Blake's con-
  flicted views of, 165, 167; Blake's emanation
  of, 218–19; Blake's myth and, 140–41, 164–65;
  Blake's spiritual and symbolic union with,
  169, 177; Blake's summoning of spirit of, 162,
  164, 165, 167–68, 170; Blake's visual represen-
  tation of, 166, 170, 171 (color plate 20); "eyeless
  in Gaza" phrase and, 98; "golden compasses"
  and, 237, 238; iambic meter use by, 80; mythic
  narrative created by, 165; prophetic power of,
  164–69; rebellion and, 83; selfhood of, 165,
  167; sexuality and, 204–5; sixfold emanation
  of, 165, 212; tyrannical treatment of wife and

daughters by, 165, 212, 218–19; works: L'Allegro,
  46–49; Areopagitica, 98; Paradise Lost, 80, 83,
  158, 162, 164, 165, 195, 204–6, 238 (color plate
  31); Il Penseroso, 46; Samson Agonistes, 98
miniaturists, 50
misogyny, 212, 217–18, 222, 227
Mitchell, W. J. T., 99, 110, 181, 192, 194
Mock on Mock on Voltaire Rousseau (Blake), 16, 232
monarchy, 93
monotheism, 48, 49. See also God
Moore, Thomas, 94
morality. Blake challenge to, 101–3
moral protest, 89, 145–48
Moravian church, 9
Morgan Library, 242
Morrison, Jim, 26
mortal cycle. See cycle of life
mortality, 47, 141, 228; dread of, 2; earthworm
  emblem of, 91, 99, 105, 246, 251; women linked
  with, 212. See also death
Moses (biblical), 97, 112, 146, 242, 243
moth symbol, 99
Mother Nature, 212–13, 221, 234
mothers: Blake's view of, 212–13, 216–17, 226, 228;
  children and, 56–59, 63–64, 71, 72. See also
  childbirth
Muggletonians, 97
myrtle symbol, 197
mysticism, 3, 124, 130–31, 142–43
myth, Blake's, 139–54; continuous rebuilding of,
  188; creation of, 1–2, 41–45, 46, 139–54, 177–81;
  death of Jesus and, 217; development/permu-
  tations of, 119, 140, 155; distrust of women and,
  227; London and, 149–54; Los as hero of, 162,
  173, 174; marital tensions and, 196; Milton and,
  140–41, 164–65; origins and, 177; richness and
  embellishment of, 140; sexuality and, 198. See
  also Four Zoas, The; Jerusalem; Milton; Zoas
mythology, classical, 56, 105, 153, 229. See also
  deities

nakedness: Blake's celebration of, 71, 195–96;
  Blake's representations of, 102, 105, 115, 117,
  266–67, 267 (color plates 13, 14); diaphanous
  garment covering, 39, 48, 53, 168, 227; female
  muscularity portrayal and, 229; fig leaf cover-

ings and, 70, 101; Milton portrayal and, 167, 166, 168, 170 (color plate 20); shame of Adam and Eve and, 217; of symbolic figures, 53. *See also* female genitalia; male genitalia

Napoleonic wars, 118

National Gallery (London), 19

natural religion. *See* deism

natural supernaturalism, 231-34

nature: birth-death cycle and, 47, 48, 99, 141, 192, 206, 213, 214, *214, 215,* 217, 221, 229, 247, 252; Blake's humanization of, 41, *42,* 43, 45, 46, 47, 48, 57, 131, 231; creation and, 247; deist belief and, 120; Druid worship of, 256; eighteenth-century science and, 122; female form of, 209, 210, 217; imitation vs. vision of inner meaning of, 33; maternal imagery for, 212-13, 221, 234; *Milton* imagery for, 229-30, 232-33; personification of, 48-49; religious values ascribed to, 231; as Romantic poetry theme, 229, 231-33; Romantic poets' vs. Blake's view of, 231, 232

nature goddess, 153, 183, 189, 221, 225; Blake sketch of, 209, *210*

negativity, 184

Nelson, Lord, 37

Neoplatonism, 65, 125, 142, 160, 168, 175

Newgate Prison, 99, 151

New Testament, 42, 153, 158: Blake's issues with, 236; Epistles of Paul, 62, 77, 243, 251-52; Gospels, 110, 158, 160, 177; Satan portrayal in, 249, 253. *See also* Revelation, Book of

Newton (Blake print), 125, 126-27 (color plate 18)

Newton (Paolozzi sculpture), *126, 127*

Newton, Isaac, 121, 122-23, 125, *126,* 136; Blake print of, 125 (color plate 18); *Opticks,* 123; *Philosophiae Naturalis Principia Mathematica—Mathematical Principles of Natural Philosophy,* 122-23

Nietzsche, Friedrich, 208

Night (Blake), 84

nightmare, 172, 184, 185, 249, *250,* 251, 252

Nightmare, The (Fuseli), 202-3, 228 (color plate 29)

Night Thoughts on Life, Death, and Immortality (Young; Blake illus.), *16, 17,* 18, 25, 93, 253

Noah (biblical), 2, 189

Norse deities, 153

notebook poems, 16, 45, 66, 92-93, 120-21, 124,

185, 238; on divided consciousness, 219-20; *The Everlasting Gospel,* 97, 235, 236; on love and sex, 196-97, 198, 208-9; revisions and, 80-81, 82

Now. *See* Eternal Now

nudity. *See* nakedness

nursery rhymes, 55, 59, 80

Nurse's Song (Blake), 93

Nuttall, A. D., 148

Observations on the Deranged Manifestations of the Mind, or Insanity (Spurzheim), 136

Ode: Intimations of Immortality (Wordsworth), 43, 231

Ode on a Distant Prospect of Eton College (Gray), 41, *42,* 43, 45

Ode to a Nightingale (Keats), 233

Odin (Norse deity), 153

Oedipus complex, 207-8

oil print, 126-27

Old Testament, 25, 150, 153, 216, 256; Blake's dislike of, 42, 236; creation account (*see* Adam and Eve; Genesis); Job's tribulations and, 249, *250,* 251; multiple wives and, 204; names for God, 120, 169, 246-47, 251, 252, 256; Satan's portrayal in, 153, 249. See also prophecy

Ololon (Milton's emanation), 218, 219 (color plate 33)

Olympus, 169

On Another's Sorrow (Blake), 62

Oothoon (Daughters of Albion), 57, 198-204, 253 (color plates 28, 30)

Ophitic cult, 209

Opticks (Newton), 123

oral recitation, 144-45

Orc (son of Los), 104-6, 108, 109, 110, *111,* 112, 114, 115, 119, 146 (color plate 32); initial concept of, 155; jealousy and, 206-7; Luvah replacing, 155

"Orc cycle," 112

original sin, 70, 217

Orwell, George, 89; "Such, Such Were the Joys," 56

Ossian, 157

Ostriker, Alicia, 6, 217-18

Othello (Shakespeare), 18

Otto, Peter, 194
Otto, Rudolf, *The Idea of the Holy*, 251
Ovid, 144
Oxford University, 9

Paddington (London neighborhood), 150, 151
Paine, Thomas, 89, 102, 118
Palamabron (son of Los), 187
Paley, Morton, 114, 256, 261
Palmer, Samuel, 2, 20, 225, 257, 264, 269
Pantheon, 121
Paolozzi, Eduardo, *Newton, 126, 127*
Paradise. *See* Eden
Paradise Lost (Milton), 80, 83, 162, 165, 195, 238;
    appeal to Blake of, 164; Blake illustration *Satan
    Watching Adam and Eve, 204-6* (color plate 31);
    Ezekiel's chariot, 158; innocent sex and, 204-5;
    "to justify the ways of God to man," 165
paranoia, 2, 134-35
Paris boutique, Proverbs of Hell window display,
    103, *104*
Parker, James, 27, 258
Parliament, 64, 96
Parry, Sir Charles Hubert Hastings, 148
Pars, Henry, 9, 258
patriarchy, 60, 71, 73-74, 83, 103, 189; Blake's view
    of, 204, 212, 217, 227, 235; monarchy symboliz-
    ing, 93; Urizen and, 112, 155, 239-45
Paul, Saint, 167, 236; Epistle to the Corinthians,
    77; Epistle to the Ephesians, 243, 251-52;
    Epistle to the Hebrews, 62
penis, 168, 224, 253, *254*. *See also* phallic symbol
Penseroso, Il (Milton), 46
pentameter, 144
Percival, Milton, 112
personification, 40-49; examples of, 41, *42*, 43-49;
    of nature, 48-49
pessimism, 154
Phaedrus (Plato), 156
phallic symbol, 57, 115, *116*, 175, 184, 209, 224, *223*
    (color plate 21)
Phillips, Michael, 4-5, 31
Phillips, Thomas, oil portrait of Blake, 19-20, *21*,
    264
Philosophiae Naturalis Principia Mathematica
    (Newton), 122-23

phrenology, 24, 262
physiognomy, 14
pickthank, 132
Pilgrim's Progress (Bunyan), 132, 264
Pitt, William, 37, 245
Pity (Blake), 44, 45, 46 (color plate 1)
plants, sex of, 56-57
Plato, 40, 125, 231; *Phaedrus*, 156; universals, 34-35,
    36. *See also* Neoplatonism
Pleiades, 115
Plotinus, 3
pocket boroughs, 96
poetic genius, 235
Poland Street (London), 91, 258
politics. *See* repression; revolution; social protest
polygamy, 204
polytheism, 48
Pope, Alexander, 123, 196
Poplar Field, The (Cowper), 55
Portrait of the Artist as a Young Man, A (Joyce), 172,
    177
positivism, 141
Poussin, Nicolas, 137
poverty, 62, 151, 153, 245
Poverty Lane (London), 258, *259*
Prado (Madrid), 14
Priam (legendary Trojan king), 153
priesthood, 236
Princeton University Press, 4
printing press, 27-32, *30*, 128
printmaking: Blake's paper preference, 29, 31;
    Blake's process, 27-32; Catherine Blake's
    assistance in, 195; color application, 31, 176;
    copper-plate etching, 4, 10-12, 24-27, 50; size
    of sheets, 31. *See also* illuminated books
Prior, Matthew, *A True Maid*, 75, 76
procreation, 212, 214, 217, 222, 229. *See also*
    childbirth
Prodigal Son parable, 209, 257
Prometheus, 83, 105
pronunciation, 59, 87, 157, 172, 221
property, 93
prophecy, 8, 97, 110, 153, 163-81, 269-70; apoca-
    lypse and, 181, 186; biblical visionary, 157-60,
    159, 226, 246; Blake's belief in own power of,
    163-64, 181; Blake's characteristics of, 185;

Blake's long poems and, 146–48, 154, 194, 224; Blake's view of role of, 163–64, 235; frequent symbol in, 209; Los as source of, 162; *Marriage of Heaven and Hell* and, 169, 269–70; maternal creator and, 216–27; Milton and, 164–69; poetic power of, 235; sandals as vocational symbol of, 177. See also *Jerusalem; Milton*

prostitution, 91, 92

Protestants, 133, 225

proverbs, Blake's invented, 58, 101, 103

Proverbs, Book of, 208, 237, 239

Proverbs of Hell, 16, 26, 54, 92, 102, 103, *104*, 108; modern display of, 103, *104;* selflessness and, 77

Psyche (mythical), 67

psychic breakup, 162, 187

psychoanalytic analysis, 187–88, 224

punctuation, 5–6, 121

Punter, David, 93

Purgatorio (Dante), 225–26

Puritans, 97, 146–47, 151, 204

pyramids, symbolism of, 47, 102–3

Queen of Heaven, 227

quotation marks, 6

radicalism, 96–97; Blake's retreat from, 117–19

Rahab (nature goddess), 183, 221, 227, 253

Raine, Kathleen, 65

rape, 106, 198, 199–200, 203, 253

Raphael, 37, 236; *The Vision of Ezekiel,* 158

realistic painting, 138

reason, 120, 155, 156, 174

rebellion. *See* revolution

Reformation, 37

Reform Bill (1832), 96

reformers. *See* social protest

Regent's Park (London), 150, 151

relief etching. *See* copper-plate etching

religion, 1–3, 65, 136, 192, 235–57; *All Religions Are One* (Blake pamphlet), 235; animism and, 48–49; Blake on false religions and, 153, 234; Blake on function of, 236; Blake's vs. Milton's concept of, 165; damnation theology and, 135, 136, 183, 225; Enlightenment campaign against, 120, 121; harsh treatment of children in name

of, 51–52, 85, 87; human suffering and, 88; injustice and, 91, 245; orthodox theology and, 255; personification and, 49; political repression and, 91; prophets and (*see* prophecy; *specific prophets*); seventeenth-century radicals and, 96–97; sin and, 70, 73, 83, 104, 217, 225, 236, 252; skepticism and, 48–49, 222. *See also* Bible; Christian belief; creation; *specific religions*

Rembrandt van Rijn, 137

repression, 70–74, 75, 112, 115; Blake's symbol for, 156, 192; Freud vs. Jung on, 156; sedition charges and, 117, 118, 133–34, 135

reproduction. *See* procreation

reptile. *See* serpent

Restoration, English (1660), 97

Revelation, Book of, 62, 97, 187, 251; as Blake poetic model, 143, 155; imagery from, 181; John of Patmos visions and, 155, 157

Revere, Paul, 115

revolution, 83, 89, 96–119; Blake imagery and, 146–47; Blake's disillusion with, 117, 118–19; Blake's hope for, 140; repression stemming from, 112, 117

Reynolds, Sir Joshua, 12, 35–36, 93; *Discourses,* 36

Rhea (deity), 47

rhyme, word pronunciation and, 59, 87, 221

rhythm, 55, 80, 88. *See also* meter

Richardson, Samuel, *Clarissa,* 75, 76

Richmond, George, 262, 264, 269

Richter, Jean Paul, 183

Rintrah (son of Los), 169, 187

river gods, conventional depiction of, 43

robin image, 58, 59, 66

Robinson, Henry Crabb, 51, 94, 204, 231, 246, 255, 264

Rockefeller Center (New York), 239

Rogers, Samuel, 94

rolling press, 27–32, *39,* 128

Roman Catholicism. *See* Catholic Church

Romano, Giulio, *A Woman Taken in Adultery,* 137

romantic classicism, 33, 39

Romantic poets, 9, 75, 94, 197, 229, 231–33

Rome, 203, 225

roses, symbolism of, 75, 76, 205

Rossetti, Dante Gabriel, 45, 110, 205

Rossetti, William Michael, 110
Rossetti Manuscript (Blake notebook), 16, 45, 66, 80–81, 82, 92, 97, 118, 120, 124, 132, 185, 196, 197, 198, 208, 219, 235, 238, 267
rotten boroughs, 96
Rousseau, Jean-Jacques, 16, 120, 121, 212
Royal Academy, 12, 202
Rubens, Peter Paul, 32–33, 137; Democritus painting, 14, 15, 16

sadomasochism, 204
Saint James's Westminster, 9
Saint Paul's Cathedral, 62, 88, 151, 229
Samson (biblical), 98
Samson Agonistes (Milton), 98
sandals, 177, 181
sand metaphor, 122, 124
Satan, 83, 91, 102, 112, 153, 198, 246, 260; Blake's concept of, 183–84, 251, 252–55, 254; as fallen angel, 252, 253; Old vs. New Testament portrayal of, 153, 249; Paradise Lost portrayal of, 205, 206 (color plate 31); Prometheus resemblance to, 83
"Satan's synagogue," 153–54
Satan Watching Adam and Eve (Blake), 204–6 (color plate 31)
Saul of Tarsus. See Paul, Saint
Schiavonetti, Louis, 267
schizophrenia, 2, 134–35, 136
Schoolboy, The (Blake), 93
Schopenhauer, Arthur, 1
Schubert, Franz, 76
science, 122–23, 247
Scott, Sir Walter, 94
secret shrine, Blake image of, 212, 222
sedition, 117–18; Blake trial and acquittal of, 133–34, 135, 258, 260
self: abnegation of, 77; authoritarian stability of, 156; divided, 224; divine principle integrating, 160, 236; dynamic forces within, 160; foundational elements of, 156; Four Zoas as psychic components of, 140–41, 155–57; fragmentation of, 154, 162, 236; Milton's false body of, 165, 167; need for new, 183–84; reordering of, 187; sacrifice of, 256; Spectre as element of, 184; symbolism of, 147

selfless love, 77
self-sacrifice, 188, 217
Sense Runs Wild (Blake illustration), 16, 17, 18
senses, 156, 221
serpent, 112, 208, 221, 251; Paradise Lost, 205 (color plate 31); symbolism of, 114, 115, 116, 209, 222, 223, 224
serpent temple, 114, 115, 192, 193, 194
Seven Eyes of God, 160, 227, 246
sexuality, 196–211; allure of forbidden aspects of, 208–11; Blake's anti-epigram and, 196; Blake's erotic drawings and, 209, 210; Blake's ideal comingling and, 211; Blake's myth and, 198; Blake's sense of, 57, 106, 107, 115, 141, 181; Blake's social critique of, 91, 92–93; Blake's symbols for, 184–85, 209, 224; Blake's theme of, 74, 76, 115, 117, 196–97; conflicts arising from, 74–76; free love and, 198–208, 209, 218; frustrated desire and, 222; guilt and, 75; impurity of, 226; jealousy and, 18, 188, 204–8; mutual pleasure and, 196–97; original sin and, 70, 217; phallic symbol and, 57, 115, 116, 175, 184, 209, 224, 223 (color plate 21); of plants, 56, 57; power and, 212; procreation and, 212, 214, 217, 222, 229; prostitute subculture and, 91; rape and, 106, 198, 199–200, 203, 253; renunciation of, 220–21; repression by institutional religion of, 73, 225; Romantic poets' discretion about, 197; secret lust and, 209; shame and, 70, 217, 220. See also female sexuality
sfumato (Leonardo invention), 33
Shakespeare, William, 8, 132, 172; King Lear, 110; Macbeth, 43–45 (color plate 1); Othello, 18; paintings based on plays of, 43–45
shame, 88, 216, 217, 220, 270
Shelley, Percy Bysshe, 9, 91, 169, 172, 197
Shem (biblical), 189
Sick Rose, The (Blake), 74–76, 94, 201 (color plate 8)
sin, 83, 104, 252; of Adam and Eve, 70, 217; forgiveness of, 225; guilt and, 73; Pauline emphasis on, 236
single vision, 141
Sistine Chapel, 247
skepticism, 48–49, 212
slavery, 117, 200, 212
snake. See serpent

social protest, 85–93, 96–101, 153, 163; Blake's critique of religion-sanctioned injustice and, 245; diseased society and, 92; Blake's retreat from, radicalism and, 117–19; early Lambeth Books and, 140; *Jerusalem* lyric and, 148; *London* and, 93; radicalism and, 96–97, 117; sedition prosecution for, 117, 118; utopian goal of, 148. *See also* revolution

Song of Los (Blake), 176 (color plate 23)

Song of Solomon (biblical), 106

songs, 50–54

Songs of Experience (Blake), 66, 67–93, 208, 221, 256; *The Chimney Sweeper,* 67, 85, 86, 87, 94; *The Clod and the Pebble,* 77–78, 79, 110; date of, 213; dour mood of, 67; final poem: *To Tirzah,* 216–17; frontispiece, 67, 69, 70; *Holy Thursday,* 93; *The Human Abstract,* 87; *Infant Sorrow,* 70–71, 72; injustice and, 245; *A Little Girl Lost,* 71, 73; *The Little Vagabond,* 93; *London,* 67, 87–93, 90; *Nurse's Song,* 93; *The Schoolboy,* 93; *The Sick Rose,* 74–76, 94 (color plate 8); *Songs of Innocence* corresponding poems, 67, 70–71; *The Tyger,* 1, 4, 5, 67, 78, 80–85, 87, 88, 93, 94, 115, 175, 165 (color plates 9, 10); title page, 68; two masterpieces of, 67, 80, 87; varied sequencing of poems, 93

Songs of Innocence (Blake), 4, 8, 50–66, 67, 84, 85, 115, 120, 140, 213, 232, 255; ambiguities and, 62; *The Blossom,* 57–59, 94 (color plate 5); corresponding poems with *Songs of Experience,* 67, 70; *The Chimney Sweeper,* 3–66, 7, 85, 93–94 (color plate 6); coloring of new version (1818), 4; *The Divine Image,* 87; late Copy Z (1826) of, 51, 56; existing copies of, 57; frontispiece, 52, 53, 54, 70; *Infant Joy,* 54–57, 70, 71, 94 (color plate 4); *Introduction,* 53–54; *The Lamb,* 59–60, 61, 62, 64, 67, 81; as most accessible Blake poem, 50; *Night,* 84; *On Another's Sorrow,* 62; reality of Experience and, 188; rural imagery of, 67; 1789 first printing of, 4, 50; sequence variations in, 57; symbols in, 51, 54, 60; title page (copy Z), 51, 53 (color plate 3); varied sequence of poems, 93

Songs of Innocence and Experience (Blake), 31, 50, 66, 67–95; Coleridge's comment on, 142–43; new title page (copy C), 70 (color plate 7); subtitle: *Showing the Two Contrary States of the Human*

Soul, 50; title page, 105; as unsuitable for children, 66

Sons of Liberty, 108

soul, 253

Southey, Robert, 94, 149

South Molton Street (London), 258, 259

Spectre (*Jerusalem*):183–85, 191, 192 (color plate 100); symbol of, 184–85, 219, 220

spelling, 5

Spenser, Edmund, 98

Spiritual Form of Nelson Guiding Leviathan, The (Blake), 37

Spiritual Form of Pitt Guiding Behemoth, The (Blake), 37

spirituals (songs), 158

Spurzheim, Johann, *Observations on the Deranged Manifestations of the Mind, or Insanity,* 136

Stationers' Company, 117

Stevens, Wallace, 233

Stevenson, W. H., 6

stippling technique, 14

Stonehenge, 189, 190

stone tablets. *See* Ten Commandments

Storr, Anthony, 139

Stothard, Thomas, 13, 14

Strand (London), 258, 261

Stranger from Paradise, The (Bentley), 197

Stukeley, William, *Asbury: A Temple of the Ancient Druids,* 192, 193

Sturm und Drang movement, 202

"Such, Such Were the Joys" (Orwell), 56

suffering, 88, 165

sun, 46, 59, 60, 63, 65, 74, 110, 122, 125, 192, 203, 228, 231, 232, 233, 238, 256; Blake and, 130, 132; Los and, 174, 176, 177, 178, 180, 181

sunrise, 3, 99, 115, 167, 255

sunflowers, 74

Sunshine Holiday, A (Blake), 46–49, 57, 131, 141, 213, 232 (color plate 2)

Sussex, 128, 229, 258., *See also* Felpham

swan symbol, 115, 116

Swedenborg, Emanuel, 65, 101

Swedenborgian church, 248

Swinburne, Algernon Charles, 2

symbolism, 1–2, 3, 39–49, 50, 53, 60, 65–66, 105, 123, 125, 177, 179, 203, 226–29, 232; Albion and,

symbolism (continued)
98, 99, 101, 192; of apple tree, 51; Blake emblem book and, 213-16, *214*, *215*, 251, 252, 266; Blake myth and, 41-45, 46-49, 114, 119, 227; of Blake's attacks on deism, 120-21; Blake's change in, 119; Blake's difficult, 143; Blake's personal, 41, 47, 227; Blake's pyramids and, 102-3; Blake's visual embodiment of, 158; of childbirth, 58; Daughters of Albion and, 203-4; dynamic vs. iconic, 114-17; fatherhood and, 256-57; for females (*see* female symbolism); of flowers, 75, 199; of four Evangelists, 158; *Four Zoas* and, 136, 140; *Jerusalem* and, 141, 147-48, 183-88, 192, 194; literal imagery vs., 58; of lost Atlantis, 203; for mental processes, 102; personification and, 40-45; in prophecies, 209; secret shrine and, 212, 222; of serpent, 114, 115, *116*, 209, 222, *223*, 224; of Seven Eyes of God, 246; of swirling wheel and vortex, 227; traditional, 117; *Tyger, Tyger* and, 83; of veil, 221, 227, 229; of worm, 76, 99, 105, 214, *215*, 216, 222, *223*, 224, 246, 251
Synagogue of Satan, 153-54
synesthesia, 88

tablets of Law. *See* Ten Commandments
tabula rasa metaphor (Locke), 36
talent, genius vs., 1
tarsus (portion of foot), 167
Tatham, Frederick, 21, 31, 44, 99, 264, 267-68, 269-70; posthumous burning of Blake's materials by, 269
Taylor, Thomas, 125-26
Ten Commandments: Blake's view of, 236, 243; stone tablets of, 236, 239, *241*, 242, 249, *250* (color plate 11)
Teresa in Ecstasy (Bernini), 203
Terror (France), 101, 187
Thames River, 89, 169, 229, 261; Blake personification of, 41, *42*, 43, 45, 46, 47
Tharmas (Zoa), 155-56, 157; emanation of, 160-62, 221; sense perception and, 156
Thatcher, Margaret, 148
Theotormon (Los son), 179, 199, 200-201, 202, 203-4 (color plate 30)
Theresa, Saint, 225

thistle, 180
Thomas, Dylan, 55; "'The force that through the green fuse drives the flower," 58
Thompson, E. P., 97
Thor (Norse deity), 153
Thoughts on Outline (Cumberland), 33
tiger, 81, 84
time: Eternity and, 124-25, 174, 194, 219, 270; measurement of, 173-74
Tintern Abbey (Wordsworth), 231
Tirzah (Blake nature goddess), 151, 153, 183, 216, 217, 221, 225, 227, 253
Tirzah (Old Testament city), 216
Titian, 137
To God (Blake epigram), 238
Tolkien, J. R. R., 105
tomb image, 266, 267
To My Myrtle (Blake), 197
To the Accuser Who Is the God of the World (Blake), 252, 253, *254*, 255
To the Lighthouse (Woolf), 135
To Tirzah (Blake), 216-17
"Traveller hasteth in the Evening, The" (Blake engraving), 266, 267
tree of knowledge, 51, 112
tree of life, 70
trilithons (prehistoric stone structure), 189-90 (color plate 26)
Trinity College, Cambridge, 123
trochaic meter, 80, 88
Trojan War, 153
Truchsessian Gallery, 137-38
True Maid, A (Prior), 75, 76
Trump, Donald, 103
Trusler, John, 40; *The Way to Be Rich and Respectable*, 40
Twain, Mark, 87
twofold vision, 141
Tyburn gallows, 151
Tyger, The, 1, 4, 5, 67, 80-85, 115, 175, 264; companion poem to, 81; driving rhythm of, 80, 88; as masterpiece, 78, 80, 87; reviewers' initial dismissal of, 94; variants in copies of, 84 (color plates 9, 10); variants in sequential placement of, 93
tyranny, 83, 151

Ulro (Blake term), 141
universal constants, 270
universal law, 155
universal man, 141, 157
universe, Blake's myth of the, 140
Urizen (Zoa), 112, 113, 119, 147, 160–62, 170, 175,
    190, 194, 200, 221, 227, 256 (color plate 37); as
    biblical creator God, 153–54, 169, 174, 175, 239,
    243; Blake's original concept of, 156, 239, 241,
    242–43, 244, 245; emanation of, 160–62, 221;
    injustice and, 245; Jungian thought and, 156;
    Los-created apocalypse and, 186; Los rivalry
    with, 169, 174; representation of, 155; Syna-
    gogue of Satan and, 153–54
Urthona (Zoa), 105, 157, 172, 194, 200, 207; emana-
    tion of (see Enitharmon); as imagination, 155,
    162; intuition and, 156; Los as fallen state of,
    162, 172; split into three elements of, 184. See
    also Los; Spectre
utopianism, 148

vagina, 209, 210
Vala (emanation of Luvah), 160, 183, 229, 230, 253;
    veil of, 221, 227, 229; worm-serpent-dragon
    transformation of, 222, 223, 224
Vala (later The Four Zoas), 136, 160, 210, 221; manu-
    script of, 222, 223, 224; subtitle: The Death and
    Judgment of the Ancient Man, a Dream of Nine
    Nights, 185
van Dyck, Anthony, 137
Van Gogh, Vincent, 133
Varley, John, 24
veil, symbolism of, 143, 221, 227, 229
venereal disease, 92
Venetian paintings, 34, 137
Venus (deity), 56, 57, 197, 229
Vindication of the Rights of Women, A (Wollstone-
    craft), 198
virginity, 75, 199, 203, 225, 236
Virgin Mary, 56, 59, 216, 225; triptych of, 137
Viscomi, Joseph, Blake and the Idea of the Book, 4, 25
vision, single vs. twofold, 141
visionary art, 138, 231
visionary songs, 50–54
Vision of Ezekiel, The (Raphael painting), 158
visions, Blake's, 8, 9, 10, 19, 24, 39–49, 120–27, 133,

134–35, 138, 179; Blake's breakthrough and, 146;
    Blake's depiction of, 158, 159; Blake's descrip-
    tion of, 130–31; Blake's understanding of, 40; as
    physical phenomenon, 39; reality to Blake of,
    39, 40, 123
visions, Catherine Blake's, 9, 269
visions, Ezekiel's, 157–60, 159, 226, 246
Visions of the Daughters of Albion, 140, 163, 198–204,
    253 (color plates 27, 28, 30); date of, 213; frontis-
    piece: 203 (color plate 30); sexuality and, 57,
    106, 198–205; symbolic meaning of, 203; "The
    Argument" (third plate), 198–99, 203 (color
    plate 27)
Voltaire, 16, 120, 121, 232; Candide, 238
vortex symbol, 227
Vos, Martin de, 257
Vulcan, 169

war: biblical military history and, 236: Druid cul-
    ture of, 190; England and, 13–14, 37, 117, 118,
    134, 147–48; spiritual, 142; women blamed for,
    212. See also revolution
Ward, Aileen, 195
watchman, Los as, 177–81, 192
watercolors, 4–5, 31, 34, 105, 132, 195, 249
water symbolism, 125
Watts, Isaac, 51, 243
Way to Be Rich and Respectable, The (Trusler), 40
Webster, Brenda, 224
Wedgwood plates, 33
Welsh, Alexander, 80
Wesley, John, 51–52
Westminster Abbey, 10, 148, 229
Westminster Bridge, 89
Whatman paper, 29, 31
wheels, Blake conceit of, 160, 227
"wheel without wheel," meaning of, 147–48
Whitman, Walt, 267
wicker man (Druid effigy), 190
Willan's farm (London), 149, 150
William, prince of Great Britain, 148
William Blake's Writings (Bentley ed.), 6
William Blake Trust, 4, 5
winged figures, 57
Wisdom, 237
"Wisdom" (Lawrie), 239, 240

Wittgenstein, Ludwig, 124
Wollstonecraft, Mary, *A Vindication of the Rights of Women*, 198
Woman Taken in Adultery, A (Romano), 137
women. *See female headings; gender*
Women's Institute, 148
women's suffrage movement, *Jerusalem* as anthem of, 148
Wood, Polly, 18
Woolf, Virginia, *To the Lighthouse*, 135
word pronunciation. *See* pronunciation
Wordsworth, Dorothy, 94
Wordsworth, William, 9, 197, 216, 231, 232, 233; Blake and, 94; *Excursion*, 231, 264; *Lyrical Ballads*, 94; on Newton, 123, 125; *Ode: Intimations of Immortality*, 43, 231; *Tintern Abbey*, 231
workhouses, 62, 151, 153
World War II, 118
worm. *See* earthworm symbol
Wright, Joseph, *A Blacksmith's Shop*, 172

Yahweh (God), 246
Yeats, W. B., 41
Young, Edward, *Night thoughts on Life, Death, and Immortality* (Blake illus.), 16, 17, 18, 25, 93, 253
Youngquist, Paul, *Madness and Blake's Myth*, 133

Zechariah (prophet), 153, 246
Zen masters, 270
Zephyr (wind), 229
Zeus (deity), 83
Zoas, 155–62, 239–45; breaking apart of, 172, 184; emanations of, 160–62, 172, 183, 218, 219–21; fall of, 173; as four psychic components of self, 140–41, 155–57; humanization of, 156–57, 158; interaction in Eternity of, 155, 157, 160, 161, 162, 172, 242; pronunciation of names of, 157, 172; reason for Blake's invention of, 156. *See also Book of Urizen; Four Zoas, The*

图书在版编目（CIP）数据

威廉·布莱克：永恒日出的想象世界 / (美) 利奥
·达姆罗施 (Leo Damrosch) 著；程文译. -- 北京：
社会科学文献出版社，2023.12
　　书名原文：Eternity's Sunrise: The Imaginative
World of William Blake
　　ISBN 978-7-5228-2526-7

　　Ⅰ.①威… Ⅱ.①利… ②程… Ⅲ.①布莱克(
Blake William 1757-1827)－传记 Ⅳ.①K835.615.6

中国国家版本馆CIP数据核字（2023）第234870号

威廉·布莱克：永恒日出的想象世界

著　　者 / 〔美〕利奥·达姆罗施（Leo Damrosch）
译　　者 / 程　文

出 版 人 / 冀祥德
责任编辑 / 陈旭泽　陈嘉瑜
责任印制 / 王京美

出　　版 / 社会科学文献出版社·联合出版中心（010）59367282
　　　　　　地址：北京市北三环中路甲29号院华龙大厦　邮编：100029
　　　　　　网址：www.ssap.com.cn
发　　行 / 社会科学文献出版社（010）59367028
印　　装 / 南京爱德印刷有限公司

规　　格 / 开　本：889mm×1194mm 1/32
　　　　　　印　张：16.25　插　页：1.125　字　数：347千字
版　　次 / 2023年12月第1版　2023年12月第1次印刷
书　　号 / ISBN 978-7-5228-2526-7
著作权合同
登 记 号 / 图字01-2021-7097号
定　　价 / 108.00元

读者服务电话：4008918866